V&R Acade

DIAGONAL
Zeitschrift der Universität Siegen

Jahrgang 2014

Herausgegeben vom Rektor der Universität Siegen, unterstützt
von der Gesellschaft der Freunde und Förderer der Universität
Siegen e. V.

Stephan Habscheid / Gero Hoch /
Hilde Schröteler-von Brandt / Volker Stein (Hg.)

Umnutzung

Alte Sachen, neue Zwecke

Mit zahlreichen Abbildungen

V&R unipress

Bibliografische Information der Deutschen Nationalbibliothek

Die Deutsche Nationalbibliothek verzeichnet diese Publikation in der Deutschen
Nationalbibliografie; detaillierte bibliografische Daten sind im Internet über
http://dnb.d-nb.de abrufbar.

ISBN 978-3-8471-0393-6
ISBN 978-3-8470-0393-9 (E-Book)
ISSN 0938-7161

Redaktion und Korrektorat: Lisa Dörr, Laura Kraft

Printed in Germany.
Bildrechte: Die Autorinnen und Autoren der Beiträge haben sich darum bemüht, die Inhaber von
Bildrechten zu ermitteln und erforderliche Abdruckgenehmigungen einzuholen. Sollten weitere
Ansprüche bestehen, werden die Berechtigten gebeten, sich mit den Autorinnen und Autoren in
Verbindung zu setzen.
Druck und Bindung: CPI buchbuecher.de GmbH, Birkach

Gedruckt auf alterungsbeständigem Papier.

Inhalt

Stephan Habscheid, Gero Hoch, Hilde Schröteler-von Brandt &
Volker Stein

Alte Sachen, neue Zwecke. Umnutzung in wissenschaftlichen Perspektiven. Zur Einleitung in das Heft

Prozesse der Umnutzung spielen in zahlreichen Praxisbereichen eine Rolle, auf die sich wissenschaftliches Erkenntnisinteresse und wissenschaftliche Problemlösungsbemühungen richten: neue Zweckbestimmungen für Gebäude, Flächen, Wege in Architektur und Stadtplanung; die Transformation von Alltagspraktiken zu Dienstleistungen; der Rückgriff auf bewährte Verfahren in der technologischen Innovation; der kreative Umgang mit Traditionen in Kunst und Musik; die Verwertung und Weiterentwicklung literarischer Traditionsbestände in der Medienindustrie und im Internet; alltägliche Kreativität im Sprachgebrauch ... – Altes aufzugreifen, es in neue Kontexte zu stellen und auf legale Weise ›umzufunktionisieren‹ und zu transformieren, scheint eine weithin geläufige Praxis zu sein (vgl. zum Beispiel Frech/Reschl 2011; Pauwels 2000; Habscheid 2012).

DIAGONAL, die interdisziplinäre Zeitschrift der Universität Siegen, fragt vor diesem Hintergrund in ihrer 35. Ausgabe nach Hintergründen, Mechanismen und Implikationen der Umnutzung:

- Wie wirkt sich der allgegenwärtige Imperativ der Nützlichkeit auf verschiedene Praxisfelder, Wissens- und Wissenschaftsbereiche aus? Welche kreativen Dynamiken – im Guten wie im Schlechten – werden dadurch entfesselt?
- Welchen Transformationen unterliegen die Gegenstände der Umnutzung (Dinge, Apparate, Gebäude, Gelände, Ideen, Stoffe, Motive, Narrative, Gattungen, Interaktionspraktiken, sprachliche Strukturen etc.), wenn sie zu anderen als ihren ursprünglichen Zwecken genutzt, in veränderte Kontexte gestellt werden? Inwieweit gelingt es der Wissenschaft, die ihre Begriffe an herkömmlichen Phänomenen und Form-Funktions-Zusammenhängen entwickelt hat, ihre Theorien und Methoden den veränderten Gegenständen anzupassen, ihnen begrifflich beizukommen (vgl. Guggenheim 2011 am Beispiel der Architektur)?
- Welcher Gewinn (wirtschaftlich, aber auch ästhetisch, moralisch, sozial, lebenspraktisch etc.) ist mit der Umnutzung verbunden, welche kulturellen Kosten und Verluste gehen damit einher (vgl. Großheim 2010)? Welche As-

pekte der Gegenstände kommen durch die Transformation neu in den Blick, welche geraten in Vergessenheit? Wie und inwieweit kann das aus der Mode gekommene Wissen bewahrt werden?

Gegenstände oder andere Menschen einzuschätzen und die so gewonnenen Erwartungen als »›Mittel‹ für rational [...] abgewogene eigne *Zwecke*« zu nutzen, gehört, nach Max Weber, zu den elementaren (Ideal-)Typen menschlichen Handelns (Weber 1921/⁵1980, S. 12, Hervorh. im Original). Während der *traditional* handelnde Mensch kulturellen Bräuchen folgt, die ihm durch Nachahmung und Gewohnheit in Fleisch und Blut übergegangen sind, und der *affektuell* Handelnde sich, unbewusst oder bewusst, von seinen Gefühlen leiten lässt (ebd.), handelt derjenige *zweckrational*, der »sein Handeln nach Zweck, Mitteln und Nebenfolgen orientiert und dabei sowohl die Mittel gegen die Zwecke, wie die Zwecke gegen die Nebenfolgen, wie endlich auch die verschiedenen möglichen Zwecke gegeneinander rational *abwägt*« (ebd., S. 13, Hervorh. im Original). Treten bei der Abwägung zwischen alternativen Zwecken und Folgen ästhetische, moralische oder religiöse Gebote und Pflichten in den Vordergrund, so gilt das Handeln als *wertrational*, und die Zweckrationalität beschränkt sich auf die Wahl der Mittel (ebd.). Ein derartiger Primat der Werte gegenüber dem Ziel, die eigenen Bedürfnisse erfolgreich zu befriedigen, kann in der Perspektive reiner Zweckrationalität wiederum als ganz und gar *irrational* erscheinen (ebd.).

Auch wenn die Wissenschaft der Möglichkeit rationalen Handelns und Gestaltens heute mit einiger Skepsis begegnet (vgl. z.B. March/Simon 1958), scheinen zweckrationale Kalküle in der Praxis präsenter denn je: Nützlichkeit, vor allem wirtschaftliche Verwertbarkeit, steht im Mittelpunkt vieler institutioneller Diskurse. Am Kriterium der Nützlichkeit gemessen werden nicht nur materielle Dinge und Infrastrukturen, sondern zum Beispiel auch Ressourcen und Produkte von Wissenschaft und Bildung, Kunst und Kultur, Sport und Spiel. Auf ihre Nützlichkeit hin eingeschätzt werden auch, bis in den beruflichen und privaten Alltag hinein, soziale Kontakte und Beziehungen, kommunikative und sprachliche Fähigkeiten (Bourdieu 1977) und letztlich der Mensch selbst. Diese Logik der Verzweckung (»Kommodifizierung«) stellt freilich keine Erfindung unserer Zeit dar, vielmehr die konsequente Fortführung, Steigerung, Intensivierung, Generalisierung einer Rationalität, wie bereits moderne Industriegesellschaften sie kannten und praktizierten (vgl. Heller 2010 am Beispiel von Sprache und Kommunikation): Im »universalgeschichtlichen Prozess der Rationalisierung« (Derlien/Böhme/Heindl 2011, S. 21, unter Bezug auf Max Weber) scheint Zweckrationalität gegenwärtig – unter veränderten, globalen (Wettbewerbs-)Bedingungen und der Maxime, jeden nur denkbaren Wettbewerbsvorteil zu nutzen – mehr und mehr Fahrt aufzunehmen und sich auf immer größere Bereiche der Gesellschaft zu erstrecken.

Unter diesen Vorzeichen erfährt auch im Alltag die Möglichkeit der *Umnutzung* – der gezielten oder beiläufigen Verwendung alter Dinge für neue Zwecke – gegenwärtig verstärkte Aufmerksamkeit. Seit jeher sind Menschen überaus kreativ darin, ausgehend von der Zweckgerichtetheit ihres Tuns Dinge zu instrumentalisieren, die sie zur Verfügung haben – unabhängig davon, ob diese Dinge ursprünglich zu diesem Zweck entwickelt wurden. Zu den spektakulärsten Beispielen gehören die Ereignisse um »Apollo 13«, als nach dem berühmten Hilferuf (»Houston, we've had a problem!«) nur beherzte Improvisation samt Umnutzung aller möglicher Ressourcen die Rückkehr zur Erde ermöglichte (vgl. Lovell/Kluger 1994). Umnutzung impliziert Dynamik, Veränderung, Wandel (vgl. Stein/Müller 2012), sie wird als gelebte Kreativität, Lebendigkeit und Innovation gelobt. Sie kann, der ursprünglichen Bedeutung des lateinischen Wortes *Konversion* entsprechend, im religiösen und ethischen Sinne ›Umkehr‹ bedeuten (vgl. Heidrich 2002), wenn beispielsweise »Schwerter zu Pflugscharen« umgeschmiedet werden sollen (Mi 4,1 – 4 sowie Jes 2,2 – 4; vgl. Schottroff 1984). Ebenso bekannt ist aber auch der umgekehrte Fall: dass ursprünglich friedliche Erfindungen am Ende Zerstörung und Tod bringen. Nutzung und Umnutzung haben in nahezu allen Kontexten auch eine ›dunkle‹ Seite, die auch gegenwärtig – komplementär zur Ausweitung der Zweckrationalität – wieder verstärkt ins Blickfeld zu kommen scheint (man denke z. B. an die gleichermaßen kreative wie kriminelle Verschleierung von Zahlungsströmen in Bilanzen).

Wie das vorliegende Heft vor Augen führt, betreffen die elementare Logik der Nutzung und Umnutzung, ihre Chancen und Risiken, die Spannungsfelder und Übergangsbereiche zwischen Zweck- und Wertrationalität die gesamte Bandbreite wissenschaftlicher Disziplinen, und sie reichen – auf unterschiedliche Weise – tief in die wissenschaftlichen Praktiken selbst hinein. Wir wünschen allen Leserinnen und Lesern eine anregende und – direkt oder indirekt – nachhaltig nutzbringende Lektüre.

Zitierte Literatur

Bourdieu, Pierre: ›The economics of linguistic exchanges‹, in: *Social Science Information* 1977, 16 (6), S. 645 – 668.

Derlien, Hans-Ulrich/Böhme, Doris/Heindl, Markus: *Bürokratietheorie. Einführung in eine Theorie der Verwaltung*. Wiesbaden 2011.

Frech, Siegfried/Reschl, Richard (Hrsg.): *Urbanität neu planen. Stadtplanung, Stadtumbau, Stadtentwicklung*. Schwalbach/Taunus 2011.

Großheim, Michael: ›Von der Maigret-Kultur zur Sherlock Holmes-Kultur. Oder: Der phänomenologische Situationsbegriff als Grundlage einer Kulturkritik‹, in: Großheim, Michael/Kluck, Steffen: *Phänomenologie und Kulturkritik.* Freiburg i. Br. 2010, S. 52 – 84.

Guggenheim, Michael: ›Formless Discourse: The Impossible Knowledge of Change of Use/ Formloser Diskurs. Umnutzung als Test architektonischen Wissens‹, in: *Candide – Journal of Architectural Knowledge* 04 (07/2011), S. 9 – 36.

Habscheid, Stephan: ›Sprache gegen Geld: Zur linguistischen Analyse spätkapitalistischer Tauschverhältnisse‹, in: Voßkamp, Patrick/Schmitz, Ulrich (Hrsg.): *Sprache und Geld. Beiträge zur Pekunialinguistik.* OBST Osnabrücker Beiträge zur Sprachtheorie 81. Duisburg 2012, S. 41 – 61.

Heller, Monica: ›The Commodification of Language‹, in: *The Annual Review of Anthropology* 2010/39, S. 101 – 114.

Heidrich, Christian: *Die Konvertiten. Über religiöse und politische Bekehrungen.* München 2002.

Lovell, Jeffrey A./Kluger, James: *Lost Moon – The Perilous Voyage of Apollo 13.* Boston 1994.

March, James G./Simon, Herbert A.: *Organizations.* New York 1958.

Pauwels, Natalie: *War Force to Work Force.* Baden-Baden 2000.

Schottroff, Willy: ›Die Friedensfeier. Das Prophetenwort von der Umwandlung von Schwertern zu Pflugscharen (Jes 2,2 – 5/Mi 4,1 – 5)‹, in: Schottroff, Luise/Schottroff, Willy (Hrsg.): *Die Parteilichkeit Gottes. Biblische Orientierungen auf der Suche nach Frieden und Gerechtigkeit.* München 1984, S. 78 – 102.

Stein, Volker/Müller, Stefanie (Hrsg.): *Aufbruch des strategischen Personalmanagements in die Dynamisierung. Ein Gedanke für Christian Scholz.* Baden-Baden/München 2012.

Weber, Max: *Wirtschaft und Gesellschaft. Grundriss der verstehenden Soziologie.* Tübingen 1921/⁵1980.

Sebastian Gießmann & Gabriele Schabacher

Umwege und Umnutzung oder:
Was bewirkt ein »Workaround«?[1]

In Harold Garfinkels berühmt gewordener mikrosoziologischer Studie zu den
»guten organisatorischen Gründen für schlechte Krankenakten« gibt es eine
bemerkenswerte Feststellung. Sie fasst das Verhältnis zwischen den umlaufen-
den Akten – in ihrer dokumentarischen und bürokratischen Funktion – und den
sozialen Praktiken des Arbeitsalltags in einem kalifornischen Krankenhaus der
1960er Jahre zusammen. Innerhalb einer arbeitsteiligen Hierarchie, so Garfinkels Annahme, führen die verteilten Verantwortlichkeiten zu einer Vielzahl informeller und verborgener Berichtspraktiken. Sie finden jenseits der bürokra-
tisch geforderten Standards für Formularwesen und Aktenzirkulation statt. So
ergibt sich eine typische institutionelle Situation, die wie folgt charakterisiert
wird:

> »Deshalb existieren zwangsläufig informelle Praktiken, von denen jeder weiß und die
> natürlich den offiziell beschriebenen und formal akzeptierten Praktiken widerspre-
> chen: Typischerweise gehören die Merkmale von Personen, Sachen, Zeitpunkten und
> Orten zu den gut gehüteten Geheimnissen von Klüngeln und Zirkeln (*cliques*) in Kli-
> niken, wie das in allen bürokratischen Zusammenhängen der Fall ist. Aus der Per-
> spektive jeder einzelnen Arbeitsgruppe existieren Spezifika, die es jedem Team er-
> leichtern, seine täglichen Dienstpflichten zu erfüllen, die von einer anderen Arbeits-
> gruppe in der Klinik nicht übernommen werden können.« (Garfinkel 2000, S. 116.
> Orig. Garfinkel 1967, S. 194 f.)

Die von Garfinkel wie vom Klinikpersonal konsultierten Berichte zeichnen sich
durch eine zentrale Eigenheit aus: Was als implizite Voraussetzung von Hand-
lungsvollzügen gilt, steht zwar nicht in den Akten, ist aber trotzdem allen vertraut. Diese Form von Alltagswissen ist aber mehr als nur Überlebensbedingung
in bürokratischen Strukturen und Abläufen. Sie ist auch keineswegs banal:

---

1 Unser Text ist anlässlich des Workshops »Workarounds. Praktiken des Umwegs« entstanden,
den das Graduiertenkolleg »Locating Media« und die AG »Medien der Kooperation« am 14.
und 15. Mai 2014 an der Universität Siegen veranstaltet haben. Für die Publikation wollten wir
die Frische der ersten Gedanken zum Thema erhalten und haben auf einen großen Anmer-
kungsapparat verzichtet.

Garfinkel kommt ihr in diesem Fall vor allem durch eine Verdopplung des Formularwesens auf die Spur, indem er einen weiteren Umlaufzettel in den Aktenumlauf einschmuggelt. Auch mit dieser Methode lässt sich der »common sense« einer Situation – das, was jeder weiß – *nicht* erfassen. Es wird teils entlang der Regeln gehandelt, gleichzeitig werden sie aber praktisch umgangen. Warum aber sind es gerade die informellen Momente in der Zusammenarbeit, mit denen Probleme besser gelöst werden können? Man kann regelrecht vermuten, dass die alte Wendung »Was nicht in den Akten ist, ist nicht in der Welt« (Wetzstein 2008, S. 5) geradezu verkehrt werden muss: »Was nicht in den Akten steht, konstituiert erst das, was überhaupt berichtet werden wird«. Und es sind gerade die unausgesprochen Widersprüchlichkeiten und Probleme, um die fortwährend *herum* gearbeitet wird.

Die Kenntnis der alltäglichen Kniffe, Listen, Tricks, Drehs, Clous, der kooperativ ausgehandelten Regeln der Prozedur, der Flickschusterei des Problemlösens, der sprichwörtlichen Frickelei, auch der »Nebenabrede« am Gericht, kurz: dasjenige, was Michel de Certeau die »Taktiken« des Handelns genannt hat (1988 [1980], S. 77 f.) und Harold Garfinkel den Umgang mit »normal, natural troubles« (1967, S. 192), ist für sozialen Zusammenhalt unabdingbar. Genau an dieser Stelle setzen wir an, immer in der Annahme, dass man diese Praktiken auch über die soziotechnische Dimension hinaus als »Workarounds« bezeichnen kann. Dazu skizzieren wir im Folgenden zunächst den Begriff selbst, stellen im Anschluss typische kooperative »Workaround«-Formen vor (USA: *to kludge around*, Indien: *jugaad*, Japan: *chindōgu*) und geben Ausblick auf ein kleines Forschungsprogramm zu Workarounds als »Medien der Kooperation«.

Umwegen und Umnutzen

Workarounds lassen sich als kleine Ereignisse begreifen, die zunächst im kleinen Rahmen orts- und situationsbezogen »in die Welt kommen«. Sie sind deutlich auf der Seite dessen zu verorten, was die Technikanthropologin Lucy Suchman als »situierte Handlungen« von großangelegten Plänen teils abgegrenzt, teils auch als mit planvollem Handeln verschränkte Praxis beschrieben hat (Suchman 1987). Sie umgehen entweder formell-regelgeleitete Abläufe – im Sinne eines räumlich, zeitlichen, mitunter institutionellen Umwegs. Oder sie schaffen durch die Umgehung selbst eine Verbindung, mit der Abläufe unerwartbarerweise kurzgeschlossen werden.

Workarounds gehen zumeist ein Problem an, indem sie auftretenden Schwierigkeiten ausweichen. Man sucht in ihnen Handlungslösungen, *während* man etwas tut. So lässt sich der Fluss des »workflows« auch noch dann aufrecht erhalten oder reetablieren, wenn ein Umweg genommen werden muss.

Dabei können die Wege des Ausweichens, die Akteure und Agenten nehmen, selbst hoch komplex sein: Im Falle der kommunikativen Arbeit im Krankenhaus würden die nachgezeichneten umwegigen Praktiken das Organigramm wenn nicht neu-, so doch zumindest fortwährend überschreiben. Es wäre verführerisch, hierfür entsprechende »sozio-technische Graphen« zu zeichnen, die typische Elemente von Workarounds mittels Diagrammen abstrahieren (Latour/Mauguin/Teil 2013 [1992]). Sie lassen sich aber auch beschreiben: Eine entsprechende Zeichnung würde die Rückkehr eines Pfeils an einen (End-)Punkt zeigen, an dem er auf lineare Weise ebenso angekommen wäre, insofern nicht ein Umweg nötig geworden wäre. Dies kann zirkulär geschehen – der Umweg erfolgt in weiten oder kürzen Bögen –, in Zickzacklinien, als Durchquerung eines Netzes oder einfach als kurzes Ausweichen aus der Bahn, in die man kurz darauf zurückkehrt.

Darin inbegriffen ist ein offener zeitlicher Verlauf und eine nicht vorgezeichnete Bewegung. So hat der französische Ethnologe Claude Lévi-Strauss für seinen klassisch gewordenen Begriff der Bastelei (frz. *bricolage*) auf dessen Sprachgeschichte zurückgegriffen:

> »In seinem ursprünglichen Sinn lässt sich das Verbum *bricoler* auf Billard und Ballspiel, auf Jagd und Reiten anwenden, aber immer, um eine nicht vorgezeichnete Bewegung zu betonen: die des Balles, der zurückspringt, des Hundes, der Umwege macht, des Pferdes, das von der geraden Bahn abweicht, um einem Hindernis aus dem Weg zu gehen. Heutzutage ist der Bastler (*bricoleur*) jener Mensch, der mit seinen Händen werkelt und dabei Mittel verwendet, die im Vergleich zu denen des Fachmanns abwegig sind« (Lévi-Strauss 1991 [1962], S. 29).

Welche Bewegung dies sein wird und wie viel Zeit zwischen dem Anfang oder Ende eines Workaround-Pfeils verfließt, ist unbestimmt.

Bei alltäglichen sozialen Situationen kann man durchaus von zunächst kürzerer Bewerkstelligung und Interaktion ausgehen, die Körpertechniken im Mannschaftssport setzen geradezu auf Beschleunigung (aber auch Verlangsamung), Software-Updates folgen in der mobil vernetzten Welt kurzen Zyklen, institutionelle, gebaute und infrastrukturelle Workarounds umfassen am anderen Ende der Zeitskala teils Wochen, Monate oder Jahre an Dauer. Egal wie improvisiert er sein mag, der Workaround dient explizit der Aufrechterhaltung von Handlungsoptionen und ihrer Realisierung, mitunter durch ein bewusstes Setzen auf Latenz. Als Praxis erhält er Handlungsfähigkeit (*agency*) auch unter widrigen Bedingungen aufrecht und generiert neue Verfahrenswege. Wenn er gelingt, erhält er ein eigenes unabsehbares infrastrukturelles »momentum« (Hughes 1983, S. 140 f.), gerade *während* er vollzogen wird, aber auch als gewollter oder unbeabsichtigter Dauerzustand. Workarounds setzen Transformationen in Gang, vollenden sie aber nicht notwendigerweise.

Mit der Reduktion auf eher abstrakte Diagramme besteht die Gefahr, dass man den Workaround »nur« als logistisch in Kauf genommenen Umweg zwischen einem Ort oder einem Zustand »A« zu einem Ort oder Zustand »B« versteht. Dies wäre aber eine zu lineare, etwas immobile, und vor allem wenig orts- und situationsbezogene Sichtweise. Man findet sie in den aus der Programmierwelt kommenden Definitionen des Workarounds, etwa wenn er als »a method for overcoming a problem or limitation in a program or system« bezeichnet wird (Oxford Dictionaries o. J.). Etwas elaborierter, und vor allem nutzerorientierter, fasst es Eric S. Raymonds *New Hacker's Dictionary* in Version 4.0.0 vom 25. Juli 1996:

> »1. A temporary kluge used to bypass, mask, or otherwise avoid a bug or misfeature in some system. Theoretically, workarounds are always replaced by fixes; in practice, customers often find themselves living with workarounds for long periods of time. ›The code died on NUL characters in the input, so I fixed it to interpret them as spaces.‹ ›That's not a fix, that's a workaround!‹
> 2. A procedure to be employed by the user in order to do what some currently non-working feature should do. Hypothetical example: ›Using META-F7 crashes the 4.43 build of Weemax, but as a workaround you can type CTRL-R, then SHIFT-F5, and delete the remaining cruft by hand‹« (Raymond 1996, S. 491).

Der Workaround ist nützlich, aber er lässt systemische Designerwägungen und Spezifikationen zugunsten der Arbeitsfähigkeit außen vor (oder aber spielt im Falle architektonischer Gestaltung bewusst mit ihnen). In einer computerisierten Welt erlaubt er es, Aufgaben trotz Systemdesignfehlern zu vollenden, Abläufe auch bei Ausfall von Komponenten einer Software oder Maschine zu vollenden, eine Funktionalität spielerisch um neue Prozeduren zu erweitern oder auch Computersysteme bewusst entgegen der Designvorgaben zu modifizieren (Koopman/Hoffmann 2003, S. 71 f.).

Mit einem solchen nutzungsgetriebenen Verständnis des Workarounds lässt sich auch dessen Rolle für Handlungsmöglichkeiten besser bestimmen: Nicht nur über das Drehmoment des herumführenden »around«, sondern vor allem über die Frage der jeweils verrichteten Arbeit. Im Gegensatz zur Mensch-Maschine-Herkunft des Begriffs wäre unser Verständnis der entsprechenden Praktiken ein zuallermeist kollektives, bei dem aber auch die individuelle Fähigkeit des listigen Fintierens zu ihrem Recht kommt.

Workarounds sind Phänomene, die aus der kooperativen Nutzung bestehender geteilter Ressourcen entstehen; je größer das um ein Spiel, ein Objekt, eine Institution oder eine Infrastruktur versammelte Kollektiv menschlicher und nicht-menschlicher Wesen, umso wahrscheinlicher werden Improvisationen und Umwege. Aus Workarounds entstehen Fertigkeiten und Fähigkeiten, die selektiv weitergegeben werden: teils als die klandestine informelle Kunst in jeder administrativen Struktur, teils sehr offen wie in den Open-Source-Communities des Internets und jeder Bastlerszene. Die individuell gelungene Lösung sucht geradezu die Anerkennung durch Vermittlung und Weitergabe: »Wie geht das noch mal?« »Ja, das musst Du so machen, aber das steht nicht im Handbuch [...]«. Mit der Verstetigung verschwinden aber auch in der Regel die initialen Zwischenlösungen, die zur Vollendung der Arbeit unabdingbar waren.

Workarounds gehören als kleine Ereignisse zur »wechselseitigen Verfertigung gemeinsamer Abläufe, Mittel oder Ziele«, die Erhard Schüttpelz als provisorische Definition des Siegener Verständnisses von »Kooperation« vorgeschlagen hat (Schüttpelz/Gießmann 2015). Sie transformieren oder erfinden Abläufe und realisieren mit den vorhandenen Mitteln schnelle Lösungen, die vielleicht gerade deswegen funktionieren, weil sie »quick and dirty« erarbeitet werden und dabei rein regelgeleitetes Vorgehen momentan außen vor lassen. Mit ihnen wird ein Handeln unter eingeschränkten Möglichkeiten in einem Zwischenraum ermöglicht, der sich gerade durch schlecht-strukturierte Lösungen (Star 1989) auszeichnet.

kludge – jugaad – chindōgu

Workarounds geben also bereits vom Wort her Aufschluss darüber, was sie sind und tun. Sie bezeichnen ein Weiterkommen, das nie direkt auf ein Ziel zugeht: räumlich-topologisch im Sinne eines Umwegs, zeitlich im Sinne eines Provisoriums. Ein solcher Weg ist kein Zufall, sondern erfordert immer ein bestimmtes Maß an Aufwand (›work‹), um das gewünschte Ziel zu erreichen. Bei Workarounds handelt es sich demnach nie um die ›eigentliche‹ Lösung, sondern um eine Umgehung des Problems, ohne dieses selbst in Angriff nehmen zu müssen.

Bei einem Workaround geht es also ganz grundsätzlich um ein Bearbeiten der Unterscheidung von eigentlich/uneigentlich, d. h. um das Verhältnis von Primärem und Sekundärem bzw. Parasitärem. Allerdings lassen die Praktiken des Umwegs rasch fraglich werden, ob eine solche Unterscheidung zwischen dem vermeintlich Sekundären des Workarounds (Umweg, Provisorium) gegenüber einer ›eigentlichen‹ Lösung überhaupt möglich ist oder ob nicht Lösung und Workaround in einem paradoxaleren Verhältnis zueinander stehen, bei dem jeder Workaround immer auch als tatsächliche Lösung fungieren muss.

Im interkulturellen Spektrum lassen sich nun drei unterschiedliche Fassungen des Workaround-Begriffs unterscheiden, die ihrerseits je verschiedene Aspekte der Praktiken des Workaround veranschaulichen: *kludge*, *jugaad* und *chindōgu*. Werden *kludges* zumeist entlang der Differenzierung eleganter und uneleganter Workarounds diskutiert, werden die behelfsmäßig zusammengebastelten Lösungen des *jugaad* als frugales Engineering verstanden. Das (ästhetische) Konzept des *chindōgu* wiederum gilt der Reflexion der Zweck-Mittel-

Relation vermittels nicht-nutzloser Erfindungen, wie etwa durch die sogenannte Rube-Goldberg-Maschine illustriert, auf die noch näher einzugehen sein wird.

Was zunächst das Konzept *kludge* bzw. *kluge* betrifft, so findet sich hier eine Diskussion um angemessene bzw. unangemessene Workarounds. Das Wort *kludge* gehört zu den Synonymen des Workaround-Begriffs und bezeichnet schnelle und temporäre Problemlösungen im EDV-Bereich (Koopman/Hoffmann 2003), die aus Nutzer-Perspektive durchaus rational und essenziell sind. »[F]ar from acting irrationally«, heißt es etwa bei Les Gasser für den Routineumgang mit Computersystemen in Organisationen, »the informal practical actions of participants actually make systems *more* usable locally. Informal fitting, augmenting, and working around are essential and locally rational parts of system use« (Gasser 1986, S. 222; vgl. auch Pollock 2005).

Gleichwohl schwankt die Bewertung derartiger Praktiken. So werden *kludges* sowohl als ›Programmiertrick‹, aber auch als bloße ›Flickschusterei‹ oder schlicht ›Murks‹ verstanden. Wird bei der positiven Einschätzung von *kludge* auf die Cleverness gesetzt, so bei der negativen auf die ästhetische Dimension, der zufolge *kludges* hässliche, plumpe Gebilde seien, nämlich entweder »[a] fix that is awkward or clumsy but is at least temporarily effective« oder »[a]n overall design that is of questionable elegance or downright ugly« (Koopman/Hoffmann 2003, S. 73). Dies ist umso erstaunlicher, als der Begriff *kludgemanship* (Oxford English Dictionary 2014, ›kludge, n.‹) ein spezifisches Können nahelegt.

Begriffsgeschichtlich gibt es ursprünglich zwei verschiedene Verwendungsweisen des Wortes in den USA und Großbritannien, die sich nach dem zweiten Weltkrieg im Militär- und Computerjargon zunehmend überkreuzen und vermischen (Raymond 1996, S. 271-273; auch Barry 1983). Das aus dem schottischen stammende *kludge* meint in der nordamerikanischen Hackerszene der 1960er Jahre abwertend »[a] crock that works« (Raymond 1996, S. 271). Dagegen wird das US-amerikanische Nomen *kluge*, das auch als ursprünglichere Schreibung gilt, im Sinne des cleveren Programmiertricks verwendet (ebd.).

Als Erstverwendung wird stets – etwa im *Oxford English Dictionary* – auf Jackson W. Granholms Artikel »How to design a kludge« von 1962 verwiesen (Granholm 1962). Darin definiert Granholm *kludge* als »[a]n ill-assorted collection of poorly-matching parts, forming a distressing whole« (ebd., S. 30). Gleichermaßen findet sich bei ihm auch eine etymologische Herleitung, derzufolge *kludge* vom deutschen Adjektiv *klug* abstamme. Das angegebene Referenz-Wörterbuch ist allerdings komplett fiktiv, was auf den insgesamt satirischen Charakter von Granholms Artikel verweist; ein späterer Herausgeber wird davon sprechen, dass »[r]eaders will see in the articles an attempt to evoke humor out of the frustrations in dealing with computers and their manufacturers« (Moshman 1966, S. 1).

Gleichwohl spannt Granholms Pseudo-Etymologie die Pole ›smart‹ und ›not so smart‹ auf, zwischen denen sich die Bewertung des Konzepts *kludge* seitdem bewegt. Seine weitere Darstellung einer ›guten‹ »kludgemanship« kritisiert in ironischer Brechung die Existenz von *kludges*, was gleichzeitig viel über die Funktions- und Organisationsweise von Workarounds verrät.

Zunächst, so Granholm, gehe es um die notwendige Professionalisierung einer spezifischen Schläue: »The building of a Kludge, however, is not work for amateurs. There is a certain, indefinable, masochistic finesse that must go into true Kludge building.« (Granholm 1962, S. 30). Wichtigstes Kriterium sei dabei, dass die Dinge nicht einfach nicht funktionieren, sondern lediglich unendlich kompliziert: »One should *not* lash up an arithmetic unit, for example, which does not work. It must actually do arithmetic. The expert Kludge constructor will design his arithmetic unit to perform 2^{512} distinct kinds of addition, each called forth by opcodes six words long« (ebd., S. 5).

Nicht nur Eingabe-Schnittstellen bieten dabei Granholm zufolge Verkomplizierungs-Potenziale, etwa »to use one of the standard, well-known electric typewriters, but to *alter the character set*« (ebd.), auch eine stark modularisierte Organisationsstruktur begünstige die Effektivität von *kludges*, was die Frage der Kooperation im Kern betrifft: »One of the most helpful of atmospheres in which a kludge may arrive at full power is that of complete, massive, and iron-bound departmentalization. It is a good idea if the I/O men, say, not only are not allowed to speak to the mainframe designers, but also that they have, in fact, never met them.« (ebd., S. 31). Granholm bemängelt hier also das Blackboxing bestimmter Technikprodukte, die vorgeben, Probleme zu lösen, dies aber nur tun, weil sie sich von Usern, anderen Technikern und überhaupt jeglichem Einfluss abschotten – was zu ›monströsen‹ Organisationsstrukturen führen kann (vgl. Abb. 1).

Was nun zweitens das Konzept des *jugaad* betrifft, so steht hier der Workaround als behelfsmäßige Lösung im Vordergrund. Das umgangssprachliche, indische Wort *jugaad* bezeichnet eine innovative Fehlerbehebung, eine ›stopgap solution‹. Workarounds werden in diesem Zusammenhang als beständig nötig verstanden, ohne dass ein eigentliches Funktionieren auszumachen wäre. Gedrängt von der Notwendigkeit, dass etwas getan werden muss – und dieser zeitliche Aspekt ist entscheidend –, arbeitet man mit dem, was gerade zur Hand ist. Häufig betreffen die Behelfslösungen dabei Transport- und Fortbewegungsmittel (vgl. Abb. 2). Insofern *jugaads* unter Zuhilfenahme des ohnehin Vorhandenen operieren – »*doing more with less*« (Radjou u.a. 2012, S. 4) – verwundert es nicht, dass in Zeiten knapper Mittel auch die Managementetagen von Industrieunternehmen auf das Prinzip sparsamer Innovation aufmerksam werden. Es sind dabei vor allem indische Firmen, die dieses »frugal engineering« für verschiedene Bereiche zu kommerzialisieren suchen (ebd., S. 197; Kumar/ Puranam 2012).

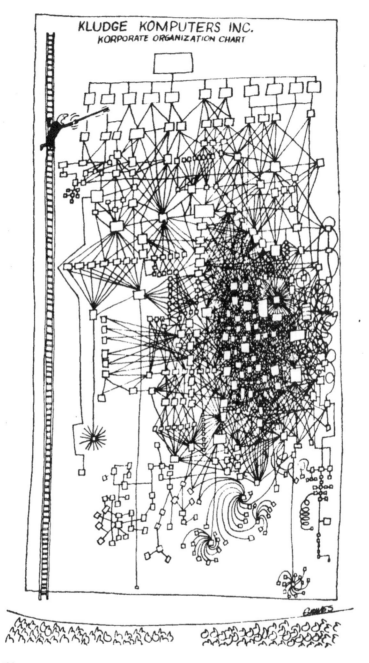

Abb. 1: »Korporate Organization Chart« (Quelle: Orthmutt 1966, S. 23).

Abb. 2: Sparsames Engineering, Vietnam (© Gabriele Schabacher 2007).

Im Vordergrund steht die Idee, durch Reduktion von Komplexität und Ausstattungsmerkmalen auch langlebige Konsumgüter für weniger einkommensstarke Bevölkerungsgruppen rentabel zu machen: Die Beispiele reichen von preiswerten Minikühlschränken, Prothesen aus Polyurethan über *mobile banking* bis zu Projekten wie »A Liter of light« (http://aliteroflight.org), welches Beleuchtung auf der Basis von Wasser und Bleiche in PET-Flaschen propagiert. Auch US-Universitäten zeigen Interesse am Prinzip der sparsamen Lösungen; so beschreibt das »Frugal Innovation Lab« der School of Engineering der Santa Clara University seine Aufgabe als »[to develop] accessible, affordable, adaptable, and appropriate technologies, products and solutions to address human needs in emerging markets« (http://www.scu.edu/engineering/frugal).

Zurück gehen derartige Überlegungen auf das Konzept der angepassten Technologie (*appropriate technology*) bzw. der »mittleren Technologie« (*intermediate technology*), das vom britischen Wirtschaftswissenschaftler Ernst Friedrich Schumacher entworfen wurde, der in den 1960er Jahren erstmals angepasste, dezentralisierte und nutzerfreundliche technische Problemlösungen für die Ökonomien weniger entwickelter Länder forderte (Schumacher 1973); etwa mit Muskelkraft betriebene Wasserpumpen oder Straßenbeleuchtung auf der Basis von Solarenergie. Damit nimmt Schumacher globalisierungskritische Gedanken der Ökologiebewegung und der Nachhaltigkeitsdebatte vorweg, was seine Ideen auch für Industrienationen interessant macht. Insofern sie anfänglich vor allem als ›Arme-Leute‹-Technologie verstanden wurde, konnte sich das Konzept (zunächst) nicht durchsetzen.

Anders als beim *jugaad* und seinen tatsächlichen (improvisierten) Problemlösungen, akzentuiert das japanische Konzept *chindōgu* – wörtlich übersetzt ›seltsames, unübliches Gerät‹ – einen anderen Zugang zur Frage des Workaround. *Chindōgus* entwerfen (künstlerisch) absurde Arrangements und Workarounds, die lediglich einmal gebaut und fotografisch festgehalten werden, also nicht in den Kreislauf der Nützlichkeit und Kommerzialisierung einwandern (Kawakami 1995). Das Gerät hat dabei erstens »(almost) completely useless« zu sein und muss zweitens tatsächlich angefertigt werden (die bloße Idee reicht nicht), denn »[i]n order to be useless, it must first be« (http://www.chindogu.com/tenets.html). Derartige in ihrer Ambivalenz als »unuseless inventions« bezeichnete Lösungen beziehen sich zwar auf ein bestehendes (Alltags-)Problem (etwa, dass man bei Regen nass wird), aber ein tatsächlicher Einsatz würde ganz neue Schwierigkeiten erzeugen. Beispiele sind etwa die Regenschirm-Krawatte, die Katze, die an ihren Pfoten kleine Wischmops trägt oder auch der trag- und ausrollbare Zebrastreifen. Dabei haben *chindōgus* eine antikonsumistische Stoßrichtung, nehmen sie doch die Verbesserungslogik von Industrieunternehmen aufs Korn, die den Verbrauchern stets suggerieren wollen, dass jede kleine Neuerung eines technischen Produkts den sofortigen Erwerb eines Neugeräts erzwingt.

Ähnlich gelagert ist auch die Kritik, die das parodistische Arrangement der sogenannten Rube-Goldberg-Maschinen bietet, die extrem kompliziert arrangierte Apparate vorstellen, um einfache alltägliche Arbeiten zu verrichten. Reuben Garrett Lucius »Rube« Goldberg war ein zunächst als Ingenieur ausgebildeter US-amerikanischer Cartoonist, der Ende der 1920er Jahre vor allem durch seine Zeichnungen derartiger Apparaturen berühmt wurde, die stets Kettenreaktionen einer Reihe typischer Elemente enthalten, »components availabe to the backyard tinkerer of his time. Pulleys and ropes, springs, funnels, gears, levers and dripping sponges« (Rube Goldberg 1983, S. 17 f.; vgl. auch North 2008, S. 84 ff.).

Bereits 1931 wird deshalb »Rube Goldberg« sprichwörtlich für »accomplishing by extremely complex roundabout means what actually or seemingly could be done simply« (Webster's Third International of the English Language Unabridged. Bd. II, S. 1983; vgl. auch Oxford English Dictionary, ›Rube Goldberg, n.‹). Dabei ist es das Markenzeichen dieser Maschinen, sich auf alltägliche Verrichtungen und Zusammenhänge zu beziehen (Haushalt, Beruf, Kinder, Arztbesuche etc.). Neben der automatischen Serviette, die 1995 durch ihre Aufnahme in die Briefmarken-Serie »Comic Strip Classics« Berühmtheit erlangt, soll das Augenmerk hier einer etwas weniger bekannten Maschine gelten, nämlich dem »pencil sharpener« (vgl. Marzio 1973, S. 201).

Der stets den Abbildungen beigefügte Text erläutert dabei das Funktionieren dieser Maschine minutiös: Man lasse aus dem geöffneten Fenster einen Drachen fliegen, dessen Schnur wiederum ein kleines Türchen öffnet, durch das aus einem Käfig Motten entweichen. Diese fressen ein rotes Flanellhemd, das Gegengewicht für einen Schuh gewesen war, der nun herunterfällt, dabei einen Schalter betätigt und so das Bügeleisen einschaltet. Dieses brennt nun ein Loch in die auf dem Bügelbrett liegende Hose, der Qualm zieht in einen hohlen Baumstamm, räuchert das Opossum aus, das daraufhin in einen Korb springt, dessen Gewicht den Käfig über einem Specht hebt, der nun mit dem Abkauen des Holzes beginnen kann, um das Blei der Mine freizulegen. Wichtig in unserem Kontext ist nun die Erläuterung zu »S«, »Emergency knife«: »is always handy in case opossum or the woodpecker gets sick and can't work« (vgl. Abb. 3). Bei Goldbergs Arrangement handelt es sich also um den Workaround eines Workaround. Das, was hier entworfen wird, um das ›simple‹ Anspitzen eines Bleistiftes zu umgehen, wird seinerseits umgangen, indem ein Notfallmesser stets griffbereit ist. Damit aber verweisen die Anordnungen und Apparate von Rube Goldberg auf das grundlegende Problem hinsichtlich des Workaround, was denn eigentlich wen umgeht.

Workarounds als »Medien der Kooperation«

Workarounds stehen also stets in einem eigentlich/uneigentlich-Zusammenhang. Sie sind die scheinbar uneigentliche, weil temporäre Lösung eines Problems. Verweist dies im Computerbereich häufig auf die Frage der Eleganz bzw. Uneleganz der gewählten Lösung und werden *kludges* demzufolge gewissermaßen als ›cleverer Murks‹ bezeichnet, konnte der Blick auf das frugale Engineering beim *jugaad* zeigen, dass ein Operieren mit Vorhandenem möglicherweise die einzige und insofern eigentliche Lösung ist.

In *chindōgus* und Goldbergs Verkomplizierungsmaschinen wiederum artikuliert sich eine künstlerische Reflexion auf Fragen des Workaround als Kritik an zweckrationalen Kalkülen. Insgesamt zeigen die genannten drei Varianten, dass Workarounds verschiedene Register bedienen: Sie stellen eine materiale Praxis dar, verweisen auf strategische Einsätze und sind Gegenstand theoretischer wie ästhetischer Reflexion. Damit aber wäre das Problem des Workaround ein zentraler Schauplatz, an dem sich die Rationalität technischen (und insofern medial-vermittelten) Handelns überhaupt beobachten lässt.

Obwohl es sehr individuelle Workarounds zur Problemlösung sicherlich ebenso gibt, bestechen die Praktiken des Umwegs vor allem durch ihren ko-

Pencil Sharpener

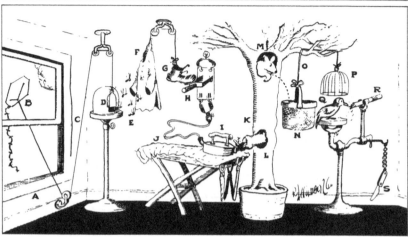

The Professor gets his think-tank working and evolves the simplified pencil sharpener.

Open window (**A**) and fly kite (**B**). String (**C**) lifts small door (**D**), allowing moths (**E**) to escape and eat red flannel shirt (**F**). As weight of shirt becomes less, shoe (**G**) steps on switch (**H**) which heats electric iron (**I**) and burns hole in pants (**J**).

Smoke (**K**) enters hole in tree (**L**), smoking out opossum (**M**) which jumps into basket (**N**), pulling rope (**O**) and lifting cage (**P**), allowing woodpecker (**Q**) to chew wood from pencil (**R**), exposing lead. Emergency knife (**S**) is always handy in case opossum or the woodpecker gets sick and can't work.

Abb. 3: Unuseful Invention (Quelle: Artwork Copyright © and TM Rube Goldberg Inc. All Rights Reserved. RUBE GOLDBERG ® is a registered trademark of Rube Goldberg Inc. All materials used with permission. rubegoldberg.com).

operativen Charakter. Damit ist nicht nur die gemeinsame Nutzung der improvisierten Mittel und Wege angesprochen. Vielmehr bleiben Workarounds als »schlecht strukturierte Lösungen« (Star 1989, S. 51) immer noch Lösungen, über die man spricht. Sie vermitteln die Bewerkstelligung der alltäglichen zeitkritischen Herausforderungen nicht nur in Bürokratien und Infrastrukturen, sondern auch das räumlich und zeitlich gedrängte Ko-Agieren, z. B. im Mannschaftssport.

Dabei fehlt ihnen meist der »offizielle« Charakter, nicht aber die (teils institutionell-interne) Öffentlichkeit. Zwar ermöglichen sie noch nicht eine vollständige »Kooperation ohne Konsens« (Star/Griesemer 1989), die durch die Verständigung auf geteilte Abläufe, Mittel oder Ziele erfolgt. Aber die so entstehende wechselseitige Zweckentfremdung von Akteuren – »ich weiß, dass Deine/Eure Lösung auch für mich funktioniert, passe sie aber an« –, und die

Umnutzung vorhandener Ressourcen führt immer wieder auf die Frage zurück, wer eigentlich wen oder was zu welchen Zwecken umgeht und umnutzt.[2]

Unsere provisorische Antwort darauf wäre: Der Workaround bleibt eine geteilte Situation, in der Regeln, Praktiken und Objekte gleichzeitig kooperativ in Gang gehalten werden. Er ist nur *in actu* und *in situ* erforschbar – eine interdisziplinäre Unternehmung, die wir in der kultur- und sozialwissenschaftlichen Medienforschung gemeinsam angehen wollen.

Literatur

Barry John A.: ›Whence Cometh the term kludge? – Three Theories‹, in: *InfoWorld* 1983/5.32, S. 33 f.

Certeau, Michel de: *Kunst des Handelns*. Berlin (1988) [1980].

Garfinkel, Harold: ›»Good organizational reasons for ›bad‹ clinical records«‹, in: ders., *Studies in Ethnomethodology*. Englewood Cliffs, NJ 1967, S. 186 – 207.

– ›»Gute« organisatorische Gründe für »schlechte« Krankenakten‹, in: *System Familie* 2000/13, S. 111 – 122.

Gasser, Les: ›The Integration of Computing and Routine Work‹, in: *ACM Transactions on Information Systems* 1986/4.3, *Special Issue: Selected Papers from the Conference on Office Information Systems*, S. 205-225.

Granholm, Jackson W.: ›How to Design a Kludge‹ , in: *Datamation* (Febr. 1962), S. 30 f..

Hughes, Thomas Parke: *Networks of Power. Electrification in Western Society 1880 – 1930*. Baltimore/London 1983.

Kawakami, Kenji: *101 Unuseless Japanese Inventions. The Art of Chindōgu*, New York/London 1995.

Koopman, Philipp/Hoffmann, Robert R.: ›Work-arounds, Make-work, and Kludges‹, in: *IEEE Intelligent Systems* 2003/18.6, S. 70 – 75.

Kumar, Nirmalya/Puranam, Phanish: *India Inside. The Emerging Innovation Challenge to the West*, Boston, Mass. 2012.

Latour, Bruno/Mauguin, Philippe/Teil, Geneviève: ›Eine Notiz zu sozio-technischen Graphen‹, in: Thielmann, Tristan/Schüttpelz, Erhard (Hg.): *Akteur-Medien-Theorie*. Bielefeld (2013) [1992], S. 107 – 132.

Lévi-Strauss, Claude: *Das wilde Denken*. Frankfurt am Main 1991 [1962].

Marzio, Peter C.: *Rube Goldberg. His Life and Work*. New York 1973.

Moshman, Jack (Hg.): *Faith, Hope and Parity*, Washington 1966.

North, Michael: *Machine-Age Comedy*, Oxford/New York Press 2008.

Orthmutt, Oswald I.: ›How to Market a Kludge‹, in: Moshman, Jack (Hg.): *Faith, Hope and Parity*, Washington 1966, S. 21 – 29.

---

2 Das schönste Beispiel unseres Workshops kam von der Erziehungswissenschaftlerin Jutta Wiesemann: Schülerinnen und Schüler entwickeln Techniken des Meldens, mit denen sie gezielt vermeiden, von der Lehrerin tatsächlich zum Reden aufgefordert zu werden.

Oxford English Dictionary, OED Online, March 2014, Oxford University Press, verfügbar unter: http://www.oed.com/, [2.6.2014].

Oxford Dictionaries o.J.: Workaround, verfügbar unter http://www.oxforddictionaries.com/definition/english/workaround, [12.5.2014].

Pollock, Neil: ›When is a Work-Around? Conflict and Negotiation in Computer Systems Development‹, in: *Science, Technology, & Human Values* 2005/30.4, S. 496–514.

Radjou, Navi/Prabhu, Jaideep/Ahuja, Simone: *Jugaad Innovation. Think Frugal, Be Flexible, Generate Breakthrough Growth,* San Francisco 2012.

Raymond, Eric S.: *The New Hacker's Dictionary.* 3. Aufl. Cambridge, MA; London 1996.

Rube Goldberg. A Retrospective. Introduction and Commentary by Philip Garner. New York 1993.

Schumacher, Ernst Friedrich: *Small Is Beautiful. A Study of Economics As If People Mattered,* London 1973.

Schüttpelz, Erhard/Gießmann, Sebastian: ›Medien der Kooperation. Überlegungen zum Forschungsstand‹, in: *Navigationen* 2015/15.1, S. 7–55. Digitaler Preprint verfügbar unter http://www.uni-siegen.de/phil/medienwissenschaft/forschung/mdk/literatur/schuettpelzgiessmann_kooperation.pdf [15.9.2014].

Star, Susan Leigh/Griesemer, James: ›Institutional Ecology, ›Translations‹ and Boundary Objects: Amateurs and Professionals in Berkeley's Museum of Vertebrate Zoology, 1907–139‹, in: *Social Studies of Science* 1989/19.3, S. 387–420.

Star, Susan Leigh: ›The Structure of Ill-Structured Solutions. Boundary Objects and Heterogeneous Distributed Problem Solving‹, in: Gasser, Les/Huhns, Michael N. (Hg.): *Distributed Artifical Intelligence.* Bd. II. London: Pitman; San Mateo, CF 1989.

Suchman, Lucy A.: *Plans and Situated Action. The Problem of Human-Machine Communication.* Cambridge/New York u.a 1987.

Webster's Third International of the English Language Unabridged, 3 Bd.e, Chicago u.a. 1981.

Wetzstein, Thomas: ›Prozeßschriftgut im Mittelalter – einführende Überlegungen‹, in: Lepsius, Susanne/ders. (Hg.): *Als die Welt in die Akten kam. Prozeßschriftgut im europäischen Mittelalter.* Frankfurt am Main 2008, S. 1–27.

Gustav Bergmann

Kultur der Reparatur der Kultur.
Vom Teilen, Tauschen und Tüfteln

Es ist einfach wunderbar...

seit die Menschen die Dinge, die sie wirklich benötigen, selber oder in kleinen
Gemeinschaften fertigen, seitdem wir die moderne Technik nutzen, uns Blau-
pausen aus dem Netz herunter laden, um die Dinge des Alltags nach unseren
Wünschen und Vorstellungen zu gestalten. Es wird restlos, reparierfähig und
robust gebaut. Die wichtigsten Geräte werden gemeinsam genutzt. Man leiht sich
das aus, was gerade gebraucht wird. Die Repair Cafés, die Handwerkszentren
und Erfinderateliers beleben die Innenstädte, die man mit e-bikes und dem
kostenlosen ÖPNV erreicht. Vieles ist wieder in Gemeineigentum überführt
worden, kulturelle Vielfalt und das Zusammenleben aller Generationen prägt
das tägliche Leben. Als der großflächige Einzelhandel zugrunde ging, als die
Standardware der großen Markenkonzerne uns zu einfältig und zu teuer erschien, etablierten sich Tauschbörsen, kleine kreative Shops und Werkstätten, in
denen man endlich wieder Originelles und wirklich Nützliches entdecken kann.
Es gibt kaum noch Müll, die Menschen gehen leidenschaftlich ihren gehaltvollen
Tätigkeiten nach und können sich auf das wirklich Wichtige im Leben konzentrieren: Freundschaft, Spiel, Genuss, Kreation und Liebe. Es gibt jetzt viel
mehr fröhliche Gesichter. Das gute Leben begann, als wir, von der Mühsal und
den Zumutungen befreit, die modernen Techniken nutzten, um uns zu befreien,
die Dinge wieder anzueignen, uns mit tüfteln, tauschen und teilen beschäftigten.
Aus den Schulen und Hochschulen sind Entdeckerzentren für diverse Talente
und Fähigkeiten geworden. Die Globalisierung besteht jetzt darin, sich zu be-
suchen und Ideen auszutauschen statt in riesigen Warenströmen ein und die-
selben Dinge hin und her zu schicken. Wirkliche Wertschöpfung findet jetzt
überall auf dem Planeten statt. Nun gut, ganz so weit ist es noch nicht. Schauen
wir kurz auf die Situation heute, dann ein wenig zurück, um dann die Zukunft zu
erkunden.

Wenn Nutzen nützt. Wem nutzt das Ausnutzen?

Unsere Kultur bedarf der Reparatur. Der Titel ist bewusst gewählt. Wir ent-
stammen einer Kultur der Kreisläufe, des Einklangs mit der Natur und haben
uns davon gerade in den letzten Jahrzehnten mit großer Hybris hinfort bewegt.
Nun befinden wir uns im rasenden Stillstand. »Je mehr sich ändert, desto mehr
bleibt sich gleich«, sagt ein französisches Sprichwort.[1] Ein Mehr Desselben führt
als Steigerung und Übersteigerung auf einem endlichen Planeten sowieso in den
Abgrund. Wir führen Krieg unter uns und gegen den Planeten, den wir gemeinsam bewohnen. Cui bono? Wem nützt denn dieses System? Wer profitiert
von der Zerstörung, der Plünderung, der Nicht-Reparatur? Nutzen nützt, so
einfach macht es sich die so genannte Wissenschaft der Wirtschaft. Der Mensch
handelt rational, seinen Nutzen maximierend. Jegliches Verhalten soll demnach
zweckgerichtet sein. Aber wenn alles den Nutzen mehrt, dann gelangen wir zu
der Aussage, dass Nutzen nützt. Es wird zirkulär und nichtssagend. Es wäre auch
erbärmlich, wenn das ganze Leben auf Nutzen hin orientiert wäre, wenn alles
ausgenutzt werden muss – Mitmenschen, Beziehungen, Wald und Wiese. Wir
wollten und sollten uns doch besser aus dem Reich der Notwendigkeit befreien.
Wem nützt also das System? Warum gibt es Investorenschutz und Bankenret-
tung, aber keine Rettung für Kleinanleger? Warum werden die Natur geplündert
und der Sozialstaat beschädigt? Wem würde ein System des Umnutzens nützen?
Wir werden wieder ein Maß finden müssen, mit den Gaben der Mitwelt sorgsam
umzugehen. Es kann eine spannende Zeit des Umbruchs werden, hin zu einer
wunderbaren Welt wirklichen Wohlstands.

Heile Welt vor 40 Jahren?

Zunächst wage ich einen kurzen Rückblick in noch nicht allzu ferne Zeiten
meiner Jugend: Meine Eltern platzierten mich in eine vielfältige Welt zwischen
Bauernhof und Industriebetrieb. So erlebte ich in den 1960 und 70er Jahren den
Hof meiner Mutter mit allen nur erdenklichen Haus- und Nutztieren sowie allen
Anbauformen. Es gab Kühe, Schweine, Ziegen, Hühner, Pferde als Zugtiere; es
wurden verschiedene Getreidesorten und Zuckerrüben angebaut. Alles im
Wechsel und so, dass sich der Boden regenerieren konnte. Der Hahn krähte noch
auf dem duftenden, die Luft würzenden Mist. Ätzende Gülle war unbekannt. Es
gab keinen Kunstdünger und das Saatgut wurde jedes Jahr für das nächste
gewonnen. Es gab keinerlei Müll, alles wurde wiederverwertet. Reparatur und

---

1 Nach Alphonse Karr: »plus ca change plus c'est la meme chose«.

Wartung ermöglichten die schier endlose Lebensdauer der Artefakte. Im Hausgarten erntete man die wesentlichen Lebensmittel.

Zudem lebten wir direkt neben dem Familienunternehmen der Holzindustrie mit heute unvorstellbarer Produktionstiefe und -breite. Die Bäume wurden aus dem Wald geholt, von Mitarbeitern selbst eingeschlagen, im eigenen Sägewerk verarbeitet, die Holzreste in der Lokomobile zur Energiegewinnung genutzt. Die Lkw und die Maschinen wurden selbst gewartet und repariert, Vorrichtungen selbst gefertigt. Für die Produktion und Verpackung verwendete man lediglich natürliche Rohstoffe. Viele Frachten wurden mit der Eisenbahn bewerkstelligt. Man fertigte vornehmlich sehr haltbare, gut zu pflegende und reparierfähige Erzeugnisse, die somit eine fast ewige Lebensdauer aufwiesen. Die Leidenschaft für das gute Produkt stand im Vordergrund. Heute entdecke ich zuweilen noch Produkte aus dieser Zeit und habe einige natürlich selbst in Gebrauch. Es war eine idyllische Welt der Warenproduktion mit glücklichen Erlebnissen. Die Arbeitsfelder waren komplex und somit wenig entfremdet. Alle Mitarbeiter verfügten über umfassende Fertigkeiten und waren in der Lage, große Teile des Produktes zu erstellen. Als Jugendlicher konnte ich die analogen Fertigungsprozesse direkt beobachten und nachvollziehen. Selbst die Geschäftsvorgänge waren haptisch und visuell erfahrbar. Es gab noch Journale und Schriftstücke, analoge Verbuchungen und Kontierungen. In unserer Freizeit bauten wir Seifenkisten und statteten sie mit Mopedmotoren aus, konstruierten himmelstrebende Baumhäuser und erlernten alle Grundfertigkeiten für Landbau und Handwerk.

Bevor ich mich aber ganz verklärend in diese Zeit zurückträume, will ich deutlich machen, dass ich mir diese vergangene Zeit nicht zurückwünsche, denn es gab auch eine provinzielle Enge, viel Mühsal und geringe Offenheit für Anderes und Neues. Die heile Welt ist sowieso vorbei: In den letzten Jahrzehnten entstanden immer mehr Müll, Abfall und Abhängigkeit. Auf dem Hof wurde man abhängig von den EU- Quoten für Milch, Fleisch oder Zucker. In der Holzindustrie gerieten die Unternehmen in Abhängigkeit von den Handelskooperationen. Es schlich sich auch eine mehr auf ökonomische Verwertung und Expansion orientierte Politik ein. Die Abhängigkeit der Möbelfirma war auch auf die zunehmende Austauschbarkeit der effizient gefertigten Erzeugnisse zurückzuführen. Das Szenario der Nachhaltigkeit und der Kreisläufe wandelte sich im Prozess des vermeintlichen Fortschritts vor meinen jugendlichen Augen immer mehr in Richtung Spezialisierung, Arbeitsteilung und Einschränkung der Fertigungsbreite und -tiefe. Zunehmend ging es um Preisgünstigkeit, die Leidenschaft für das Produkt verschwand und war nur noch bei Nischenanbietern zu finden.

Unter dem Einfluss der Reklameindustrie setzte sich besonders ab den 1970er Jahren eine andere Lebensweise mit einem anderen Konsumstil durch. Von nun an sollte alle Mühsal vorbei sein. Kunststoffe ersetzen natürliche Materialien. Alles sollte praktisch und einfach sein. Fertiggerichte (Tütensuppen, Pudding ohne Kochen, Dosen) ersetzten zunehmend die traditionellen Speisen. Die Gebrauchsgüter entwickelten sich rasant zu faszinierenden Automaten, deren innere Komplexität so sehr anwuchs, dass wir heute kaum noch ein Produkt selbst reparieren, erweitern oder pflegen können. Kaum ein Auto lässt sich bei einer technischen Panne heute wieder in Gang setzen. Anders ist die große Zuneigung zu »Gelben Engeln« auch kaum erklärbar. Kaum ein Haushaltsgerät lässt sich reparieren (so behaupten es zumindest die Monteure). Kaum ein Computer oder Smartphone lässt sich noch instandsetzen, wenn es einen Defekt aufweist. Wir sind den Dingen enteignet. Viele Produkte sind zudem eigens so konstruiert, dass sie zu einem vorbestimmten Zeitpunkt defekt sind (»eingebaute Obsoleszenz«). Es ist uns zudem kaum noch möglich, ohne Plastikbehältnisse vom Einkauf wieder nach Hause zu kommen. Kürzlich wurde in meiner Straße der Abholdienst für Kunststoffmüll von einem Zweiwochen- zum Einwochenrhythmus umgestellt.

Auch die »Bildung« hat sich geändert. Das meiste lernten wir außerhalb der Schule. Es ist für mich nur sehr schwer vorstellbar, dass Menschen in ihr Leben finden, alle ihre Talente und Neigungen entdecken, wenn sie in der rapiden Wissensunkultur aufwachsen, sich triviales Wissen einverleiben müssen, die banale »Scheinbildung« durchlaufen, ohne jemals konkret ein Werk erstellt zu haben, etwas repariert, konstruiert oder gepflegt zu haben, ohne jemals ein relevantes Problem gelöst zu haben. Es scheint mir besonders wichtig, sich das Leben wieder anzueignen, statt nur zu konsumieren, Updates zu sichern, gigantische Mengen dem Abfall zu übereignen und sich zu verschulden, um alles wieder und wieder neu zu kaufen. Die Künstlerin Barbara Kruger hat es in einem ihrer Werke auf den Punkt gebracht: You want it, you need it, you buy it, you forget it.

Reparatur und Kultur: Tauschen, teilen und tüfteln

Reparatur ist ein Vorgang der Instandsetzung oder Wiederherstellung. Der Begriff ist dem Lateinischen entlehnt und bedeutet »wieder herstellen«. Kultur ist ein sehr schillernder Begriff. Unter Kultur verstehe ich den Zusammenklang von Riten, Sitten und Gebräuchen, der Nutzung und Nutzungsart verschiedener Artefakte, die Form des Zusammenlebens, die gemeinsamen Geschichten und Erzählungen, die gemeinsamen Symbole und Sprachen, die Interaktionsweisen auf Basis von geteilten Werten und Normen. Kurz gesagt ist Kultur alles, was der Mensch gestaltend hervorbringt und wie Menschen zusammen leben. Die Kultur entsteht aus der Gestaltung von Beziehungen. Zum Begriff der Kultur existiert eine so ausufernde Debatte, dass es unmöglich erscheint, eine einfache Definition zu liefern. In meinem Beitrag verstehe ich Kultur als die Summe der Artefakte (Dinge, Texte, Bilder), Mentefakte (Werte, Normen, Ideen) und der Soziofakte (Institutionen, Systeme, Regeln).

Hier möchte ich die beiden Begriffe in Relation setzen. Kultur stammt ja interessanterweise von dem lateinischen Wort cultura, was so viel wie Pflege, Bearbeitung, Ackerbau heißt. Reparatur der Kultur ist dann ein Prozess der Wiederherstellung von Werten oder der Werterhaltung. Eine Kultur basiert im Kern auch auf gemeinsamen Werten, auf deren Basis Entscheidungen zustande kommen. Unsere Kultur, also unser System des Zusammenlebens, erscheint mir aus den Fugen geraten, maßlos, und zerstörerisch. Die Beziehungen zu anderen Menschen, zu uns selbst, zu den Dingen und der Natur erscheinen gestört. Es ist schwierig in Zeiten der allgegenwärtigen Konkurrenz, Beschleunigung und Effizienzdenke, diese Beziehungen zu pflegen. Höchste Zeit also, um die Kultur zu reparieren. Reparatur stiftet Sinn und bewirkt Glücksgefühle. Menschen entdecken ihre Fähigkeiten, wenn sie mitwirken an der Erstellung oder der Wiederherstellung von Dingen. Reparatur fördert so die Kompetenzentwicklung jedes Einzelnen und die Beziehungen zueinander, zu den Dingen und der Natur. Die Reparatur gelingt durch das Austauschen defekter Teile, die Verbindung von Teilen, das Hinzufügen oder die Neuanordnung. Zur Reparatur zählen auch die Wartung und Prophylaxe.

Das Tauschen, Teilen und Tüfteln bringt die Menschen zueinander. Es ist eine Welt, wo der Besitz, die Abschottung, der Eigensinn weniger bedeutsam werden und die Kooperation sowie die gegenseitige Anerkennung und Unterstützung in den Vordergrund treten. Es ist eine Kultur des Pflegens, des Teilens, der Verantwortung und des Erfinderischen. Mit Erich Fromm formuliert, wäre es eine Kultur des Seins, statt des Habens.[2] Menschen distanzieren sich durch das Haben und den Statuskonsum von ihrer Mitwelt. Im Seins-Modus erlebt man hingegen Sinnhaftigkeit in der Verbindung zum Ganzen und durch das lebendige Erleben. Gemeinwirtschaft, Teilen und Offenheit sind hier die prägenden Elemente. Das führt zu der Frage, was zu dieser Wegwerf-, Verzehr- und Zerstörungskultur geführt hat.

Moderner Kapitalismus tendiert zur Entwertung

Die Zerstörungskultur ist im Zuge der Industrialisierung entstanden und erfuhr im modernen Kapitalismus eine besondere Intensivierung. Der moderne Finanzkapitalismus ist von der Wertverwertung und einem immer währenden

---

2 Vgl. Fromm, 2010.

Wachstum abhängig. Das eingesetzte Kapital muss sich vermehren. Es ist somit ein System, das auf einem endlichen Planeten in die Krise führen muss. Damit das Kapital bedient werden kann, geht man zunächst expansiv in die räumliche Dimension (globale Märkte und globale Ausbeutung von Natur und Arbeit), dann muss möglichst alles verzehrt und schnell ersetzt werden, dann wird das Ganze beschleunigt. Die Folge ist die Enteignung in einer globalisierten liberalistischen Welt, in der alles darauf angelegt ist, zu verzehren, um immer wieder neuen Umsatz zu erzielen, mehr Wachstum zu schaffen. Dieses Wachstum wird gebraucht, um dem Kapital und seinen Eignern, Renditen zu ermöglichen, die wiederum das Kapital mehren, das wiederum weiter wachsen soll. Eine Reparatur dieser Unkultur bestünde in einer »Umnutzung« des Systems der Kapitalvermehrung, denn kürzlich hat besonders der französische Ökonom Thomas Piketty empirisch belegt, dass dem Kapitalismus eine Tendenz zur extremen Ungleichheit innewohnt.[3]

Wir erleiden zudem einen Verlust des Wissens durch die Digitalisierung, Aufteilung und Beschleunigung. Vielleicht sollen wir ja auch weiter in Abhängigkeit geraten, um als trivialisierte Wesen an diesem Steigerungsspiel teilzunehmen. Menschen fahren mit Navis in den Rhein oder enden im Nichts, weil sie keine Karte zu lesen gelernt haben. Wir sind entfremdet von unserer Waschmaschine, weil wir sie nicht verstehen können. Wir sind den Dingen enteignet, stehen hilflos vor den Geräten, deren Funktion wir nicht durchschauen. Wir geraten dadurch auch in große Abhängigkeit von den Produzenten, die uns zu stummen Konsumenten erzogen haben. Diese Entwicklung wird jedoch nicht so weiter verlaufen, weil zunehmend Menschen verstehen, dass sie allein oder gemeinsam mit anderen Menschen Erzeugnisse erstellen und reparieren können. Erste Anzeichen dafür sind zum Beispiel das Urban Gardening, die Repair Cafés, die Möglichkeiten der Open Source Entwicklung und die Maker Culture mit dem Internet der Dinge.[4] Überall, wo die Menschen sich verlassen fühlen, der Wohlfahrtsstaat unter dem Kommando der Finanzmärkte und deren Agenten abgeschafft wurde, wo die Investoren keine Geschäfte mehr wittern, zeigen sich Tendenzen zu einer Solidarisierung und einer mehr kollaborativen und oft auch regionalen Ökonomie. Sie nehmen das Heft wieder selbst in die Hand und verbinden Handwerk, Selbermachen und moderne Technologie.

---

3 Vgl. Piketty 2013.
4 Vgl. Anderson 2013.

Verbindung von moderner Technologie und Handwerk: Heile Welt 4.0

Heute könnte man die Welten der Technologie und der Vernetzung und des Handwerks sinnvoll kombinieren. Man kann die Technologie einsetzen, um Produkte nutzergerecht individuell und damit reparierfähig und weniger Ressourcen verzehrend zu gestalten und auf der anderen Seite den Menschen die Dinge wieder aneignen lassen. Sinnliche Erfahrung, emotionaler Kontakt sowie künstlerische und handwerkliche Tätigkeiten erfahren eine überraschende Renaissance, insbesondere, wenn Menschen im Internet Informationen einholen, Kompetenzerwerb in Gemeinschaften betreiben und neue technische Möglichkeiten der dezentralen Produktion nutzen. Soziale Macht kann in systemischer Hinsicht nur entfaltet werden, wenn ein Akteur oder eine Gruppe den Eindruck der »Nicht-Austauschbarkeit« aufrechterhalten kann. Zurzeit erscheinen die Marktangebote großer Markenkonzerne unumgehbar, ihre »Leistungsfähigkeit« nicht ersetzbar. Mit einem anderen Bewusstsein über die Möglichkeiten der Umgehung, des Austauschs, des Verzichts auf standardisierte Waren, kann es zu einer rapiden Machterosion kommen.[5] Einige Autoren sprechen deshalb auch von der Entzauberung der Marken, vom »Ende der Konzerne« oder dem »Ende der Massenproduktion«. Ein erster wesentlicher Ansatzpunkt besteht in der »Reparatur« der Wohlstandsmaße. Dann wird uns auch schneller bewusst, dass wir auf dem falschen Weg sind.

Wir messen und bewerten falsch: Reparatur der Wohlstandsmaße

Unsere Fehlorientierung beginnt schon damit, dass wir unseren Wohlstand sehr einseitig und falsch bemessen. Seit den 1940er Jahren gilt das Bruttoinlandsprodukt (BIP) als Wohlstandsindikator. Hierbei werden alle Dienste und Produkte aufsummiert, die dem Endverbrauch dienen. Allen Fachleuten ist bekannt, dass so auch Krankheiten in Form von medizinischer Behandlung, dem Konsum von Medikamenten, Unfälle und Reparaturen, aufwändige Rechtsstreitigkeiten, Schäden im Umwelt- und Sozialbereich positiv gerechnet werden. Auch die Verteilung von Einkommen wird nicht berücksichtigt. So kann es sein, dass die nigerianische Wirtschaft stetig wächst, das Land aber zunehmend verheerend ruiniert ist. Die Gewalt steigt an und deren Bekämpfung schlägt sich wiederum positiv im BIP nieder. So kann es auch sein, dass die Havarie der

---

5 Vgl. Bakan 2005; Piore/Sabel 1985

Ölplattform im Golf von Mexiko die US-Wirtschaft scheinbar beflügelt und gar die Wirtschaft Japans von Atomunfall und Erdbeben rechnerisch profitiert.

Es ist mittlerweile allen Verantwortlichen klar, dass der BIP-Indikator in die Irre führt. Zahlreiche Regierungschefs haben Kommissionen gegründet, die neue Wohlstandsindikatoren erarbeiten sollen. Mit dem so genannten Human Development Index (HDI) hat die UNO schon vor vielen Jahren einen alternativen Indikator entwickeln lassen. Hier werden auch die durchschnittliche Lebenserwartung, die Verteilung von Einkommen und der Bildungsgrad berücksichtigt. Beim so genannten Happy Planet Index werden die Verteilung von Einkommen und Vermögen sowie der ökologische Fußabdruck mitberücksichtigt. In einigen Ländern existiert die Orientierung am Wohlbefinden (Kanada) oder Glück (Bhutan).[6] Wir müssten eigentlich die Entstehung von Werten messen und davon die Zerstörung abziehen. Eine Kultur lebt von guten Beziehungen der Menschen untereinander, vom Menschen zum Ding und zur Natur. Dies gilt auch für die Bilanzierung in Unternehmen, wo ein Abgleich zwischen wirklicher Wertschöpfung und der Schadschöpfung vollzogen werden müsste. In einer Wirtschaft, die nur auf Wachstum und Wertverwertung orientiert ist, können diese Betrachtungen jedoch nicht berücksichtigt werden.

Entropie oder Syntropie: Kultur der Zerstörung oder der Wertentwicklung?

Viele Dinge sterben immer schneller. Mobiltelefone haben ein Leben von durchschnittlich zwei Jahren. Tendenz fallend. T- Shirts leben einen Sommer, Plastiktüten nahezu ewig, werden jedoch nur 25 Minuten in ihrem eigentlichen Sinne verwendet und wandeln sich von einem Wert in Giftmüll. Die Pont du Gard erfreut uns seit 2000 Jahren, die Autobahnbrücken müssen schon nach 20 Jahren runderneuert werden. Die Beziehungen zwischen Menschen wirken ebenfalls sehr instabil. Wir erzeugen Entropie, also Zerstreuung und Entwertung, durch die Gestaltung nutzloser Produkte mit geringer Haltbarkeit, modischer Obsoleszenz und hohem Ressourcenbedarf. Wir türmen Müllberge auf, lassen die Hälfte unserer Lebensmittel jeden Tag zu Abfall werden, schaffen Endlager für Hypergifte wie atomare Abfälle und verpacken und konstruieren sehr viel in Kunststoffen, die besonders unsere Meere verschmutzen und der Fauna und Flora dort das Überleben erschweren.

Aber auch sprachlich verschmutzen wir: Genau wie Dinge, die manifestierte Kommunikation darstellen, sind auch alle anderen Kommunikationen oft nicht

---

6 Vgl. Diefenbacher/Zieschank 2011.

mitweltgerecht gestaltet. Wir verschmutzen die Mitwelt durch schlechtes Reden, Kommandieren, Lügen und Unfreundlichkeit. Durch die materielle und kommunikative Schadschöpfung wird das Ganze gefährdet. Was in der Ökonomie zuweilen als Wertschöpfung bezeichnet wird, wirkt eher als Zerstörung von Werten. Die Werbelüge, die Umsatz erzeugt, stellt ökonomisch Wert dar, führt aber zu Schaden. Materie und Energie wie auch Kommunikation sind Informationsformen. Wir beeinflussen, motivieren, ernähren und versorgen uns mit Information. Der Charakter der Information bewirkt dann das Resultat. Das Fatale daran ist, dass der entropische Lebensstil in der westlichen Welt nicht durchhaltbar und damit nicht zukunftsfähig ist. Wir benötigen andere Maßstäbe für unser Handeln, da ansonsten heiße Konflikte zunehmen. Der Kampf um die Ressourcen wird auch in die Länder der Ressourcenverschwender getragen und die Ruhe gewaltig stören.

Der Physiker und Philosoph Hans Peter Duerr hat für die werthaltige Lebensweise das Wort »Syntropie«[7] geprägt. Syntropie ist Wert erhaltende und schaffende Information und wenn man so will Energie, Materie und Kommunikation. Es geht also darum, mehr wirkliche Wertschöpfung als Schadschöpfung zu betreiben. Jede wirtschaftliche Betätigung erzeugt Energiezerstreuung (Entropie). Es kommt darauf an, diese Entropie durch Werteentwicklung auszugleichen. Dabei können wir nicht jeden Menschen allein lassen, sondern wir haben die Verantwortung und die Chance, dieses syntropische (ökologisch durchhaltbare und solidarisch kooperative) Verhalten kontextuell organisatorisch zu unterstützen.

Menschen und soziale Systeme haben immer mehr Möglichkeiten, als sie aktuell glauben und zulassen. Zuweilen versuchen wir, Veränderungen und Entwicklungen »rational« einzuleiten oder wir werden durch Krisen und Krankheiten zu Veränderungen gezwungen. Wenn wir wirkliche Entwicklung wollen, benötigen wir dafür neue Beziehungserfahrungen und die »Genehmigung« unserer Entourage, unserer Freunde, Kunden und Partner. Wenn sich etwas nachhaltig und substanziell ändern soll, muss sich wohl das ganze Netzwerk ändern. Die menschliche Kultivierung erscheint notwendig und möglich.

Bisher eigenen wir uns die Welt an, indem wir sie »zumüllen«, also aus Syntropie Entropie, aus Ordnung Unordnung, aus Werten und Verständigung Rauschen machen. Ganz nach dem Motto: Die Suppe, in die ich spucke, gehört mir.[8] Vielleicht lässt sich so erklären, dass sich die Mitweltverschmutzung und Ausplünderung so schnell und intensiv ausgebreitet hat. Wenn es nicht mehr reicht, haften und zahlen dann wieder alle. Nun ist es nicht so, dass »böse« Einzelakteure dieses Unwesen treiben, vielmehr führen die Strukturen be-

---

7 Duerr 2009, S. 94 ff.
8 Serres 2009. Zum Entropie-Gesetz in der Ökonomie: Geogescu-Roegen 1971.

stimmter Systeme zu solch einem Verhalten. Verantwortungslosigkeit und Gier werden durch bestimmte Strukturformen und Kontextbedingungen wahrscheinlicher gemacht. Vielleicht sind an diesem Gegeneinander auch die Entgrenzung, das Effizienzdenken und die allgegenwärtige Konkurrenz ursächlich beteiligt. Wie sollen sich Menschen kooperativ und vorsorgend verhalten, wenn ihnen schon früh eingebläut wird, dass es nur um Leistung, Wettbewerbsvorteile, Effizienz und Egoismus geht? Wir müssen wohl vom anerzogenen Gegeneinander zum Miteinander finden. Das kann geschehen, wenn es wieder einen Wert darstellt, sich zu einem zivilisierten, mitfühlenden Menschen zu entwickeln. Wenn wir wieder lernen, dass der Mensch mehr lernen kann, als seine wirtschaftliche Existenz zu sichern und sein Ego übergroß wachsen zu lassen. Dinge, Produkte, Konzepte und Institutionen kann man als »manifestierte Kommunikation« verstehen. Sie sind Resultat kommunikativer Prozesse. Die Art der kommunikativen Beziehungen prägt den Charakter der Ergebnisse. Wenn man also eine Kultur der Reparatur erzeugen will, ist es notwendig die Kommunikation zu verändern, mehr Response, mehr Respekt, mehr Achtsamkeit und Mitgefühl in die Beziehungen einfließen zu lassen.

Menschen befähigen, in der kontingenten Welt zu koexistieren

Wir müssen uns auf eine Welt hoher Unbestimmtheit vorbereiten, da viele Phänomene sich in zirkulärer und vernetzter Kausalität gegenseitig unvorhersehbar beeinflussen. Es kann auch immer anders kommen. Wir sprechen dann von Kontingenz.[9] Die Lösung besteht in »Responsivität«, also der Fähigkeit Antworten zu finden und die Komplexität entsprechend zu durchdringen. Weitere Begriffe sind die Robustheit oder »Resilienz«, also die Widerstandsfähigkeit. Resilienz ist aus der Psychologie übernommen, wo untersucht wird, welche Menschen in schwierigen Umfeldern seelisch stabil bleiben und große Schwierigkeiten überwinden. Bezogen auf soziale Systeme sind das zum Beispiel Unternehmen, die in Krisenbranchen überleben, während andere scheitern. Unter Resilienz[10] versteht man demnach die Fähigkeiten von Akteuren oder Systemen (z. B. Familie, Unternehmen), erfolgreich mit belastenden Situationen (z. B. Misserfolgen, Unglücken, Notsituationen, traumatischen Erfahrungen oder Risikosituationen) umzugehen. Das heißt aber auch, Menschen befähigen, mit neuen Technologien umgehen zu können, sie sich als Werkzeuge wieder anzueignen. Das heißt für Bildungsprozesse und Kompetenzerwerb möglichst große Freiheit und Muße, um die eigenen Fähigkeiten entdecken zu können.

---

9 Vgl. Luhmann 1984, S. 152. Vgl. auch: Ortmann 2009, S. 22. f..
10 Vgl. dazu Hopkins 2012.

Resilienz entsteht, wenn ein System erfinderischer, kooperativer und vernetzter sowie zukunftsfähiger und ökologischer wird, also bessere, intensivere Beziehungen zur Mitwelt aufbaut. Wirkliche Entwicklung besteht in der Erweiterung von Möglichkeiten.

Beim Kompetenzerwerb geht es grundsätzlich um die Aufrechterhaltung des »Flows«[11]. Flow erlebt man, wenn die eigenen Fähigkeiten beziehungsweise Kompetenzen den Herausforderungen entsprechen. Wir wachsen an den Herausforderungen, die wir immer besser und sicherer bewältigen. In der engen Vernetzung mit anderen können zudem größere Herausforderungen und Innovationen bewältigt werden. Die Philosophin Martha Nussbaum sieht in der Befähigung von Menschen den zentralen Ansatz.[12] Wohlstand und Entwicklung realisieren sich nicht im immer Mehr Desselben, nicht in einer rein ökonomischen Messung von Wachstum, sondern in der Befreiung des Menschen. Wir brauchen eine Wirtschaftsordnung, in der Menschen befähigt statt behindert werden. Die finanzkapitalistische und von Macht durchsetzte Ökonomie behindert die meisten Menschen, ein Leben zu führen, das sich ihren Möglichkeiten nähert. Nussbaum hat zentrale menschliche Fähigkeiten beschrieben, die durch das System unterstützt werden sollten.[13] Es sind dies Leben, also eine lange Lebensdauer; dabei körperliche Gesundheit, also körperliche Integrität; Sinne, Vorstellungskraft und Denken, also die Fähigkeit, eine Bildung zu genießen, die Denken und sinnliche Erfahrung möglich machen. Es sollen auch die Fähigkeiten entwickelt und erweitert werden, Gefühle zu äußern, Bindungen einzugehen und Empathie und Liebe zu entwickeln. Es werden auch die praktische Vernunft und Reflexionsfähigkeit, das Spielen und die Lust am Leben als wesentlich angesehen. Die Zugehörigkeit und Anerkennung, die Naturbeziehung und die Mitwirkung in allen Bereichen der Gesellschaft gelten als weitere wichtige Fähigkeiten. Menschen sollten in der Ausübung und Entwicklung dieser Fähigkeiten unterstützt werden. Martha Nussbaum, die an der Theorie der Gerechtigkeit von John Rawls[14] sowie den Modellen von Amartya Sen[15] ansetzt, möchte dazu ein robustes Modell als Rahmen schaffen, der inhaltlich Spielraum lässt, um an die jeweiligen Bedingungen und historischen Gegebenheiten angepasst zu werden. Die Forderung ist abstrakt formuliert, damit sie im Dialog ausformbar bleibt. Für eine Reparatur der Kultur können geeignete Rahmenbedingungen geschaffen werden, die den Übergang zu einer resilienten und zukunftsfähigen Lebens- und Wirtschaftsweise beschleunigen. Es geht so-

---

11 Csikszentmihalyi 1990.
12 Vgl. Nussbaum 2010.
13 Vgl. Nussbaum 2012.
14 Vgl. Rawls 1979.
15 Vgl. Sen 2012.

wieso nur darum, wie dieser Wandel sich vollzieht, wie lange er dauert und wie schmerzhaft er sich auswirkt.

Voraussetzungen einer Wiederinstandsetzung der Kultur

Kürzlich hat die Philosophin Rahel Jaeggi eine Kritik der Lebensformen entwickelt.[16] Sie hält es für notwendig, über die moralische Enthaltsamkeit hinaus zu gelangen. Die libertinäre Freiheitsauffassung hat zu einem bedenklichen Monismus geführt. Deshalb existieren in diesem Denkmodell auch keine Alternativen (There is no alternative), es existiert keine Gesellschaft (There is no such thing as society) und man gelangt ans vermeintliche »Ende der Geschichte«. Dieser gedanklichen Sackgasse entkommen wir, indem wir Möglichkeiten für das »plurale Experimentieren« eröffnen, indem wir den Menschen Freiraum und Muße gewähren, gemeinsam andere Lösungen zu schaffen. Es erscheint auch notwendig, die Debatten und Diskurse über Lebens- und Wirtschaftsweisen wieder zu entfachen, die Polis wieder zu beleben und nicht in so genannten Sachzwängen gebunden, effizient in den Abgrund zu rennen. Mit einem lebhaften und ergebnisoffenen Dialog kann eine Reparatur der Kultur gelingen.

Die Voraussetzungen für eine erfinderische, kooperative und zukunftsfähige Welt habe ich ausführlich in dem Buch »Das menschliche Maß« zusammen mit Jürgen Daub beschrieben. Es müssen die Verwertungs- und Wachstumszwänge durchbrochen werden.[17] Wichtige Ansatzpunkte sind eine mehr egalitäre Gesellschaft, in der die Privatisierung aller Lebensbereiche reduziert wird, alle Mitglieder der Gesellschaft durch ein bedingungsloses Grundeinkommen in die Lage versetzt werden, ihre Talente zu entfalten und sorglos zu leben. Dieses Grundeinkommen müsste durch eine deutliche Steigerung der Vermögens- und Erbschaftsbesteuerung finanziert werden. Wir landen ansonsten in einer neofeudalen Gesellschaft, in der das Einkommen und das Vermögen vornehmlich durch die Zugehörigkeit zu einer bestimmten Schicht bestimmt werden. Wir benötigen Bedingungen zur einfacheren Organisation von Commons (Gemeinwirtschaft, Genossenschaften, Allmende). Wir brauchen eine Reregulierung der Finanzmärkte und eine deutliche Begrenzung statt der Ausweitung der Macht von Konzernen, wir brauchen kleinere Marktstrukturen. Es geht also um die Förderung der Vielfalt, die Gleichheit (Angleichung der Einkommen und

---

16 Vgl. Jaeggi 2014.
17 Vgl. Bergmann/Daub 2012, insbesondere S. 84 ff.. Die Merkmale einer zukunftsfähigen Gesellschaft lauten: Vielfalt, Gleichheit, Freiräume/Freiheit, freie Zugänge, Mitwirkung und Demokratie 3.0 sowie Maße und Regeln.

Vermögen),[18] die Öffnung der Zugänge zu Wissen und geistigem Eigentum, die intensivierte Mitwirkung und Demokratisierung in allen Sphären der Gesellschaft, die Einführung von Regeln (Regulierung der Finanzmarkte, Finanztransaktionssteuer) und Maße für eine mitweltgerechte Ökonomie, die Schaffung öffentlicher Sphären für den intensiven Austausch.

Im Folgenden möchte ich einige Entwicklungen aufzeigen, wie der Umbau der Ökonomie sich vollziehen wird. Beschrieben werden die Reregionalisierung der Wirtschaft, die interaktive und demokratische Innovationsentwicklung, die flexible Flexibilisierung, die FabLab und Maker Kultur, die Renaissance des Handwerks sowie die erfinderischen Lebensstile der Künstler und Freigeister.

Lokalität, Regionale Wirtschaft und Commons

Damit sind wir bei den Überlegungen zu einer neuen Urbanität, erfinderischen Regionen und der Re-Lokalisierung von Ökonomie angekommen. Heute betreiben wir einen Irrsinn des Wegwerfens, des Transportierens von Dingen hin und her über den Planeten, ohne dass daraus Wohlstand entsteht, es wird hingegen der Wohlstand nebst Natur und alle sozialen Bindungen zerstört. Eine möglichst lokale Herstellung von Dingen in kleinen Gemeinschaften schafft soziale Bindung, ermöglicht die Fertigung nach individuellen Wünschen, reduziert die hilflose Abhängigkeit und schont die Ressourcen. In dem Film »Economies of Happiness«[19] beschreiben die Autoren anschaulich, wie eine andere Form der Globalisierung aussehen könnte. Es werden Produkte geteilt, es wird gemeinsam vor Ort erzeugt, man gewinnt die Energie dezentral, man bewirtschaftet gemeinsame Flächen und Einrichtungen, kauft, unterstützt durch eine lokale Währung, vornehmlich lokal ein.

Bisher besteht auch die Globalisierung eher in der extremen Hin- und Herlieferung von Dingen in gigantischen Warenströmen; Menschen geraten in Abhängigkeit, vielfach wird Elend produziert, Konzerne bemächtigen sich der lokalen Märkte usw. Diese Politik dient nur sehr wenigen und schadet fast allen. Eine andere Globalisierung würde sich maßgeblich auf lokale, dezentrale Produktion, den auch medialen Wissensaustausch und wirkliche menschliche Begegnungen im globalen Maßstab umorientieren. Es entstehen Tendenzen zur mehr kollaborativen Ökonomie einer Wirtschaft des Caring and Sharing, der gegenseitigen Sorge, der Pflege und des Teilens und Tauschens. In einer Lebensweise des Miteinanders werden Menschen anerkannt, es lösen sich die Sphärentrennungen auf. Es wird dann eine Relokalisierung der Fertigungs- und

---

18 Vgl. dazu Balibar 2013 sowie Wilkinson/Pickett 2009.
19 Vgl. Norberg-Hodge/Gorelick 2011.

Austauschverhältnisse geben, wie sie in der Transition Bewegung schon prak-
tiziert wird.[20]

Ökologische, mitweltgerechte Produkte und Dienste?

Unternehmen arbeiten in der Regel dauerhaft beständiger, wenn sie fair mit
ihren Mitarbeitern umgehen, keinen Raubbau an der Natur betreiben, nicht auf
permanentes Wachstum angewiesen sind und sich weitgehend selbst finanzieren. Im Kern geht es bei einer maßvollen und durchhaltbaren Unternehmung um
die ökologische und mitweltgerechte Programmpolitik. Es geht darum, was
Unternehmen am Markt anbieten und wie es zustande kommt, welche Ressourcen es benötigt und wie fair der gesamte Wertschöpfungsprozess organisiert ist.

Ein Produkt oder eine Dienstleistung sind wie alle menschlichen Gestaltungen Resultate eines sozialen Prozesses. Ihr Wert, ihre Bedeutung und ihre
Funktion sind nicht objektiv oder absolut bestimmt, sondern ergeben sich erst
in der Beziehung zum Objekt und in Bezug zur sozialen Umwelt. So wird durch
Markenwerbung die Bedeutung banaler Produkte für einzelne Konsumenten
erzeugt und so bestimmen auch die Freunde und Bekannten eines Menschen
über die Produktwahl mit. Letztlich erfährt man in armen Ländern, auf der
eigenen Trekking-Tour oder in Notzeiten erst wieder, was wirklich wichtige
Dinge sind. Das gute Produkt ist das, was ich aus der freien Natur auflese, ein
Apfel, der in guter Luft gewachsen ist.

Die meisten Produkte entsprechen keineswegs diesem Ideal, sondern ver-
größern die Umweltprobleme und landen nach kurzer Zeit auf dem Müll. Die
eingebaute Veralterung forciert diesen Prozess. Viele Dinge erscheinen wenig
robust, lassen sich nicht reparieren, bedürfen des Updates, fallen der nächsten
Modewelle zum Opfer oder entgleiten nach kurzer Nutzung unserer Aufmerksamkeit. In diesem miesen Spiel agieren auch die Nutzer und Verbraucher als
Beschleuniger, nur sind sie nicht die Haupterzeuger des Abfalls. Vieles wird als
»Trösterchen« gekauft oder weil andere es auch haben, es angesagt ist, der
Nachbar beeindruckt werden muss oder einfach ein anderes Nutzenversprechen
vorlag, eine Fehleinschätzung. Der Konsument ist überfordert, die ihm und der
Mitwelt am besten dienlichen Angebote auszuwählen. Schon als Kleinkinder
werden Menschen mit Markenwerbung konfrontiert und zu folgsamen Konsumenten erzogen. Es ist zynisch zu behaupten, Verbraucher würden entscheiden,
welche Produkte auf den Markt kommen und wie viel Umweltschmutz und
erbärmliches Elend in den Armutsländern erzeugt wird.

---

20 Vgl. www.transition-initiativen.de. Vgl. zu Commons: Helfrich/Heinrich-Böll-Stiftung 2012.

Genussreiche Askese, freies Leben des Tauschens, Teilens und Tüftelns

Wir Konsumenten können dennoch unseren Beitrag leisten, wenn wir versuchen, regionaler, ökologischer und weniger zu kaufen, oder gar mehr selber mit anderen herstellen.[21] Eins bleibt sicher: Biowein aus Südafrika kann nur dort ökologisch sein. Der Ausstieg aus dem Konsum überflüssiger Dinge (Exnovation) erscheint möglich, wenn aus den gewohnten Spuren des »Mehr vom Selben« ausgeschert wird. Menschen können sich entscheiden, verantwortlicher zu konsumieren, indem sie zugleich einen Nutzen für sich realisieren. Das Selbermachen (do-it-yourself) hat ja schon eine lange Tradition, die jetzt neuen Schwung erhält. Es ist damit auch eine Befreiung von entfremdeter Arbeit möglich.

Wenn bisher auch von Geringverdienern vollends »überteuerte« Firlefanz-Produkte gekauft werden, so ist es zumindest theoretisch möglich, den Konsum auf andere Produkte umzulenken, die weniger schädlich sind. Hinweise auf »wahre« Bedürfnisse werden wohl zu Recht kritisiert, doch in einer auf Druck, Angst und Entfremdung ausgerichteten Arbeitswelt, wird der »kompensatorische« Konsum geradezu »produziert«. Die Menschen wollen sich dann wenigstens trösten, eine kleine Flucht organisieren und kleine Erfolge im Schnäppchenkauf erringen. Niemand kann allein entscheiden, welches die richtigen Bedürfnisse sind. Nur können wir gemeinsam entscheiden, auf was Menschen Anspruch haben, wie viel jedem Menschen zusteht. Es können nicht alle Wünsche erfüllt werden, wenn die Ressourcen begrenzt sind. Es existieren Formen der Konsumtion, die offensichtlich Schaden anrichten und insofern unmoralisch sind. Uns steht eine durchtrainierte und auf Verführung ausgerichtete Industrie gegenüber, die allein im Lebensmittelsektor etwa 60.000 »Innovationen« jedes Jahr auf den Markt bringt. Darunter Produkte, die banale und überaus vergleichbare Produkte darstellen, aber zu extrem hohen Preisen verkauft werden, da ein Zusatznutzen in Form eines Prestigewertes aufgebaut wird.[22] Darunter auch Produkte, die zu extrem niedrigen Preisen angeboten werden, weil man andere die wirkliche Rechnung bezahlen lässt.

---

21 Vgl. Schor 2011.
22 Näheres unter www.abgespeist.de und www.foodwatch.de.

Interaktive Wertschöpfung, Demokratisierung der Innovation

Wenn man mitweltgerechte Produkte und Dienste entwickeln will, sind die Nutzer in einen qualifizierten Prozess der Angebotsentwicklung mit einzubeziehen. Diese interaktive Wertschöpfung ist auch als »Open Innovation«[23] und »Common Innovation« bekannt. Es ist zu überlegen, ob man den »Nutzen« überhaupt mit einem materiellen Produkt erreichen kann und ob dieser Nutzen überhaupt besteht. Wenn man nicht durch eine Dienstleistung die Leistung erbringen kann, ist zu fragen, ob das Ding nicht geliehen, gemietet oder getauscht werden kann.[24] Erst wenn man versucht hat, das Ding erst gar nicht zu produzieren, sollte man über die Entwicklung einer Innovation nachdenken. Diese sollte zudem in einer Exnovation bestehen. Das heißt, es ist zu überlegen, wie man aus der gegenwärtigen Praxis und Realisierung von Produktion und Konsumtion heraustreten kann, um eine mitweltgerechtere Lösung zu entwickeln.

Ein Beispiel: Es ist wohl kaum jemanden damit gedient, mühsam zu arbeiten, um sich aus dem versteuerten Geld dann ein Auto zu leisten, das man jeden Werktag morgens in den Stau stellt, zweimal im Jahr zur Inspektion und zum Reifenwechsel bringt, das man für den Umzug oder den Transport von Gartenabfall nicht nutzen kann, das im Urlaub zu klein und in der Innenstadt zu groß ist. Wenn man die Autonutzung anders organisiert, manche Fahrten vermeidet (die tägliche Fahrt zur Arbeit im eigenen Auto durch Bahnnutzung, Fahrgemeinschaft oder Umzug), nur einen Nutzungsvertrag abschließt oder Car Sharing betreibt, dann kann man Geld sparen, die Umwelt schonen, und zugleich mehr Nutzen realisieren.

Warum kommt es nicht dazu? Weil es als Einzelakteur außerordentlich schwierig ist, ein noch unzureichendes Angebot zu organisieren. Der öffentliche Nahverkehr ist unterfinanziert, es gibt noch wenig Car Sharing-Angebote und die gesamte Infrastruktur fehlt. Dieser Umbau ist aber die Voraussetzung für grundlegende Innovationen und kann nicht nur von einzelnen Akteuren aufgebaut werden. Vielmehr ist das eine gemeinschaftliche, also eine staatliche Aufgabe. Wenn Landbewohner Autos abschaffen, sind sie faktisch gezwungen, die meiste Zeit zu Hause zu verweilen, da öffentliche Verkehrssysteme über Jahrzehnte vernachlässigt wurden. Die Investitionen in die Verkehrsinfrastruktur konzentrierten sich fast ausschließlich in Autostraßen oder Prestigeprojekte wie Hochgeschwindigkeitsstrecken, die keinen Güterverkehr zulassen. In Städten könnte man die Autos schon heute aussperren und damit die urbane Attraktivität erheblich erhöhen. Eine Stadt mit kostenlosem Nahverkehr, e-bikes und Rädern wäre aus dem Stand populär und hoch attraktiv.

---

23 Chesbrough 2003.
24 Vgl. Bergmann 1994.

Was ist zu tun? Wichtig und außerordentlich unterstützend würden strengere Regeln für die Erzeuger wirken. Alle Produzenten – so war mal der Plan einer deutschen Regierung – könnten verpflichtet werden, für alle ihre Dinge von der Entstehung bis zur »Entsorgung« zu haften. Was man in die Welt bringt, muss man dann auch verantworten. Außerdem sollten die Anbieter die Gebrauchsgüter nur verleihen dürfen, so dass die Kunden nur einen Dienst erwerben. Auch dieser Prozess wird fortschreiten, weil die Menschen erkennen, dass sie nur die Dienstleistung benötigen und nicht das Produkt. Man braucht kein Auto, sondern nur die Mobilitätsdienstleistung. Bei vielen Innovationen ist auch noch nicht klar, welche Komponenten man auf Dauer verwenden sollte und so werden diese dann gemietet (Elektromotor oder Brennstoffzelle?).

Natürlich wollen das die Anbieter nicht so gerne, da der Besitzerstolz dann schnell schmilzt und den Markenwert bedroht und, weil sie dann die gesamte Lebensspanne ihrer Produkte organisieren müssen. Es wäre wahrscheinlich sinnvoll, nur fehlt die öffentliche Debatte über diese Zusammenhänge. Wollen wir wirklich unser Leben mit so viel Aufmerksamkeit für Automobile verbringen? Durch Landschaften fahren, die mit Tankstellen, Raffinerien und Fahrbahnen dekoriert sind? Das Elend im Nigerdelta und anderswo mit bewirken? Der hoch aktive Lobbyismus hat diese Produkthaftung in der Versenkung verschwinden lassen.

Dabei hätte eine solche Regelung wahrscheinlich ein Umsteuern hin zu den Ideen eines Cradle to Cradle (von der Wiege zur Wiege) bewirkt, sodass weniger »neue« Rohstoffe verwendet werden müssen.[25] Alle Produkte würden in einem solchen Falle so konstruiert, dass die jeweiligen Bestandteile sortenrein verarbeitet werden, sowieso lange halten und später wieder in andere Produkte einfließen können. Dies kann nur von staatlicher Seite gehen. Die Demokratisierung der Produktentwicklungsprozesse hingegen kann von Unternehmen organisiert werden, die daraus auch direkte Vorteile erzielen: Innovationsideen, Motivation der Nutzer und Mitarbeiter, Kosteneinsparungen, Risikominimierung usw. Die Enthierarchisierung und Demokratisierung der Produktentwicklung kann zu sinnvolleren Produkten führen. Designer und Architekten entwickeln sich mehr zu Moderatoren des Entwicklungsprozesses. Sie binden die Nutzer in die Prozesse der Entstehung ein, um dann gemeinsam erfindungsreichere und besser nutzbare Artefakte und Räume zu gestalten. Die Konsumenten können durch weniger Konsumieren, mehr Tauschen, Reparieren und Genießen und die Mitwirkung am Designprozess eine Menge beitragen. Dabei werden sie durch neue technologische Entwicklungen zunehmend unterstützt.

---

25 Vgl. Braungart/McDonough 2002.

Von der Massenproduktion zur flexiblen Spezialisierung

Die handwerklichen Produktionsverfahren auf hoch technologischer Basis, die
mehr lokale und regionale Fertigung, die erweiterten Mitsprachemöglichkeiten
und Mitwirkungsrechte, die Öffnung der Unternehmen im Sinne der Open Innovation, die Wiederaneignung der Dinge durch interaktive Wertschöpfung,
Reparatur, das Teilen, Tauschen und Tüfteln werden sich nicht wirklich aufhalten lassen. Es ist nur eine Frage der Zeit. Es ist nun Aufgabe der Staaten, diese
Entwicklungen zu fördern und die großbetrieblichen Formen nicht weiter zu
subventionieren und zu privilegieren. Die Staaten, Regionen und Unternehmen,
die diese neuen Formen der Ökonomie unterstützen, werden am ehesten zukunftsfähig sein und eine andere, viel sinnvollere Art der Wohlstandsentwick-
lung erzeugen. »Flexible Spezialisierung ist eine Strategie permanenter Innovation: der Anpassung an sich ständig verändernde Bedingungen, und nicht der
Versuch, diese unter Kontrolle zu halten.«[26] Schon in den 1980er Jahren haben
die Forscher Piore und Sabel diesen kommenden Trend ausführlich beschrieben.
Die industrielle Basis wird sich wahrscheinlich deutlich verändern. Die flexible
Spezialisierung löst zunehmend die Massenproduktion ab. Es ist eine Entwicklung zu einer kooperativen, handwerklichen, aber zugleich hoch technologischen Industrie, die eine Integration von Nutzern und weiteren Akteuren
sowie die individualisierte Fertigung ermöglicht. Es ergeben sich Möglichkeiten
zur Mass Customization, also für eine kostengünstige, modulare Massenproduktion von individuellen Erzeugnissen.

Vorrangiges Ziel bei der flexiblen Spezialisierung ist es, ein Unternehmen so
zu organisieren, dass es sich kurzfristig an die Bedingungen auf sich permanent
schnell ändernden Märkten anpassen kann. Statt Massenfertigung in Großbetrieben wird die Produktion in innovativen und flexiblen Klein- und Mittelbe-
trieben organisiert, die (lokal oder regional) vernetzt sind. Die Flexibilität resultiert aus dem Einsatz moderner, an die wechselnden Anforderungen an-
passbaren Maschinen, die von qualifiziertem Personal bedient werden.

Langfristig hat die flexible Spezialisierung gewaltige Vorteile für alle Beteiligten. Unterstützt werden könnte diese Entwicklung, wenn sich die Rahmen-
ordnung ändert. Noch gibt es starke Tendenzen, die großindustrielle Fertigung
und Vermarktung zu forcieren. Die bedenklichen Entwicklungen rund um In-
vestitionsschutzabkommen und Freihandelszonen zeugen davon.[27] Auch versuchen sich Konzerne möglichst viele Rechte einzuverleiben. Die Begrenzung
des Einflusses von Konzernen wäre ein wichtiger Baustein einer Mitweltöko-

---

26 Piore/Sabel 1985, S. 26.
27 Näheres dazu bei Klimenta/Fisahn 2014.

nomie, die zukunftsfähig und menschengerecht wäre. Es ist eine Frage der sozialen Macht, wann und wie der Übergang ermöglicht wird.

FabLabs, Repair Cafés, Commons

Die neuen Technologien wirken sich in verschiedener Form aus. Durch die Internet-Vernetzung lassen sich Informationen schneller und einfacher beschaffen. Soziale Netzwerke haben sich teilweise zu Communities of Practice entwickelt, wo gemeinsam Kompetenz erworben wird.[28] Es werden Möglichkeiten geboten, die Erfahrungen anderer sofort wirksam nutzen zu können. Mit der Open Source Development Bewegung hat sich eine nicht kommerziell dominierte Form der Innovationsentwicklung etabliert. Auf analogem Gebiet sind neue Gemeinschaften und Austauschbörsen entstanden. Zu nennen sind hier Repair Cafés, wo sich Fachleute und Experten treffen, um defekte Produkte wieder in Gang zu setzen oder umzunutzen. Reparatur gelingt auch mit den neuen Möglichkeiten des 3D-Drucks besser, denn hier können Ersatzteile dezentral nachgefertigt werden, ohne auf den Service der Produzenten angewiesen zu sein.

Ein FabLab ist ein Fabrikationslabor, eine offene High-Tech-Werkstatt mit dem Ziel, Menschen industrielle Produktionsverfahren für Einzelstücke zur Verfügung zu stellen.[29] Typische Geräte sind CNC-Maschinen, 3D-Drucker, LaserCutter, Tiefziehmaschinen und Fräsen. Damit wird ermöglicht, eine große Anzahl an unterschiedlichen Materialien und Werkstücken zu bearbeiten. FabLabs erlauben die Entwicklung und Fertigung individueller Artefakte oder nicht mehr verfügbarer Ersatzteile. In diesen Heimwerkerfabriken kann jeder Mensch seine Ideen und Kompetenzen einbringen und das Maß an Unterstützung einfordern, das er braucht. Schon gegenwärtig kann man zahlreiche Dinge selbst mitgestalten, wenn man Baupläne aus dem Internet nutzt oder sich die CAD-Techniken zunutze macht. Es ist eine Entwicklung in 3D, wie wir sie aus dem 2D-Bereich kennen. Heute sind auch Laien befähigt, Fotobände, Prospekte und Bücher zu produzieren, was man sich vor 20 Jahren überhaupt nicht vorstellen konnte. FabLabs entstehen als dezentrale Fertigungszentren, in denen in intensivem Austausch mit Nutzern, Entwicklern, Handwerkern usw. gemeinschaftlich Produkte entwickelt, gefertigt oder umgenutzt werden können. Die heutigen Unternehmen des Rapid Protoyping, der Werkzeugfertigung und des Handwerks können zu ganz neuen und anderen Innovationszentren werden und sich von der Rolle als Zulieferer der Großindustrie emanzipieren. Einzelne

---

28 Vgl. z. B. Bergmann/Daub 2008.
29 Vgl. Anderson 2013, S. 59.

Akteure und Gemeinschaften können sich so neue Spielräume eröffnen und sich die Dinge wieder aneignen.[30]

Wir haben es hier mit einer deutlichen Veränderung (Umnutzung) des Industriesystems zu tun. Sie folgt den sechs Elementen einer erfinderischen Sphäre, wie sie an anderer Stelle ausführlich dargestellt wurden: Es gibt den Akteuren die Freiräume zurück, sich selbst in Innovations- und Erstellungsprozesse einzubringen. Die Zugänge werden geöffnet, statt einer privaten Verfügung über Ideen, Wissen und Räume. Es gibt dann mehr gemeinschaftliches Eigentum (Commons), eine »Stadt der Commonisten«, wie es kürzlich drei Autorinnen betitelten.[31] Die Mitwirkung ist in der interaktiven Wertschöpfung viel stärker ausgeprägt. Alle Beteiligten entscheiden mit über das Ergebnis. Es ist eine mehr maßvolle Produktion, die nicht auf ewige Expansion angewiesen ist. Es besteht eine größere Gleichheit im System, eine neue Art von Wohlstand.

Die Renaissance der Handhabung und des Handwerks

Die Forscher Penfield und Rasmussen untersuchten die Großhirnareale auf ihre motorische und sensible Funktion hin.[32] Sie fanden heraus, dass verschiedene Körperteile unterschiedlich ausgedehnt auf der Großhirnrinde repräsentiert werden. So werden die Mundregion und die Hände des Menschen im Vergleich zu anderen Körperregionen überrepräsentiert. Wenn man dementsprechend Kreaturen zeichnet, entstehen Figuren mit riesigem Mund und ebensolchen Händen. Man kann also mit Immanuel Kant formulieren: Die Hand ist der sichtbare Teil des Gehirns.[33]

Wie ein Bildhauer können wir das Wesen der Dinge erst durch die Erfahrung und im Lesen des Materials erwerben. Richard Sennett führt uns die Bedeutung des interaktiven und bewussten Gestaltens vor Augen. Die Aneignung des Objektes durch Erprobung, Dialog und Experiment lässt uns bessere Entscheidungen über die Verwendung treffen.[34]

Vieles Unterschiedliches zu erproben entspricht einem facettenreichen und ausbalancierten Lebensstil, der die Effizienz senkt und die Resilienz und Attraktivität steigert. Wer viel experimentiert, scheitert oft, macht aber mehr Erfahrungen und ist damit auf fast alle Entwicklungen vorbereitet. Menschen sind

---

30 Vgl. Neef/Burmeister/Krempl 2006; Sennett 2012; Bergmann 2004.
31 Vgl. Baier/Müller/Werner 2014.
32 Vgl. Penfield/Rasmussen 1950.
33 Das Zitat wird allgemein Kant zugeschrieben. Ähnlich in: IK: Immanuel Kant, Anthropologie in pragmatischer Hinsicht (1798). Erster Theil. Anthropologische Didaktik. Erstes Buch. Vom Erkenntnißvermögen. Vom Sinne der Betastung. AA VI, 154 – 155.
34 Vgl. Sennett 2012.

also gut beraten, sich mit möglichst vielen unterschiedlichen Dingen, Phänomenen und Menschen zu beschäftigen, sich wirklich zu bilden, um damit eine universelle Lösungsfähigkeit zu erlangen. Dazu müssen wir uns die Dinge wieder aneignen, die uns als Fertigprodukte zunehmend unterfordern und unsere Fähigkeiten verkümmern lassen. Dazu gehört auch eine Distanz zum Gegenwärtigen, finanzielle und geistige Unabhängigkeit und der Wille, seine selbst gesteckten Grenzen zu überwinden. Diese resultieren aus unserer Tendenz, das Vertraute, Gewohnte und Sympathische zu bevorzugen. Dagegen setzt substanzielles Lernen Irritationen voraus.

Irritationen erzeugen Kreativität. Beharrlichkeit im Erlernen und Studieren ermöglicht den Erwerb von fundamentaler Kompetenz. In etwa 10.000 Stunden benötigt der Mensch zum Erwerb eines Handwerks oder einer umfassenden Fertigkeit.[35] Diese kann als Basis dienen, auf der dann frei experimentiert und ausprobiert werden kann. Bei gewissem Ehrgeiz kann man es zudem auf mehrere »Handwerke« bringen, die weitere Vertrautheit und Unabhängigkeit schaffen und mit zunehmender Erfahrung auch wechselweise förderlich wirken. Menschen brauchen Bereiche, denen sie sich mit Hingabe und rein aus sich selbst heraus widmen, besonders in einer Welt, die effizienz- und geldorientiert ist. Die Wiederaneignung von Produkten kann über die Selbstbefähigung gelingen. Es geht darum, sich Produkte wieder durch Pflege, Reparatur und Eigenkonstruktion zu eigen zu machen. Es beginnt damit, sein Fahrrad zu flicken, sich Produkte zu kaufen, die man selbst reparieren kann und es geht weiter damit, dass man sich selbst Produkte entwirft und gestaltet. Schon heute gibt es eine weiter wachsende Zahl von Handwerksbetrieben, die eine Mitwirkung der Kunden je nach Vorwissen ermöglichen: selber entwerfen und fertigen, Geräte mieten oder nach Ideen fertigen lassen. Beispiele sind Nähwerkstätten, Tischlereien, Goldschmieden, Radwerkstätten und vieles mehr. Eine weitere Form sind die Urban Gardening- und Urban Farming-Initiativen, in deren Rahmen Menschen gemeinsam die Selbstversorgung mit Grundnahrungsmitteln selbst in städtischer Umgebung organisieren.

Das Leben als Freigeist und Künstler

Der französische Philosoph Foucault hat sich in seinen letzten Vorlesungen mit den freien Menschen beschäftigt, die die Wahrheit benennen können, und ist bei den Kynikern gelandet.[36] Im prominentesten Vertreter Diogenes haben wir das Bild des bedürfnislosen Freigeistes vor Augen, der als einziger dem König die

---

35 Vgl. Sennett 2007.
36 Vgl. Foucault 1996.

Stirn bietet und seinen Neid hervorruft. Er hat Einfluss und Wirkung ohne
Aufwand, allein durch seine Haltung und seine Weisheit.

Für uns Normalsterbliche bietet sich die Gegenüberstellung von Citoyen
versus Bourgeois an. Der Citoyen denkt an das Ganze, möchte die Auswirkungen
seines Handelns auf die Gesellschaft und Gemeinschaft implizieren. Der Bourgeois ist der egoistische Vorteilsdenker, der sich listig Vorteile erkämpft. Diese
Figur dient im Kapitalismus als Menschenbild. Der Markt regelt das egoistische
Verhalten zum Wohle aller ein. Der Einzelne muss nicht moralisch handeln. Da
der Mensch die Auswirkungen seines Handelns sowieso nicht berücksichtigen
kann, wird er durch die Marktgesellschaft gleich ganz von diesen Überlegungen
entlastet. Der Citoyen hingegen kann als Leitbild des Verantwortlichen dienen.
Da durch eine wettbewerbliche Ordnung das egoistische Handeln stark gefördert wird, kann das bei mangelnden Marktregeln zu gravierenden Krisen führen.
Menschen versuchen, externe Effekte zu realisieren, müssen sich als einfache
Marktteilnehmer der Verwertung ihrer Arbeitskraft widmen und geraten so in
einen Strudel der Ökonomisierung des Denkens, Fühlens und Handelns. Eine
Gesellschaft, die den einzelnen Menschen im Kleide der Eigenverantwortung das
wirtschaftliche Überleben als Privatsache überlässt, fördert das egoistisch ei-
gensinnige Verhalten. Das Gelddenken hat sich unserer Seele, unseres Geistes
und sogar unseres Körpers bemächtigt. Es dominiert zunehmend als Bezie-
hungsmodell selbst zwischen Liebes- und Ehepartnern. Geld fungiert so als
letztes Bindeglied zwischen einsamen Menschen in erkalteter Gesellschaft. Geld
bestimmt den Rhythmus des Lebens, es hat sich in alle Gespräche, Interaktionen, Institutionen und Sinne hineingeschlichen.[37]

Foucault hat hingegen den freien, unabhängigen Menschen als Leitbild formuliert. Konsumverweigerung und Bedürfnislosigkeit erschaffen in diesem
Modell eine Nische der Freiheit. Auch die soziale Anerkennung der Citoyens als
verantwortliche Menschenfreunde kann eine positive Rolle spielen.

Verwandt mit diesem Lebensstil ist die Haltung des Künstlers. Kunst kommt
nicht von Können – zumindest nicht nur. Ansonsten müssten die perfekten
Kopien der Mona Lisa (in jedem gewünschten Format), die Portraitmalereien in
den Touristikzentren oder die nahezu perfekten Kunstfälschungen (Kujau,
Beltracchi) ebenfalls Kunst sein. Diese Malereien sind sicher gutes Handwerk,
aber eben keine Kunst. Können ist vielleicht eine wichtige, aber keine hinrei-
chende Voraussetzung für Kunst. Wenn sich ein Mensch aus eigenem Antrieb
mit dem Thema seiner Wahl beschäftigt, stellt sich das Können nahezu automatisch ein, weil sich der Künstler extrem intensiv mit diesen Dingen beschäftigt und somit übt. Kunst erzeugt neue Sichtweisen, durchbricht Wahr-
nehmungsroutinen und irritiert. Sie fördert so das Lernen und die Erkenntnis.

---

37 Vgl. Bocklmann 2004.

Kunst folgt einer Intention, will anstoßen, deutlich machen, selektieren. Kunst wirkt nicht trivial, weil sie unübersehbare Folgen hat. »Wenn es Kunst ist, erregt sie Anstoß bevor sie verehrt wird. Man fordert ihre Zerstörung, und dann bietet man Geld dafür.«[38]

Künstler sind Menschen, die Dinge aus sich selbst heraus erschaffen, Künstler kann jemand sein, der sich mit Gestaltungen beschäftigt, ohne Zweck und nicht des Geldes wegen. Der Künstler ist der Mensch, der Dinge tun muss, egal ob es dafür extrinsische Belohnungen gibt oder nicht. Der Kapitalist ist der Mensch, der Dinge tut, um Geld und Bedeutung zu mehren. So hat schon der Soziologe Georg Simmel den Künstler definiert und vom Kapitalisten unterschieden.[39] Menschen brauchen Bereiche, denen sie sich mit Hingabe und rein aus sich selbst heraus widmen, besonders in einer Welt, die effizienz- und geldorientiert ist. Mir ist kein namhafter Künstler bekannt, der sein künstlerisches Schaffen mit der Absicht begonnen hat, viel Geld zu verdienen. Das Künstlerdasein ist ein Lebensstil der Freiheit und Selbstbestimmung. Künstler streben ein unabhängiges Leben an, sind nicht verfügbar, lassen sich nicht kaufen. Kunst will nicht gefallen, kann aber. Kunst, die gefallen will, mutiert schnell zum Design oder reiner Dekoration.

Bedeutsam erscheinen mir bei der künstlerischen Gestaltung der Prozess und der Kontext. Zahlreiche Objekte der Konzeptkunst, der Minimal Art und anderer sind ohne die Entstehungsbedingungen gar nicht einzuschätzen und zu verstehen. Zahlreiche »Kunstwerke« sind einfach reproduzierbar und wirken ohne Erläuterung banal. Erst im sozialen Kontext bekommt Kunst Bedeutung verliehen. Erfindung und Kreation sind Vorgänge des Schöpfens. Durch das Schöpfen wird ein Unterschied erzeugt, etwas herausgehoben, das so noch nicht gesehen wurde. Schöpfung besteht darin, aus scheinbarer Homogenität Heterogenität zu erzeugen. In der aktuellen Kunst kann man solche Schöpfungsprozesse beobachten. Kunst wird weniger museal, entsteht in allen Lebensbereichen, medial in intensiver Interaktion. Graffiti und Street Art als öffentliches Zeichnen, Parcouring, Skateboarding als kunstvolle Tänze, Hip Hop und Poetry Slams sind Kunstformen, die im Internet zelebriert und diskutiert werden und sich ganz neuer Formen der Entstehung und Präsentation bedienen. Im Übrigen erfordern diese Künste ein durch emsiges Üben erlangtes Können.

Kunst ist also Ausdruck des Unbewussten, der inneren Antriebe und Emotionen. Künstler wird der Mensch durch seine Haltung und sein Selbstbewusstsein. Der Künstler entzieht sich der Verfügbarkeit in der modernen Gesellschaft, lebt damit oft im Zwiespalt zwischen Existenzsorgen und Selbstbestimmung und gewinnt gerade aus diesem Spannungsverhältnis immer wieder

---

38 Doctorow 2011, S. 56.
39 Vgl. Simmel 1900, S. 505 ff.

neue Ideen und Energie. Viele Menschen mehr würden diesen Weg der Unab-hängigkeit wählen, wenn es dafür eine Basis gäbe. So wäre eine Gesellschaft mit einem bedingungslosen Grundeinkommen, kostenloser Bildung und einem fair geregelten Markt ein Kontext, in dem sich Menschen mit Respekt und Wert-schätzung begegnen würden und alle eine faire Chance bekämen. Künstler haben auch die Aufgabe, für solch eine Kultur einzutreten und die Trivialisie-rung der Menschen im Massenkonsum und in der vermachteten Wirtschaft zu verhindern. Alle selbst bestimmten, gebildeten und unabhängigen Menschen sind den Mächtigen schon immer unheimlich, weil schlecht regierbar. Deswegen wird versucht, sie verfügbar zu machen, ihnen den Mut zu nehmen und sie zu ängstigen. Kunst kann hier Auswege bieten und die Möglichkeiten erweitern.

Einstieg in die Kultur des Teilens, Tauschens und Tüftelns

Es ist ein Einstieg in das erfinderische Leben, in ein Leben voller Genuss und Muße, in dem man gerade, weil man achtsam und mitfühlend agiert, gemeinsam mit anderen mehr vom Leben hat. Man kann entdecken, von welchen unbe-wussten Prägungen das Leben bestimmt wird, entdecken, wie man diese Fixie-rungen überwinden und andere Sichtweisen entwickeln kann. Wenn man mit seinen Fähigkeiten die eigene Existenz zu sichern gelernt hat, sollte etwas dazu kommen, was über einen selbst hinausweist. Es geht um die Entwicklung von Achtsamkeit und Mitgefühl, von Gelassenheit und Engagement. Es muss ge-meinsam erfunden werden, was wertschöpfend, also syntropisch, wirkt und von Mitweltlichkeit geprägt ist. »Warum das schöne kurze Leben mit Betriebsamkeit und Belanglosigkeit absolvieren? Das größte Glücksgefühl erleben Menschen mit Menschen, wenn sie anderen helfen, gemeinsam Erkenntnisse gewinnen, spielen und musizieren. Wir brauchen für das, was wir wollen, keinen neuen Menschen. Wir müssen nur für das, was im Menschen an gesellschaftlichen Eigenschaften steckt, Raum schaffen.«[40]

»Life is what happens to you while you're busy making other plans«, so hat es John Lennon formuliert.[41] Die Hoffnungslosigkeit und den Fatalismus kann man meines Erachtens ganz praktisch überwinden: Utopien einer anderen Lebens- und Wirtschaftsweise entwerfen, Dialoge und Diskussionen entfachen und sich selbst verändern: müßiggehen, malen und musizieren, Kinder bekommen und betreuen, lieben, Nachbarschaftshilfe, genießen, Karneval feiern, Genügsamkeit und Askese, meditieren, selber machen, reparieren, demonstrieren, tauschen, Radfahren, Fußball oder Volleyball spielen, mit Freunden feiern und sich aus-

---

40 Duerr 2009, S. 174.
41 In dem Song »Beautiful Boy«.

tauschen, wieder lieben, im Fluss oder See schwimmen, Menschen aus anderen Kulturen kennenlernen, lesen, schreiben, fantasieren, wandern, fürsorglich sein, Ehrenämter übernehmen, sich den Zumutungen der Evaluations-, Zertifizierungs-, Qualifizierungs- und Normierungsfanatiker entziehen, sich durch Bescheidenheit unabhängig machen, ins Gras legen, träumen … und es gibt noch unendlich viele andere Möglichkeiten, nicht effizient und damit kreativ und wertschöpfend zu wirken.

Die Menschen können sich auf diese Weise größere Unabhängigkeit verschaffen, extrem Ressourcen sparen und neue Formen des Zusammenlebens entwickeln, wie es insbesondere Fritjof Bergmann[42] mit seinen Entwicklungsprojekten gezeigt hat oder sich in einer neuen Form von Gemeingüterorganisation darstellt. Hier kann man über analoge Elemente begreifen lernen, mannigfaltige Erfahrungen machen und aus einer Vertrauenskultur erwächst Gelassenheit und Kooperation. Eine Kultur des Lernens und der Vitalität, wo alle mitwirken, alles handhabbar, verstehbar und sinnhaft erscheint, ist robust genug, die großen Herausforderungen der modernen Welt zu meistern.

Entwicklung im Sinne einer Erweiterung der Möglichkeiten kann sich sowohl auf der Ebene Mensch wie des Systems vollziehen.

»Das kannst du doch nicht leugnen, daß wir in uns stecken wie die Figuren in einem Steinblock. Man muß sich aus sich herausarbeiten! Man muß sich gegenseitig dazu zwingen!«[43]

Es bleibt die Frage: Wem nützt das gegenwärtige System am meisten? Cui bono? Es sind nur wenige. Es ist ein System der Kapitalvermehrung und Mitweltvernichtung. Sollten wir das System insofern nicht ändern und umnutzen, so dass es allen heutigen und zukünftigen Menschen ein wunderbares Leben in intakter Mitwelt ermöglicht? Die Lösungen existieren, wir müssen sie nur verwirklichen.

Literatur

Anderson, Chris: Makers. Das Internet der Dinge: die nächste industrielle Revolution. München 2013.

Baier, Andrea/Müller, Christa/Werner, Karin: Neue urbane Räume des Do it yourself. Bielefeld 2014.

Bakan, Joel: Das Ende der Konzerne. Wien 2005.

Balibar, Etienne: Gleichfreiheit. Berlin 2013.

Bergmann, Fritjof: Neue Arbeit. Neue Kultur. Freiamt 2004.

Bergmann, Gustav: Umweltgerechtes Design. Neuwied 1994.

---

42 Vgl. Bergmann 2004.
43 Musil 2002, S. 685.

Bergmann, Gustav: Die Kunst des Gelingens. 3. Auflage. Sternenfels 2014.

Bergmann, Gustav/Daub, Jürgen: Systemisches Innovations- und Kompetenzmanagement. 2. Auflage. Wiesbaden 2008.

Bergmann, Gustav/Daub Jürgen: Das Menschliche Maß, Entwurf einer Mitweltökonomie. München 2012.

Bocklmann, Eske: Im Takt des Geldes. Springe 2004.

Braungart, Michael/McDonough, William: Cradle to Cradle. Remaking the Way We Make Things. New York 2002.

Chesbrough, Henry W.: Open Innovation: The New Imperative for Creating and Profiting from Technology. Boston 2003.

Csikszentmihalyi, Mihaly: Flow – The Psychology of Optimal Experience. New York 1990.

Diefenbacher, Hans/Zieschank, Roand: Woran sich Wohlstand wirklich messen last. Alternativen zum Bruttoinlandsprodukt. München 2011.

Doctorow, Edgar L.: Homer & Langley. Köln 2011.

Duerr, Hans. P.: Warum es ums Ganze geht. Neues Denken für eine Welt im Umbruch. München 2009.

Foucault, Michel: Diskurs und Wahrheit – Berkeley Vorlesungen, 1986. Berlin 1996.

Fromm, Erich: Haben oder Sein. Die seelischen Grundlagen einer neuen Gesellschaft. München 2010 (Erstauflage 1976 auf Englisch).

Geogescu-Roegen, Nicholas: The Entropy Law and the Economic Process. Cambridge – London 1971.

Heckl, Wolfgang M.: Die Kultur der Reparatur. München 2013.

Helfrich, Silke/Heinrich-Böll-Stiftung (Hrsg.): Commons. Für eine Politik jenseits von Markt und Staat. München 2012.

Hopkins, Rob: Resilienz denken, in: Helfrich, Silke/Heinrich-Böll-Stiftung (Hrsg.): Commons. Für eine Politik jenseits von Markt und Staat. München 2012, S. 45 – 50.

Jaeggi, Rahel: Kritik von Lebensformen. Berlin 2014.

Klimenta, Harald/Fisahn, Andreas: Die Freihandelsfalle. Hamburg 2014.

Luhmann, Niklas: Soziale Systeme. Grundriß einer allgemeinen Theorie. Frankfurt 1984.

Musil, Robert: Der Mann ohne Eigenschaften. Reinbek bei Hamburg 2002.

Neef, Andreas/Burmeister, Klaus/Krempl, Stefan: Vom Personal Computer zum Personal Fabricator. Hamburg 2006.

Nussbaum, Martha: Die Grenzen der Gerechtigkeit. Berlin 2010.

Nussbaum, Martha: Creating Capabilities. Cambridge. Harvard University Press, London 2012.

Ortmann, Günther: Management in der Hypermoderne. Wiesbaden 2009.

Penfield, Wilder/Rasmussen, Theodore: The Cerebral Cortex of Man. A Clinical Study of Localization of Function. New York 1950.

Piketty, Thomas: Le Capital au XXI siècle. Paris 2013.

Piore, Michael J./Sabel, Charles F.: Das Ende der Massenproduktion. Berlin 1985.

Rawls, John: Eine Theorie der Gerechtigkeit. Frankfurt am Main 1979.

Schor, Juliet B.: True Wealth: How and Why Millions of Americans Are Creating a Time-Rich, Ecologically Light, Small-Scale, High-Satisfaction Economy. Boston 2011.

Sen, Amartya: Die Idee der Gerechtigkeit. München, 2012.

Sennett, Richard: Handwerk. Berlin 2007.

Sennett, Richard: Together. The Rituals, Pleasures, and Politics of Cooperation. New Haven 2012.
Serres, Michel: Das eigentliche Übel. Berlin 2009.
Simmel, Georg: Die Philosophie des Geldes. Berlin 1900.
Wilkinson, Richard/Pickett, Kate: Gleichheit ist Glück. Berlin 2009.

Filme

Norberg-Hodge, Helena/Gorelick, Steven/Page, John: The Economies of Happiness (Die Ökonomie des Glücks). 2011. www.theeconomiesofhappiness.org.

Oliver Stickel[1], Alexander Boden[2], Gunnar Stevens[1],
Volkmar Pipek[1] & Volker Wulf[1]

Bottom-Up Kultur in Siegen: Ein Bericht über aktuelle Strukturen, Entwicklungen und Umnutzungsprozesse

Zusammenfassung

In diesem Beitrag thematisieren wir Bottom-Up- oder Graswurzel-Bewegungen
im Raum Siegen, die durch die Umnutzung und Transformation bestehender
Ressourcen, Artefakte oder Räume charakterisiert sind. Nach einer allgemeinen
Einführung beschreiben wir drei Siegener Bottom-Up-Bewegungen näher: den
Siegener Hackspace, den Greenspace (Urbaner Garten) sowie das Fab Lab. Dabei
gehen wir insbesondere auf Umnutzungs- und Transformationspraktiken ein
und diskutieren diese aus der Perspektive der Mensch-Maschine-Interaktion.

1.   Einführung

Bottom-Up Kultur (vgl. Esteva/Prakash 1998), auch als Grassroots- oder Graswurzel-Bewegung bekannt, stellt einen Sammelbegriff für diverse Formen ba-
sisdemokratisch orientierter Bewegungen dar. Diese Bewegungen sind im
deutschsprachigen Raum häufig als Vereine organisiert und meist in städtischen
Bereichen angesiedelt. Sie sind insbesondere dadurch charakterisiert, dass sie
nicht auf von oben geplante, prozessorientierte Vorgänge oder Macht-Struktu-
ren setzen, sondern auf direkter, konsens-orientierter Meinungsbildung von
unten nach oben basieren. Dabei sind sie in der Regel weniger hierarchisch
organisiert als klassische bürgerliche oder handwerkliche Vereine, haben wie
diese jedoch zumeist einen starken Lokalbezug (eine umfangreiche Auseinandersetzung findet sich in Castells 1983).

Für Bottom-Up-Kulturen stellen Praktiken der Aneignung im Sinne von
Umnutzung, Transformation und Wiederverwendung von Objekten, Räumen,
Strukturen und Ressourcen wichtige Strategien dar. Nicht zuletzt spielt hierbei
Technik, insbesondere IT, eine stärker werdende Rolle. Aus diesem Grund un-

---

[1] Universität Siegen; [2] Fraunhofer-Institut für Angewandte Informationstechnik, St. Augustin.

tersucht das Forscherkollektiv um die Professoren Wulf, Pipek und Stevens (Lehrstühle Wirtschaftsinformatik und Neue Medien, für Computerunterstützte Gruppenarbeit und Soziale Medien sowie für Mensch-Maschine Interaktion (Human Computer Interaction)) im Kontext mehrerer ethnografischer Studien und Projekte (z. B. Avram u. a. 2013 sowie Stickel/Ludwig 2014) Bottom-Up Kulturen allgemein sowie insbesondere auch die Siegener Ausprägungen.

Ziel dieses Beitrages ist es, die beforschten Strukturen sowie die Arbeiten vorzustellen und unter dem Blickwinkel von Umnutzungs- und Transformationspraktiken zu diskutieren. Exemplarisch wollen wir hierfür auf drei unterschiedliche Communities eingehen: den Hackspace Siegen[1], den Urban Garden Siegen[2] sowie das Projekt Fab Lab Siegen[3]. In den folgenden Abschnitten möchten wir die drei Felder kurz allgemein klassifizieren, um sie dann im nächsten Kapitel in ihren konkreten Details, Charakteristika und Praktiken zu erläutern.

1.1   Hackspaces

Ein sogenannter Hackspace bzw. Hackerspace ist ein üblicherweise offen zugänglicher Raum, in dem sich insbesondere Hacker, aber auch jeder andere interessierte Mensch aufhalten, austauschen und an Projekten arbeiten kann. Es ist von zentraler Bedeutung, dass der Begriff »Hacker« hier keinesfalls der populären Assoziation mit Cyberkriminalität entspricht. Er wird vielmehr in seiner ursprünglichen Bedeutung verwendet und bedeutet: Kreative, für (IT-) Technologien begeisterte Tüftler und Bastler, die die Grenzen von Technologien ausloten und sich an ihrer Umnutzung (»Hacking«) versuchen. Um es mit einem Zitat, das Prof. Wau Holland, einem bekannten deutschen Computer-Aktivisten, zugeschrieben wird, zu sagen: »Hacken ist, wenn man das Wasser für das Fertigkartoffelpüree mit der Kaffeemaschine erhitzen kann«. Die Projekte in einem Hackspace spielen sich oft in den Bereichen digitale Kunst, freie Software, Datenschutz und Sicherheit, Wissenschaft und vergleichbaren Gebieten ab. Weiterhin werden in der Regel Workshops, Vorträge und andere publikumsoffene Veranstaltungen angeboten, beispielsweise zu Themen wie Netzneutralität, Programmierung, aber auch ganz anderen Bereichen, wie z. B. Ernährung oder Braukunst, fast immer jedoch mit Fokus auf Do-It-Yourself (DIY) und Nachhaltigkeit. Soziale Begegnungen und Austausch sind dabei von ähnlicher Wichtigkeit für die Teilnehmer. Hackspaces können daher auch als Third Places

---

1 Siehe www.hasi.it.
2 Siehe www.transition-siegen.de.
3 Siehe www.fablab-siegen.de.

im Sinne von Oldenburg (1999) charakterisiert werden[4] und stellen in diesem Sinne nicht nur funktionale Infrastruktur (Raum, Strom, Internet, etc.) bereit, sondern sind auch sozialen Aspekten förderlich (durch Anbieten von Couches, Getränken, Snacks, etc.) und leisten so Beiträge zur Formung von Gemeinschaften, zum Austausch und zum öffentlichen Leben (vgl. Ludwig/Stickel/Pipek 2014). Hackspaces finanzieren sich dabei autonom, oft durch Gründung eines Trägervereines, in dem Interessierte Mitglied werden können (meist aber nicht müssen).

1.2   Fab Labs

Der Begriff »Fab Lab« ist die Kurzform von »Fabrication Laboratory«, einer Struktur aus der Maker-Bewegung.[5] Verwandte Bezeichnungen sind Makerspaces oder Community-Werkstätten. Es handelt sich hierbei um für alle offene Werkstätten, in denen mittels einer Vielzahl von Werkzeugen und Maschinen – oft, aber nicht ausschließlich aus dem High-Tech-Bereich – (fast) alle Arten von Projekten verwirklicht werden können. Der Begriff Fab Lab sowie die Etablierung der ersten entsprechenden Werkstatt stammt ursprünglich aus einem Konzept des MIT (Gershenfeld 2005). Gemein ist solchen Werkstätten dass sie Raum, technische Infrastruktur sowie gegenseitige Hilfe für DIY Projekte anbieten. Entscheidende Stichworte sind Kreativität, Interdisziplinarität, Eigenverantwortlichkeit, Nachhaltigkeit, Open Source, Lernen und Innovation sowie Wissenstransfers in die Wirtschaft und Industrie. Wie aus dieser Kurzdarstellung schon deutlich wird, ist die Grenze zwischen einem Hackspace und einem Fab Lab fließend. Grundsätzlich kann jedoch festgestellt werden, dass ein Hackspace eher Software-bezogen ist, während es in einem Fab Lab eher um Hardware, Maschinen und Produktionstechnologien geht. Im Kontext von Fab Labs und ähnlichen Organisationen wird der nächste Schritt in der digitalen Revolution postuliert (vgl. Gershenfeld 2012), der sich im Bereich der Software bereits vollzogen hat. So wurden durch die Massenverbreitung leistungsfähiger PCs Werkzeuge wie Textverarbeitung oder Videoschnitt für Privatpersonen zugänglich, die vorher Experten- und Unternehmen vorenthalten waren. Produktionsprozesse von physikalischen Gegenständen und Maschinen (Hardware) sind dagegen auch heute noch fest in industrieller Hand, was sich durch

---

4 Der »First Place« ist nach Oldenburg das Zuhause, der »Second Place« die Arbeitsstätte und »Third Places« sind für Gemeinschaftsbildung, Austausch und Kreativität wichtige, offen zugängliche und offene Räume wie beispielsweise Cafés oder Gemeindezentren.

5 Ein »Maker« ist ein Do-It-Yourself-Aktivist, der ähnlich zu einem Hacker tüftelt und innovative Projekte realisiert. Anderes als bei Hackern liegt der Fokus bei einem Maker eher auf Hardware und Produktionstechnologien, die Grenze ist jedoch fließend.

Maker, Fab Labs und die damit einhergehende Demokratisierung von insbesondere digitalen Produktionstechnologien ändern könnte.

1.3   Urban Gardening

Urban Gardening, zu Deutsch Urbane (Gemeinschafts-) Gärten, sind üblicherweise relativ kleine Räume in städtischen Gebieten, in denen lokale Gemeinschaften auf Nutzpflanzen fokussierte, nichtprofessionelle Landwirtschaft betreiben. Solche Gärten wurden bereits in der Vergangenheit aus utilitaristischer
Motivation heraus betrieben, z. B. in Kriegs- und Notzeiten (vgl. Buder 1990).
Heute sind sie oft eher Ausdruck der Bottom-Up Kultur, die hier Gelegenheiten
für die Transformation von Stadt- und Lebensräumen sieht (vgl. Müller 2011).
Urbane Gärten können sich positiv auf bewusste, gesunde und lokale Ernährung, urbanes Mikroklima sowie Nachhaltigkeit auswirken und einen psycho-
logischen wie physiologischen Ausgleich für die Gärtner bieten (Brown/Jameton
2000). Sie stehen üblicherweise jederzeit für jedermann offen und sind basis-
demokratisch strukturiert, vergleichbar zu anderen Bottom-Up-Aktivitäten wie
den o.g. Fab Labs und Hackspaces (Avram u. a. 2013 sowie Lawson 2005). Die
genutzten Flächen sind oft temporäre Brachflächen (in der Stadtentwicklung
ziehen sich solche Brachen oft über mehrere Jahre, teilweise sogar Jahrzehnte).
Durch Engagement und Bottom-Up Initiativen interessierter Gruppen lassen
sich die Eigentümer der Flächen – oft Städte oder Länder, in manchen Fällen aber
auch andere Organisationen – davon überzeugen, den Gärtnern die Flächen
unentgeltlich oder für geringe Mieten zur Verfügung zu stellen, wodurch die
Flächen dann einer Umnutzung hin zu agraren Räumen überführt werden.

1.4   Exkurs: Über Klassifikationen und Namensgebungen

Es wird aus der allgemeinen Einführung bis zu diesem Exkurs bereits deutlich,
dass sich Hackspaces, Fab Labs und auch Urbane Gärten strukturell und ideologisch ausgesprochen ähnlich sind. Die divergierenden Begrifflichkeiten haben
sich historisch und weltweit verteilt entwickelt und sind in weiten Teilen wenig
trennscharf. Um ein Mitglied des Siegener Hackspaces zu zitieren: »Hach ja, die
Ontologie des Hackspaces: Nach meinem Verständnis ist ein Fab Lab ein
Hackspace und auch der Garten (Anm.: Der Greenspace Siegen) ist ein Hackspace.« Hier wird auf das Verständnis eines *Hacks* im Sinne einer Umnutzung
bzw. der Transformation eines beliebigen Gegenstandes oder Raumes Bezug
genommen. Setzt man dieses Grundverständnis voraus, macht der Aufbau eines
Bezeichnungsschemas Sinn, bei dem *Hackspace* die übergeordnete Kategorie

darstellt und verschiedene Ausprägungen wie die hier aufgeführten Urbanen Gärten oder Fab Labs Unterkategorien bilden. Ein solches Schema hat sich jedoch bisher weder in der Literatur noch in der gelebten Bottom-Up Kultur durchgesetzt und im Sinne der Förderung breitgefächerter Verständlichkeit haben wir uns entschieden, in diesem Beitrag den derzeit üblichen sprachlichen Trennungen für die verschiedenen Strukturen zu folgen.

2.   Bottom Up Kultur in Siegen – ein Einblick

Vorausschickend ist zu sagen, dass es in Siegen eine – für eine mittelgroße Stadt erstaunlich große – Vielzahl an Bottom-Up Aktivitäten gibt. Beispiele wären das Siegener BarCamp (eine offene, sich selbst steuernde Konferenz), TollMut (eine studentische, komplett frei organisierte Theatergruppe) oder auch die Anlauf-stelle (die erste Siegener Co-Working-Einrichtung) und viele mehr. Für den vorliegenden Artikel müssen wir uns auf einen kleinen Ausschnitt beschränken, um einen jeweils adäquaten Einblick geben zu können, weshalb wir uns im Folgenden auf den Siegener Hackspace, das Fab Lab Siegen sowie den Greenspace (Urbaner Garten) konzentrieren möchten. Die Auswahl begründet sich dabei unter anderem auch an der eher hohen Affinität dieser Gemein-schaften zur Technologieaneignung, deren Erforschung in der Siegener Wirt-schaftsinformatik eine besondere Tradition hat.

2.1   Hackspace: HaSi e.V.

Der Hackspace Siegen ist ein dem oben beschriebenen Profil eines typischen Hackspaces entsprechende Bottom-Up Gemeinschaft in Siegen. Der Verein existiert seit 2012 und war zu diesem Zeitpunkt noch in Geisweid angesiedelt. Durch großen Erfolg und steigende Mitgliederzahlen reichten die dortigen Räumlichkeiten bald nicht mehr aus, was Mitte 2013 einen Umzug in größere Räume in der ehemaligen Pelzfabrik – abermals eine Umnutzung urbaner In-frastrukturen – am Effertsufer nach sich zog.

Im HaSi findet eine beachtliche Bandbreite an Aktivitäten statt, die sich zwar im Kern primär um Computer und Technik drehen, sekundär jedoch auch eine Vielzahl anderer Themengebiete berühren, die meist mit DIY, Bottom-Up und ähnlichen Aspekten zusammenhängen. Im Folgenden eine kleine Auswahl:

Abb. 1: Hackspace Siegen: »IRC-O-Meter« (zeigt Aktivität im HaSi-Chat an).

2.1.1 KiJu

KiJu steht für »Kinder und Jugendliche«. Es handelt sich hier um ein offenes
Angebot des HaSi an die lokale Jugend, in dem dieser ermöglicht wird, in
spielerischer, die Kreativität fördernder Umgebung betreut, den Umgang mit
verschiedenen technischen Systemen zu erlernen. Eingesetzt wird beispielsweise
Scratch, eine explizit auf kindgerechtes Lernen ausgelegte Programmiersprache,
mit der leicht und schnell grafisch beeindruckende Resultate generiert werden
können. Auch der Hardware-nahe Bereich wird tangiert, indem mit Arduino
experimentiert wird. Hierbei handelt es sich um eine offene Hardware-Platt-
form, basierend auf einem frei programmierbaren Microcontroller, um den ein
großes Ökosystem aus Sensoren, Stellmotoren, Leuchtdioden und unzähligen
anderen Erweiterungen existiert, mit denen schnell eigene Projekte realisiert
werden können, beispielsweise eine kleine Alarmanlage für die Tür des Kin-
derzimmers, die blinkt, sobald jemand auf der Fußmatte steht und auch noch
speichern kann, wie oft dies während der Abwesenheit des Kindes der Fall war.
Bemerkenswert am KiJu ist auch, dass ein Großteil der Computer-Aktivitäten
auf Hardware stattfindet, die oft weggeworfen wurde/worden wäre, z.B. alte,
ausgemusterte und von HaSi-Mitgliedern wieder instandgesetzte Notebooks.

2.1.2 Vorträge

Im HaSi werden regelmäßig Kurz- und Langvorträge unter der Bezeichnung
»Hasi-Talks« zu bestimmten Themen gehalten, die auch auf der Homepage
sowie in Sozialen Medien angekündigt werden und zu denen oft auch Nicht-
Mitglieder erscheinen. Themenbeispiele beinhalten IT-nahe Themen wie z.B.
HTML5 oder Verschlüsselungssysteme, aber auch Bier brauen, Aquaponik
(Pflanzen züchten im Wasser) oder »Erklär mir Kunst«. Die Vorträge werden

üblicherweise aufgezeichnet und stehen so in verstetigter Form der Öffentlichkeit zum Download über die Webseite des Hackspace bereit.

2.1.3 Hacking Nadel und Faden

Dies stellt ein – wie alle HaSi-Aktivitäten für jedermann offenes – Angebot dar, in dem Nähen und die Nutzung von Stoff- und Materialresten sowie auch die Um- und Neugestaltung sowie die Reparatur von Genähtem im Vordergrund stehen. Die Erweiterung handwerklicher Kenntnisse sowie Experimente mit dem Zusammenbringen von IT und Genähtem (*wearable computing*) sind weitere hier relevante Themen.

2.2 Fab Lab Siegen

Während der Hackspace tendenziell eher auf IT und teilweise Elektrotechnik fokussiert, geht es beim Fab Lab Siegen, einer studentischen Initiative, um Produktionstechnologien. Zum Zeitpunkt dieses Artikels existiert das Fab Lab noch nicht in physikalischer Form, hat jedoch eine erste Anschub-Finanzierung akquiriert und wird voraussichtlich zum Wintersemester 2014/15 am neuen Campus Siegen Mitte eröffnet werden. Hier sollen in einer möglichst offenen Werkstatt ganz neue Technologien wie z.B. mehrere 3d-Drucker, CNC-Fräsen und Laser-Schneider, aber auch traditionellere Handwerkzeuge, Nähmaschinen und Kunst-Zubehör bereitgestellt werden. Das Projekt *Fab Lab Siegen* wurde durch das sog. HCI-Lab des Lehrstuhls für Wirtschaftsinformatik und Neue Medien inspiriert, das ähnlich wie ein kleines Fab Lab betrieben wird, allerdings fast ausschließlich fokussiert auf 3d-Druck. In diesem bekamen die Studierenden, die das Projekt initiierten, erstmalig Kontakt zu digitalen Produktionstechnologien und der Plan, ein größeres Labor zu initiieren, wurde gefasst.

Das Fab Lab soll dabei unter anderem bestehende Praktiken transformieren, indem es bisher sehr fachspezifische Domänen und Möglichkeiten, wie z.B. die Fertigung freier und reproduzierbarer Artefakte mit CNC-Fräsen explizit fachübergreifend und offen zur Verfügung stellt. Entsprechend wird es eine fakultäts-übergreifende Lehrveranstaltung geben, die in die Möglichkeiten und Technologien des Labors einweist; zusätzlich sind vertiefende Seminare geplant. Von zentraler Wichtigkeit ist, dass das Labor nicht nur Uni-intern zur Verfügung stehen , sondern auch offen für interessierte Kreative aus der Stadtbevölkerung sowie der Industrie sein soll. Kooperationen sind beispielsweise in Form von Kursen und Workshops durch Handwerker aus der Region angedacht. Auch mit der Stadt soll kooperiert werden, beispielsweise durch temporäre Umnutzung eines Leerstandes in der Oberstadt, in der im Fab Lab produzierte Artefakte ausgestellt werden, die sich Bürger kaufen können, wobei ihre Bestellungen dann live im Labor (auf Wunsch sogar unter ihrer Beteiligung) hergestellt werden.

Der im Fab Lab geförderte und geforderte Blick wird ausdrücklich in Richtung Nachhaltigkeit, Transformation bestehender Innovations- und Produktionsprozesse sowie der (Um-)Nutzung bestehender Ressourcen gehen – beispielsweise wird für viele Holz-Projekte Palettenholz verwendet werden, eine Ressource, die sehr häufig verschwendet, weggeworfen oder verbrannt wird, oder in riesigen Stapeln langsam verrottet.

Zur Illustration sollen einmal zwei Beispiele aus der bereits heute lokal existierenden Siegener Maker-Szene vorgestellt werden:

2.2.1 HackDock

In der heutigen Zeit verwenden insbesondere viele Studierende Notebooks statt großer Desktop-Computer. Wenn Notebooks allerdings mit externen Monitoren, Tastaturen, etc. gekoppelt werden, entsteht schnell großes Kabel-Chaos. Das HackDock, ein studentisches Maker-Projekt umgeht dies durch die Konsolidierung aller Kabel in einen großen Stecker und eine Organisations-Box, in der die Kabel zusammenlaufen. Beide Teile sind per 3d-Drucker schnell produzierbar, anpassbar auf das jeweilige Notebook sowie Open Source.

Abb. 2: HackDock. Foto: Oliver Stickel.

2.2.2 C3POW

Hier handelt es sich um ein drahtloses, haptisches Eingabegerät, mit dem z. B. Hausautomation, Musikanlagen, etc. über Gesten, Bewegen des Gerätes und andere Interaktionen gesteuert werden. Bemerkenswert ist sowohl die Eigen-Entwicklung der entsprechenden Elektronik als auch die handwerkliche Leistung mit der das Gehäuse aus einem Material-Mix aus Metallen und Holz CNC-gefräst wurde, wobei es sich auch hier einmal mehr um Rest-Stücke handelte.

Abb. 3: C3POW. Foto: Alex Shure.

2.3 Urban Gardening: Greenspace Siegen

Der Greenspace Siegen ist ein Urbaner Garten, nicht weit vom Hackspace entfernt, ebenfalls am Effertsufer gelegen. Er existiert seit 2013 und wurde von einer dreiköpfigen Gruppe von Garten-Enthusiasten gegründet. Bemerkenswert ist, dass die Stadt Siegen – anders als manche anderen Städte – der Gruppe äußerst schnell (innerhalb weniger Tage) eine brachliegende Fläche direkt an der Sieg zur Verfügung stellte. Seitdem wächst die Gruppe an Gärtnern stetig und trifft sich zwei Mal pro Woche zu festen Terminen, aber auch zu anderen Zeiten ist häufig jemand im Greenspace anzutreffen, nicht nur aus der Gärtnergemeinschaft, sondern auch Anwohner, die oft einfach nur die Ruhe und die schöne Lage an der Sieg genießen. Der Greenspace hat zwar einen Zaun und ein Tor, jedoch sind diese niemals abgeschlossen, was die Offenheit dieser Bottom-Up Unternehmung unterstreicht. Es ist zu bemerken, dass bisher noch keinerlei Vandalismus o. Ä. zu verzeichnen war, was für den Erfolg von Offenheit und Gemeinschafts-Zugehörigkeit spricht.

Im Greenspace wird exzessive Umnutzung, Umwidmung und Transformation betrieben. Pflanzen werden in ehemaligen Gemüse-Kisten von Händlern aus
der Nähe gepflanzt, viele bauliche Strukturen (z. B. Bänke oder Hütten-An-
bauten) sind aus alten Frachtpaletten oder Abfallholz von Baustellen konstruiert, es existiert ein Grill aus einer alten Dunstabzugshaube und ein Gewächshaus aus ausrangierten Fenstern ist derzeit im Bau. Weitere Strukturen (z. B. ein
bereits stehendes Gewächshaus) und Ausstattung (z. B. Werkzeug) setzen sich
größtenteils aus Spenden zusammen; allerdings nicht aus Spenden, die spezifisch für den Garten neu beschafft wurden, sondern fast immer aus Objekten, die
in Kellern, auf Dachböden oder anderweitig lagerten und nicht verwendet
wurden. Durch Engagement, Nachfragen und Eigenleistung (z. B. Transport von
gespendeten alten Waschbetonplatten) sammeln die Gärtner so mit finanzieller
Investition, die gegen Null geht, eine nachhaltige und umweltschonende Ausstattung zusammen.

Der Greenspace kollaboriert weiterhin mit interessierten Einrichtungen wie
z. B. Schulen und Kindergärten, die im Garten dann ein eigenes kleines Beet
pflegen können, was zu Lern- und Wissenstransfer-Effekten führt. Auch durch
Öffentlichkeitsaktionen, wie z. B. Frühlings- oder Halloween-Feste, auf denen
auch im Garten angepflanzte Lebensmittel erklärt und gekocht werden, werden
durchgeführt. Aktionen gemeinsam mit lokalen Experten, z. B. zum Thema
Imkern oder auch zum Erhalt alten Gärtner-Wissens durch Einbezug bestehender Vereine sind in Arbeit.

Abb. 4: Urban Garden Siegen. Foto: Alex Shure.

2.4 Exkurs: Beforschung und Zusammenhang mit Technik

Wie bereits erwähnt sind Urban Gardening-Aktivitäten und andere Bottom-Up Strukturen wie Hackspaces und Fab Labs oft eng vernetzt, was schon allein durch ihre sehr ähnliche Ideologie naheliegt. Auch in Siegen ist dies der Fall. Durch die hohe Technikaffinität dieser Communities gibt es auch von Seiten der Wirtschaftsinformatik der Universität Siegen Interesse an den Aktivitäten in den Gruppierungen, sowie deren Aneignung und (Um-)Nutzung von IT. So gibt es etwa ausgehend vom Lehrstuhl für Computerunterstützte Gruppenarbeit und Soziale Medien derzeit Bestrebungen, Urban Gardening-Aktivitäten besser zu verstehen, ethnografisch zu beforschen und Unterstützungspotentiale für IT-Systeme zu identifizieren. Urbane Gärten haben durch Ihre Offenheit und die damit temporär sehr verteilte Aktivität von Gruppen oft Probleme mit Aspekten wie Kommunikation, Aufgabenmanagement, Entscheidungsprozessen und anderen Herausforderungen, die aus der computerunterstützten Gruppenarbeit bekannt sind. Auch Automatisierungs-Gedanken (z.B. Bewässerungs-Systeme, die abhängig von der Bodenfeuchte automatische Gießvorgänge steuern), sind angedacht. Erste Forschungsergebnisse finden sich in Stickel/Ludwig 2014 und werden international auf der ›Designing Interactive Systems‹ Konferenz 2014 in Vancouver, Kanada, vorgestellt werden.

3. Praktiken der Umnutzung im Kontext von Bottom-Up Bewegungen

Allen vorgestellten Graswurzel-Strukturen ist gemein, dass sie sich mit Transformation und Umnutzung befassen: Hackspaces tun dies im Bezug auf Software und Elektronik, für die hier ganz neue Nutzungsformen gefunden werden; Fab Labs oder Makerspaces fokussieren auf Hardware und transformieren diese nicht nur unmittelbar durch ihre Aktivitäten, sondern streben auf einer Meta-Ebene auch die Veränderung gesellschaftlicher Praktiken bezüglich der Produktion an. Urban Gardening erschließt sich das Feld der Transformation von Räumen. Alle diese Aktivitäten bewegen sich häufig in einem Feld, das sich zwischen den Begriffen der *Nützlichkeit* und des *Spielerischen* aufspannt (Stallman o.J.): Die Graswurzel-Strukturen setzen nicht nur aus üblicherweise limitierten finanziellen Mitteln auf die Umnutzung bestehender Ressourcen, sondern begründen diese mit einer Ideologie der Nachhaltigkeit und des Bewussten (Nützlichkeits-Aspekt). Hinzu kommt die Freude am kreativen Tüfteln, Entwickeln, an der Schaffung von Neuem und der Transformation von Altem, die den Aktivisten große persönliche Befriedigung verschafft (spielerischer

Aspekt). Sehr häufig finden beide Begriffe ihre Synthese in Artefakten, die am besten als *nützliche Spielereien* charakterisiert werden können – die weiter oben erwähnte Kaffeemaschine zur Zubereitung von Fertigkartoffelpüree mag kein Artikel sein, dem großer Markterfolg beschieden wäre, aber er verschafft dem Hacker, der es geschafft hat, ein solches Gerät zu bauen, einerseits spielerische Freude und das Ausleben der eigene Kreativität, andererseits aber auch eine nützliche und platz- wie ressourcensparende Möglichkeit zur Lebensmittel-zubereitung.

Die Lehrstühle für Wirtschaftsinformatik und Neue Medien, für Computer-unterstützte Gruppenarbeit und Soziale Medien sowie für Mensch-Maschine Interaktion (Human Computer Interaction) der Uni Siegen haben eine lange Tradition in der Erforschung und der Arbeit mit vergleichbaren Umnutzungs-prozessen. Als Beispiel wäre der Begriff der Aneignung (engl. *appropriation,* vgl. Pipek 2005) zu nennen, der sich auf Software bezieht. Hier geht es darum, dass Nutzer Software häufig in ihren Nutzungskontexten auf Arten und Weisen verwenden sowie die Software selbst in einer Art transformieren, die von den Entwicklern nie so vorgesehen wurde. Es ist für die erfolgreiche (Weiter-)Ent-wicklung von (sozio-)technischen Systemen von zentraler Bedeutung, solche Prozesse gezielt zu unterstützen, wofür u. a. aus den Reihen der Siegener For-scher Konzepte wie *Aneignungsinfrastrukturen* (Stevens/Pipek/Wulf 2009) oder auch *Sociable Technologies* (Barraqand 2012 sowie Ludwig u. a. 2014) geprägt wurden und werden, die exakt auf diese Unterstützung abzielen. Weiterhin wird durch Konzepte wie *End User Development* (Lieberman/Paternò/Wulf 2006), User Driven Innovation (Hippel 1988) und allgemeiner *User Centered Design* (Vrendenburg/Smith/Carey 2005) versucht, tatsächliche Nutzer soweit wie möglich direkt in den Entwicklungsprozess technischer Systeme einzubinden, sodass die situierten Bedürfnisse und Nutzungscharakteristika tatsächlich auch im System reflektiert werden. Hieraus lassen sich in einem weiteren Schritt Erwartungen zum Thema Lernen und der Ermächtigung von Nutzern sowie die Entstehung von um die Systeme zentrierten Nutzer-Gemeinschaften, die sich gegenseitig unterstützen und für Nachhaltigkeit sorgen, ableiten. An dieser Stelle wird auch deutlich, wie sehr diese Denk- und Forschungsweise sich an die Graswurzel-Bewegung anlehnt und wie nützlich und naheliegend die Erfor-schung und Unterstützung entsprechender Strukturen aus diesem Blickwinkel erscheint.

4.   Herausforderungen und Ausblick

Siegen hat eine beeindruckend differenzierte Vielzahl an Bottom-Up Aktivitäten vorzuweisen. Bemerkenswert ist, dass diese Unternehmungen in Teilen studentisch getragen sind, dass jedoch explizit auch Angehörige anderer Bevölkerungsgruppen partizipieren. Weiterhin ist auffallend, dass die Initiativen und Projekte trotz ihrer Ausrichtung auf gesellschaftliche Transformation und Nachhaltigkeit relativ unpolitisch und weder militant noch anderweitig radikal agieren, sondern sich bemühen, ihre Unternehmungen in der lokalen Gesellschaft zu verankern, diese zu integrieren und abzuholen, was die aktuellen Bewegungen dieser Art von Teilen der ursprünglichen Graswurzel-Bewegung abgrenzt. Es scheint also um langsame, nachhaltige Transformation zu gehen, an der jeder Mensch auf seine eigene Art und Weise partizipieren kann und soll. Die Transformationsprozesse erstrecken sich hierbei über einen sehr breiten Bereich von Computern über Produktionstechnologien bis hin zu Jugendarbeit, jedoch ist ein gewisser (allerdings keinesfalls exklusiver) Blick auf Technik und IT nicht abzustreiten, was in unserer digitalen Zeit jedoch vermutlich insgesamt als stärkender Faktor zu werten ist.

Die Zukunft aller genannten Aktivitäten ist geprägt von zahlreichen Herausforderungen auf verschiedenen Ebenen – zu nennen wären hier z. B. politische Aspekte: Was geschieht beispielsweise mit dem Urban Garden, falls die Brachfläche irgendwann einer anderen Verwendung zugeführt werden soll? Auch finanzielle Herausforderungen sind zu verzeichnen, beispielsweise: Wie kann die Nachhaltigkeit der Aktivitäten gesichert werden, um sie unabhängiger von Selbstfinanzierungsmodellen zu machen? Auf Seiten von Forschungseinrichtungen, Städteplanung, Politik und insbesondere auch der Industrie werden jedoch mittlerweile zunehmend die Relevanz und damit auch die Unterstützungswürdigkeit solcher Unternehmungen erkannt. Im Falle der Industrie geschieht dies z. B. im Kontext von Innovationstransfers oder auch hinsichtlich Überlegungen in Richtung Industrie 4.0. Auch dies stellt jedoch potenziell ein zweischneidiges Schwert dar, denn es wird sich zeigen müssen, inwieweit die Fokussierung auf Nachhaltigkeit, Graswurzelbewegungen, Umnutzung und anderen verwandten Strömungen im diesen Kontexten haltbar bleibt. An der Universität Siegen gibt es in diesem Zusammenhang Bestrebungen, die Forschungsaktivitäten im Bereich Bottom-Up Kultur auszuweiten und das selbstbestimmte Lernen und Forschen von Studierenden, z. B. der Wirtschaftsinformatik und der HCI in Fab Labs, Hackspaces etc. zu unterstützen.

Eine fakultäts- und regionsübergreifende Öffnung und Verstetigung der genannten Bemühungen ist aus Sicht der Studierenden, aber auch anderer kreativer und engagierter Bürger wünschenswert. Nicht zuletzt bieten sich die neuen Formen der Bottom-Up Kultur auch als genuin interdisziplinärer Gegenstand an, um die verschiedensten Disziplinen zusammenzubringen. Insbesondere der Blick auf die IT-Unterstützung solcher Unternehmungen sowie hinsichtlich möglicher nachhaltiger und die Identität und das Selbstverständnis der Unternehmungen erhaltender Kooperationen mit der Wirtschaft sind dabei noch wichtige Forschungsthemen. Ein möglichst breites und tiefes wissenschaftliches Verständnis der lokalen Bottom-Up Kultur sowie ihren Herausforderungen, Praktiken und Chancen ist dabei eine Grundvoraussetzung, die sich nur durch interdisziplinäre Forschungsarbeiten erreichen lässt. Auch abgesehen vom forscherischen Fokus ist zu sagen, dass jeder Mensch jederzeit in all den Bottom-Up Strukturen in Siegen willkommen ist und dass es – die Autoren sprechen hier aus Erfahrung – interessant und den Blickwinkel erweiternd sein kann, sich einmal in Kulturen und Unternehmungen dieser Art einzubringen.

Bibliographie

Avram, G./Boden, A./Posch, I./Stevens, G.: ›Do-It-Yourself Sustainable Living: Opportunities and Challenges for DIY Communities‹, in: *Workshop on Post-Sustainability, Co – Located with CHI 2013*. Paris 2013.

Barraqand, Rémi: Designing Sociable Technologies. Universtiy of Grenoble 2012.

Brown, K. H./Jameton, A.L.: ›Public Health Implications of Urban Agriculture‹, in: *Journal of public health policy* 2000/21.1, S. 20 – 39.

Buder, Stanley: Visionaries and Planners: The Garden City Movement and the Modern Community. Oxford University Press 1990.

Castells, Manuel: The City and the Grassroots. Berkeley and Los Angeles 1983.

Esteva, Gustavo/Madhu Suri Prakash: Grassroots Post-Modernism: Remaking the Soil of Cultures. Palgrave 1998.

Gershenfeld, N.: ›How to Make Almost Anything: The Digital Fabrication Revolution‹, in: *Foreign Affairs* 2012/91, S. 42 – 57.

Gershenfeld, Neil: Fab: The Coming Revolution on Your Desktop – from Personal Computers to Personal Fabrication. Cambridge 2005.

Hippel, Eric von: The Sources of Innovation. Oxford 1988.

Lawson, Laura J: City Bountiful: A Century of Community Gardening in America. Berkeley 2005.

Lieberman, Henry/Paternò, Fabio/Wulf, Volker (Hg.): End User Development. Dordrecht 2006.

Ludwig, T./Stickel, O./Boden, A./Pipek, V.: ›Towards Sociable Technologies: An Empirical Study on Designing Appropriation Infrastructures for 3D Printing‹, in Proceedings of the 2014 Conference on Designing Interactive Systems. Vancouver 2014, S. 835 – 844.

Ludwig, T./Stickel, O./Pipek, V.: ›3D Printers as Potential Boundary Negotiating Artifacts for Third Places‹, in: *DIS2014 Designing Interactive Systems Second Workshop on Human Computer Interaction for Third Places*. Vancouver 2014.

Müller, Christa (Hg.): Über Die Rückkehr Der Gärten in Die Stadt. München 2011.

Oldenburg, Ray: The Great Good Place. New York 1999.

Pipek, Volkmar: From Tailoring to Appropriation Support: Negotiating Groupware Usage. Oulu 2005.

Stallman, Richard: On Hacking, o. J., verfügbar unter: https://stallman.org/articles/on-hacking.html [28.04.2014].

Stevens, G./Pipek, V./Wulf, V.: ›Appropriation Infrastructure: Supporting the Design of Usages‹, in: *Proceedings of the 2nd International Symposium on End-User Development.* Siegen 2009, S. 50–69.

Stickel, O./Ludwig, T.: ›Computer Supported Urban Gardening‹, in: *Proceedings of DIS2014 Designing Interactive Systems.* Vancouver 2014.

Vrendenburg, K./Smith, P.W./Carey, T.: ›The State of User-Centered Design Practice‹ in: *IEEE Engineering Management Review* 2005/33, S. 51–51.

Elisabeth Hollerweger

Umnutzung als Weg aus der Umweltkrise?
Ein vielversprechendes Konzept zwischen Fakten und
Fiktionen

1.   Erste Impulse

Steigender Meeresspiegel, schwindende Artenvielfalt, knapper werdende Ressourcen und größer werdender Müllteppich: Die Umweltkrise hat viele Gesichter und erfordert ebenso ganzheitliche wie global wirksame Lösungsstrategien. Eine umweltgerechte Umnutzung bereits bestehender Strukturen und Gegenstände erscheint hierbei als Möglichkeit, den Nachhaltigkeitsdimensionen Ökologie, Ökonomie und Soziales gleichermaßen gerecht zu werden und zu einer wechselseitigen Aufhebung einzelner Probleme beizutragen. Der vorliegende Beitrag betrachtet Umnutzung deshalb im Kontext der geforderten großen Transformation zur Nachhaltigkeit. In Anlehnung an die kulturökologische Grundannahme, dass gesellschaftliches Umdenken und Umlenken nicht allein durch wissenschaftliches Faktenwissen oder politische Regulation zu erreichen ist, sondern kultureller Impulse und Prägungen bedarf, wird nach einem selektiven Überblick über grüne Umnutzungserfolge und -flops der letzten Jahre die Kulturillustration[1] *Polymeer*[2] in den Fokus der Betrachtung gerückt und die vielschichtige Bedeutung von Umnutzung fiktionsintern und -extern analysiert. Gezeigt werden soll dadurch, wie facettenreich und auch ambivalent der Umgang mit diesem an sich vielversprechenden Konzept ist und welche Nachhaltigkeitsparadoxien damit zuweilen verbunden sind.

---

1 Im Gespräch mit Ute Wegmann erläutert Klobouk diese Selbstbezeichnung wie folgt: »Man versteht unter einer Illustratorin jemanden, der einen Text bebildert. Und der Text gibt den Inhalt vor und das Bild führt ihn noch weiter aus. Ich habe mich mit meinem ersten Buch auf Entdeckungsreise meines Berufsbildes begeben und habe festgestellt, dass ich wesentlich mehr noch Geschichtenerzählerin bin und Beobachterin und meine Kommunikation oder meine Art der Mitteilung ist eben die Zeichnung. Und um deutlich zu machen, da kommt noch mehr als nur Zeichnung oder Deko, habe ich das Kultur davor gesetzt.« (Wegmann 2012)
2 Klobouk 2012.

2.   Umnutzung als Nachhaltigkeitsstrategie

Nachhaltige Entwicklung meint ganz allgemein eine Entwicklung, die »den Bedürfnissen der heutigen Generation entspricht und dabei die Möglichkeiten zukünftiger Generationen nicht einschränkt.«[3] Im Zuge dieses Prozesses haben sich spezielle Nachhaltigkeitsstrategien herauskristallisiert, innerhalb derer sich auch das Konzept der Umnutzung verorten lässt. So sind »Effizienz, Suffizienz und Konsistenz [...] seit 20 Jahren ein strategisches Dreigestirn bei der Definition von Nachhaltigkeit«[4], das im Zusammenhang mit Produktionsprozessen um Permanenz erweitert wird. Demzufolge unterscheidet zum Beispiel Hellwig[5] die

- *Suffizienzstrategie,* d.h. ein geringerer Verbrauch von Ressourcen durch eine Verringerung der Nachfrage nach Gütern.
- *Effizienzstrategie,* d.h. die effizientere Nutzung von Materie und Energie, also Ressourcenproduktivität.
- *Konsistenzstrategie,* d.h. naturverträgliche Technologien, die die Stoffe und Leistungen der Ökosysteme nutzen, ohne sie zu zerstören.
- *Permanenzstrategie,* d.h. eine Erhöhung der Dauerhaftigkeit von Produkten.

Die neue Nutzung alter Gebrauchsgegenstände lässt sich in erster Linie der Effizienzstrategie zuordnen. Wenn die umfunktionierten Produkte den Kauf von neuen unnötig machen, geht das aber auch d'accord mit der Suffizienzstrategie. Sofern natürliche Materialien neue Verwendung finden, kann Umnutzung darüber hinaus der Konsistenzstrategie entsprechen. Und wenn beispielsweise Taschen aus LKW-Planen hergestellt werden, die wesentlich robuster sind als solche aus konventionellen Textilien, schlägt sich auch die Permanenzstrategie in Umnutzungsverfahren nieder. Vorweg ist damit festzuhalten, dass sich durch die Refunktionalisierung alter Sachen die Ziele aller vier Nachhaltigkeitsstrategien erreichen lassen und dass es von der konkreten Umsetzung abhängt, ob sie bzw. welche tatsächlich erreicht werden.

Umnutzung als Öko-Erfolg

Im Sinne der Effizienz- und Suffizienzstrategie reagiert die mittlerweile zum Trend gewordene Upcycling-Bewegung kreativ auf die unreflektierte Wegwerf- und Konsumgesellschaft und verfolgt unter dem Credo »Mach neu aus alt« kein

---

3 Hauff, 1987, S. XV.
4 Weizsäcker 2013: 64.
5 Hellwig 2008, S.65.

geringeres Ziel als »Welt retten. Geld sparen. Style haben.«[6]Anders als beim langweilig und ökospießig konnotierten Recycling, das inmitten von Mülltrennsystemen und Wertstoffhöfen jeglichen Charme vermissen lässt und die Qualität des Abfalls nach und nach reduziert, steht hinter Upcycling die motivierende Idee, »schönere Sachen aus Sachen [zu machen] anstatt sie wegzuschmeißen.«[7] Genauso bunt wie die neu entstehenden Produkte ist auch die Szene: Von Nähmariechen bis zum UpcyclingDeluxe-Team, vom Ratgeberbuch bis zur Weltverbesserungs TV-Show – jeder kann überall zum Upcycler werden. Das gilt nicht nur für Erwachsene, sondern auch für Kinder und Jugendliche, denen Upcycling beispielsweise in Rahmen der Do-it-yourself Themenwoche von *Kika live* als »echte Bewegung«[8] nahegebracht wird, an der sie selbst mit einfachen Mitteln mitwirken können und sollen. Ebenfalls von der Beteiligung möglichst vieler Menschen lebt der Blog *weupcycle.com*, der ursprünglich darauf ausgelegt war, 30 Tage lang je eine Upcycling-Idee vorzustellen, inzwischen über tausend Gastbeiträge enthält und weitergeführt wird, solange die Nutzer neue Vorschläge einstellen.

Als weniger langfristig hat sich zwar das Upcycling Network Game *Trash Tycoon* auf *Facebook* erwiesen, erscheint aber aufgrund des interessanten Konzepts dennoch erwähnenswert. Das Spiel war von Oktober 2011 bis Juli 2012 auf der Social Media Plattform verfügbar und wurde durch Firmen wie *TreeHugger* und *KraftFoods* unterstützt. Die Seite existiert nach wie vor, kann 22571 »Likes« verzeichnen und lässt die Entwicklungen der aktiven Phase zurückverfolgen. Die Aufgabe der Spieler bestand darin, Müll zu sammeln und wiederzuverwerten, und beschränkte sich nicht nur auf den virtuellen Raum, sondern war auch auf das reale Umfeld zu übertragen. Durch die Kooperation mit dem internationalen Recycling- und Upcycling Unternehmen *Terracycle* konnten die Nutzer Punkte, die sie durch Aktivitäten in der Online-Stadt erzielt hatten, für ökologische und gemeinnützige Zwecke in der wirklichen Welt einlösen, umgekehrt war es möglich, seinen Spielstand dadurch aufzubessern, dass man tatsächliche Abfallprodukte bei *Terracycle* einschickte. 10 % der Spielgewinne gingen zudem als Spende an *Carbonfund*. Das Spiel war darauf angelegt »to […] motivate consumers to do the right thing«[9] und wurde gelobt als Möglichkeit »Eco-Responsibility to Social Gaming«[10] zu bringen, »to teach how to turn *trash* into cash«[11] und »fun-loving, eco-capitalists of us all«[12] zu machen. Inmitten der

---

6 Thompson/Wittington 2009: Buchtitel.
7 Holofernes 2014, Min. 41:32 – 41:37.
8 Kika live 2014.
9 Turner 2011.
10 Fox 2011.
11 o. N. 2012.
12 Ng 2011.

Vielzahl von Social Games konnte es sich aber trotz oder wegen des guten Gedankens dahinter offensichtlich nicht behaupten. Das 2001 gegründete Unternehmen *Terracycle*, das ursprünglich organischen Dünger aus Würmerkot vertrieben hat, wird hingegen nach wie vor »stolz nach dem 3-Säulen-Modell der Nachhaltigkeit geführt«[13] und stellt einen ambitionierten Versuch dar, Upcycling im großen Stil auch für Firmen attraktiv zu machen.

Ebenfalls auf mächtige Konzerne und zahlkräftige Konsumenten statt auf kreative Bastler der alternativen Szene und zielt die Idee des Cradle to Cradle ab, die sich radikal von der Suffizienzstrategie abwendet und die Permanenzstrategie als Lösung aller Umweltprobleme feiert. In Abgrenzung von dem geläufigen Produktlebenszyklus »von der Wiege zur Bahre« steht Cradle to Cradle für eine »neue Denkweise im Umgang mit Stoffströmen« und ist dabei weniger Umweltschutzkonzept als »vielmehr eine völlig neue Wirtschaftsweise, bei der sämtliche Materialien und Verfahren so optimiert werden, dass sie nicht nur unschädlich, sondern nützlich sind.«[14] Das lizensierte Konzept geht zurück auf den deutschen Chemiker Michael Braungart und den amerikanischen Architekten William McDonough, die ihre Erkenntnisse 2002 unter dem Titel *Remaking the way we make things* und ein Jahr später in der deutschen Ausgabe *Einfach intelligent produzieren*[15] publiziert haben. Das vorgeschlagene Remaking intendiert »eine Welt, in der das Wegwerfen einen Sinn ergibt«[16] und zwar dadurch, dass Dinge so produziert werden, »dass sie entweder komplett verrotten oder in Gänze wieder zu verwenden sind.«[17] Was für die einen die nächste industrielle Revolution ist, stempeln die anderen zwar als reine Utopie ab, hat aber nach erfolgreichen Projekten in den Niederlanden, Dänemark und den USA inzwischen sogar weltweite Verbreitung gefunden und diverse Produkte hervorgebracht: »Da gibt es kompostierbare T-Shirts, Haarspray, das man gefahrlos trinken könnte, Teppichboden, der die Raumluft reinigt, komplett wiederverwertbare Bürostühle und vieles mehr. [...] Gemeinden, Städte, Inseln, ja ganze Regionen haben sich zu Cradle to Cradle-Gebieten erklärt.«[18]

Umnutzung als Öko-Flop

Während Upcycling und Cradle-to-Cradle also bislang eine ebenso positive Umweltbilanz wie Erfolgsgeschichte vorweisen können, haben sich andere gut

---

13 Terracycle 2014.
14 Griefahn 2012.
15 Braungart/McDonough 2003.
16 Sonhüter 2010, Min. 00:15 – 00:17.
17 Sonhüter 2010, Min. 00:24 – 00:28.
18 Griefahn 2012.

gemeinte Umnutzungsverfahren als regelrechte Ökoflops erwiesen. Als klassisches Beispiel gilt in diesem Zusammenhang der Biokraftstoff E10, hinter dem die Vision stand, »[k]ompostierende Biomasse, also verfaulende Gartenabfälle und dergleichen, könnten zum Ersatz für das leidige Erdöl im Benzin werden.«[19] Die Hoffnungen, die damit auch politisch verbunden waren, spiegeln sich auf europäischer Ebene in der EU-Richtlinie 2009/30/EG zur Änderung der EU-Kraftstoffqualitätsrichtlinie und auf Bundesebene u. a. in der Verordnung zur Einführung von E 10-Kraftstoffen wider,[20] ließen sich aber nicht erfüllen. Dies ist zum einen mit der Unsicherheit der Verbraucher bezüglich der Motorenverträglichkeit zu begründen, zum anderen aber auch mit den globalen Wechselwirkungen zum Beispiel in Form steigender Getreidepreise, die dazu führten, dass »E10 nicht den Weg der Ökorevolution gegangen, sondern zum Sinnbild von streikenden, verunsicherten Konsumenten, Urwaldzerstörung und Hungerkrisen geworden«[21] ist.

3. Umnutzung in der Kulturillustration *Polymeer*

Umnutzung als Erzählelement in Text und Bild

In der »apokalyptischen Utopie« *Polymeer* ist Umnutzung in mehrerlei Hinsicht ein zentrales Element. Während das der Handlung vorgreifende Coverbild zunächst nur darauf schließen lässt, dass durch eine Riesenflutwelle diverse menschliche Errungenschaften ihrer ursprünglichen Funktion beraubt werden, entpuppt sich die neue Verwendung vermeintlich sinnlos gewordener Gegenstände im Laufe der Erzählung wiederholt als einzig zielführende Überlebensstrategie. Denn bereits zu Beginn der im Jahr 2043 angesiedelten Geschichte ist im wörtlichen Sinne »Land unter«: »Die Pole sind geschmolzen. Holland ist weg. Ich bin noch da.«[22] kann Protagonist Hero van Dyck gerade noch zusammenfassend konstatieren, bevor er selber von den Wassermassen erfasst und mitgerissen wird. Für eine nachhaltige Entwicklung und damit verbundene Strategien ist es längst zu spät, die natürlichen Konsequenzen erweisen sich als unaufhaltsam und irreversibel. Schwimmend zwischen Kinderwagen, Fahrrad, Telefon, Toaster, Pylone, Bügeleisen, Gartenbank, Zitronenpresse und anderen Zivilisationsprodukten scheint die Lage für den Chemiedoktoranden zunächst aussichtslos und das Auftauchen eines knallrosa Kleiderschranks, auf den er sich

---

19 Utopia 2012.
20 Strate 2011.
21 Utopia 2012.
22 Klobouk 2012.

vor dem Ertrinken retten kann, wie reiner Zufall. Da ansonsten keine Hilfe in Sicht ist, wird aus diesem erstbesten Zufluchtsort nach und nach eine mittelfristige Notunterkunft, die van Dyck durch weitere umhertreibende Gegenstände ausstattet, um sein Überleben zu sichern. Diese Anpassung an die äußeren Gegebenheiten wird auf einer Doppelseite in 18 kleinen Bildern in Szene gesetzt, in denen der Text sich auf Datumsangaben von »6. Mai« bis »30. Juni?« beschränkt und das Erzählen ansonsten auf die visuelle Ebene verlagert wird. Die verschiedenen Formen der Umnutzung können deshalb nur bei detaillierter Betrachtung der Zeichnungen erfasst werden und nehmen durch die auffällige serielle Gestaltung eine Sonderstellung innerhalb des Buches ein. Sammelt der ›Landbrüchige‹ am 7. Mai noch Regenwasser mit einer Plastiktüte, kommt er am 8. Mai bereits in den Besitz eines sogar noch teilweise gefüllten Fischernetzes. Am 15. Mai treibt ein Messbecher heran, der ihm fortan als Wasserauffangbehälter dient, und bis zum 18. Mai hat er sich aus einem Besen, einem Paddel und einem Duschvorhang, den ein Delfin vor einem Sonnenuntergang ziert, ein Segel gebaut, das am 20. Mai durch eine blau-gelbe Tasche erweitert wird. Da der Versuch, an weitere Nahrung zu gelangen, sowohl mit dem Fischernetz als auch mit den Händen scheitert, bindet van Dyck am 24. Mai sein Bein mit dem Fischernetz an seinem Domizil fest und geht im Wasser auf Fischfang. Am 27. Mai wird der Besen neben Segelmast auch zum Kleiderständer, bevor ein Sturm am 5. Juni die bereits mehrfach reparierte Konstruktion in ihre Einzelteile zerlegt. Der gebrochene Besenstiel stellt das handwerkliche Geschick des Protagonisten noch einmal auf die Probe, ist aber bis zu dem am 12. Juni eintretenden Starkregen in Stand gesetzt. Während van Dyck in Folge sein Zeitgefühl verliert, was durch Fragezeichen hinter den Datumsangaben deutlich gemacht wird, kreuzen immer mehr Müllteile seinen Weg, bis er schließlich statt von Wasser nur noch von Unrat umgeben ist. Was er zunächst irrtümlicherweise als Land identifiziert, entpuppt sich bei genauerer Betrachtung als »Meer aus Müll« und damit als fatales Resultat ineffizienter bzw. durchbrochener Nutzungskreisläufe, die sich im gesamten Ökosystem niederschlagen. Das Wortspiel des Titels erhält an dieser Stelle einen Sinn, denn Kunststoffe bestehen aus synthetischen Polymeren, also chemischen Verbindungen, die sich vor van Dyck als regelrechtes Meer erstrecken. Während über Wasser die Vögel Flaschenverschlüsse, Zahnbürsten und andere bunte Überreste in den Schnäbeln halten und sich damit die Mägen füllen, werden Müllpartikel den Meerestieren unter Wasser ebenfalls als vermeintliches Futter oder aber als Einschränkung ihrer Bewegungsfreiheit im wahrsten Sinne des Wortes zum Verhängnis. Fische, die in Metallteilen feststecken oder eine Schildkröte, deren Panzer um einen Plastikring gewachsen ist, sind hier ebenso zu sehen wie Tiere, die die Schaumstofffüllung eines Polstersessels und Plastiktüten fressen oder bereits verendet sind. Gerade die multiszenische und detaillierte Darstellung führt schonungslos vor

Augen, dass die von Menschen produzierten und aussortierten Gegenstände ihren Nutzen außerhalb der Zivilisation nicht nur verlieren, sondern in der unfreiwilligen Umnutzung durch die Tiere zur lebensgefährlichen Bedrohung werden. Van Dyck wird schließlich von der Schweizer Marine geborgen, während die Gegenstände, die ihn für mehrere Wochen über Wasser gehalten haben, erneut funktionslos weitertreiben.

Im Schweizer Asyl wirkt das Prinzip der Umnutzung insofern ironisch gebrochen, als sämtliche Häuser der Holländer mit Hubschraubern in die Alpen transportiert werden, dort aber ganz offensichtlich weder hingehören noch hinpassen. In der gestapelten Masse stehen sie in starkem Kontrast zu den idyllischen Residenzen der Schweizer, der durch die angebrachten Länderflaggen noch unterstrichen wird, und verlieren darüber hinaus zum Beispiel durch Schiefstand oder Absturz ihre ursprüngliche Funktion. Die Evakuierung der Holländer mitsamt ihren Wohnstätten wird damit auf der Bildebene zugespitzt und ad absurdum geführt, während die Textebene eher vage kommentiert: »Das soll unser Exil sein? Diese Berge, diese Schweizer – nix da! Ein neues Land muss her.«[23]

Auf der Suche nach diesem neuen Land entpuppt sich gerade der vorige Trugschluss, es handle sich bei dem Meer aus Müll um Land, als Initialmoment. Denn mithilfe der »besten und kühnsten Wissenschaftler Exilhollands«[24] gelingt van Dyck letztlich die Umsetzung seiner zunächst absurd und unmöglich erscheinenden Idee: die Erfindung eines Magnetismus für Plastik, der die im Meer verstreuten Müllteile zu Neuholland als siebtem Kontinent vereint. Die entscheidende Szene wird auf einer Doppelseite aus zwei verschiedenen Perspektiven ausgestaltet. Was aus der Vogelperspektive bereits wie eine knallbunte Einheit erscheint, lässt sich aus der Frontansicht noch einmal als Konglomerat ausgesonderter Gebrauchsgüter aus allen Lebensbereichen erkennen, die teilweise von van Dycks Odyssee bekannt sind (z. B. rotes Telefon). Bleiben diese Bilder an der Wasseroberfläche, rückt auf der folgenden Doppelseite die Wirksamkeit der spektakulären Erfindung unter Wasser in den Fokus. Dass dieser für die Fauna neue Risiken in sich birgt, zeigt sich an den in der bunten Masse eingeschlossenen Tieren, die aufgrund des gefressenen Plastiks ebenfalls angezogen werden. Ist die neu entstandene Plastikinsel also im Hinblick auf die unbelebten Gegenstände tatsächlich mehr als die Summe ihrer nutzlos gewordenen Einzelteile, erweist sie sich für die sowieso schon geschädigten Luft- und Meeresbewohner als letzter Todesstoß. Ungeachtet der schließlich im bunten Durcheinander auch oberflächlich sichtbaren Kadaver besiedeln und bevölkern die Holländer den neu entstandenen Grund und Boden, sodass der ursprünglich

---

23 Klobouk 2012.
24 Klobouk 2012.

negativ konnotierte Abfall zur positiven Rettungsmöglichkeit avanciert. Dies spitzt sich auf der letzten Doppelseite noch insofern zu, als plötzlich aus allen Richtungen Schiffe mit Klimaflüchtlingen den Plastikkontinent ansteuern und diesen als ihre jeweilige neue Heimat wahrnehmen. Die aus der Not entstandene Müllinsel wird damit zum Ziel aller Wünsche und die Umweltverschmutzung zur vermeintlichen Lösung für das Problem der Klimaflucht. Umnutzung geht also einher mit einer schrittweisen Umcodierung, die bis zum offenen, mit einem Fragezeichen versehenen Ende ambivalent bleibt und damit zum Diskurs anregt. Nicht zuletzt deshalb erscheint es interessant, die kulturökologischen Funktionen des Werkes genauer zu betrachten.

Umnutzung als kulturökologisch-diskursives Element

Zentral für die literaturwissenschaftliche Fachrichtung der Kulturökologie ist die These, dass »Natur und Umwelt kulturell bedingte Konstrukte«[25] sind. Das heißt, dass kulturelle Ausdrucksformen das Naturverständnis einer Gesellschaft nicht nur repräsentieren, sondern auch konstituieren und demnach daraufhin zu untersuchen sind, wie die Beziehung zwischen Mensch und Umwelt, zwischen Kultur und Natur ausgestaltet wird und welche semantischen Bedeutungszuschreibungen damit verbunden sind. Vor diesem Hintergrund hat Zapf in einem triadischen Funktionsmodell die »kulturökologische Funktion des literarischen Diskurses innerhalb der Gesamtkultur«[26] herausgearbeitet und beschreibt in diesem Zusammenhang drei kulturökologische Teilfunktionen von Literatur:
- die kritische Funktion als kulturkritischer Metadiskurs, wenn Literatur kulturelle Fehlentwicklungen resümiert, reflektiert und kritisiert,
- die gegendiskursive Funktion als imaginativer Gegendiskurs, wenn Literatur imaginäre Gegenmodelle entwirft, die kulturell Ausgegrenztes ins Licht rücken sowie
- die vernetzend-reintegrierende Funktion als reintegrativer Interdiskurs, wenn Literatur kulturell getrennte Spezialdiskurse zusammen führt und Wissen vernetzt.

Daran anknüpfend lässt sich hinterfragen, inwiefern die Ausgestaltung der Umnutzung in *Polymeer* kulturkritische Metadiskurse, imaginative Gegendiskurse und reintegrative Interdiskurse enthält und wie sich dies auf die Darstellung der Beziehung zwischen Mensch und Umwelt auswirkt.

---

25 Goodbody 1998, S. 25.
26 Zapf 2008, S. 32.

Charakteristisch für die Funktion als kulturkritischer Metadiskurs sind laut Zapf »Bilder des Gefangenseins, der Isolation, der Vitalitätslähmung, des *waste land* und des *death-in-life*.«[27] Während kulturelle Fehlentwicklungen auf der Textebene weder explizit benannt noch beanstandet, sondern in ihren Konsequenzen hingenommen werden, finden sich gerade in der grafischen Darstellung zahlreiche kulturkritische Anknüpfungspunkte. Die herumschwimmenden Windmühlen, durch die der Untergang Hollands bereits auf den ersten Seiten ironisiert wird, repräsentieren nicht einmal mehr ein *waste land*, sondern sind wie diverse andere menschliche Utensilien lediglich als Relikte eines *lost land* aufzufassen. An der Wirkungskraft von Naturgewalten gegenüber dem Menschen und seinen vermeintlichen Errungenschaften bleibt dabei zunächst kein Zweifel. Relativiert wird dieser Eindruck erst durch die pluriszenische Ausgestaltung der folgenreichen anthropogenen Meeresvermüllung und damit einem Inbegriff des *waste land*. Die Gegenüberstellung von übermächtiger und beeinträchtigter Natur macht das komplexe Einfluss- und Abhängigkeitsverhältnis von Mensch und Umwelt erfahrbar und dabei deutlich, dass selbst die intelligentesten technischen Gerätschaften ohne die Umgebung, in der bzw. für die sie entwickelt wurden, im wahrsten Sinne des Wortes untergehen. Ähnlich lässt sich das auch auf die Menschen übertragen. Wie hilflos das Individuum der Natur ausgeliefert sein kann und wie klein und nichtig es im Gegensatz zu den Weiten des Ozeans ist, zeigt sich in van Dycks wochenlanger Odyssee. Obwohl seine Kreativität und Anpassungsfähigkeit ihn vor dem Ertrinken, Verhungern und Verdursten bewahren, bleibt er auf engem Raum gefangen und ist in den Einzelbildern immer wieder von Resignation und Vitalitätslähmung gezeichnet. Die Umnutzung verschiedener Gegenstände sichert somit auf dem Meer zwar van Dycks Existenz, lässt ihn aber in einem *death-in-life* Zustand verharren und führt erst in einem entsprechenden Umfeld und durch den Kontakt mit anderen Wissenschaftlern zu einer neuen Lebensqualität. Typisch kulturkritische Elemente erstrecken sich in *Polymeer* also über die gesamte Geschichte und beziehen sich insbesondere auf die folgenreiche Unterschätzung natürlicher Kräfte einerseits und anthropogener Zerstörung andererseits.

Im Unterschied dazu rücken imaginative Gegendiskurse Zapf zufolge »das Ausgegrenzte ins Zentrum« und bringen »oppositionelle Wertansprüche zur Geltung.«[28] Diese Funktion konkretisiert sich in *Polymeer* schon allein darin, dass die von der Wegwerfgesellschaft aussortierten und in einer entsprechenden ›aus den Augen, aus dem Sinn‹-Manier vergessenen Produkte durch grelle hervorstechende Farben unübersehbar vor Augen und somit ins Bewusstsein gerufen werden. Die damit verbundene zunehmende Werteverschiebung ma-

---

27 Zapf 2008, S. 33.
28 Zapf 2008, S. 34.

nifestiert sich darin, dass der an sich lästige und zweifellos umweltschädliche Abfall zur Rettungsmöglichkeit zunächst des Einzelnen, dann eines ganzen Landes und schließlich der Klimaflüchtlinge aller Herren Länder stilisiert wird. Die Umnutzung erst einzelner Gegenstände und zuletzt des gesamten Plastikmüllstrudels ist demnach als zentral für den imaginativen Gegendiskurs in *Polymeer* zu begreifen.

Als »Zusammenführung von Spezialdiskursen«[29] definiert Zapf schließlich vernetzend-reintegrative Interdiskurse. Dass der Untergang Hollands weder unerwartet noch unerklärlich ist, wird bereits im ersten Satz angedeutet: »Jetzt ist es tatsächlich passiert!«[30] fasst van Dyck die Lage zusammen und verweist durch das nicht näher definierte »es« in Kombination mit dem »tatsächlich« auf ein bereits vorab prognostiziertes, aber nicht ernst genommenes Ereignis. Dass die Schmelzung der Pole keiner weiteren Begründung mehr bedarf und der Klimawandel als solcher auch keine Erwähnung findet, scheint im Hinblick auf das 30 Jahre in die Zukunft verlagerte Szenario nur konsequent. Die Erderwärmung ist eingetreten und muss als solche nicht mehr hinterfragt oder thematisiert werden. Statt Klimaschutz wird Klimaanpassung zur Existenzgrundlage. Die futuristische Fiktion setzt damit eine Entwicklung fort, die in der gegenwärtigen Realität nur langsam voranschreitet. Denn obwohl die weltweite Staatengemeinschaft sich bereits in der Klimarahmenkonvention dazu verpflichtet hat, Maßnahmen zur Anpassung an die Folgen des Klimawandels zu ergreifen und Klimaanpassung auch 2001 in den Berichten des IPCC neben dem Klimaschutz als zweite wichtige Säule im Umgang mit dem Klimawandel benannt wird, lassen sich konkrete Aktivitäten der Klimaanpassung auf Bundes- und EU-Ebene erst ab Mitte der Nullerjahre verzeichnen. Völlig unabhängig davon werden die Plastikmüllstrudel im Meer diskutiert, von denen der erste 1997 im Pazifik entdeckt wurde und als Great Pacific Garbage Patch bekannt ist. 2010 fanden Forscher ein ähnlich großes Pendant im Atlantik. Zwar werden diese Ansammlungen häufig mit Kontinenten verglichen bzw. als solche bezeichnet,[31] aber ausschließlich als Umweltproblem und nicht etwa als Lösung eines anderen Umweltproblems aufgefasst. Die interdiskursive Funktion manifestiert sich in *Polymeer* also als künstlerische Verknüpfung der beiden ansonsten unabhängig voneinander erörterten Problemfelder Polkappenschmelzung und Plastikmeere. Die Umnutzung von Müll zum Zufluchtsort fungiert dabei als Bindeglied und nimmt somit auch in diesem Zusammenhang einen zentralen Stellenwert ein.

---

29 Zapf 2008, S. 35.
30 Klobouk 2012.
31 Vgl. Haffner 2009.

Umnutzung als ästhetisches Prinzip

Als richtungsweisend lässt sich die Idee der Umnutzung aber nicht nur fiktionsintern, sondern auch produktionsästhetisch betrachten. Insbesondere mit
Blick auf den faktenbasierten Anhang der Geschichte wird deutlich, dass Um-
nutzung im Sinne einer Rekontextualisierung dokumentarischen Materials gewissermaßen zum Stilprinzip avanciert ist. »Die Wahrheit hinter Polymeer«[32]
wird zum essenziellen Bestandteil der apokalyptischen Utopie im Jahr 2043, der
Müllteppich zum detailreich mit Wiedererkennungseffekten ausgestalteten
Symbol für den Irrsinn des Plastikzeitalters und die Umweltverschmutzung zum
Anlass, damit verbundenen Einzelschicksalen eine Geschichte zu geben. Neben
Hintergrundinformationen zum »wirklichen« Plastikmüllstrudel im Pazifik
enthält die letzte Doppelseite Kombinationen aus Fotos und Zeichnungen, die
veranschaulichen, welchen Zusammenhängen und Prozessen verschiedene
Elemente der Erzählung entnommen sind. So ist beispielsweise die Vorlage für
die deformierte Schildkröte, die unter van Dycks Kleiderschrank im Meer
schwimmt, abgebildet und durch ergänzende Zeichnungen retrospektiv nach-
vollzogen, wie der um einen Plastikring gewachsene Panzer überhaupt entstehen
konnte. Nicht zurück-, sondern weiterverfolgt wird das Schicksal der nach
Flaschenverschlüssen pickenden Vögel durch Fotos von plastikgefüllten Mägen
bzw. Skeletten. Diese seriellen Collagen veranschaulichen rückwirkend verschiedene Kausalitäten und ermöglichen einen differenzierten Blick auf einzelne
Elemente der pluriszenischen Bilder. Darüber hinaus wird die Entstehung von
Mikroplastik gegenständlich durch die skizzierten Verfallsprozesse von Plastiktüte, Flip-Flop und Autoreifen veranschaulicht und das Ausmaß der Vermüllung des Planeten durch bildliche Vergleiche z. B. mit der sechsfachen Größe
Deutschlands vor Augen geführt. Aus der beim Menschen endenden Nah-
rungskette geht zudem hervor, dass das Mikroplastik in letzter Instanz wieder
auf dessen Teller bzw. in dessen Magen landet. Erweist sich Umnutzung innerhalb der Fiktion also als erzählerischer und kulturökologisch multifunktionaler
Dreh- und Angelpunkt der Geschichte, wird sie in Anbetracht des Paratextes
darüber hinaus als künstlerisches Verfahren offensichtlich. Die kreative Weiterverwendung vorgefundenen Materials lässt sich damit als Spurensuche begreifen, die Kulturillustratorin Alexandra Klobouk folgendermaßen beschreibt:

> »Ich [...] arbeite hauptsächlich über Themen, von denen ich denke, dass man darüber
> reden müsste, dass es da Diskussionsbedarf gibt. Und dass es mehr zu entdecken gibt,
> als man allgemein weiß. Das ist dann der Auslöser für mein Projekt und daran arbeite
> ich mich ab und finde meinen Weg, mich auseinanderzusetzen.«[33]

---

32 Klobouk 2012.
33 Wegmann 2012.

Umnutzung als Realitätsbezug

Dass eine Insel aus Plastikmüll nicht erst im Moment der akuten Bedrohung als letzte Rettung entstehen muss und mehr als fiktive Zukunftsmusik ist, wird im Anhang von *Polymeer* durch den Hinweis auf das Bauvorhaben eines niederländischen Architekturbüros zumindest angedeutet. Anders als bei den für die Fiktion umgenutzten Realitätselementen bleibt fraglich, ob Klobouk diese Idee übernommen und weiterentwickelt oder erst nach der Konzeption der eigenen Geschichte recherchiert hat. Betrachtet man das 2011 erstmals vorgestellte Konzept genauer, lassen sich aber neben euphorischen Bekundungen durchaus Parallelen zu Polymeer erkennen: »Recycled Island wird das Meer von Plastik befreien. So wird der einstige Abfall zu Baumaterial umgewandelt. Da dies direkt vor Ort geschieht, kann man sich lange Transportwege sparen.«[34] Der bisherige Weg zu diesem hoch gesteckten Ziel ist auf der Projektseite im Internet umfassend dokumentiert und scheint vor allem gesäumt zu sein von einer Vielzahl an Ideen und Plänen auf der einen und einem Mangel an finanziellen Mitteln auf der anderen Seite.[35]

Weniger anspruchsvoll im Design, dafür aber erwiesenermaßen realisierbar sind hingegen die Inselprojekte von Rishi Sowa[36]. Dass ein Leben auf Plastik tatsächlich möglich ist, hat der Öko-Architekt auf inzwischen drei aus Einwegplastikflaschen gebauten Inseln unter Beweis gestellt und sein Konzept dabei stetig weiter entwickelt. Der 1997 entstandene Prototyp wurde bereits 1998 durch einen Wirbelsturm zerstört und auch die daraufhin neu errichtete Spiral Island fiel 2005 der Natur in Gestalt des Hurricanes Emily zum Opfer. Was in *Polymeer* also aufgebaut wird, um mit den Folgen des Klimawandels leben zu können, konnte in der Realität den Wetterextremen nicht standhalten. Mithilfe von Investoren nahm Sowa nach zweijähriger Planung 2007 jedoch einen dritten Anlauf und realisierte mit seiner Joysxee Yland auf 150000 Plastikflaschen eine beständigere Bleibe, auf der er seither lebt, Nahrungsmittel anpflanzt und inzwischen sogar Touristenführungen anbietet. In seiner in Interviews deutlich werdenden Emphase und Begeisterungsfähigkeit unterscheidet sich der Aussteiger-Architekt zwar von der wissenschaftlich-nüchtern angelegten fiktiven Figur van Dyck, scheint in Bezug auf Umnutzung aber einer ähnlichen Grundüberzeugung zu folgen: »The solution is here and the solution – it's amazing – is all the stuff, that we don't want can actually solve the problems of the world.«[37]

---

34 Knoester 2010.
35 Vgl. Knoester 2012.
36 Sowa 2013.
37 Sowa 2013 Min. 00:48 – 00:57.

Abschließende Überlegungen

Das Gleichgewicht der Erde ist vor allem durch maßlosen Ressourcen- und Energieverbrauch ins Wanken geraten. Massenproduktion und Wegwerfwahn werden von der Industrie gefördert und führen zur Ausbeutung und Vermüllung des Planeten, die letzten Endes auch die Vernichtung der menschlichen Lebensgrundlagen zur Folge haben. Vermeintlichen Abfall einer neuen Verwendung zuzuführen kann beiden Übeln der zivilisierten Welt entgegenwirken und damit als Inbegriff einer nachhaltigen Entwicklung betrachtet werden. Wie vielfältig das Konzept aufgefasst und umgesetzt werden kann, zeigt sich schon im Hinblick auf die kreative Kraft der Upcycling-Bewegung auf der einen und dem professionellen Impetus des Cradle to Cradle-Prinzips auf der anderen Seite. Dass die Idee der Umnutzung auch kontraproduktive Entwicklungen nach sich ziehen kann und deshalb nicht per se euphorisch zu begrüßen, sondern immer kritisch zu überprüfen ist, haben hingegen die Kontroversen um den Biosprit E 10 gezeigt. Während diese realen Beispiele also zuweilen nach dem »trial and error« Prinzip erprobt und idealerweise punktuell wirksam werden, bietet sich in der Fiktion die Möglichkeit, »das Neue als komplettes System darstellen zu können, um sein Funktionieren begreifbar zu machen und so die Zustimmung der Menschen zu einer Veränderung zu bekommen.«[38] Die innovative Idee, den Folgen des Klimawandels durch Umnutzung der Plastikmüllstrudel in den Weltmeeren zu begegnen, wird in der Kulturillustration *Polymeer* in diesem Sinne zwar konsequent umgesetzt, beleuchtet dabei aber auch negative Auswirkungen und führt letztlich nicht zu einem glücklichen, sondern einem offenen Ende. Die Utopie, dass die Menschen eine Lösung für die selbst gemachten Umweltprobleme finden können, wird relativiert durch die apokalyptische Vision, dass ein Operieren an den Symptomen weder die Beeinträchtigungen der Biosphäre noch die intragenerationelle Ungerechtigkeit aufheben kann. Umnutzung wird dabei nicht nur zum facettenreich konnotierten Kernelement der in Text und Bild entfalteten Erzähldramaturgie, sondern findet in Form der Fiktionalisierung realer Phänomene auch als gestalterischer Impuls Eingang in das Werk. Mit den weiterführenden Realitätsbezügen schließt sich der Kreis: Recycled Island und Joysxee Island stellen groß angelegte Upcycling-Projekte par excellence dar, suggerieren aber gleichzeitig, dass die Rettung der Welt weniger durch einzelne Insellösungen als vielmehr durch deren Vernetzung zu einer nachhaltigen Struktur möglich ist. Dies gilt auch und zuallererst für die eigenen Denkinseln, die laut Hellwig verlassen, in Beziehung zu anderen gesetzt und immer wieder kritisch hinterfragt und umgestaltet werden müssen, um

---

38 Bihl 2008.

zukunftsfähige Entwicklungen voranzutreiben.[39] Ob entsprechende Umnut-
zungsprozesse durch faktische oder fiktive ›change agents‹ ins Rollen gebracht
werden – zusammenfassend bleibt festzuhalten, dass die Aufwertung dessen,
was als Müll die Erde belastet, trotz möglicher Risiken einen entscheidenden
Beitrag zur großen Transformation leisten kann und deshalb nicht als Trend,
sondern als aussichts- und facettenreiche Neudefinition von Produktlebens-
zyklen zu begreifen ist.

Quellen

Bihl, Eric: Über Das Tahiti Projekt. 2008, verfügbar unter: http://www.equilibrismus.de/
index.php?option=com_content&view=article&id=30&Itemid=45&lang=de
[15.09.2014].
Braungart, Michael/McDonough, William: Einfach intelligent produzieren. Berlin 2003.
Fox, Zoe: ›Trash Tycoon brings Eco-responsibility to Social Gaming‹, in: *Mashable*, 09.09.
2011, verfügbar unter: http://mashable.com/2011/09/09/trash-tycoon-social-gaming/
[15.09.2014].
Goodbody, Axel: Literatur und Ökologie. Amsterdam: Rodopi 1998.
Griefahn, Monika: Cradle to Cradle – Wiege zur Wiege e.V.. 2012, verfügbar unter: https://
cradle-to-cradle.org [26.03.2014].
Hauff, Volker: Unsere gemeinsame Zukunft. Der Brundtland-Bericht der Weltkommission
für Umwelt und Entwicklung. Greven 1987.
Haffner, Peter: ›Eine Ahnung von Apokalypse‹, in: *NZZ Folio* Juli 2009, verfügbar unter:
http://folio.nzz.ch/2009/juli/eine-ahnung-von-apokalypse [15.09.2014].
Hellwig, Martin: Nachhaltigkeitspädagogik. Münster 2008.
Holofernes, Judith in: Olaf verbessert die Welt. MDR 19.01.2014, verfügbar unter: http://
www.ardmediathek.de/tv/Olaf-verbessert-die-Welt/Judith-Holofernes-ger%C3%A4t-
in-die-Vegetarie/MDR-Fernsehen/Video?documentId=19296774&bcastId=19337182
[15.09.2014, verfügbar bis 27.01.2015].
Kika live: Themenwoche: Do it yourself. Tag 3: Upcycling. Kika, 26.03.2014.
Klobouk, Alexandra: Polymeer. Berlin 2012.
Knoester, Ramon: Künstliche Insel aus Plastikabfall in Planung, in: *pressetext austria*
10.07.2010.
Knoester, Ramon: Call for support, December 2012, verfügbar unter: http://www.recyc-
ledisland.com/index.html [15.09.2014].
Ng, Jenny: Trash Tycoon makes fun-loving, eco-capitalists of us all, in: *games.com News*,
25.08.2011, verfügbar unter: http://blog.games.com/2011/08/25/trash-tycoon-on-
facebook-makes-fun-loving-eco-capitalists-of-us/[15.09.2014].
o.N.: ›Environment‹, in: *Games for Change*. 2011, verfügbar unter: http://archive-org.
com/org/g/gamesforchange.org/2012-10-23_506263_17/18_and_Up_Games_for_
Change/ [15.09.2014].

---

39 Vgl. Hellwig 2008.

Strate, Gregor: Aktuelle Begriffe: Der neue Kraftstoff E 10. Deutscher Bundestag 2011, verfügbar unter: http://www.bundestag.de/dokumente/analysen/2011/E10.pdf [15.09.2014].

Sonhüter, Beatrice/Liebsch, Marika: Nie mehr Müll – leben ohne Abfall. WDR 2010, verfügbar unter: http://vimeo.com/13126772 [15.09.2014].

Sowa, Richart, zitiert in: An island made from plastic bottles. 2013, verfügbar unter: http://www.youtube.com/watch?v=GnLhWpy_nqI [26.03.3014].

Thompson, Henrietta/Whittington, Neal: Mach neu aus alt. Welt retten, Geld sparen, Style haben. Hamburg 2009.

Terracycle: Über uns. O. J., verfügbar unter: http://www.terracycle.de/de/pages/uber-uns.html. [15.09.2014]

Turner, Raviv, zitiert in: Trash Tycoon at Tech Crunch. [Nicht mehr verfügbares youtube-Video].

Utopia: E 10, Energiesparlampe & Co – die acht größten Öko-Flops. 2012, verfügbar unter: http://www.utopia.de/galerie/die-acht-groessten-oeko-flops [15.09.2014].

von Weizsäcker, Ernst Ulrich: Effizienz – erforderlich für Nachhaltigkeit. In: Mut zu Visionen. Stuttgart 2013.

Wegmann, Ute: Schwimmender Plastikkontinent nach dem Schmelzen der Pole. Interview mit Alexandra Klobouk. In: Deutschlandfunk, 15.09.2012.

Zapf, Hubert: Kulturökologie und Literatur. Heidelberg 2008.

Jan Gerwinski

Vom Wohn- zum Einsatzort

Wenn wir im Alltag Räume betreten, so machen uns diese nach Giddens (1984) Nutzungsangebote (»affordances«; siehe auch Kesselheim/Hausendorf 2007 und Kesselheim 2012): Wir lesen die ortsabhängigen Zeichen (siehe Auer 2010, Domke 2010, Scollon/Scollon 2003 und Sharrock/Anderson 1979) und handeln mit den Mitteln, die der Raum für uns bereithält (siehe Hausendorf/Schmitt 2013 und Hausendorf 2012 in Bezug auf die Umgestaltung eines Raums für eine anschließende universitäre Seminarsituation).

Feuerwehrleute und andere Notfall-Einsatzkräfte hingegen folgen nicht ohne weiteres den impliziten Handlungsregeln resp. Nutzungsangeboten, die Räume bereithalten, sondern sie entwickeln neue Handlungsoptionen und -routinen, die anderen Logiken folgen, wie z. B. der primären Suche nach vermissten Personen. Dadurch lesen sie andere Zeichen und interpretieren lesbare Zeichen zudem anders, und zwar im Paradigma ihres jeweiligen primären Arbeitsauftrags. So ist es wohl leicht nachvollziehbar, dass Feuerwehrleute im Einsatz Ess-, Schlaf und Badezimmer nicht für die den Räumen seitens der EinrichterInnen funktional eingeschriebenen (Primär-)Zwecke nutzen, sondern dass sie diese in irgendeiner Weise anders *nutzen*. Man kann daran ablesen, dass es für die jeweiligen NutzerInnen den Räumen (und ihren inskribierten Nutzungspraktiken) übergeordnete Ziele, Aufgaben und Arbeitsaufträge gibt, im Rahmen derer die Räume zwar immer noch ein bestimmtes Nutzungspotenzial behalten, dieses aber keine Handlungen einfordert bzw. determiniert und noch nicht einmal nahelegen muss.[1]

Aber wie genau nutzen die Feuerwehrleute die Räume um und welche weiteren Objekte unterliegen in Feuerwehreinsätzen auffälligen arbeitspraktischen Transformationen? Dies soll dieser kurze Text veranschaulichen, der dafür auf Audio- und Videodaten zurückgreift, die im Rahmen eines Entwicklungspro-

---

1 Das ist natürlich auch – bei einem stark eingegrenzten Raumverständnis – in alltäglichen Praktiken erfahrbar, wenn ein Schlaf- als Lesezimmer oder eine Küche z. B. als Partyraum genutzt wird.

jekts (›Landmarke‹[2]) vorwiegend zum Zweck einer gesprächsanalytischen Dissertation von 2009 bis 2011 in einem nordrheinwestfälischen Feuerwehrausbildungszentrum zu Feuerwehreinsatzübungen erhoben wurden (siehe Gerwinski i.V.).

Gesprächsbeispiele und -analysen

Um einen Eindruck von (verbalen) raumbezogenen Handlungen von Feuerwehrleuten während Einsatzübungen mit stark limitierter Sicht[3] zu erhalten, folgen im weiteren Verlauf drei kurze komplementär ausgewählte Ausschnitte aus verschrifteter gesprochensprachlicher Kommunikation, die je im Anschluss hinsichtlich Umnutzungsfragestellungen analysiert werden und einander je aspektbezogen ergänzen.

Dass sich zur Untersuchung dieser und anderer Fragestellungen überhaupt Gesprächsdaten eignen, ist der Tatsache geschuldet, dass Feuerwehrleute trotz hohem physischen und psychischen Stress (selbst in Einsatzübungen) vielfach verbal miteinander kommunizieren. Das ist zwar unter den entsprechenden Arbeitsumständen eine weitere Belastung, aber für die Beteiligten augenscheinlich notwendig, da sie sich aufgrund der visuellen Einschränkung nur auf diese Weise umfassend austauschen und so v. a. ihre Wissensbestände inkl. Konzepten miteinander abgleichen können. Weil ihre und ggf. weitere Menschenleben unter anderem von der Navigation und Orientierung abhängen und Handlungsräume (im Unterschied zu den physischen Orten) selbst erst in koordinierten Arbeitszusammenhängen unter den Beteiligten interaktiv und kommunikativ hergestellt werden, ist die zusätzliche »Artikulationsarbeit« (Corbin/Strauss 1993) also nicht umsonst.

Zum Verständnis des folgenden Transkript-Ausschnitts bedarf es zuvor allerdings noch einiger komprimierter Erläuterungen. Der Gesprächsausschnitt entstammt einer Feuerwehrübung, bei der die Feuerwehrleute sich in einem verrauchten Gebäude im zweiten Obergeschoss in einer separaten Wohnung eines Mehrfamilienhauses befinden[4] (zum zurückgelegten Weg und der räum-

---

2 Zum EU-Projekt ›Landmarke‹ siehe die offiziellen Websites »www.landmarke-projekt.de« und »www.fit.fraunhofer.de/projects/softwaretechnik/landmarke.html« sowie Dyrks et al. 2008.

3 Die Feuerwehrleute erhalten entweder zu Beginn der Einsatzübungen mit Folien verklebte Masken, wodurch sie lediglich in der Lage sind, starke Lichtdifferenzen wahrzunehmen (was in abgedunkelten Räumen bis bin zu vollständiger Blindheit führt), oder sie müssen durch sehr stark verrauchte Wohnungen navigieren, wodurch sie größtenteils nur wenige Zentimeter weit sehen können.

4 Es handelt sich bei dem Gebäude um ein Trainingsgebäude für Feuerwehrschulungen am

lichen Situierung in der Wohnung – ohne Einrichtung – siehe Abb. 1) und den Arbeitsauftrag haben, eine vermisste Person zu suchen und zu bergen (Auftrag: ›Menschenrettung‹). Sie bewegen sich dabei kriechend voran, was bereits eine abweichende Praktik zur alltäglichen Raumnutzung darstellt, aber institutionen- und regelkonform ist, da Feuerwehrleute in bis zur ›Nullsicht‹ verrauchten Gebäuden zu dieser Bewegungsart angehalten sind (aus Sicherheits- und Wahrnehmungsgründen; siehe Gerwinski i.V.).

TA01 hier is ne toilette

001	AT1FM1	hier-
002	AT1FM2	(1.0) ham wa ne wAnd?
003	AT1FM1	hier is ne toilette.
004	*sit*	*AT1FM1 ertastet den Raum nach links auf ca. 80 cm Höhe.*
005	AT1FM1	hier is nen waschbecken-
006		hier is ne toilette.
007	AT1FM1	aha.
008		(2.0) ich (stocher) mit der axt noch en bisschen
009		hinterher ne,
010	AT1FM1	wat sachst dU?
011	AT1FM2	(1.0) ich (fühl) dir mit der axt noch hinterhEr.
012	AT1FM1	ja-
013		(2.0) ich glaub hier is ne badewanne;
014	AT1FM2	jA::;

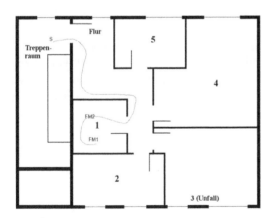

Abb. 1[5]: Weg und Positionen von AT1FM1 und AT1FM2 (siehe TA01).

Institut der Feuerwehr (IdF) in Münster, in dem unterschiedliche Räume ›realitätsbezogen‹ nachgestellt sind.

5 Die Feuerwehrleute befinden sich – wie in der Abbildung zu erkennen – in Raum »1« und haben den mit der dünnen Linie gekennzeichneten Weg (der zugleich den ausliegenden

Eine erste Frage, die sich stellt, lautet: Handelt es sich bei dem begangenen Raum (»1«) für die Feuerwehrleute noch um ein (an den aufgefundenen und benannten Objekten offensichtliches) Badezimmer oder ist das Konzept völlig unerheblich, weil das gesamte verrauchte Gebiet ausschließlich als Einsatzraum wahrgenommen und genutzt wird?[6] Für die letzte Annahme spricht, dass der Raum (auch im dem Ausschnitt folgenden Gespräch) keine explizite Benennung erhält. Es stellt sich aber die Frage, ob eine Raumbenennung notwendig ist oder unter informations- und sprachökonomischen Gesichtspunkten nicht ohnehin redundant wäre und der Verzicht damit aufgrund der »empraktischen« (Bühler 1934, S. 52) Kommunikationssituation[7] konsequent ist.

Im Transkript-Ausschnitt gibt es z. B. auffällige, durch die Raumarchitektur angestoßene, Objektbenennungs- und -identifizierungshandlungen (»hier is ne toilette«, Z.003 und Z.006; »hier is nen waschbecken«, Z.005; »ich glaub hier is ne badewanne«, Z.013), die zwar untypisch für alltägliche Raumnutzungen sind, aber unter den Umständen von visueller Limitierung und des institutionellen Arbeitsauftrags sinnvoll erscheinen, da die Beteiligten auf diese Weise gemeinsam und kommunikativ eine Vorstellung des Raumes entwerfen, die für ihre Suche (nach vermissten Menschen) unabdingbar ist und ihr weiteres Handeln beeinflusst. Sie konstituieren bzw. konstruieren den Raum damit erst als Handlungsraum für mögliche sprachliche und nicht-sprachliche Anschlusshandlungen. Das heißt, ihr weiteres Handeln ist von den gemeinsam entwickelten Raumkonzepten unter Berücksichtigung ihres Arbeitsauftrags abhängig.

Wie das konkret erfolgt, zeigt – im Kontrast zum letzten – der nächste Transkript-Ausschnitt sehr deutlich, der aus einer (ebenfalls vollständig verrauchten) Einsatzübung stammt, die im an eine Tiefgarage angrenzenden Kellerraum stattfindet und bei der ebenfalls Menschenrettung das Primärziel der Rettungsmission ist (zur räumlichen Situierung der Feuerwehrleute im Gebäude sowie zum zurückgelegten Weg siehe Abb. 2):

TA02 hier is so en podEst
001   AT1FM1   (9.0) <<p>was is en das hIEr?>
002   AT1FM2   (2.0) wie siehts aus?
003   AT1FM1   hier sin-

Feuerwehrschlauch visualisiert) zurückgelegt. Der Startpunkt zur kriechenden Fortbewegung aufgrund der äußerst eingeschränkten Sicht ist mit »S« markiert.

6 Um das auch für die Leserin/den Leser offenzuhalten, sind die Einrichtungsobjekte in dieser Abbildung (Abb. 1) ausgespart.

7 Von einer empraktischen Kommunikationssituation kann gesprochen werden, da die sprachlichen Handlungen subsidiär in einen außersprachlichen Handlungsrahmen eingebettet sind. Deshalb spricht Fiehler (1993, S. 343) diesbezüglich von einem »praktisch dominierten Tätigkeitszusammenhang«.

004		hier is so irgend so en po podEst auf der
005		rechten sEIte.
006		(6.0) ansonste:n-
007	AT1FM2	(1.0) bist du am ende vom rAUm?
008	AT1FM1	ja:;
009	AT1FM2	gut.
010	AT1FM1	(4.5) da sind so schIEber hier an der seite.
011		(2.5) okAY,
012		[(was-)]
013	AT1FM2	[woll-]
014	AT1FM1	was ich jetz nich abgesucht hab is ä oben das podEst;
015	AT1FM2	(--) ja;

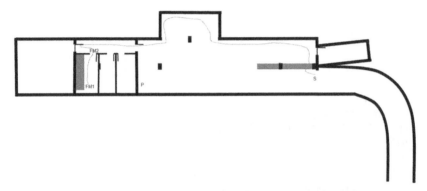

Abb. 2[8]: Weg und Positionen von AT1FM1 und AT1FM2 (siehe TA02).

Erstens offenbaren sich in diesem Gesprächsausschnitt Objektidentifizie-
rungsprobleme bei nicht hinreichend vertrauter Raumarchitektur (»da sind so
schIEber hier an der seite«, Z.010) und zweitens wird ersichtlich, welche
Funktion Objektidentifizierungen in Feuerwehreinsätzen vornehmlich übernehmen (siehe Z.014). Sie dienen nämlich – neben der allgemeinen Orientierung
und Navigation – als Entscheidungshilfe für nichtsprachliche Anschlusshandlungen. In diesem Ausschnitt führt das Auffinden eines unbestimmten Podests
dazu, ein Absuchen desselben anzuvisieren, weil sich darauf Personen befinden
könnten (anders als z.B. bei Waschbecken, siehe TA01). Das macht AT1FM1
indirekt mit der Feststellung »was ich jetz nich abgesucht hab is ä oben das
podEst;« (Z.014) deutlich. Die Wahrnehmung eines solchen Objekts im Einsatz
führt also dazu, dass die wahrnehmenden Feuerwehrleute im Rahmen einer
Menschenrettungsmission das Objekt zeichenhaft als möglichen Aufenthaltsort

---

8 Wie in Abb. 1 sind auch hier die räumlichen Positionen der Feuerwehrleute markiert und der
   Startpunkt der kriechenden Fortbewegung mit »S« sowie der Weg (und damit auch der
   Feuerwehrschlauch) mit einer dünnen Linie gekennzeichnet.

eines Menschen interpretieren und dessen Oberfläche somit für eine umfassende und akribische Personensuche ebenfalls absuchen müssen. Das aufgefundene Podest wird somit von einem Schrank (»schIEber hier an der seite«, Z.010) mit all seinen sich im Alltag bietenden Funktionalitäten während des Feuerwehreinsatzes für die beteiligten Rettungskräfte zu einem möglichen Personenauffindungsort uminterpretiert und somit von einem Wohnaccessoire zu einem relevanten Einsatzobjekt. Dass all diese Prozesse stets gemeinsam vollzogen werden, offenbaren die Gesprächsstrukturen, die im Allgemeinen bestätigende, anzweifelnde oder nachfragende Reaktionen seitens des sprachlich Adressierten nach sich ziehen (siehe Z.015).

Dass selbst mitgeführte Einsatzobjekte ebenfalls im Verlauf des Einsatzes Umnutzungen seitens der Feuerwehrleute erfahren können, zeigt der letzte Transkript-Ausschnitt, der einer Einsatzübung entstammt, die wie im Falle von TA01 im zweiten Obergeschoss eines Mehrfamilienhauses stattfindet. Die Feuerwehrleute des ›ersten Angriffstrupps‹ haben hier in Raum »B« (siehe Abb. 3) eine verunfallte Person gefunden und besprechen den Rückweg aus dem Gebäude:

TA03 lassen ma lie:gen

```
001   AT1FM2   <<f>wir ham sie jetz gefunden-
002            jetz gehn wir rAUs;>
003   AT1FM1   ja;
004   AT1FM2   (1.0) nehmen wa strahlrohr mIt?
005   AT1FM1   (nä dat) lassen ma lie:gen;
006   AT1FM2   ja-
007   AT1FM1   lass liegen.
008   AT1FM2   wir gehn an dem schlAUch raus;
```

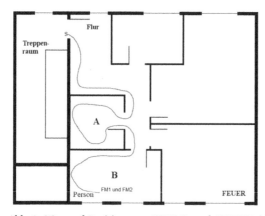

Abb. 3: Weg und Position von AT1FM1 und AT1FM2 (siehe TA03).

Hier lässt sich die funktionale (Um-)Nutzung des primär als Wasserversorgungsinstrument mitgeführten Feuerwehrschlauchs für Navigationszwecke beobachten, denn die Feuerwehrleute nutzen den Schlauch als Rückwegmarkierung (und zwar als primäres Leitmedium und nicht bloß als zusätzliches Hilfsmittel). Außerdem dient der Schlauch des vorangegangenen Feuerwehrtrupps auch der Hinweg- und Positionsmarkierung für nachfolgende Trupps, wenn der erste Trupp seinen Schlauch hat liegen lassen.[9]

Zunächst konstatiert AT1FM2 in diesem Transkript-Ausschnitt, dass sie die aufzusuchende Person ›*jetz gefunden*‹ (Z.001) haben und mir ihr »rAUs[gehn]« werden (Z.002). Diese geplante Handlung bestätigt AT1FM1 (Z.003). Daraufhin verständigen sich die beiden Akteure darüber, den Schlauch auf ihrem Rückweg nicht mitzunehmen (›*lassen ma lie:gen;*‹, Z.005) und AT1FM2 gibt schließlich explizit das primäre Navigationsmedium vor (›*wir gehn an dem schlAUch raus;*‹, Z.008) (vgl. Gerwinski i. V.). Der Schlauch dient ihnen dabei als »symphysisches« Zeichen (Bühler 1999/1934, S. 159) zur Orientierung und v. a. zur Navigation in dieser kaum visuell wahrnehmbaren Einsatzumgebung und macht den Raum (konkret: den Rückweg) für sie ›lesbar‹. Sie brauchen nur entlang des mitgeführten Schlauchs, dem haptisch wahrnehmbaren Referenzobjekt, zurück zu gehen und finden auf diese Weise in jedem Falle zurück zu ihrem Ausgangspunkt (dem Anschluss des Feuerwehrschlauchs am Feuerwehrauto vor dem Gebäude).[10]

Der Schlauch wird also von den Auslegenden selbst, die (in einem weiteren Sinne) »Betrachter« und »Begeher« des Raums (Kesselheim/Hausendorf 2007, S. 346) sind, als »Benutzbarkeitshinweis« (Hausendorf 2012) für den Rückweg gelesen. Durch den Schlauch wird der Rückweg also für die Beteiligten zu einem neu konstituierten Einsatzraum und auch als solcher genutzt (entgegen seiner, seitens der EinrichterInnen inskribierten, Funktionalitäten und Gebrauchsanweisungen). Der Raum wird dadurch im Rahmen des Einsatzes erstens selbst umgenutzt (siehe TA02) und zweitens als Einsatzraum durch selbst ausgelegte Objekte wie den Schlauch für die Zwecke des Einsatzes transformiert und leichter lesbar gemacht.

---

9 Nachfolgende Feuerwehrtrupps können an dem liegengelassenen Schlauch relativ schnell zu der Stelle gelangen, an der der vorangegangene Trupp seine Suche beendet hat und auf diese Weise redundante Suchprozesse vermeiden. Dass dies eine übliche Praxis ist, zeigen einige Beispiele in Gerwinski (i.V.).

10 Im Falle eines verwinkelt und in Schlaufen ausgelegten Schlauchs, kann das Nachziehen dieses dazu führen, den Rückweg ggf. zu verkürzen, da der Schlauch dann im Idealfall (oder zumindest streckenweise) eine Gerade bildet. Siehe dazu auch den im Raum »A« verwinkelt ausliegenden Schlauch in Abb. 3.

Kurzfazit

Abschließend lässt sich zusammenfassen, dass das Absuchen eines Raumes im Rahmen eines konkreten Arbeitsauftrags von institutionell Handelnden anderen Raumkonstitutions- und -nutzungsweisen und damit anderen Logiken unterliegt und dadurch auch andere Handlungspraktiken einfordert als die alltägliche Nutzung von Räumen im Paradigma ihrer primären Einrichtung im weiteren Sinne. Die primären »zweckrationalen« (Weber 1921/1980, S. 12) Handlungsziele bestimmen die Raumwahrnehmung und Raumkonstitution in einem wesentlichen Maße mit und sorgen im Fall von Feuerwehreinsätzen zur Transformation von alltäglichen Wohn- zu Einsatzorten durch die beteiligten Akteure, ohne dass die Räume dabei ihr durch die EinrichterInnen inskribiertes Potenzial verlieren. Dieses wird durch die Akteure nur in anderer je handlungszielbezogener Weise aktiviert.

Transkriptionszeicheninventar

AT1FM1	erster Feuerwehrmann (FM1) des ersten ›Angriffstrupps‹ (AT1)
AT1FM2	zweiter Feuerwehrmann (FM2) des ersten ›Angriffstrupps‹ (AT1)
.	Tonhöhenbewegung am Einheitenende: tief fallend
;	Tonhöhenbewegung am Einheitenende: leicht fallend
–	Tonhöhenbewegung am Einheitenende: gleichbleibend
,	Tonhöhenbewegung am Einheitenende: leicht steigend
?	Tonhöhenbewegung am Einheitenende: hoch steigend
akzEnt	Silbenbezogener Akzent auf dem *E*
:	Vokaldehnung
::	längere Vokaldehnung
(--)	Mikropause von ca. 0,5 Sekunden
(1.0)	ca. 1 Sekunde Sprechpause
(...)	unverständliche Passage: Transkription des vermuteten Wortlauts
<<p>...>	leise gesprochene Passage (p = piano/leise)
<<f>...>	laut gesprochene Passage (f = forte/laut)

Literatur

Auer, Peter: ›Sprachliche Landschaften. Die Formung des Raums durch die geschriebene Sprache‹, in: Deppermann, Arnulf/Linke, Angelika (Hg.): *Sprache intermedial. Stimme und Schrift, Bild und Ton*. Berlin/New York 2010, S. 271–300.
Bühler, Karl: Sprachtheorie. Die Darstellungsfunktion der Sprache. 3. Auflage, ungekürzter Neudruck der Erstausgabe von 1934. Stuttgart 1999.

Corbin, Juliet M./Strauss, Anselm L.: ›The Articulation of Work Through Interaction‹, in: *Sociological Quarterly* 34 (1) 1993, S. 71–83.

Domke, Christine: ›Texte im öffentlichen Raum: Formen medienvermittelter Kommunikation auf Bahnhöfen‹, in: Bucher, Hans-Jürgen/Gloning, Thomas/Lehnen, Katrin (Hg.): *Neue Medien – neue Formate. Formate: Ausdifferenzierung und Konvergenz in der Medienkommunikation.* Frankfurt et al. 2010, S. 257–282.

Dyrks, Tobias/Denef, Sebastian/Ramirez, Leonardo: An Empirical Study of Firefighting Sensemaking Practices to Inform the Design of Ubicomp Technology. Workshop Proceedings of the SIGCHI Conference on Human Factors in Computing Systems. Cape Town 2008.

Fiehler, Reinhard: ›Spezifika der Kommunikation in Kooperationen‹, in: Schröder, Hartmut (Hg.): *Fachtextpragmatik.* Tübingen 1993, S. 343–357.

Gerwinski, Jan: Der Einsatzort im Kommunikationsvollzug. Zur Einbettung digitaler Medien in multimodale Praktiken der Navigation und Orientierung – am Beispiel der Feuerwehr (Diss. Univ. Siegen 2013, zur Publikation eingereicht). Heidelberg i.V.

Giddens, Anthony: The constitution of society. Outline of the theory of structuration. Social and political theory. Cambridge 1984.

Hausendorf, Heiko: ›Über Tische und Bänke. Eine Fallstudie zur interaktiven Aneignung mobiliarer Benutzbarkeitshinweise an der Universität‹, in: Hausendorf, Heiko/Mondada, Lorenza/Schmitt, Reinhold (Hg.) *Raum als interaktive Ressource.* Tübingen 2012, S. 139–186.

Hausendorf, Heiko/Schmitt, Reinhold: ›Interaktionsarchitektur und Sozialtopografie. Umrisse einer raumlinguistischen Programmatik‹, in: *Arbeitspapiere des UFSP Sprache und Raum (SpuR)* 1 (05/2013) 2013, S. 1–59.

Kesselheim, Wolfgang/Hausendorf, Heiko: ›Die Multimodalität der Ausstellungskommunikation‹, in: Schmitt, Reinhold (Hg.): *Koordination. Analysen zur multimodalen Interaktion.* Tübingen 2007, S. 339–375.

Kesselheim, Wolfgang: ›Gemeinsam im Museum: Materielle Umwelt und interaktive Ordnung‹, in: Hausendorf, Heiko/Mondada, Lorenza/Schmitt, Reinhold (Hg.): *Raum als interaktive Ressource.* Tübingen 2012, S. 187–232.

Scollon, Ron/Scollon, Suzie W.: Discourses in place. Language in the material world. London 2003.

Sharrock, Wesley W./Anderson, Digby C.: ›Directional hospital signs as sociological data‹, in: *Informational Design Journal* 1 (2) 1979, S. 81–94.

Weber, Max: Wirtschaft und Gesellschaft. Grundriss der verstehenden Soziologie. 5., von Johannes Winckelmann 1972 revidierte Auflage der Erstauflage von 1921, Studienausgabe, [Nachdruck 1980]. Tübingen 1980.

Christian Henrich-Franke

›Alter Draht‹ – ›neue Kommunikation‹: Die Umnutzung des doppeldrahtigen Kupferkabels in der Entwicklung der digitalen Telekommunikation

»Sein Chef ist in der Leitung ... für den ist er heute nicht mehr zu sprechen. Und für seine Freundin? Jederzeit. Wie kann Max schon beim Klingeln wissen, wer ihn anruft? Ganz einfach: mit ISDN ... Anrufer auf dem Display erkennen, gleichzeitig faxen und mehr!«

1.   Einleitung

Mit diesem Kommentar in einem Fernsehspot, in dem der Protagonist Max genüsslich in der Badewanne liegt und sich an den neuesten Errungenschaften von ISDN erfreut, machte die Deutsche Telekom zu Beginn der 1990er Jahre Werbung für eine neue Form der digitalen Telekommunikation.[1] Die Botschaft wurde in weiteren Werbespots untermauert und auf eine Ursache zurückgeführt: »*Alte Technik macht neuer Technik Platz.*«[2] Dass dabei die alte Technik nicht gänzlich der neuen, digitalen Technik Platz machte, verschwieg die Werbung. Im Gegenteil, die Möglichkeiten der alten Technik in Form des doppeldrahtigen Kupferkabels im Ortsnetz, die im digitalisierten ISDN-Netz umgenutzt und in einen neuen Zusammenhang gestellt wurde, definierte ganz entscheidend das »*Mehr*« der Möglichkeiten, die dem Protagonisten Max zur Verfügung standen. Immerhin sollte dieses »*Mehr*« in den kommenden zwei Jahrzehnten nach der Ausstrahlung des Fernsehspots die Grundlage für den Übergang in eine – wie der Soziologe Manuel Castells schreibt – »*neue historische Epoche*« sein »*in der Netzwerke die neue soziale Morphologie unserer Gesellschaften*«[3] darstellen: das Informationszeitalter.

Das Ziel dieses Beitrags besteht darin, die Digitalisierung des Telefonnetzes und die darauf aufbauende Integration der Telekommunikationsdienste im digitalisierten Netz, mit Blick auf die Umnutzung des doppeldrahtigen Kupfer-

---

1 Verfügbar unter: http://www.youtube.com/watch?v=K6zpyuxcmOc [17.3.2014].
2 Verfügbar unter: http://www.youtube.com/watch?v=1lYFr-C_SKg [17.3.2014].
3 Castells 2001, S. 527.

kabels, zu analysieren. Warum bildet der Kupferdraht (noch heute) ein zentrales Element moderner Telekommunikationsnetze? Wie vollzog sich die Digitalisierung des Telefonnetzes? Inwiefern diktierte die Umnutzung des doppeldrahtigen Kupferkabels das »*Mehr*« an Telekommunikation im dienstintegrierenden ISDN-Netz?

Wenn in diesem Beitrag von ›Umnutzung‹ gesprochen wird, bezieht sich dies nicht auf die Umnutzung des kompletten Telefonnetzes mitsamt seiner vielfältigen Komponenten wie Endgeräten oder Vermittlungsstellen, sondern vielmehr auf die Umnutzung einer einzelnen Systemkomponente, dem auf dem doppeldrahtigen Kupferkabel basierenden (örtlichen) Telefonnetz. Es sollen dabei nicht die Folgen der Umnutzung für Menschen und Gesellschaften, d. h. die positiven und negativen Aspekte der Informationsgesellschaft, gegeneinander abgewogen werden, sondern die Folgen der Umnutzung für die Entwicklung der Telekommunikationsangebote betrachtet werden.

Wenngleich in diesem Beitrag der zeitliche Fokus auf die 1970er bis 1990er Jahre gelegt wird, so gilt es zu betonen, dass selbst moderne DSL-Verbindungen den Zugang zu ›breitbandigen‹ Diensten auf der Basis der vorhandenen Kupferkabel-Infrastruktur anbieten. Dies bedeutet also, dass die Umnutzung des Kupferkabels bis heute in weiten Bereichen die Kommunikationsmöglichkeiten einzelner Haushalte definiert. Zudem wird ein besonderer Fokus auf die Bundesrepublik gelegt, da es nicht möglich ist, die hier aufgeworfenen Fragen für mehrere Staaten zu beantworten.

Den hier zu beschreibenden Entwicklungen liegen zumeist komplexe technische Zusammenhänge zugrunde, die auf ein für das Verständnis notwendiges Minimum reduziert werden. Wenn die Technik im Vordergrund steht, so impliziert dies keinerlei Vorstellung von Technikdeterminismus. Im Gegenteil, in diesem Beitrag wird gezeigt, wie sehr technische Entwicklungen von nichttechnischen Faktoren beeinflusst werden. Die Entwicklung der Technik steht – wie die Forschungen zu den ›Large Technical Systems‹ zu Recht betonen – immer im Zusammenhang eines komplexen Zusammenspiels von technischen, gesellschaftlichen, politischen, wirtschaftlichen und anderen Faktoren.[4]

Das hier zu behandelnde Thema fristet in der (historischen) Forschung bisher eher ein Schattendasein. Zwar liegt eine Reihe von Werken über die Technik, die Möglichkeiten digitaler Telekommunikation und die Entwicklung des Internets vor, wobei die Literaturlage zur Computervernetzung als vergleichsweise gut einzustufen ist,[5] da sich die Protagonisten der Computervernetzung um die Technikgenese bemüht haben.[6] Diese zeichnen aber allzu oft ein

---

4 Van der Vleuten 2006, S. 279 ff.
5 Siegert 2008; Friedewald 2000.
6 Gillies/Cailliau 2002.

einseitiges Bild und geben die komplexen (historisch gewachsenen) Zusammenhänge bei der Standardisierung großtechnischer Systeme aus der sehr spezifischen Perspektive individueller Technikentwickler wieder. Zum hier interessierenden Telefonnetz liegen lediglich einzelne Überblicksdarstellungen[7] sowie technikfokussierte Berichte der Protagonisten aus den internationalen Standardisierungsforen vor, die eher Quellencharakter besitzen.[8]

Um die aufgeworfenen Fragen zu beantworten, wird zunächst ein Überblick über die Grundlagen digitaler Telekommunikation gegeben, bevor in einem nächsten Schritt die organisatorischen Strukturen im Telekommunikationssektor in den 1970er Jahren erörtert werden. Im eigentlichen Hauptteil dieses Beitrags soll dann die doppelte Umnutzung des doppeldrahtigen Kupferkabels im Zuge der Digitalisierung des Telefonnetzes sowie der Einführung der Dienstintegration im Telefonnetz (ISDN) betrachtet werden, bevor abschließend ein Fazit gezogen wird.

2.   Technische Grundlagen digitaler Telekommunikationsinfrastrukturen

Das digitale Telekommunikationsnetz lässt sich ganz unterschiedlich beschreiben und kategorisieren. Generell lassen sich vier konstitutive Elemente digitaler Telekommunikationsnetze unterscheiden, von denen hier primär das erste in den Blick genommen wird:
- Informationsinfrastruktur (u. a. das physische Netz)
- Endgeräte (Telefon, Computer etc.)
- Informationsanbieter
- Informationsnutzer

Die digitale Informationsinfrastruktur wiederum darf nicht als ein einheitliches Netz angesehen werden, sondern vielmehr als die Summe einer Vielzahl von Netzen und Netzkomponenten. Zunächst muss einmal zwischen Kabel- und Funknetzen unterschieden werden, die zusammengenommen die digitale Informationsinfrastruktur bilden. Von beiden weisen die hier zu betrachtenden Kabelnetze wesentlich höhere Übertragungsraten auf, sodass Funknetze eher für spezifische Anwendungen mit niedrigen Übertragungsraten, wie die Mobiltelefonie, eingesetzt werden. Funknetze besitzen derweil den Vorteil, vergleichsweise kostengünstig zu sein, weil die technische Infrastruktur gering ist – oftmals reichen Antennen oder Satelliten zur Abdeckung großer Areale.

---

7 Flichy 1994; Noam 1992; Werle 1990.
8 Rutkowski 1985.

Demgegenüber müssen beim Kabelnetz weit verzweigte Verbindungen im Boden oder Überland gelegt werden, insbesondere, wenn es um den Anschluss privater Haushalte an das Netz geht. Damit steigen die Investitionskosten,[9] die sehr spezifisch auf das Telekommunikationsnetz ausgerichtet sind, da die eingesetzten Mittel bei einem Marktaustritt, d.h. einer Umstellung auf eine neue Technologie, verloren gehen. Man spricht deshalb auch von irreversiblen oder versunkenen Kosten. Diese Kosten sorgen dafür, dass hohe Anfangsinvestitionen als Markteintrittsbarrieren wirken, müssen doch gewisse Teilnehmerzahlen realisiert werden, damit sich die Investitionen amortisieren. Sind die Telekommunikationsnetze aber einmal gelegt, dann bedeutet jeder neue Teilnehmer eine Senkung der Durchschnittskosten des Betriebs. Bei einem Telekommunikationsnetz kommt die Immobilität des Netzes hinzu, da es – einmal im Boden verlegt – nicht leicht verändert werden kann, sodass auch die vereinbarten Standards für langfristige Betriebsdauern konzipiert und nach Möglichkeit mit unterschiedlicher Systemtechnik zu verwenden sind.

Der hier interessante Fall des Telefonnetzes setzt sich – ganz grob gesprochen – aus vier Netzebenen zusammen: dem internationalen Netz, dem mittleren regionalen Fernnetz, dem unteren regionalen Fernnetz und dem Ortsnetz, die allesamt nur zusammenarbeiten können, wenn die Kommunikation zwischen den Netzen so weit standardisiert ist, dass Informationen überhaupt fließen können. Zwischen den einzelnen Netzebenen sowie auf einer Netzebene zwischen den einzelnen Teilnehmern regeln Vermittlungsstellen den Informationsfluss. Technisch können die Vermittlungsstellen so konzipiert sein, dass sie den Informationsfluss zwischen unterschiedlichen Kabeln und Übertragungsarten ebenso wie zwischen gleichen Kabeln und Übertragungsarten herstellen.[10]

Bei den Übertragungsarten wird zwischen analog und digital unterschieden, wobei analog die Übertragung von Spannung (Änderungen der Schallwellen) bezeichnet, während bei digitalen Übertragungen Spannungen in binäre Zahlenwerte umgewandelt werden, die den Spannungen entsprechen. Wenn also von einer Digitalisierung des Telefonnetzes gesprochen wird, so bezieht sich dies zunächst allein auf die Vermittlung. Welche Übertragungsraten dann erzeugt werden, hängt von der Art der Vermittlung und der Kapazität des Übertragungsnetzes, d.h. auch von der Art und den Eigenschaften des Kabels, ab. Bei den Kabeln kann grob zwischen doppeldrahtigen Kupferkabeln, Koaxialkabeln und Lichtwellenleitern unterschieden werden. Die Kupferkabel sind einfach und kostengünstig zu verlegen, weisen aber lediglich geringe Übertragungsraten auf. Sie bildeten in den 1970er Jahren das Rückgrat des Telefonnetzes, v.a. im Ortsnetz, und stehen deshalb hier im Mittelpunkt der Diskussion über die

---

9 Ambrosius/Henrich-Franke 2013, S. 25–33.
10 Conrads 2004, S. 54–70.

Umnutzung. Koaxialkabel erlauben demgegenüber eine hohe Bandbreite (hohe Übertragungsraten) bei relativ niedrigen Materialkosten, allerdings ist ihre Verlegung schwierig und dementsprechend mit einem hohen Kostenaufwand verbunden. Lichtwellenleiter, die erst ab den 1970er Jahren aufkamen, realisieren die höchsten Übertragungsraten, zeichnen sich durch nur geringe Verluste und hohe Unempfindlichkeit aus. Allerdings stellen sie eine teure Technologie mit aufwendiger Anschlusstechnik dar. Generell gilt für ein Übertragungsnetz, dass dieses immer nur so leistungsfähig sein kann, wie sein schwächstes Element – egal ob Übertragungskabel, Vermittlungsstelle oder Endgerät, wobei hier ein Teil des Übertragungsnetzes im Fokus steht.

3. Organisatorische Strukturen im Telefonsektor bis in die 1970er Jahre

In nahezu ganz Europa wurden Telefonnetze als ein flächendeckendes Monopol betrieben. Staatliche Monopolverwaltungen organisierten nicht nur den Betrieb, sondern nahmen auch die technische Standardisierung entweder selbst vor oder beeinflussten diese als Monopolabnehmer zumindest stark. Es entwickelten sich folglich in vielen Staaten Europas so etwas wie kartellartige Verflechtungen zwischen dem Monopolnachfrager von Telefongerätschaften aller Art und der produzierenden Industrie.[11] Diese Verflechtungen waren freilich in großen Staaten wie der Bundesrepublik besonders eng, offerierte der nationale Markt doch eine so große Abnehmerzahl (d.h. Telefonanschlüsse etc.), dass die Industrie von einem nach außen abgeschotteten Markt gut leben konnte.[12] Die Monopolanbieter von Telekommunikationsdiensten (Fernmeldeverwaltungen) und der Geräte produzierenden Industrie ergänzten sich gegenseitig. In den 1960er und 1970er Jahren verfestigten sich die Verflechtungen angesichts eines massiven Ausbaus privater Telefonanschlüsse, v. a. die Ausweitung der Ortsnetze schritt massiv voran und machte das Telefon zu einem Massenkommunikationsmittel.[13] Das sichere Monopol förderte bei den relevanten Akteuren in der technischen Entwicklung der Telekommunikationsinfrastruktur auch das Denken in Monopolstrukturen. Die Verbesserung der bestehenden Infrastruktur (Prozessinnovationen) besaß in den 1970er Jahren eine höhere Priorität als die Entwicklung neuer Dienstleistungsangebote (Produktinnovationen), mit denen neue Kunden hätten gewonnen oder den bestehenden Kunden eine breitere Produktpalette hätte angeboten werden können. Die Telekommunika-

---

11 Cowhey 1990, S. 169 ff.
12 Schneider 2001, S. 116 ff.
13 Ahr 2013.

tion wies nicht zuletzt deshalb bis in die 1980er Jahre hinein in ihrem Dienst-angebot und in den technischen Konzepten eine hohe Konstanz auf.[14] Generell undenkbar war demnach auch eine Technologie, die das nationale Fernmelde-monopol hätte in Frage stellen können.

Die nationalen Strukturen im Telekommunikationssektor spiegelten sich in den internationalen Strukturen wider. Im Internationalen Beratenden Aus-schuss für Telefon und Telegraphie (CCITT) trafen sich die Vertreter der na-tionalen Monopolisten für Fernmeldedienste und -geräte, um Empfehlungen für internationale Standards für alle Elemente des Telefonnetzes – bis hin zur Nutzung von Kabeln – auszusprechen.[15] Freilich stand die internationale Stan-dardisierung unter der Prämisse des Schutzes nationaler Monopole, sodass in technischer Hinsicht primär die Komponenten der internationalen Netzebene in den Blick genommen wurden – unter Beachtung der Kompatibilität mit den nationalen, den regionalen und den Ortsnetzen, was v. a. über entsprechende Vermittlungsstellen erreicht wurde. Nationale Monopole und nationale kartell-artige Verflechtungen bedingten und stabilisierten sich gegenseitig, sodass auch das internationale Standardisierungsforum für Telekommunikationsinfra-struktur in den 1970er Jahren auf Prozessinnovationen fokussiert war, die die nationalen Fernmeldemonopole nicht gefährdeten.[16]

4.   Die Digitalisierung, die Dienstintegration und das doppeldrahtige Kupferkabel in der Entwicklung der Telekommunikationsnetze

4.1   Die erste Umnutzung des Kupferkabels: die Digitalisierung des Telefonnetzes

Wenngleich mit digitaler Übertragung schon seit den 1930er Jahren experi-mentiert worden war, wird das Jahr 1962 gerne als Eckdatum auf dem Weg zur Digitalisierung der Telekommunikation angeführt, als die ›Bell Laboratories‹ ein ziviles dienstintegrierendes Netz vorstellten, das auf dem Pulscodemodulations-Zeitmultiplex-Verfahren (PCM/TDM) basierte.[17] Dieses erlaubte es, analoge Signale in binäre Impulse umzuwandeln und so zu übertragen, dass mehrere Impulse getaktet über eine einzige Leitung gesendet werden konnten. Gleich-zeitig schritt in den 1960er Jahren die Entwicklung in der Vermittlungstechnik

14 Werle 1990, S. 171–211.
15 Laborie 2010.
16 Henrich-Franke 2014.
17 Kaiser 1998, S. 220–222.

voran, nachdem mittels integrierter Schaltkreise die Packungsdichten von Informationen zunahmen und erste Mikroprozessoren enorme Leistungssteige-
rungen ermöglichten.

Mitte der 1970er Jahre kristallisierte sich dann immer deutlicher heraus, dass
die Zukunft des Telefonnetzes den volldigitalen Vermittlungssystemen gehören
würde. Zum einen erreichte die analoge Technik ein technisches und ökonomisches Maximum, welches die zu erwartende Zunahme des Verkehrsvolumens
nicht würde bewältigen können.[18] Zum anderen stellte die digitale Technik eine
Erhöhung der Wirtschaftlichkeit des Netzes in Aussicht. Immerhin versprach
die Digitalisierung eine geringere Störanfälligkeit, Personaleinsparungen,
Raumeinsparungen, einen schnelleren Verbindungsaufbau und so eine Senkung
der Betriebskosten um 40 %.[19] Dabei erforderte die Digitalisierung des Telefonnetzes grundsätzlich nur eine Digitalisierung der Vermittlungsstellen,
wenngleich ein Austausch der Übertragungskabel eine ergänzende Maßnahme
zur Steigerung der Kapazitäten darstellte. Darüber hinaus musste das Netz lediglich ab den Ortsvermittlungsstellen digitalisiert werden, weil die Signale dort
von analog auf digital umgewandelt werden konnten. Somit konnten die An-
schlussleitungen der Teilnehmer analog und auf der Basis des Kupferkabels
verbleiben.

Die Veränderungen in der Fernmeldetechnik führten nicht nur dazu, dass die
Forschungs- und Weiterentwicklungsarbeit an der analogen Technik allmählich
eingestellt wurde – so 1979 in der Bundesrepublik –, sondern auch dazu, dass die
Fernmeldeanbieter sich nun aktiv mit der Frage der Digitalisierung des Telefonnetzes auseinandersetzten. Im gleichen Jahr 1979 beschloss die Bundespost
die volle Digitalisierung der Vermittlungsstellen des Telefonnetzes, wobei diese
sukzessiv, entsprechend den Ebenen, erfolgen sollte. Begleitend sollte auch das
Kabelnetz partiell erneuert werden. Schon 1978 war damit begonnen worden,
erste Glasfaserkabel im überregionalen Fernnetz zu legen. Seit den 1980er Jahren
folgte die komplette Neuerrichtung der Kabelnetze auf der mittleren und unteren regionalen Ebene parallel zu den bestehenden analogen Netzen.[20] Demgegenüber verblieben die Ortsnetze analog auf der Basis des doppeldrahtigen
Kupferkabels. Die Digitalisierung des Telefonnetzes, mitsamt der darin enthal-
tenen Umnutzung, stellte eine Prozessinnovation dar, die unabhängig von der
Frage der Dienstintegration (Produktinnovation) erfolgte.

---

18 Schön 1986, S. 14 f.
19 Conrads 2004, S. 41 ff.
20 Hars 1989, S. 66 ff.

4.2   Die zweite Umnutzung des Kupferkabels: die Dienstintegration im
       Telefonnetz

Im Laufe der 1970er Jahre kam mit der Datenkommunikation in Computer-
netzen ein neuer Telekommunikationsdienst auf, der eine echte Produktinnovation ankündigte. Schon seit den späten 1960er Jahren waren verschiedene
Netze zur Datenkommunikation zwischen Computern konzipiert worden, v. a.
das ARPANET galt als Vorreiter,[21] die mit unterschiedlichen Codierungsver-
fahren für digitale Signale, d. h. sog. Protokollen, operierten. Mittels (Telefon-)
Kabelleitungen sollten mehrere Computer zu einem Großrechner verbunden
werden. Paketvermittelte Datenkommunikation zwischen Computern sollte
Arbeitsteilung ermöglichen und Vorteile der Dezentralität ausnutzen. Dabei
vollzog sich die Entwicklung der Computernetze und der Datenkommunikation
außerhalb der kartellartigen Verflechtungen von Telekommunikationsindustrie
und Fernmeldeverwaltungen primär im Kreis von EDV-Ingenieuren bzw.
Computerherstellern.[22] Insgesamt drohte die Datenkommunikation eine Pluralisierung der Telekommunikationsnetze zu bewirken, da neben den schon
bestehenden Netzen für die letzten Telegraphendienste und das Telefon nun
Telex-Netze, spezielle ›packet-switch‹-Netze sowie weitere digitale Netze, etwa
aus dem Bereich Rundfunk und Fernsehen, entstehen konnten, die nicht
zwangsläufig den nationalen Fernmeldemonopolen unterworfen werden
mussten. Mit der Pluralisierung der Netze standen zudem Transferprobleme
zwischen den separaten Netzen zu befürchten, die nicht einer einheitlichen
Standardisierung im Rahmen des CCITT unterworfen waren.
    Sukzessive entstanden bei der Entwicklung von Datenkommunikationsnet-
zen zwei Lager, die sich v. a. über die ordnungspolitische Organisation und die
›Öffentlichkeit‹ der Netze stritten. Auf der einen Seite standen die EDV-Tech-
niker und Unternehmen, deren Interesse an offenen Netzen eher gering war, v. a.
weil sie vornehmlich an Datenverarbeitung in dezentralen (Bürokommunika-
tions-) Netzen und nicht an Datenkommunikation interessiert waren und weil
geschlossene Märkte in separaten Netzen ihnen wirtschaftliche Vorteile ver-
sprachen. Systemisch abgegrenzte Informationsnetze – unabhängig von den
Netzen der Fernmeldeverwaltungen – hätten auf der Basis von Koaxial- oder
Glasfaserkabeln errichtet werden können und damit breitbandige Dienste anbieten können. Auf der anderen Seite standen die Fernmeldemonopolisten, die
aus sozialpolitischen Gemeinwohlüberlegungen für ein offenes Einheitsnetz
eintraten, das allen Teilnehmern offen stehen sollte. Ihnen ging es natürlich auch
darum, das immer umstrittenere Fernmeldemonopol zu verteidigen, dessen

---

21 Friedewald 2000, S. 332 ff.
22 Siegert 2008.

Unterwanderung für die mächtigen Fernmeldeverwaltungen in Europa freilich unvorstellbar war.

Die technische Entwicklung warf gegen Ende der 1970er Jahre also eine Reihe von Fragen über die zukünftige Gestaltung des Zusammenspiels der technischen Gerätschaften zur Übertragung, zur Vermittlung und der Endnutzer auf, die es zu klären galt: Sollten Datenkommunikationsnetze offen oder geschlossen sein? Sollten separate bzw. konkurrierende Telekommunikationsnetze entstehen oder bestehende Netze – etwa des Telefons – (um-)genutzt werden? Sollte die Datenkommunikation von privaten Anbietern organisiert werden oder unter das Fernmeldemonopol fallen?

Die Fernmeldeverwaltungen beantworteten die offenen Fragen mit einem Plädoyer für ›offene‹, allen Teilnehmern zugängliche, Netze.[23] Sie sahen den richtigen Weg in die digitale Zukunft in einem Ausbau des vorhandenen Telefonnetzes als dienstintegrierende Infrastruktur. Neuerungen wie die Datenkommunikation sollten so der Bevölkerung zugänglich gemacht werden, aber den physikalischen Bedingungen des Telefonnetzes unterworfen werden. Zentral war dabei die Rückwärtskompatibilität der Systemelemente, sodass auch in einem dienstintegrierten Netz die alten analogen Telefonapparate nicht ausgetauscht werden mussten, denn immerhin ging es hier um die Endgeräte von 24 Millionen Telefonkunden, denen gerade einmal 150.000 Nutzer anderer Datenkommunikationsnetze gegenüber standen. Die Verschmelzung unterschiedlicher Telekommunikationsdienste auf der Basis des Übermittlungsnetzes des Telefons – so das Argument – würde Größenvorteile bringen und die digitalen Dienstleistungen für ein breites Publikum nutzbar machen. Dieser Vorschlag implizierte eine langfristige Nutzung des doppeldrahtigen Kupferkabels (zumindest als Übergangstechnologie im Ortsnetz), womit er in Kauf nahm, dass niedrigere Übertragungsraten erzielt würden, als sie mittels Breitbandtechnologie möglich waren. Da aber in den 1980er Jahren die Fernmeldeverwaltungen nicht mit großen Datenmengen kalkulierten, die von den Endnutzern übermittelt werden würden, und »*bei all diesen Zukunftsperspektiven [...] weiterhin das Fernsprechen die Massenanwendung*«[24] bleiben würde, wurde eine Nichtausschöpfung des technischen Optimums nicht als problematisch bewertet.

Die Nutzung des Telefons befriedige – so das Argument der Fernmeldeverwaltungen – viele Interessen: zum einen die der Fernmeldeanbieter selber, erhofften sich die Monopolisten des Fernmeldewesens doch eine langfristige Absicherung ihrer Investitionen in das Ortsnetz – immerhin stellte das Kabelnetz einen ganz beträchtlichen Anteil des Anlagevermögens dar – und die

---

23 Werle 1990, S. 284 ff.
24 Schön 1986, S. 11.

Einsparung umfangreicher Investitionen in eine neue breitbandige Kabelinfrastruktur (Koaxial- und Glasfaserkabel). Zum anderen wurden auch die Vorteile für den Endnutzer betont, da der Austausch (oder die Neuanlage) einer breitbandigen Übermittlungsinfrastruktur im Ortsnetz sowie die Anschaffung neuer Empfangsgeräte immense Kosten auch beim Nutzer verursachen würde. Diese würden sich prohibitiv auswirken und den Nutzer von den Möglichkeiten der digitalen Infrastruktur fernhalten. Niedrige Kosten galten als Garant von Akzeptanz. Die Umnutzung des doppeldrahtigen Kupferkabels im Ortsnetz würde somit einen Schutz vor Exklusivität bieten und dienstintegrierende Angebote einem Massenpublikum öffnen.

Waren sich die Monopolisten grundsätzlich einig darin, die Telefonnetze für die Datenkommunikation auszubauen,[25] so ergaben sich technische Detailfragen darüber, wie das Telefonnetz für die Datenkommunikation nutzbar gemacht werden konnte. Welche Netzteile und Netzkomponenten mussten wie erneuert oder verändert werden? Wo konnte bestehende Technik umgenutzt werden? Welche Telekommunikationsdienste konnten überhaupt in einem integrierten Netz nutzbar gemacht werden? Da diese Fragen auch wegen des internationalen Telekommunikationsverkehrs nicht für jeden Staat separat beantwortet werden konnten, setzten die Fernmeldeverwaltungen das Thema auf die Agenda des CCITT, der schon in den 1970er Jahren die Datenkommunikation erörtert und 1976 erste Empfehlungen für Protokolle ausgesprochen hatte. Im CCITT einigten sich die Mitglieder angesichts veränderter Rahmenbedingungen darauf, eine spezielle Studiengruppe einzurichten, die sich multiperspektivisch mit den Fragen der Digitalisierung des Telefonnetzes und der Dienstintegration auseinandersetzen sollte, da letztlich das Zusammenspiel aller Komponenten ausschlaggebend war. Nachdem unterschiedliche Studiengruppen zunächst einzelne Aspekte durchdiskutiert hatten, setze das CCITT 1980 eine spezielle Kommission ein, um die Idee eines integrierten Netzes voranzutreiben. Da der CCITT vom Monopolistenkartell dominiert wurde, standen deren Interessen im Fokus der Verhandlungen.

Am Ende der vierjährigen Studienphase in der CCITT Studiengruppe XVIII stand das Konzept des ›Integrated Services Digital Network‹ (ISDN).[26] Dieses bestand in einem einheitlichen und für alle Teilnehmer zugänglichem Netz, über das binär vermittelte Daten von ganz unterschiedlichen Diensten gleichermaßen transportiert werden konnten. Der Grundgedanke bestand darin, ISDN allmählich aus dem Fernsprechnetz weiterzuentwickeln. Gleichzeitig sollte das

---

25 Diese Entscheidung schloss freilich nicht aus, dass sich Datenübertragungs- und Informationsnetze auch weiterhin in geschlossenen Varianten oder in lokalen Netzwerken (LAN) weiterentwickelten.

26 Rutkowski 1985, S. 79 ff.

Netz durch Vermeidung zu spezifischer Standards dahingehend offen gestaltet sein, um zukünftig auch neuartige Dienste integrieren zu können. Eines der Kernprobleme der Studiengruppenarbeit war die technische Realisierung einer offenen Datenkommunikation, mussten doch eine kompatible Übermittlung und ein Konsens hinsichtlich der Interpretation der Signale hergestellt werden. Dabei stellte die Spannbreite der potentiellen Nutzer – vom Unternehmen bis hin zum privaten Haushalt – eine große Herausforderung dar. Was die Übertragungskabel betraf, so sollte ISDN von der Art des Kabels unabhängig sein, sodass lang- und mittelfristig ein flexibler Wechsel auf Koaxial- oder Glasfaserkabel möglich sein sollte. Gleichzeitig zementierten die Mitglieder des CCITT noch einmal die Absicht, von einer Umnutzung der doppeldrahtigen Kupferleitung auszugehen, um so ISDN flächendeckend anbieten zu können. Im Gegensatz zur Digitalisierung des Telefonnetzes mussten nun aber auch die Signale vom Endnutzer bis zur Ortsvermittlungsstelle digital gesendet werden. Dadurch war aber für die Datenkommunikation eine maximale Übertragungsrate von 64 kbit/sek vorgegeben, die zwar die Übertragung von Daten, Texten, einfachen Bildern oder leichten Animationen ermöglichte, jedoch breitbandige Übertragungen exkludierte.[27]

Mit der fortgeschrittenen Digitalisierung des Telefonnetzes näherte sich die Bundespost auch der Einführung von ISDN auf der Basis der CCITT-Empfehlung von 1984 an. Unabdingbare Voraussetzung war eben die – über vorherige Planungen hinausgehende – Digitalisierung der Übertragungsstrecke von Endgerät zur Ortsvermittlungsstelle. Zunächst wurde eine Art ISDN mit nationalen Spezifika angestrebt, welches 1987/88 einem Testbetrieb mit ca. 400 Haushalten in Mannheim und Stuttgart unterzogen wurde.[28] Aufbauend auf den positiven Testergebnissen, d. h. die Umnutzung der Kupferkabel erwies sich als erfolgreich, erfolgte dann seit Ende 1989 der sukzessive Ausbau von ISDN. Mit der vollständigen Digitalisierung des Fernnetzes 1998 waren dann – nachdem die deutsche Wiedervereinigung hier eine zusätzliche Herausforderung dargestellt hatte – die Voraussetzungen für ein flächendeckendes ISDN in der Bundesrepublik geschaffen, als das Telefonnetz komplett auf digitale Vermittlung umgestellt war.[29]

Durch die CCITT-Empfehlung von 1984 sind letztlich zwei Varianten der Dienstintegration vorgenommen worden: erstens eine ›Schmalband-Dienstintegration‹ auf der Basis des doppeldrahtigen Kupfernetzes (ISDN) und zweitens ›Breitband-Dienstintegration‹ auf der Basis von Koaxial- und Glasfaserkabel.[30]

---

27 Rosenbrock 1984, S. 515 ff.
28 Schön 1986.
29 Conrads 2004, S. 272.
30 Kampmann 1993, S. 117 ff.

Abb. 1: Briefmarke der Bundespost zur Einführung von ISDN aus dem Jahr 1988 (Quelle: Wikimedia Commons).

Das Schmalband-ISDN nach CCITT-Empfehlung konnte anfangs auch nicht alle Telekommunikationsdienste integrieren, da die Bandbreite für einige Breitbandanbieter zu schmal war. Mit anderen Worten ausgedrückt war das CCITT-ISDN von 1984 eine Art Kompromisslösung, die schneller war, als für die kleineren und mittleren Dienste notwendig, die aber zu gering war für Video oder Fernsehübertragungen. Derartige Telekommunikationsdienste wurden also durch die Wahl von ISDN und der Umnutzung von doppeldrahtigen Kupferkabeln exkludiert, obgleich sie technisch über ein Netz hätten übertragen werden können. Nicht zuletzt deshalb entstanden dann in den 1980er Jahren für das Kabelfernsehen spezielle Kabelfernnetze neben dem ISDN-Telefonnetz, die auf der Basis von Koaxialkabel völlig neu gelegt wurden und bis 2002 immerhin eine Versorgungsdichte von 56 % aller Fernsehnutzer erreichten. Schon in den frühen 1990er Jahren zeigten sich aber Sättigungstendenzen in der Nachfrage nach breitbandigem Kabelfernsehen, nachdem Direktempfangs-Satellitenanlangen immer erschwinglicher geworden waren.[31]

4.3   Ausblick: Die Weiterentwicklung der Technik

Eine Reihe von Prozessinnovationen hat seit der Einführung der ersten Generation des ISDN in den späten 1980er Jahren dazu geführt, dass doppeldrahtige Kupferkabel weiterhin ein Standbein eines ISDN-Netzes im Ortsbereich des Telefonnetzes darstellen und mittlerweile quasi-breitbandige Übertragungen ermöglichen. Da diese Innovationen es erlauben, auch in der Informationsgesellschaft die Bedürfnisse des privaten Endnutzers nach schnelleren und hochkapazitiven Verbindungen über umgenutzte doppeldrahtige Kupferkabel

---

31 Jäckel 1991, S. 17 ff.

weitgehend zu befriedigen, bremst die vorhandene Kabelinfrastruktur in gewisser Weise eine forcierte Umstellung auf moderne Glasfaserkabel im Ortsnetz.

Ein erster Schritt zur Qualitätsverbesserung wurde bereits 1989 getätigt, als
sich 20 europäische Staaten darauf einigten, mit dem Euro-ISDN einen gemeinsamen Standard einzuführen, der, anders als die seinerzeit existierende
deutsche Variante, beide Kabeladern nutzte und so die Übertragungsrate von 64
auf 144 kbit/sek steigerte. Damit reichte die Leistungsfähigkeit beiweitem nicht
an diejenige breitbandiger Netze heran, die entsprechend einer CCITT-Empfehlung von 1990 bei ca. 1000 mbit/sek lagen. Immerhin reichte das Euro-ISDN
aber aus, um die zu Beginn der 1990er Jahre benötigten Datenmengen privater
Haushalte zu übermitteln.[32]

Seitdem schreiten die Ausweitung des übermittelten Datenvolumens, v. a.
über das Internet, welches mittlerweile Millionen von Rechnern miteinander
verbindet, und die Erhöhung der Übertragungskapazitäten Hand in Hand.[33]
Insbesondere Innovationen in der Datenkompression und die Verlegung von
Glasfasernetzen bis an die Ortsnetze heran – oftmals sind nur noch die letzten
Übertragungswege von der Ortsvermittlung zum privaten Endnutzer doppeldrahtige Kupferkabel und die Reststrecke durchgehend Glasfaser – sorgen dafür,
dass mittlerweile Übertragungsraten von 100 mbit/sek im Festnetz auf den
umgenutzten Kupferkabeln erreicht werden können. Mit dem DSL-Anschluss
wurde schließlich eine digitalisierte Teilnehmerleitung geschaffen, die den Zugang zu breitbandigen Diensten auch auf dem Kupferkabel ermöglichte, u. a.
kann ab einer Downloadleistung von 2,5 mbit/sek Videoqualität erreicht werden.[34] Dabei nutzt DSL Frequenzbereiche mit größeren Übertragungsraten
oberhalb derer für die Sprachtelefonie oder ISDN und verwendet neue Modu-
lationsverfahren. Im Gegenzug muss aber neue Vermittlungstechnik im Ortsnetz eingebaut werden, die u. a. das Signal öfter verstärkt. Bemerkenswerterweise haben sich die Entwicklungswege der Schmalband- und Breitband-
dienstintegration aus den 1980er Jahren mittlerweile so stark angenähert, dass
beide immer mehr mit einem integrierten Angebot aus Fernsehen, Internet und
Telefonie konkurrieren können.

---

32 Ziehr 1995, S. 120 ff.
33 Abbate 2000.
34 Bluschke 2007, S. 37 ff.

5.   Fazit

Die Umnutzung des doppeldrahtigen Kupferkabels lässt sich als eine doppelte
Umnutzung im Kontext der Digitalisierung des Fernsprechnetzes und der Integration der Telekommunikationsdienste charakterisieren, die sich nicht mo-
nokausal erklären lässt. Vielmehr konnte gezeigt werden, dass eine Reihe in-
terdependenter Faktoren zur Erklärung herangezogen werden müssen, die für
großtechnische Systeme typisch sind. Hinter beiden Umnutzungen verbergen
sich unterschiedliche Entwicklungslogiken. Im Zuge der Digitalisierung der
Fernsprechnetze folgte die Umnutzung des Kupferkabels einer primär technischen Logik, war die analoge Technik doch an die Grenzen ihrer Möglichkeiten
gestoßen. Bei der Umnutzung des Kupferkabels im Kontext der Dienstintegration resultierte demgegenüber eine Gemengelage technischer und nichttechni-
scher Faktoren in einer technischen Kompromisslösung, die die Übertragungskapazitäten (vorerst) begrenzte und breitbandige Telekommunikationsdienste aus dem integrierten Angebot ausschloss. Drei nicht-technische Faktoren waren dabei besonders gewichtig: (1) *Wirtschaftlichkeit:* Die Umnutzung
des doppeldrahtigen Kupferkabels sorgte dafür, dass die anbieterseitigen Investitionen in die Kabelinfrastruktur des Ortsnetzes, die von der Bundespost
teils erst in den 1960er und 1970er Jahren getätigt worden waren, nicht verloren
gingen. Die Verlegung neuer Kabel – entweder als Teil des Telefonnetzes oder als
paralleles Netz – bedrohte sowohl Skalenerträge als auch bereits entstandene
versunkene Kosten, die beim Telefonnetz in den 1970er Jahren recht hoch waren.
Dieses Argument wog umso mehr, als die Erträge eines verbesserten Dienst-
angebots nicht kalkulierbar waren, da Unsicherheit über die Nachfrage bei einer
kompletten und sehr teuren Umstellung auf Koaxial- oder Glasfaserkabel im
Ortsnetz herrschte. (2) *Gemeinschaftlichkeit:* Neben den anbieterseitigen Kosten
spielten sozialpolitische Überlegungen und das Gemeinwohl eine zentrale Rolle.
Die Umnutzung des doppeldrahtigen Kupferkabels ermöglichte ein offenes
Einheitsnetz, das jedem Teilnehmer zugänglich sein sollte und eine flächen-
deckende Versorgung aller Bürger mit neuen Diensten versprach. In diesem
Sinne bot die Umnutzung des doppeldrahtigen Kupferkabels einen Schutz vor
Exklusivität der neuen Telekommunikationsdienste, nahm den privaten Haushalt mit ins 21. Jahrhundert und erlaubte es, Telefonnetze auch mit alter ana-
loger Technik weiter zu nutzen. Aufgrund der Unwägbarkeit der Entwicklungen
sollten darüber hinaus die nutzerseitigen Kosten gering gehalten werden.
(3) *Marktstruktur:* Der Beschluss das digitalisierte Telefonnetz mit doppeldrahtigen Kupferkabeln als Grundlage für den Ausbau eines dienstintegrierenden Telekommunikationsangebots (ISDN) zu nutzen, entsprach freilich auch
den ordnungspolitischen Vorstellungen der Monopolisten, stellte diese Entscheidung doch die langfristige Sicherung des Monopols in Aussicht.

Mit der Entscheidung für ISDN in einem Telefonnetz, das im Ortsnetz auf doppeldrahtigen Kupferkabeln basierte, wurden Mitte der 1980er Jahre die Weichen für die langfristige technische Entwicklung dienstintegrierender Telekommunikationsangebote gestellt. Da in komplexen Netzwerken, wie denjenigen der Telekommunikation, einzelne Elemente wie eben das doppeldrahtige Kupferkabel durch Um- und Neunutzung das Potenzial des Gesamtsystems bestimmen, müssen bis heute die Verbesserungen in der Vermittlungstechnik – zumindest für das öffentliche Festnetz – die Eigenschaften und Rahmenbedingungen einer Übermittlung über das Kupferkabel mitbedenken. Hieran wird die enorme Bedeutung technischer Pfadabhängigkeiten für die modernen Informationsgesellschaften deutlich. Mit der Entscheidung für ISDN und dem Konzept ›offener Datennetze‹ wurde ein technischer Entwicklungspfad eingeschlagen, der bisher noch nicht verlassen wurde. Einerseits sprechen Kostenargumente weiterhin dagegen. Andererseits haben technische Prozessinnovationen wie Euro-ISDN oder DSL dazu geführt, dass mittlerweile auch auf der Grundlage des doppeldrahtigen Kupferkabels der Endnutzer Zugang zu breitbandigen Diensten hat. Insofern konkurrieren mittlerweile breitbandige Netze – wie die des Kabelfernsehens – wieder mit einem technisch effizienteren Telefonnetz. Das »*Mehr*« der Möglichkeiten hat sich somit seit der Einführung der ersten Generation von ISDN Anschlüssen trotz der Umnutzung des Kupferkabels in einem derartigen Umfang ausgeweitet, wie es sich der Protagonist Max aus der Werbung der Deutschen Telekom zu Beginn der 1990er Jahre nicht hätte vorstellen können.

Bibliographie

Abbate, Janet: Inventing the Internet. Cambridge 2000.

Ahr, Berenice: Integration von Infrastrukturen in Europa: Telekommunikation. Baden-Baden 2013.

Ambrosius, Gerold/Henrich-Franke, Christian: Integration von Infrastrukturen in Europa: Synopse. Baden-Baden 2013.

Bluschke, Andreas: ›Führungsposition verteidigt. Für hohe Bandbreiten sind neue xDSL-Generationen erste Wahl‹, in: *Net* 2007/1, S. 37 – 41.

Bruchhäuser, Dieter/Rommerskirchen, Susanne: ›Internationaler Fernsprechverkehr – gestern und heute‹, in: *Archiv für deutsche Postgeschichte* 1985/2, S. 7 – 38.

Castells, Manuel: Die Netzwerkgesellschaft: Das Informationszeitalter. Band 1. Opladen 2001.

Conrads, Dieter: Telekommunikation: Grundlagen, Verfahren, Netze. Wiesbaden 2004.

Cowhey, Peter: ›The international telecommunications regime: The political roots of regimes for high technology‹, in: *International Organization* 1990/1, S. 169 – 199.

Flichy, Patrice: Tele: Die Geschichte der modernen Kommunikation. Frankfurt 1994.

Friedewald, Michael: ›Vom Experimentierfeld zum Massenmedium: Gestaltende Kräfte in der Entwicklung des Internet‹, in: *Technikgeschichte* 2000/4, S. 331–362.

Gillies, James/Caillian, Robert: Die Wiege des Web: Die spannende Geschichte des WWW. Heidelberg 2002.

Hars, Hans-Jürgen: ›Die Infrastruktur der Fernmeldenetze‹, in: *Archiv für deutsche Postgeschichte* 1989/1, S. 58–71.

Henrich-Franke, Christian: ›Functionalistic spill-over and infrastructural integration: the telecommunication sector‹, in: Dienel, Hans-Liudger (Hg.), Linking Networks: *The Formation of Common Standards and Visions for Infrastructure Development.* London 2014.

Jäckel, Michael: ›Kabelfernsehen, Programmvermehrung, private Konkurrenz – ein einleitender Überblick‹, in: Jäckel, Michael/Schenk, Michael (Hrsg.): *Kabelfernsehen in Deutschland.* München 1991, S. 9–30.

Kaiser, Walter: ›Die Weiterentwicklung der Telekommunikation seit 1950‹, in: Teuteberg, Hans-Jürgen/Neutsch, Cornelius (Hg.): *Vom Flügeltelegraphen zum Internet. Geschichte der modernen Telekommunikation.* Stuttgart 1989, S. 205–226.

Kampmann, Frank: Wettbewerbsanalyse der Normung der Telekommunikation in Europa. Frankfurt 1993.

Laborie, Léonard: L'Europe mise en réseaux. La France et la coopération internationale dans les postes et les télécommunications (années 1850-années 1950). Brüssel 2010.

Noam, Eli: Telecommunications in Europe. Oxford 1992.

Rosenbrock, Karl Heinz: ›ISDN – eine folgerichtige Weiterentwicklung des digitalen Fernsprechnetzes‹ in: *Jahrbuch der Deutschen Bundespost* 1984/1, S. 509–579.

Rutkowski, Anthony: Integrated Services Digital Network. Dedham 1985.

Schneider, Volker: Die Transformation der Telekommunikation: Vom Staatsmonopol zum globalen Markt (1800–2000). Frankfurt 2001.

Schön, Helmut: ›ISDN und Ökonomie‹ in: *Jahrbuch der Deutschen Bundespost* 1986/1, S. 9–51.

Siegert, Paul Ferdinand: Geschichte der E-Mail. Erfolg und Krise eines Massenmediums. Bielefeld 2008.

Van der Vleuten, Erik: ›Understanding Network Societies: Two Decades of Large Technical Systems Studies‹, in: Van der Vleuten, Erik/Kaijser, Arne (Hg.): *Networking Europe. Transnational Infrastructures and the Shaping of Europe.* Sagamore Beach 2006, S. 279–314.

Werle, Raymund: Telekommunikation in Europa: Expansion, Differenzierung, Transformation. Frankfurt 1990.

Ziehr, S.: ›Euro-ISDN. Leistungsmerkmale und Strategien‹, in: *Datacom* 1995/1, S. 120–124.

Natalie Schmücker & Arnd Wiedemann

Umnutzung von Bits und Bytes: die digitale Währung Bitcoin

Das erfolgreichste Brettspiel seit über 80 Jahren ist ein Spiel mit Geld: Monopoly. Sicherlich kennen auch Sie den Handel mit Straßen und Häusern gegen Papiergeld. Nicht nur im Bereich Geld, Finanzen und Banking hat sich in den letzten Jahren viel verändert. Auch Monopoly gibt es seit 2012 in einer Electronic Banking-Variante. Banking 3.0 ist also auch im Spiel angekommen. Doch was passiert, wenn eine komplette Währung neu erfunden wird, die von modernen Computern erzeugt wird? Bitcoins sind eine von Zentralbanken unabhängige Währung und gehen als solche durch alle Medien – sowohl mit positiven wie auch mit negativen Schlagzeilen. Bitcoins werden häufig auch als »Geld aus der Steckdose« bezeichnet. Kann man Computer umnutzen, um damit Geld zu schaffen? Was genau verbirgt sich hinter der digitalen Währung, die bis heute nur 15 % der deutschen Bevölkerung kennen (vgl. BITKOM 2013, S. 1)?

1. Funktionen des Geldes

Im volkswirtschaftlichen Sinne soll Geld drei wesentliche Funktionen erfüllen: Zahlungsmittelfunktion, Wertaufbewahrungsfunktion und Recheneinheitsfunktion (vgl. Mankiw/Taylor 2008, S. 709). Geld dient als Zahlungsmittel und vereinfacht den Austausch von Gütern oder Dienstleistungen. Eine wichtige Voraussetzung ist dabei die allgemeine Akzeptanz des Geldes als Tauschmittel. Geld in Form von Münzen aus Edelmetallen gab es bereits im Mittelalter. In China existiert schon seit dem 10. Jahrhundert Papiergeld, das die Zahlungsmittelfunktion erfüllt. Zudem stellt Geld ein Wertaufbewahrungsmittel dar. Eine Geldeinheit kann auch als Kaufkraft bezeichnet werden. Umgekehrt ist die Kaufkraft ein Maßstab für den Wert des Geldes. Eine elementare Voraussetzung in diesem Zusammenhang ist eine stabile Wertentwicklung des Geldes über einen bestimmten Zeitraum. Die Funktion von Geld als Recheneinheit wird benötigt, um relative Marktwerte zu messen. Hierbei wird Geld als der einheitliche Maßstab herangezogen.

Die Währung als Unterform des Geldes regelt die gesamte Geldwirtschaft eines Staates und sichert damit die Funktionen des Geldes. Eine möglichst gute Erfüllung aller Geldfunktionen trägt zur allgemeinen Akzeptanz und zum Vertrauen in der Bevölkerung bei. Altkanzler Helmut Kohl sagte einmal: »Eine stabile Währung ist und bleibt die entscheidende Grundlage für die Zukunft unseres Landes« (Kohl 1993).

2.   Bitcoins – eine neue Währung?

Währungen und Geld haben eine lange Tradition. Bereits im 3. Jahrhundert v. Chr. übernahmen Edelmetalle wie Kupfer, Gold und Silber die Funktionen des Geldes. Daher wird Geld fast automatisch mit materiellen Gegenständen wie Münzen oder Geldscheinen verbunden. In einer weiteren Ausbaustufe wurde das Bargeld um das Buchgeld als weiteres Zahlungsmittel erweitert, um Gelder auch bargeldlos von Konto zu Konto transferieren zu können. Eine neue Dimension wird erreicht, wenn nun Bits und Bytes umgenutzt werden und aus ihnen elektronisch ein neues Zahlungsmittel generiert wird.

Im Jahre 2009 wurde von Satoshi Nakamoto (bis heute ist unklar, ob der Softwareentwickler tatsächlich so heißt oder ob es sich lediglich um ein Pseudonym handelt) die neue digitale Währung veröffentlicht (Nakamoto 2009a). Bitcoins können als eigenständige Währung angesehen werden. Sie sind kein Online-Bezahlsystem, da sie an keine andere Währung gekoppelt sind: Transaktionen lauten auf Bitcoin (vgl. Conrad 2013).

Grundsätzlich stellt das Konzept der Bitcoins als digitale Währung keine Neuheit dar. Schon in der Vergangenheit gab es ähnliche Systeme. Im Mai 2013 erregte beispielsweise die digitale Währung *Liberty Reserve*, die im Jahr 2002 entstand, besonderes Aufsehen, als sie von diversen Strafverfolgungsbehörden abgeschaltet und verboten wurde (vgl. o. V. 2013). Damit stellt sich die fundamentale Frage, in wie weit digitale Währungen die Funktionen einer Währung wirklich erfüllen können.

Damit Geld seine Zahlungsmittelfunktion erfüllt, muss es verfügbar und ausreichend akzeptiert sein. Schon mit dieser Funktion haben Bitcoins erhebliche Probleme. Die Verfügbarkeit ist gewährleistet, solange aus technischer Sicht alles funktioniert. Allerdings ist zu beachten, dass Bitcoins auf 21 Millionen Stück begrenzt sind. Auch die Funktion der ausreichenden Akzeptanz kann von Bitcoins nicht erfüllt werden. Zwar sind aktuell ca. 13 Mio. Bitcoins im Umlauf, allerdings wird die digitale Währung, auch online, nur von wenigen Geschäften und Dienstleistern akzeptiert. WikiLeaks, ein Weingut, eine kleine Bar in Berlin und die Universität von Nikosia akzeptieren Bitcoins als Zahlungsmittel. Eine Übersicht von Bitcoin-Akzeptanzstellen findet sich z. B. unter http://usebitcoins.info/. Insgesamt sind die Akzeptanzstellen der digitalen Währung rar gesät und stellen oftmals nur einen PR-Gag für Start-Ups und kleine Firmen dar. Zurzeit werden täglich etwa 70.000 Transaktionen mit Bitcoins durchgeführt. Das klingt zunächst viel, ist es aber nicht, denn allein in Deutschland werden jeden Tag gemäß Bundesbank-Vorstandsmitglied Carl-Ludwig Thiele 24,6 Mio. Überweisungen und 35,2 Mio. Lastschriften getätigt (vgl. Heß 2014).

Die Wertaufbewahrungsfunktion erfüllen Bitcoins dagegen gut. Im Zuge der Schulden-/Euro-Krise Zyperns im Jahr 2013 nutzten verunsicherte Investoren Bitcoins als alternative Anlagemöglichkeit. Die digitale Währung wurde ähnlich wie Gold als Wertspeicher bei Krisen genutzt. Da es die digitale Währung jedoch noch nicht lange gibt, existieren keine Erfahrungswerte zu ihrer längerfristigen Aufbewahrungsfunktion. Zu beachten sind insbesondere auch Risiken, die bei den klassischen Währungen und bei Gold nicht auftreten. Am erwähnenswertesten ist das weiter unten noch zu vertiefende Verbotsrisiko: Sollten Bitcoins genauso wie die Währung Liberty Reserve von Regierungen verboten werden, existiert das Geld zwar noch, aber Handel und Umtausch wären illegal. Ein weiteres Problem stellen die starken Schwankungen der Bitcoin-Kurse dar. Abbildung 1 zeigt die Entwicklung des Umtauschkurses zum Euro vom 1. Januar 2013 bis zum 28. September 2014. Kursschwankungen von bis zu 20 % am Tag sind keine Seltenheit.

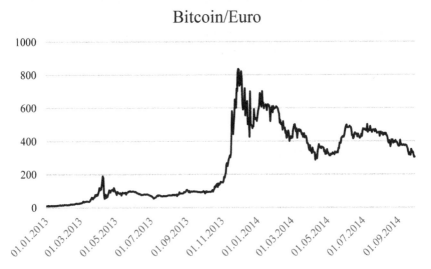

Abb. 1: Kursverlauf Bitcoin in Euro (http://www.ariva.de [29.09.2014]).

Als Recheneinheit eignen sich Bitcoins dagegen sehr gut, da sich diese bis auf die achte Nachkommastelle in kleinere Einheiten teilen lassen. So können auch Beträge von 0,00000001 Bitcoin bezahlt werden. Dies lässt eine höhere Rechengenauigkeit als bei allen herkömmlichen Währungen zu. Diese bieten mit ihren zwei Nachkommastellen aber immer noch eine höhere Rechengenauigkeit als Gold, dessen kleinste Barreneinheit (1 g) ca. 30 € wert ist (Stand: 07.11. 2014).

3.   Die Funktionsweise von Bitcoins

Bereits in den 1970er Jahren gab es erste Ansätze, eine Währung, die nur im Internet existiert, unabhängig von Zentralbanken und Regierungen zu konstruieren. Systeme wie eCash oder b-money wurden jedoch nur wenig bekannt und konnten kaum Anwender gewinnen. Sie dienten aber als Vorlage für das Bitcoin-System. Am 31. Oktober 2008 stellte Satoshi Nakamoto erstmals Bitcoins in einem Aufsatz in den USA vor (vgl. Kerscher 2013, S. 42). Im Januar 2009 erzeugte er mithilfe eines handelsüblichen PCs die ersten 50 Bitcoins. Dabei hatten Bitcoins anfänglich keinen Wert, sondern wurden mehr als Experiment genutzt, um die benötigte Software weiter zu entwickeln. Das Erschaffen von Bitcoins wird ›Mining‹ genannt und kann von jedem mit ausreichender Hardware durchgeführt werden.

Die Grundlage der digitalen Währung ist die Kryptografie, die sich mit der Verschlüsselung von Informationen (z. B. für Passwörter) mittels aufwendiger mathematischer Gleichungen beschäftigt. Bitcoin ist zwar die bekannteste digitale Währung, aber nicht die Einzige. Seit Juni 2011 kann ein erhöhtes Interesse an Bitcoins, vornehmlich in Europa, Russland und den USA, beobachtet werden. Dies lässt sich auch durch die starke Zunahme der Anfragen auf »Google Trends« nach dem Suchbegriff »Bitcoin« belegen. Zahlreiche weitere digitale, Kryptografie-basierte Währungen sind in den vergangenen Jahren erschaffen worden. Dazu gehören z. B. Litecoin, Peercoin und Bytecoin. Diese Währungen bieten eine Alternative zu den Bitcoins und werden unter dem Begriff Altcoins zusammengefasst. Eine Liste aller alternativen digitalen Währungen findet sich unter http://altcoins.com/.

Wer Bitcoins kaufen möchte, muss diese an einer Online-Börse erwerben. Um Transaktionen in Bitcoin durchführen zu können, wird ein Client auf einem PC oder Smartphone benötigt. Eine der größten und bekanntesten Online-Börsen für Bitcoins war Mt.Gox, über die im August 2013 gut 60 % aller Bitcoin-Transaktionen weltweit durchgeführt wurden. Im Februar 2014 meldete diese Börse jedoch Insolvenz an. Seit Juli 2013 erobern chinesische Anbieter den

Markt. Sie führen aktuell über 70 % (http://bitcoinity.org/markets/list?curren cy=ALL&span=30d, Stand 29.09.2014) aller Transaktionen durch.

Das Bezahlen funktioniert mittels eines Peer-to-Peer-Netzwerks. Solche Netzwerke sind sonst nur von Tauschbörsen bekannt. Deutsche Nutzer kaufen die digitale Währung zumeist auf https://www.bitcoin.de/de. Dort lassen sich auch aktuelle Kurse abrufen und in Foren Probleme und Fragen rund um das Thema Bitcoin diskutieren. Bitcoins werden über ein verifiziertes Bankkonto gekauft und in einer Online-Geldbörse, dem so genannten »Wallet«, gespeichert. Die elektronische Geldbörse hat den Vorteil, dass ein Nutzer auf sie weltweit zugreifen und sein Wallet beispielsweise mithilfe eines Smartphones verwalten kann.

4.   Chancen und Risiken von Bitcoins

»Bitcoins sind das gefährlichste Open Source Projekt aller Zeiten«, so der Weblog-Betreiber Jason Calacanis (vgl. Petereit 2011). Auch das für die Bereiche Bargeld sowie Zahlungsverkehr und Abwicklungssysteme zuständige Vorstandsmitglied der Deutschen Bundesbank Carl-Ludwig Thiele warnt vor der digitalen Währung (vgl. Heß 2014). Insbesondere die starke Volatilität der Kurse und die undurchsichtige Preisbildung machen Bitcoins zu einer stark spekulativen Währung. Aber eine digitale Währung, abseits von Zentralbanken und Kreditinstituten, bietet auch Vorteile. Sehr ausführlich hat sich Kerscher (2013) mit dem Thema der Chancen und Risiken auseinandergesetzt.

Die größten Gefahren, die von einer digitalen Währung ausgehen, stellen auch gleichzeitig ihre größten Chancen dar. »Das Kernproblem konventioneller Währungen ist das Ausmaß an Vertrauen, das nötig ist, damit sie funktionieren«, so der Bitcoin-Erfinder Satoshi Nakamoto (2009b). Durch die Finanz- und Weltwirtschaftskrise, beginnend im Jahr 2007, sank das Vertrauen der Bevölkerung in Banken und allgemein in das Finanzwesen. Gerade in den hoch verschuldeten Euro-Ländern suchten Anleger nach alternativen Geldanlagen. Bitcoins bieten eine *Vertrauenschance:* als Währung, die ohne Zentralbanken und staatliche Eingriffe auskommt. Auch bieten Bitcoins einen Schutz gegen steigende Inflation, da sie auf 21 Mio. Stück begrenzt sind. Insbesondere in China, wo die Inflationsrate in den letzten Jahren zwar gesunken ist, 2014 aber immer noch bei drei Prozent lag (vgl. Statista 2014), wird die digitale Währung als Geldanlage genutzt. Viel wird auch in den USA, dem Entstehungsland der Bitcoins, in die digitale Währung investiert. Abbildung 2 zeigt die Aufteilung der Währungen, die in Bitcoins getauscht werden.

Da es keine Zentralbank gibt, die für die Ausgabe von Bitcoins zuständig ist, existiert eine *Dezentralitätschance.* Die digitale Währung kann den vorgestellten

Volumen Währungen in Bitcoin

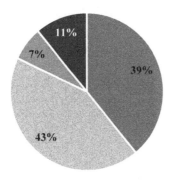

• USD • CNY • EUR • Rest

Abb. 2: Anteil Währungen in Bitcoin (http://bitcoincharts.com [29.09.2014]).

Funktionen des Geldes dienen, ohne weiteren Zielen einer Zentralbank, wie beispielsweise der Preisniveau- oder Geldwertstabilität, genügen zu müssen. Die Dezentralität macht Bitcoins auch sicher. Da es keinen zentralen Server gibt, über den alle Transaktionen abgewickelt werden, können Hacker-Angriffe zwar einzelne Handelsplattformen angreifen, aber nie das ganze Peer-to-Peer Netzwerk ausschalten. Je mehr Menschen Bitcoins nutzen, desto besser wirkt dieser Aspekt der Dezentralität. Ambivalent wird in diesem Zusammenhang die Anonymität der Bitcoins gesehen. Die Wallets sind im Gegensatz zu Bankkonten nur dem jeweiligen Besitzer bekannt und bisher vor einer staatlichen Überwachung geschützt. Auch Transaktionen über Ländergrenzen hinweg sind anonym möglich. Mit Hilfe eines Smartphones beziehungsweise auch nur mit dem Schlüssel einer Bitcoin-Adresse können beliebige Beträge ohne Zoll- oder Devisenkontrolle ins Ausland geschafft werden.

Bitcoins sind im Gegensatz zu anderen elektronischen Zahlungsmöglichkeiten weitestgehend gebührenfrei. Transaktionen mit Bitcoins sind generell umsonst. Sie bieten damit in verschiedenster Hinsicht eine *Kostenchance*. Da für Verkäufer im Gegensatz zu Paypal oder Kreditkarten keine Gebühren anfallen, können Händler bei Zahlung mit Bitcoin günstigere Preise anbieten. Da sich zudem mit der digitalen Währung getätigte Transaktionen nicht mehr rückgängig machen lassen, ist der Verkäufer keinem Ausfallrisiko ausgesetzt, so dass er diesen Vorteil im Preis weitergeben kann. Genau entgegengesetzt verhält es sich allerdings für den Käufer. Sollte er die gewünschte Ware nicht geliefert bekommen, hat er keine Möglichkeit, die Bitcoins von sich aus wieder zurückzurufen.

Ein weiterer Vorteil ist die *Flexibilitätschance*. Aufgrund der guten Teilbarkeit der Bitcoins kann die digitale Währung eine gute Lösung für Micropayments sein. Zusammen mit den kostenfreien Transaktionen bieten Bitcoins eine effiziente Möglichkeit, kleine Beträge zu bezahlen. Dies gilt auch für Spenden oder das aktuell boomende Crowdfunding, also die Schwarmfinanzierung zur Sammlung privaten Kapitals in kleinen Beträgen für größere Vorhaben. Bei Paypal und Mastercard hingegen werden auch für vergleichsweise kleine Zahlungen hohe Gebühren für die Nutzer der Zahlungssysteme fällig. Allerdings haben die etablierten Onlinebezahlsysteme mittlerweile das gesteigerte Interesse am Crowdfunding erkannt. Beispielsweise verlangt Paypal seit dem Jahr 2010 in Deutschland geringere Gebühren für Micropayments und Spenden (vgl. Weigert 2010).

Den vorteilhaften Eigenschaften der Bitcoins stehen jedoch auch Risiken gegenüber. Neben dem klassischen Wechselkursrisiko gibt es bei Bitcoins *Verlust- und Sicherheitsrisiken*. Die verwendeten kryptografischen Verfahren machen eine Fälschung von Transaktionen und Bitcoin-Einheiten zwar kaum möglich, allerdings passiert es immer wieder, dass Bitcoins bei verschiedenen Anbietern gestohlen werden. Trotz der Sicherheitsexperten von großen Internet-Konzernen im Entwicklerteam für Bitcoins gelingen immer wieder Angriffe auf Bitcoin-Börsen. Im Juni 2011 wurde die Online-Börse Mt.Gox gehackt und es wurden die Daten von 61.000 Kunden erbeutet. Im April 2013 gelang erneut ein Angriff auf Mt.Gox. Die Online-Börse wurde für mehrere Stunden lahmgelegt. Auch andere Anbieter, wie beispielsweise der Cloud-Provider Linode, wurden schon angegriffen. Die Bitcoin-Community hat daraufhin zahlreiche Möglichkeiten zum Melden von Sicherheitslücken – sogar gegen Belohnung – eingerichtet. Als Konsequenz wurden auch einige Online-Börsen komplett geschlossen. Investoren müssen bei Bitcoins auch mit dem Totalausfall rechnen, denn diese unterliegen nicht wie Guthaben bei einer Bank einem Einlagensicherungsfonds. Bitcoins sind zwar offiziell ein anerkanntes Zahlungsmittel, gelten aber als Sondervermögen (vgl. Fehr 2013). Zu dem Verlustrisiko durch Angriffe auf Online-Dienste besteht bei Bitcoins auch das Risiko, dass auf einem Endgerät gespeicherte Guthaben bei Defekt des Datenträgers verloren gehen. Dies gilt auch, wenn der private PC oder das Smartphone des Investors gehackt werden.

Ein für klassische Währungen nicht vorhandenes Risiko stellt für Bitcoins das *Verbotsrisiko* dar. Ähnlich wie bei der digitalen Währung Liberty Reserve könnten Regierungen auch den Handel mit Bitcoins unterbinden. Transaktionen wären dann illegal. Schon bevor die Bundesbank im Januar 2014 vor der digitalen Währung warnte, machte die französische Notenbank im Dezember 2013 verstärkt auf die Risiken von Bitcoins aufmerksam. Am 5. Dezember 2013 verbot die chinesische Zentralbank Finanzinstituten und Zahlungsdienstleistern Transaktionen in Bitcoin (vgl. o. V. [rtr] 2013). Auch Indien hat den Handel mit Bitcoins bereits stark eingegrenzt. Weiterführende Verbote in anderen Ländern sind daher nicht auszuschließen.

Aufgrund der Anonymität und der einfachen Möglichkeit Ländergrenzen zu überwinden, fördern Bitcoins auch den Handel mit Waffen, Drogen und anderen verbotenen Substanzen und tragen so ein *ethisches Missbrauchsrisiko*. Als prominentestes Beispiel hierfür sei die im Februar 2011 entstandene Plattform Silk Road genannt (vgl. Kerscher 2013, S. 95). Auf dieser Website waren ca. 10.000 Artikel, vornehmlich Drogen wie Cannabis und Kokain, aber auch Anleitungen wie beispielsweise zum Knacken von Geldautomaten, erhältlich. Nachdem die Möglichkeit geschaffen wurde, mit Bitcoins zu bezahlen, erzielte die Website ein starkes Wachstum. Im Oktober 2013 wurde die Website durch das FBI geschlossen (vgl. o. V. [kau] 2013). Dabei konnten Bitcoin im Wert von 3,6 Mio. US-Dollar beschlagnahmt werden. Die Aktivitäten auf Silk Road machten zwischen 5 % und 10 % aller Bitcoin-Transaktionen weltweit aus. Von einer erhöhten Aufmerksamkeit der Behörden auf die digitale Währung kann daher ausgegangen werden. Zu beachten ist auch, dass Bitcoins als Wirtschaftsgut aufgefasst werden und somit unter das Einkommensteuergesetz fallen (vgl. Koschyk 2013, S. 1). Laut Bundesfinanzministerium sind Bitcoins zwar ein gesetzlich anerkanntes Zahlungsmittel, sie sind aber nicht gänzlich von Steuern befreit. Gewinne aus Bitcoins, die innerhalb eines Jahres gekauft und wieder verkauft werden, müssen versteuert werden. Da Bitcoin-Transaktionen aber nicht über Banken abgewickelt werden, werden auf erzielte Gewinne keine Abgeltungssteuern einbehalten. Erträge aus Bitcoin-Geschäften müssen daher in der Steuererklärung angegeben werden. Viele Details zu der Besteuerung von Bitcoin-Geschäften befinden sich noch in der Grauzone. Beispielsweise ist auch unklar, wie mit Bitcoins in verschiedenen Wallets umgegangen werden soll.

Für Währungen und Finanzprodukte eher untypisch ist das *technische Risiko*, welches Bitcoins mit sich bringen. Das Mining, also das Schaffen neuer Bitcoins durch das Lösen komplexer mathematischer Probleme, wird mit zunehmendem Bitcoin-Volumen immer aufwendiger. Abbildung 3 zeigt eine Erhöhung des Aufwands (gemessen in benötigter Rechnerkapazität pro erzeugtem Bitcoin) um fast 300 % innerhalb eines Jahres. Während zur Erzeugung der ersten Bitcoins ein handelsüblicher Rechner ausreichte, werden mittlerweile speziell für das Mining entwickelte Prozessoren benötigt. Die so genannten ASIC (Application Specific Integrated Circuits) sind Prozessoren, auf denen bis zu 100 Mal schneller als auf Grafikkarten gerechnet werden kann und die vergleichsweise wenig Strom verbrauchen.

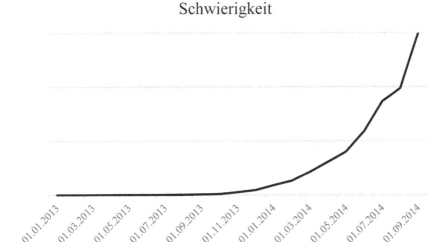

Abb. 3: Schwierigkeit beim Mining von Bitcoins (https://blockchain.info/ [29.09.2014]).

Die Anschaffungskosten für miningfähige Hardware und die anfallenden Stromkosten machen die Produktion von Bitcoins für Privatpersonen kaum mehr rentabel. Aus diesen Gründen wird die maximal zu erreichende Bitcoinmenge geschätzt erst im Jahre 2040 erreicht werden. Das ist ca. sieben Jahre später als eigentlich erwartet. Hinzu kommt, dass bei der erstmaligen Installation eines Clients zur Nutzung von Bitcoins eine Datei heruntergeladen werden muss, die alle bisherigen Transaktionen enthält. Die Größe dieser *Blockchain*-Datei beträgt zurzeit fast 23 Gigabyte (https://blockchain.info, Stand: 29.09. 2014). Alleine der Download dieser Datei und ihre Aktualisierung können je nach Internetverbindung mehrere Stunden betragen. Da zudem jede Transaktion bestätigt werden muss, kann es auch hier zu Überlastungen kommen, sodass Transaktionen mit Bitcoins keine zeitlichen Vorteile gegenüber herkömmlichen Bezahlsystemen wie zum Beispiel Kreditkartenzahlungen mehr bieten. Die Bestätigung einer Transaktion in Bitcoin dauert im Schnitt eine Stunde.

Die Begrenzung der Bitcoins auf 21 Mio. Stück führt zu einem weiteren Risiko, dem *Deflationsrisiko*. Während Zentralbanken mit inflationären Entwicklungen kämpfen, könnte bei Bitcoins ein starker Prozess der Deflation einsetzen. Peter Coy hat einen Preisindex für Bitcoins konstruiert, der innerhalb eines Jahres einen Rückgang der Bitcoin-Preise von 98,5 % zeigte (vgl. Coy 2013). Da die digitale Währung aber nicht national begrenzt ist, ist das Ausmaß einer solchen Entwicklung kaum abschätzbar. Auch ist ungewiss, inwieweit der Wirtschaftszyklus von Bitcoins betroffen würde.

Abschließend sei noch das *Spekulationsrisiko* erwähnt. Der extrem volatile Kurs der Bitcoins birgt Risiken, aber auch Chancen für Anleger. Eine Voraussage des Kurses ist extrem schwierig, da sich der Bitcoin-Kurs weder nach Angebot und Nachfrage zu richten scheint, noch Ereignisse spezieller Branchen widerspiegelt und auch von der Schließung verschiedener Online-Börsen unbeeinflusst blieb (vgl. Christin/Moore 2013, S. 1). Die in der Vergangenheit beobachteten Kursschwankungen kamen durch völlig unterschiedliche Ereignisse zustande. Der Angriff auf Mt.Gox im Juni 2011 ließ den Kurs ebenso wie die erwähnte Schließung der Plattform Silk Road im Oktober 2013 stark sinken. Als im Gegenzug der Paypal-Chef David Marcus im Dezember 2013 verkündet »Ich liebe Bitcoins, ich besitze Bitcoins«, schnellte der Kurs in die Höhe (vgl. Beiersmann 2013). Aufgrund des starken Anstiegs des Bitcoin-Kurses in den letzten Monaten mehren sich die Anzeichen, die für eine Bitcoin-Blase sprechen.

5.   Geld aus dem Computer – unsere Zukunft?

Wie gezeigt, bieten Bitcoins Vor- und Nachteile. Ob sich aber Bitcoins oder irgendeine andere digitale Währung jemals durchsetzen werden, ist fraglich. Es gibt eine Reihe prominenter Befürworter von Bitcoins. Zu ihnen gehört beispielsweise Barry Silbert, der den ersten Bitcoin-Fonds gegründet hat (http://www.bitcoin-fonds.com/). Für ihn wird »Bitcoin die Währung der Welt« (Lietzmann 2014). Auch Futures und Optionen auf fallende Bitcoin-Kurse können bereits im Netz unter https://icbit.se gekauft werden. Bitcoins werden als Ausgangspunkt für eine Revolutionierung des Finanzsystems und Alternative für die traditionellen Bankensysteme – nicht zuletzt für das durch die Finanzkrise stark in Mitleidenschaft gezogene europäische Bankensystem – gesehen. Jetzt schon sind Weiterentwicklungen digitaler Währungen im Gange. Ein zukunftsfähiges Projekt könnte die Cryptomünze *Quark* darstellen (vgl. Hauschild 2013).

Die meisten Finanzinstitute raten von Bitcoins ab und wollen sich auch nicht am Bitcoin-Geschäft beteiligen. Als einzige deutsche Bank handelt die Fidor-Bank seit Juli 2013 mit Bitcoins (vgl. Kerkmann 2013). Da die Unsicherheit im Markt und insbesondere bei den Händlern in nächster Zeit voraussichtlich nicht drastisch sinken wird, werden Bitcoins kaum eine breite Akzeptanz erreichen.

Von der zugrunde liegenden Idee her könnten digitale Währungen tatsächlich eine Alternative zu klassischen Währungen und Zahlungssystemen bieten. Je mehr Menschen Bitcoins nutzen, desto mehr Akzeptanz und Vertrauen wird die digitale Währung erlangen. Das Risiko des Missbrauchs und die Intervention von Staaten und Banken werden damit aber immer wahrscheinlicher. Aufgrund der wenigen Akzeptanzstellen werden Bitcoins zurzeit lediglich als risikoreiche

Anlageform genutzt. Wie bei jeder anderen risikoreichen Anlageform auch, kann eine Investition in Bitcoins eine überproportionale Rendite erwirtschaften. Allerdings unterscheiden sich die Risiken deutlich von denen bisher bekannter risikoreicher Anlagen, wie z. B. Knock-Out-Zertifikate oder Hedge-Fonds.

Es ist fraglich, inwieweit ein jahrhundertealtes System einer Währung verändert werden kann und vor allem ob dieses dann auch von der Gesellschaft akzeptiert wird. Eine Umnutzung von materiellen Gütern beabsichtigt meist die veränderte Weiternutzung des bestehenden Gutes. Die Erschaffung einer kompletten Währung, z. B. der Bitcoins, mit Hilfe eines Rechners stellt eine Umnutzung für Computer dar. Das Geld selbst wird nicht umgenutzt. Somit schaffen die Bits und Bytes lediglich eine neue Währung. Vom Status einer akzeptierten Währung sind Bitcoins aber noch weit entfernt. Als risikoreiche alternative Anlageform eignen sie sich dagegen schon heute. In jedem Fall bieten sie aber reichlich Anschauungsmaterial, um Phantasien zu entwickeln, was zukünftig in einer digitalisierten Welt noch alles möglich sein wird.

Literatur

Beiersmann, Stefan: PayPal-Chef hält Bitcoin für eine gute Idee – NFC-Zahlungen nicht, in: http://www.zdnet.de/88178749/paypal-chef-haelt-bitcoin-fuer-gute-idee-nfc-zahlungen-nicht/, 11. 12. 2013 [13. 01. 2014].

BITKOM: Bitcoins sind noch weitgehend unbekannt. Presseinformation vom 02. 05. 2013, in: http://www.bitkom.org/files/documents/BITKOM_Presseinfo_Bitcoins_02_05_20 13.pdf [13. 01. 2014].

Christin, Nicolas/Moore, Taylor: Beware the Middleman: Empirical Analysis of Bitcoin-Exchange Risk, in: Lecture Notes in Computer Science, Vol. 7859, 2013, S. 25 – 33.

Conrad, Peter: Bitcoin – Perspektive oder Risiko? Eine Einführung. Berlin 2013.

Coy, Peter: The ›Bitcoin Consumer Price Index‹ Shows Massive Deflation, in: http://www.businessweek.com/articles/2013-12-12/the-bitcoin-consumer-price-index-shows-massive-deflation, 12.12.2013 [12. 02. 2014].

Fehr, Mark: Keine Einlagensicherung für Bitcoins, in: http://www.wiwo.de/politik/deutschland/virtuelle-waehrung-keine-einlagensicherung-fuer-bitcoins/8683140.html, 24. 08. 2013 [28. 01. 2013].

Hauschild, Florian: Bitcoin: Geld der Zukunft?, in: http://www.mmnews.de/index.php/wirtschaft/16160-bitcoin-geld-der-zukunft, 11. 12. 2013 [28. 01. 2014].

Heß, Doris: Bundesbank warnt vor Bitcoins, in: http://www.handelsblatt.com/finanzen/rohstoffe-devisen/devisen/internetwaehrung-bundesbank-warnt-vor-bitcoins-seite-all/9294940-all.html, 06. 01. 2014[13. 01. 2014].

Kerkmann, Christof: Anarcho-Währung Bitcoin wird seriös, in: http://www.handelsblatt.com/finanzen/rohstoffe-devisen/devisen/digitales-geld-anarcho-waehrung-bitcoin-wird-serioes/9103418.html, 20. 11. 2013 [13. 01. 2014].

Kerscher, Daniel: Bitcoin – Funktionsweise, Chancen und Risiken der digitalen Währung, Leipzig 2013.

Kohl, Helmut: Regierungserklärung in der 182. Sitzung des Deutschen Bundestags zur Zukunftssicherung des Standorts Deutschland, 21.10.1993, in: http://www.helmut-kohl.de/index.php?menu_sel=17&menu_sel2=&menu_sel3=&menu_sel4=&msg= 1470 [11.02.2014].

Koschyk, Hartmut: Antwortschreiben für Frank Schäffler auf Frage Nr. 408 für den Monat Juli 2013, in: http://www.frank-schaeffler.de/wp-content/uploads/2013/08/2013_08_07-Antwort-Koschyk-Bitcoins-Besteuerung-Wirtschaftsgut.pdf, 07.08.2013 [13.01.2014].

Lietzmann, Philine: Digital-Geld-Mogul: Bitcoin wird die Währung der Welt, in: http://www.focus.de/finanzen/boerse/waehrungs-mogul-im-interview-bitcoin-wird-die-waehrung-der-welt_id_3553238.html, 22.01.2014 [28.01.2014].

Mankiw, N. Gregory/Taylor, Mark P.: Grundzüge der Volkswirtschaftslehre, Stuttgart 2008.

Nakamoto, Satoshi: Bitcoin: A Peer-to-Peer Electronic Cash System. https://bitcoin.org/ bitcoin.pdf, 24.03.2009a [13.01.2014].

Nakamoto, Satoshi: Bitcoin open source implementation of P2P currency, in: http:// p2pfoundation.ning.com/forum/topics/bitcoin-open-source, 11.02.2009b [13.01.2014].

o.V.: USA stoppen Digital-Währung wegen Geldwäsche, in: http://www.zeit.de/wirtschaft/ 2013–05/Liberty-Reserve-US-Justiz-Costa-Rica, 29.05.2013 [28.01.2014].

o.V. [kau]: Online-Plattform Silk Road geschlossen, in: http://www.berliner-zeitung.de/ wirtschaft/darknet-und-bitcoin-online-plattform-silk-road-geschlossen,10808230, 24520728.html, 03.10.2013 [13.01.2014].

o.V. [rtr]: Bitcoin-Boom bröselt, in: http://www.taz.de/!128827/, 05.12.2013 [13.01.2014].

Petereit, Dieter: Bitcoin: Das gefährlichste Open Source Projekt aller Zeiten?, in: http://t3n.de/ news/bitcoin-gefahrlichste-open-source-projekt-aller-zeiten-310035/, 16.05.2011 [11.02. 2014].

Statista: China: Inflationsrate von 2004 bis 2014 (gegenüber dem Vorjahr), in: http:// de.statista.com/statistik/daten/studie/167115/umfrage/inflationsrate-in-china/, 2014 [08.08.2014].

Weigert, Martin: Micropayments: PayPal macht Ernst, in: http://netzwertig.com/2010/10/ 27/micropayments-paypal-macht-ernst/27.10.2010 [13.01.2014].

Gregor Nickel & Martin Rathgeb

Umnutzungen in der Mathematik

Eine nahezu universelle Anwendbarkeit zählt vermutlich zu den grundlegenden Eigenschaften der modernen Mathematik. Gerade weil sich die ›reine‹ Mathematik bei ihrer Begriffsbildung zunächst vom Zwang zu jeglichem Bezug auf eine außermathematische Interpretation befreit weiß, gewinnt sie ein höchstes Maß an Flexibilität, die eine Nutzung ihrer Resultate im Kontext der verschiedensten, häufig zu Beginn nicht einmal intendierten ›Anwendungsgebiete‹ erlaubt. Dabei kann die zeitliche Reihenfolge von mathematischer ›Theorie‹ und (natur-)wissenschaftlicher oder technischer ›Anwendung‹ variieren. Man findet also zum einen Beispiele für mathematische Strukturen, die zunächst aus rein innermathematischem Interesse studiert werden und erst viel später von den Anwendern entdeckt und übernommen werden – so etwa Resultate der Zahlentheorie als Grundlage für Kodierungsverfahren oder die Theorie unendlich dimensionaler Hilberträume für die physikalische Quantentheorie. Zum anderen werden aber auch umgekehrt ›quasi-mathematische‹ Konzepte über eine längere Zeitspanne für die technische Anwendung genutzt, bevor eine für die Standards der Mathematik befriedigende Theoriebildung erfolgt. So ›definiert‹ und verwendet OLIVER HEAVISIDE (1850–1925) seltsame, aus mathematischer Sicht widersprüchliche ›Funktionen‹ im Rahmen seiner Theorie für die Elektrotechnik. Die Kritik der Mathematiker seiner Zeit weist er ziemlich gelassen zurück: »Shall I refuse my dinner because I do not fully understand the process of digestion? No, not if I am satisfied with the result« (Heaviside 1893, zitiert nach Engel/Nagel 2000, S. 499). Erst später legt dann LAURENT SCHWARTZ (1915–2002) mit seiner Theorie der »Distributionen« eine auch für Mathematiker akzeptable Rechtfertigung des Heavisideschen Kalküls vor (vgl. Schwartz 1945).

Mit Blick auf das Thema »Umnutzung« ist die Beziehung von mathematischer Struktur und ihrer Anwendung insofern speziell, als dass (zumindest auf den ersten und zweiten Blick) die Nutzung dem mathematischen Gegenstand völlig äußerlich bleibt, dieser also trotz der verschiedensten Verwendungen immer derselbe bleibt und immer wieder neu zu neuer Nutzung unverbraucht zur Verfügung steht. Ein elementares Musterbeispiel wären die Zahlen in den unterschiedlichsten Anwendungskontexten. Den mathematischen Kuchen kann man also essen und zugleich aufheben. Für den historischen Blick stellt sich das Verhältnis von mathematischer Wissenschaft und Anwendungsdisziplinen allerdings etwas weniger neutral dar; die Entwicklung der Mathematik wird schließlich durchaus durch intendierte Anwendungen wesentlich beeinflusst. Und selbstverständlich stellen die mathematischen Forschungsinstitute keine Ausnahme dar, wenn man den derzeitigen Trend beschreibt, Wissenschaft vor allem unter dem Aspekt der (technischen) Verwendbarkeit und Verwertbarkeit zu betreiben. Im Bildungsbereich schlägt dies durch bis zum Mathematikunterricht an den Schulen, in denen derzeit unter dem Schlagwort des »Modellierens« eine Reduktion mathematischen Gehalts zugunsten einer Behandlung von Textaufgaben zu verzeichnen ist, die zuweilen tatsächlich von einer lebensweltlichen Situation ausgehen und zu einer für die Schulmathematik beherrschbaren Formalisierung leiten, häufig aber auch nur komplizierte und realitätsferne Einkleidungen eines aus welchen Gründen auch immer zu lernenden mathematischen Gegenstandes sind.

Die umfassende Thematik einer Beziehung von Mathematik und außermathematischer Anwendung ist vielfach im Allgemeinen und am konkreten Einzelfall beschrieben worden. Hier soll es nun demgegenüber um das Phänomen einer *innermathematischen* Umnutzung gehen und dabei auch um die Frage, inwiefern der mathematische Gegenstand tatsächlich so unverändert bleibt, bzw. was eigentlich bei einer solchen Verwendung in verändertem Kontext geschieht.

Bevor wir auf unseren eigentlichen Studienfall eingehen, sei noch auf zwei in der Mathematik nahezu omnipräsente Typen der Umnutzung hingewiesen. Zunächst in Bezug auf die *Notation* für die untersuchten Gegenstände: Selbst bei Verwendung von lateinischem, griechischem, z. T. sogar hebräischem Alphabet, der Variation durch Klein- und Großschreibung, Fett- und Kursivdruck sowie durch Sub- und Superindizierung erscheint der Zeichenvorrat häufig als viel zu klein, um die verschiedenartigen mathematischen Gegenstände mit einem jeweils eigenen Symbol zu belegen. Vielleicht liegt es aber auch nur an der Vorliebe mathematischer Autoren für ganz bestimmte Zeichen. Jedenfalls findet in der mathematischen Literatur dasselbe Zeichen im Rahmen der jeweils konventionellen Notation die verschiedensten Bedeutungen: ein X kann eine reelle Zahl ›sein‹, ein Banachraum, ein Hilbertraum, ein Operator, eine Variable, etc. Obwohl die Wahl der Notation grundsätzlich rein willkürlich erfolgen darf (und dann natürlich konsequent durchgehalten werden muss), ist allerdings für die Lesbarkeit eines mathematischen Textes die ›geschickte‹ Festlegung der Notation von nicht zu unterschätzender Wichtigkeit. Und so werden viele Konventionen nur um den Preis der Leserirritation durchbrochen; dem entsprechend lautet der kürzeste Witz unter Mathematikern: »Sei $\varepsilon < 0$.«

Was für die Notation gilt, das gilt auch bei der Verwendung der mathematischen Gegenstände selbst in verschiedenem Kontext:[1] Dieselbe 5 kann verwendet werden in 7+5=12, in 5*5=25, in 5^5=3125 und in der Aussage, dass Gleichungen 5. (und höheren) Grades im Allgemeinen nicht mehr mittels (iterierter) Wurzeln auflösbar sind – zumindest gilt dies dem ersten und zweiten Anschein nach. Wie bei der Notation und im Anwendungskontext bleiben die Gegenstände dabei zumindest scheinbar identisch, werden beim *Ge*brauch nicht *ver*braucht.

Im Folgenden werden wir den historischen Fall einer deutlich komplexeren, innermathematischen Umnutzung vorstellen, nämlich GEORGE BOOLES (1815 – 1864) Verwendung der zeitgenössischen Schulalgebra für seine Formalisierung logischen Argumentierens. BOOLE ist hierbei einer der Pioniere bei dem Unternehmen, einen traditionell der Philosophie bzw. der philosophischen Propädeutik vorbehaltenen Bereich mit mathematischen Methoden zu erschließen und in der Folge auch zu erweitern. Bis ins 19. Jahrhundert galt nämlich die formale Logik als Teil der sprachlich-philosophischen Grundbildung, und noch KANT hielt die auf ARISTOTELES zurückgehende und im Mittelalter auf schulgerechte Form gebrachte Syllogistik für abgeschlossen. BOOLE zeigt nun, wie man die vertrauten logischen Schlussfiguren mathematisch ableiten kann, indem man die beteiligten Sätze durch simple algebraische Gleichungen darstellt und die als gültig zu erweisenden Schlüsse durch ebenso simple ›Rechnungen‹ abgeleitet werden. Dass BOOLE dabei auf mathematischer Seite die vertraute Schulalgebra verwendet (umnutzt), auf philosophischer Seite zunächst nur die wohlbekannte Syllogistik betrachtet, schafft sicherlich Vertrauen in die Zulässigkeit seiner revolutionären Vorgehensweise.

Calculemus – Booles Umnutzung der Schulalgebra zur Mathematisierung logischen Schließens

Vor einer detaillierteren Darstellung von BOOLES Vorgehen möchten wir zu bedenken geben, dass Quellen immer wieder neu gelesen, interpretiert und einer Theoriebildung einverleibt werden. Solchen Zeitzeugen wird also abverlangt, immer wieder neu (und zudem ein immer wieder neues) Zeugnis abzulegen. Kurz: Quellen werden im Hinblick auf Theoriebildungen umgenutzt – mitunter sogar ziemlich spekulativ. Das gilt nicht nur für Quellen aus noch schriftlosen Zeiten – wie bspw. für das älteste bekannte mathematische Dokument, den sog.

---

1 Wir lassen an dieser Stelle die Frage offen, ob es sich hier tatsächlich um zwei grundlegend *verschiedene* Phänomene handelt, wir also mit dem mathematischen Platonismus strikt zwischen mathematischen Zeichen und Gegenständen unterscheiden können.

Ishango-Knochen, der etwa als Mond- oder Menstruationskalender, aber auch als Zahlenspeicher oder Rechenstab interpretiert wird (vgl. etwa Wussing 2008, S. 7 ff.). Dies gilt in leichter Variation des Gegenstandes der Fragwürdigkeit auch für BOOLES Arbeiten zur klassischen (Aussagen-)Logik. Dabei geht das Anliegen, das BOOLE mit seinen beiden Hauptwerken zur traditionellen Aussagen-Logik verfolgte, aus deren Titel durchaus deutlich hervor:

- *The mathematical analysis of logic. Being an essay towards a calculus of deductive reasoning (Boole 1847);*
- *An investigation of the laws of thought, on which are founded the mathematical theories of logic and probabilities (Boole 1854).*

BOOLE nimmt also im ersten der beiden Werke einen mathematischen Zugang zur Logik: Er analysiert die Logik mittels Mathematik, genauer: mittels *einer* Mathematik. Dafür stellt er logische Aussagen – in Abkehr von der Tradition – als mathematische Gleichungen dar, und zwar so, dass logische Folgerungen als mathematische Rechnungen erscheinen. Die Konklusionen können dieserart als Lösungen von Gleichungssystemen betrachtet werden. In seinem zweiten (und eigentlichen) logischen Hauptwerk führt er diesen Ansatz nochmals gründlicher und weitreichender aus. Und doch bleibt sein Ansatz im Wesentlichen der gleiche: Logische Aussagen werden zu Gleichungen, logische Folgerungen werden zu Rechnungen.

Betrachten wir zunächst zwei typische Aussagen der klassischen Aristotelischen Logik: ›Alle Menschen sind Lebewesen‹ und ›Einige Lebewesen sind Menschen‹. Die erste Aussage ist *universal und affirmativ,* die zweite ist *partikular und affirmativ.* Im Hinblick auf die in (Boole 1847) verwendete Symbolisierung verwenden wir M für (den Begriff bzw. die Menge aller) Menschen und L für (den Begriff bzw. die Menge aller) Lebewesen und stellen die erste Aussage durch die Gleichung $M=ML$ und die zweite Aussage durch die Gleichung $v=ML$ dar. Betrachten wir zunächst die zweite Gleichung. Die *Konversion* einer Aussage ist die wechselseitige Substitution der beiden Glieder, hier also der Übergang von ›Einige Lebewesen sind Menschen‹ zu ›Einige Menschen sind Lebewesen‹, der gemäß den Regeln der klassischen Logik eine äquivalente Aussage liefert. In BOOLES Notation wird die Konversion durch den Übergang von $v=ML$ zu $v=LM$ symbolisiert. Lässt man sich – wie BOOLE – durch die Vorerfahrung der (Arithmetik der) Schulalgebra leiten, so ist dieser Schritt tatsächlich mathematisch gerechtfertigt, insofern das Produkt zweier Größen (i. e. Zahlen oder für Zahlen stehende Variablen) unabhängig von der Reihenfolge der Faktoren ist.

Nun ist die Konversion zwar für alle partikularen affirmativen Aussagen logisch gültig, für universale affirmative Aussagen dagegen im Allgemeinen nicht. Betrachten wir dahingehend nun die erste Aussage und ihre formale Konversion: ›Alle Menschen sind Lebewesen‹ ist in der Tat nicht gleichwertig mit der Aussage

›Alle Lebewesen sind Menschen‹. In BOOLEs Notation heißt dies also, dass die darstellenden Gleichungen $M=ML$ und $L=LM$ nicht äquivalent sein dürfen. Den Regeln der Schulmathematik folgend gilt zwar tatsächlich $ML=LM$, doch ist der Übergang von $M=ML$ zu $L=LM$ gerade deswegen nur für genau die Fälle gerechtfertigt, in denen $M=L$ gilt. Das ist jedoch im Hinblick auf M für Menschen und L für Lebewesen gerade nicht der Fall.

Zugegebenermaßen sind die Konversionen die wohl einfachsten logischen Schlüsse, sie sind Argumente mit nur einer Prämisse. BOOLE behandelt im Weiteren Argumente mit zwei Prämissen, nämlich die 19 (logisch gültigen) Aristotelischen Syllogismen. Betrachten wir auch hierfür ein konkretes Beispiel, nämlich die beiden Prämissen ›Alle Menschen sind Lebewesen‹, $M=ML$, und ›Alle Lebewesen sind sterbliche Wesen‹, $L=LS$. Die Konklusion im gemäß der Syllogistik gültigen *modus barbara* lautet dann[2]: ›Alle Menschen sind sterbliche Wesen‹, $M=MS$. Diese logische Schlussfolgerung kann mit Blick auf die darstellenden Gleichungen mathematisch gerechtfertigt werden, nämlich durch eine (simple) algebraische Rechnung, die auch innerhalb der Schulmathematik gelten würde. Einsetzen der zweiten Gleichung in die erste, Umklammern und erneute Verwendung der ersten Gleichung führt zu der Rechnung $M=ML=M(LS)=(ML)S=MS$, also folgt $M=MS$.

In der durch ARISTOTELES begründeten Tradition werden universelle (›alle‹ bzw. ›kein‹) versus partikulare (›einige‹ bzw. ›einige nicht‹) und affirmative (›alle‹ bzw. ›einige‹) versus negative (›kein‹ bzw. ›einige nicht‹) Aussagen behandelt. Expressis verbis geht es summa summarum um folgende vier Typen von Aussagen, die BOOLE in seinen beiden logischen Hauptwerken auf die folgende Weise unterschiedlich symbolisiert:

Quantität u. Qualität	Aussage(n)typen	Vgl. Boole 1847, S. 26	Vgl. Boole 1854, S. 241
Universal affirmativ	Alle A sind B.	$A=AB$	$A=vB$
Universal negativ	Kein A ist B.	$AB=0$	$A=v(1-B)$
Partikular affirmativ	Einige A sind B.	$v=AB$	$vA=vB$
Partikular negativ	Einige A sind nicht B.	$v=A(1-B)$	$vA=v(1-B)$

---

2 Die mittelalterliche, schulgerechte Form der Syllogistik hatte unter den 256 kombinatorisch möglichen Schlüssen 19 (bzw. 24) logisch gültige Schlüsse ausgezeichnet und diese seit Johannes Hispanus (13. Jh.) durch künstliche Merkworte (Barbara, Darii, Ferio …) bezeichnet (vgl. Wolters 1996).

BOOLE verwendet also die übliche mathematische Notation und Rechenweise und strikt der Logik daraus ein Gewand. So nutzt er Typen von Gleichungen zur Darstellung von Typen von Aussagen, wobei ›nicht‹ gewissermaßen als *1*-symbolisiert wird und ›einige‹ gewissermaßen als *v*, nämlich als Symbol für ein Glied mit nicht-leerem Referenzbereich. Weiter nutzt BOOLE algebraisches Rechnen zur Darstellung von gültigem logischen Schließen, wofür wir bei-spielhaft eine Konversion und einen Syllogismus betrachteten.

BOOLES Umnutzung der (Schul-)algebra für eine Behandlung der klassischen Logik ist seinem Thema tatsächlich gewachsen. Sein mathematischer Ansatz erlaubt in Abgrenzung von und im Gegensatz zur traditionellen Behandlung der (formalen) Logik eine neue Systematisierung, eine stringentere Behandlung und eine Ausweitung der kanonischen Thematik. Man könnte insofern von einem *vertieften Verständnis* des Themas sprechen.

Aber rechnet BOOLE tatsächlich richtig? Und wie rechnet er überhaupt? Diese beiden Fragen wurden im Laufe der Zeit recht unterschiedlich beantwortet.

Booles Algebren sind keine Booleschen Algebren – George Booles Vorgehen aus heutiger Sicht

Heutzutage lässt sich zwar sagen: Boole rechnet nicht *falsch*, er rechnet jedoch nicht *adäquat*, sondern unnötig *kompliziert*. Doch muss man die Pointe in dieser Antwort recht verstehen.[3] In der Tat wird heute die von BOOLE behandelte Logik anders formalisiert, im Bereich der mathematischen Logik rechnen wir also *anders* als BOOLE. So impliziert etwa in BOOLES Kalkül die Gleichung $A+A=A$ die Gleichung $A=0$. Werden die beiden Gleichungen im Rahmen der gewöhn-lichen Algebra verstanden, so stimmen wir natürlich mit BOOLE überein, man muss nur A auf beiden Seiten abziehen. Werden sie jedoch im Rahmen einer Formalisierung der Logik interpretiert, dann ist die Implikation gemäß BOOLES Kalkül, der ja weitestgehend der Schulalgebra folgt, korrekt, gemäß modernen Formalisierungen allerdings nicht, wie im Folgenden etwas detaillierter ange-deutet werden soll. Terminologisch erfolgt dementsprechend eine Umnutzung des Namens von GEORGE BOOLE: Im Hinblick auf die moderne Konzeption der von BOOLE behandelten Logik sprechen wir zwar von einer *Booleschen Algebra*, doch ist *BOOLES Algebra* keine solche (moderne) Boolesche Algebra. Mit dem Wörtchen *Boolesch* würdigen wir zwar seinen Beitrag, doch gehen wir einen

---

3 Im Folgenden skizzieren wir Antworten, die in (Rathgeb 2013) im Kontext anderer Frage-stellungen ausführlicher gegeben werden. Die beiden wichtigsten Quellen der dort dafür verwendeten Sekundärliteratur werden auch für diesen Aufsatz angegeben, die Monographie Hailperin [2]1986 und der Aufsatz von Burris.

anderen Weg, nämlich zu einer anderen Algebra als der Algebra BOOLES. Die moderne Konzeption der von BOOLE behandelten Logik ist *strukturell* betrachtet *einfacher* als die gewöhnliche Arithmetik und damit einfacher als BOOLES Algebra. Das Rechnen in Booleschen Algebren ist für den Laien allerdings eher *ungewohnt*. Beispielsweise gilt in Booleschen Algebren die Gleichung $1+1=1$ und sogar $A+A=A$ wie auch $A+1=1$ für *jedes* Element A und es ist in einem genau zu spezifizierenden Sinne 0 das kleinste und 1 das größte Element (der zu betrachtenden und in kanonischer Weise geordneten Menge). Im Hinblick auf die Logik können die Symbole folgendermaßen genutzt werden: Es steht 0 für (eine logisch falsche Aussage bzw. genauer) den Wahrheitswert *falsch*, 1 für (eine logisch wahre Aussage bzw. genauer) den Wahrheitswert *wahr*, $+$ für die *Oder*-Verknüpfung und die nur implizit notierte Multiplikation für die *Und*-Verknüpfung. Die Gleichung $A+1=1$ steht dann also dafür, dass die Oder-Verknüpfung einer beliebigen Aussage A mit einer wahren Aussage stets eine wahre Aussage ist, und es kann die Gleichung $A+A=A$ dahingehend gelesen werden, dass die Oder-Verknüpfung einer beliebigen Aussage A mit sich selbst den gleichen Wahrheitswert wie die Aussage A hat. Die traditionelle Arithmetik der logischen Wahrheitswerte kann dahingehend auf das angedeutete Rechnen mit 0 und 1 beschränkt werden. Das ist allerdings eine Möglichkeit, die BOOLE nicht genutzt hat. Anders als in seiner Algebra sind bemerkenswerterweise in Booleschen Algebren bereits lineare Gleichungen wie $A+X=B$ im Allgemeinen nicht mehr eindeutig lösbar, im Allgemeinen nicht einmal überhaupt lösbar. Das heißt also der (aus der Schule vertraute) Term $B-A$ als *Bestimmung von X* ist im Allgemeinen problematisch. Doch ist auch dieses Phänomen bereits aus der Schule bekannt, insofern beispielsweise die Lösung der Gleichung $2+X=1$ zwar durch $X=1-2$ symbolisiert werden kann, im Bereich der natürlichen Zahlen (i. e. der positiven ganzen Zahlen) allerdings gar nicht existiert.

Das Rechnen in BOOLES Algebra ist allerdings nicht nur heutzutage für den Laien ungewohnt, sondern blieb *en détail* auch unter den zeitgenössischen Lesern lange Zeit fragwürdig, umstritten bzw. letztlich *unbekannt*. Denn BOOLE motiviert das Rechnen in seinem Kalkül nicht als Nutzung der (Arithmetik zzgl. ihrer Algebra der) Schulmathematik, sondern er nutzt stattdessen eine *ungenügende Charakterisierung* dieser gewöhnlichen Arithmetik und passt die von ihm aufgestellte (für die Leser ungewohnte) Axiomatik zudem noch *ad hoc* seinen Bedürfnissen an.

BOOLES Algebra war der von ihm behandelten Logik in diesem Sinne nicht adäquat, sie war nämlich unnötig kompliziert. Doch das hat seine Ursache gerade darin, dass BOOLE das ihm von der gewöhnlichen Arithmetik zzgl. ihrer Algebra her bekannte Rechnen für die von ihm behandelte Logik schlicht und einfach *umnutzt*.

Literatur

Boole, George (1847): The mathematical analysis of logic. Being an essay towards a calculus of deductive reasoning/Die mathematische Analyse der Logik. Der Versuch eines Kalküls des deduktiven Schließens. Aus dem Englischen übertragen, kommentiert und mit einem Nachwort und Anhängen versehen von Tilman Bergt. Halle 2001.

Boole, George (1854): An investigation of the laws of thought, on which are founded the mathematical theories of logic and probabilities. Repr. der Ausg. London u. a., 1854. La Salle 1952.

Burris, Stanley: A Fragment of Boole's Algebraic Logic Suitable for Traditional Syllogistic Logic, k.A., verfügbar unter: http://www.math.uwaterloo.ca/~snburris/htdocs/MY-WORKS/SYLL/syll.pdf [28.05.2014].

Engel, Klaus-Jochen/Nagel, Rainer: One-Parameter Semigroups for Linear Evolution Equations. Berlin 2000.

Hailperin, Theodore: Boole's logic and probability. A critical exposition from the standpoint of contemporary algebra, logic and probability theory. Amsterdam [u.a.] 1986.

Heaviside, Oliver: ›On operators in physical mathematics‹, in: *Proc. Roy. Soc.* 54 (1893), S. 504–529.

Rathgeb, Martin: ›Zur Kritik an George Booles mathematischer Analyse der Logik‹, in: Ders./Helmerich, Markus/Krömer, Ralf/Lengnink, Katja/Nickel, Gregor (Hg.): *Mathematik im Prozess. Philosophische, Historische und Didaktische Perspektiven.* 2013, S. 57–72.

Schwartz, Laurent: ‚Généralisation de la notion de fonction, de dérivation, de transformation de Fourier et applications mathématiques et physiques‹, in: *Annales de l'université de Grenoble,* tome 21 (1945), S. 57–74.

Wolters, Gereon: ›Syllogistik‹, in: Jürgen Mittelstraß (Hg.): *Enzyklopädie Philosophie und Wissenschaftstheorie.* Stuttgart 1996, 4 Band, S. 156–158.

Wussing, Hans: 6000 Jahre Mathematik. Berlin 2008.

Tobias M. Scholz, Anna Feldhaus, Martin F. Reichstein,
Lena Schöllhorn & Svenja Witzelmaier

Umnutzung in Deutschland und Schweden – ein fallbasierter Vergleich

1. Das Konzept der Umnutzung in Deutschland und Schweden

In der heutigen Zeit, in der das Bewusstsein für die Umwelt gewachsen ist, sind Themen mit Bezug zur Umnutzung von hoher Relevanz. Vorhandene Ressourcen jeglicher Art sollen im Sinne ihrer Schonung möglichst mehrfach und gegebenenfalls für einen neuen Zweck genutzt werden. Die gemeinsprachliche Bedeutung des Begriffs der Umnutzung ist zurzeit eng gefasst und bezieht sich oft nur auf die Umnutzung von Gebäuden (Schittich 2003, S. 9). Dementgegen werden wir den Begriff Umnutzung in einem weiteren Sinne definieren und dessen Unterarten beschreiben. Diese Umnutzungsarten sind unter anderem bauliche und funktionale Umnutzung, Recycling als die Nutzung von Nebenprodukten und Remix. Umgenutzt werden dementsprechend nicht nur physikalische Ressourcen, sondern auch Ideen und Konzepte.

Durch diese Begriffsausweitung ist Umnutzung nicht nur eine reine operative Durchführung, sondern benötigt auch eine strategische Planung. Die Planung hinter der Durchführung unterliegt genauso dem Nachhaltigkeitsanspruch wie die tatsächliche Umsetzung der Umnutzung (Gürtler Berger, 1999). Erfolgreiche und nachhaltige Umnutzungsprojekte werden somit im Idealfall als potenzielle *Best-Practice Cases* national und international Aufmerksamkeit hervorrufen und eine Orientierung für Nachahmer bieten.

Doch an welchen Umnutzungsprojekten kann man sich orientieren? Im Prinzip fokussiert sich die Suche nach *Best-Practice Cases* auf Länder, denen überlegene soziale, ökologische und technologische Entwicklungsstände unterstellt werden. Für die Suche nach Ländern für *Best-Practice Cases* ist es zunächst unerheblich, ob derartige Unterstellungen praktisch evident sind oder stereotypisch angenommen werden. Ein vielzitiertes Beispiel- und Vorreiterland stellt, zumindest im deutschsprachigen Raum, Schweden dar. Hier wird auf der Basis vielfältiger Stabilitäts-, Qualitäts- und Nachhaltigkeitszuschreibungen davon ausgegangen, dass dieses Land bei einem Thema wie Umnutzung gut sein muss und damit eine ähnliche Vorreiterrolle wie in der Bildung (Scholter 2013) übernimmt. Deutschland ist mit 81,9 Millionen Einwohnern im Vergleich zu Schweden mit 9,5 Millionen Einwohnern achtmal so groß (Schoeller et al. 2014a, 2014b). Trotzdem wird Deutschland als große Industrienation mit einer starken industriewirtschaftlichen Ausrichtung bei sozialen und ökologischen Themen als vergleichsweise weniger nachahmenswert angesehen (Endres 2012). Daher wird Deutschland die Vorbildrolle in der Umnutzung nicht unmittelbar zugesprochen, zumindest nicht in der Gruppe der hochentwickelten Länder (OECD 2012).

Doch sind Schweden und Deutschland so unterschiedlich im Hinblick auf ihr Umnutzungsverhalten? Anhand von Fallbeispielen aus den diversen Unterarten der Umnutzung werden wir versuchen, Umnutzungsprojekte auf ihre Nachhaltigkeit hin zu untersuchen. Es sollen erste Hinweise dazu gefunden werden, wie ähnlich beziehungsweise unterschiedlich Deutschland und Schweden an die Umnutzung herangehen und ob sie beide wechselseitig eine Vorbildrolle einnehmen können.

2. Begriffliche Einordnungen

2.1 Einordnung des Begriffs Umnutzung

Der Begriff Umnutzung ist mit der Beschreibung, dass alte oder vorhandene Ressourcen für einen neuen Zweck verwendet werden, grob umschrieben, bleibt aber zunächst abstrakt. So gesehen ist die Umnutzung ein Meta-Begriff für verschiedene Möglichkeiten zur Nutzung von Ressourcen.

Die häufigste Verwendung der Umnutzungsbegrifflichkeit erfolgt in der Architektur und dort mit Bezug zur Multifunktionalität von Gebäuden. Da diese Multifunktionalität Umnutzung nicht umfassend beschreibt, sprechen wir bei dieser Umnutzungsvariante von *baulicher* Umnutzung, damit der Unterschied zu den anderen Arten der Umnutzung deutlich wird. Architekten verstehen in der baulichen Umnutzung eine Gestaltung, die kreativ mit dem Vorhandenen umgeht: »Das Gesamtbild entwickelt sich aus der Auseinandersetzung mit dem bereits Existierenden, ein neues Objekt ›aus einem Guss‹ zu schaffen, ist schlicht nicht möglich« (Schittich 2003, S. 20).

Weiterhin gibt es die *funktionale* Umnutzung. Bei ihr handelt es sich um die Umnutzung von wirtschaftlichen Leistungen (aber nicht Bauten). Bestehende Produkte werden für einen neuen Zweck genutzt. Die funktionale Umnutzung lässt sich in zwei Varianten einteilen. Zum einen wird ein bestehendes Produkt für einen neuen Zweck komplett verwendet (z. B. Teflon aus dem Weltraum für den Einsatz in der Küche), und zum anderen erhalten bestehende Produkte einen zusätzlichen Zweck (z. B. Nutzung von Abwärme zum Heizen). Gerade die funktionale Umnutzung ist ein Auseinandersetzen mit vorhandenen Gütern und deren Umnutzungspotenzialen. Dabei geht die funktionale Umnutzung weiter, als nur die simple Nutzung von Nebenprodukten zu betonen.

Unter Umnutzung fällt auch der Begriff des *Recyclings*, der mehrere Schattierungen aufweist. Die Herausforderung der Begrifflichkeit von Recycling besteht in einer einheitlichen Definition, welche noch nicht allgemeinverbindlich formuliert ist (Westkämper/Warnecke 2010, S. 267). In der gesetzlichen Definition des Kreislaufwirtschaftsgesetzes (KrWG) von 2012 wird Recycling als Verwertungsverfahren verstanden, welches Abfälle zu Erzeugnissen, Materialien oder Stoffen aufbereitet (§ 3 Abs. 25 KrWG). Eine Unterscheidung in der Aufbereitung zwischen dem ursprünglichen Zweck oder einem anderen Zweck wird nicht vorgenommen. »Die energetische Verwertung und die Aufbereitung zu Materialien, die für die Verwendung als Brennstoff oder zur Verfüllung bestimmt sind [werden nicht in den Bereich des Recycling eingeschlossen]« (§ 3 Abs. 25 KrWG). Bei der Umnutzung von Materialien kommt es auch zu Nebenprodukten. Im Grundbegriff ist ein Nebenprodukt definiert als »ein Stoff oder Gegenstand [, der] bei einem Herstellungsverfahren [anfällt], dessen hauptsächlicher Zweck nicht auf die Herstellung dieses Stoffes oder Gegenstandes gerichtet ist« (§ 4 Abs. 1 KrWG). Er ist »als Nebenprodukt und nicht als Abfall anzusehen […]« (§ 4 Abs. 1 KrWG). Die Weiterverwendung des Stoffs oder Gegenstands muss gewährleistet sein. Eine Behandlung des Nebenproduktes darf nicht über ein »normales industrielles Verfahren« hinausgehen und weiterhin muss sichergestellt sein, dass das Nebenprodukt ein zusammenhängendes Produkt des Herstellungsprozesses ist und dass bei der Weiterverwendung keine Gefährdung für die Umwelt und den Menschen besteht (§ 4 Abs. 1 KrWG).

Der *Remix* als weitere Umnutzungsvariante kann ins Deutsche als Neuabmischung übersetzt werden. Die Remix-Kultur ist weit verbreitet im Bereich der Musik (Langford 2011, S. 3–8) und scheint im ersten Augenblick wenig mit dem Begriff der vornehmlich auf Dinge bezogenen Umnutzung zu tun zu haben. Es zeigt sich aber, dass Remix im weitesten Sinne eine Funktionsveränderung von immateriellen Produkten darstellt und somit der Umnutzung zuzuordnen ist.

Durch diese Begriffsunterscheidungen wird deutlich, dass der Umnutzungsbegriff als weit gespannter Rahmen verstanden werden kann. Neben den prozessualen Inhalten der Umnutzung ist ein weiterer Aspekt die Funktionalität, die in der Nachhaltigkeit liegt. Durch Umnutzung sollen umweltbezogene, wirtschaftliche und soziale Ziele erreicht werden. Das wechselseitige Abhängigkeitsverhältnis der drei Ziele stellt dabei die zentrale Nachhaltigkeitsherausforderung dar (Elkington 1999). Dieser Fokus bei der Umnutzung auf die Nachhaltigkeit hat auch eine strategische Dimension. Wie soll Nachhaltigkeit erreicht werden? Des Weiteren ist Umnutzung auch immer gekoppelt mit der

Verbreitung in der Gesellschaft. Infolgedessen ist die Anerkennung von Umnutzung in der Gesellschaft in Verbindung mit der strategischen Planung zu
betrachten.

2.2   Kulturelle Einordnung von Schweden und Deutschland

Die konkrete Gestaltung einzelner Umnutzungsprojekte wird auch durch kulturelle Eigenheiten der Länder beeinflusst, in denen sie stattfinden. Umnutzung
ist nämlich nicht allein ein in der Praxis beobachtbares Phänomen, sondern
gleichermaßen eine sozial konstruierte Wirklichkeit. Deshalb müssen auch die
Kulturbesonderheiten der zu untersuchenden Länder betrachtet werden.

Tabelle 1 stellt Kulturdimensionen, die Deutschland und Schweden zugeschrieben werden, gegenüber. Sie sind den Arbeiten von Hampden-Turner/
Trompenaars (1993) sowie der GLOBE-Studie (House et al. 2004) entnommen.
Die konkret beobachtete Umnutzung wird durch die Art, wie Handlungen in
einer spezifischen Kultur organisiert und kommuniziert werden, beeinflusst;
kulturspezifische Handlungsweisen und kommunikative Wirklichkeitskon-
struktionen sind somit relevant für unsere Untersuchung. Es wird deutlich, dass
Schweden und Deutschland sich in ihren landeskulturellen Eigenheiten sowohl
überschneiden als auch Unterschiede aufzeigen.

Deutschland	*Schweden*
– Sehr zukunftsorientiert (GLOBE)	– Sehr zukunftsorientiert (GLOBE)
– Hohe Unsicherheitsvermeidung (GLOBE)	– Hohe Unsicherheitsvermeidung (GLOBE)
– Flache Hierarchien, deshalb stärkerer Informationsbedarf (Hampden-Turner/ Trompenaars)	– Flache Hierarchien, deshalb stärkerer Informationsbedarf (Hampden-Turner/ Trompenaars)
– Niedriger Grad an Kollektivismus (GLOBE)	– Hoher Grad an Kollektivismus (GLOBE)
– Geringe Humanorientierung (GLOBE)	– Höhere Humanorientierung im Vergleich zu Deutschland (GLOBE)

Tabelle 1: Gegenüberstellung von Kulturdimensionen im Ländervergleich Deutschland
und Schweden

Deutschland, hierbei handelt es sich überwiegend noch um Daten aus Westdeutschland, hat entsprechend der GLOBE-Studie einen Wert in der Zukunftsorientierung von 4.41. Schweden liegt mit dem Wert 4.37 etwas drunter, wobei
beiden Ländern einen hohe Zukunftsorientierung zugesprochen werden kann
(House et al. 2004, S. 743 – 744). Die Aufstellung von Regeln, Gesetzen, Normen
und Werten dient zur Vermeidung von Risiken. Auch hierbei zeigen die Er-

gebnisse der GLOBE-Studie nur geringe Abweichungen zwischen Deutschland und Schweden auf und verweisen damit auf eine hohe Unsicherheitsvermeidung (House et al. 2004., S. 622–623).

Landeskulturelle Übereinstimmungen findet man auch bei Hampden-Turner/Trompenaars. Deren Untersuchungen haben in beiden Ländern eine Tendenz zu flachen Hierarchien entdeckt und daraus wird auf einen höheren Informationsbedarf geschlossen (vgl. Hamden-Turner/Trompenaars 1993, S. 97; 241). Vor allem bei flachen Hierarchien müssen Informationen stärker ausgetauscht werden, damit alle relevanten Beteiligten informiert sind und dadurch auch eine Entscheidung getroffen werden kann. Schweden und Deutsche sind sich in diesem Punkt ähnlich.

Anhand der Ergebnisse der GLOBE-Studie wird auch deutlich, dass der Kollektivismus und die Gleichverteilung von Ressourcen in Schweden (5.22) ausgeprägter sind als in Deutschland (3.79) (House et al. 2004., S. 468). Damit wird impliziert, dass Schweden eher gruppenbezogen ist, wohingegen Deutschland stärker individualistisch ausgeprägt ist.

Eine weitere Unterscheidung wird in der Humanorientierung deutlich. Entsprechend der Ergebnisse der GLOBE-Studie hat Deutschland eine geringe Humanorientierung (3.18). Schweden hingegen hat einen Wert von 4.10 und zeichnet sich durch ein starkes soziales Miteinander aus, woraus ein fairer und gerechter Umgang resultiert.

Ein durchgehend gefundenes Kulturmuster ist, dass Schweden und Deutsche zwar viel und umfangreich kommunizieren, jedoch wird in mehreren Kulturstudien konstatiert, dass Deutsche mehr auf Basis der Daten und Fakten argumentierten, wohingegen Schweden auf einer sozialen und emotionaleren Ebene kommunizieren.

3.   Umnutzungsfälle im deutsch-schwedischen Kontrast

Die nachfolgenden Fälle zu allen vier eingeführten Umnutzungsbegriffen aus Deutschland und Schweden betrachten jeweils ähnliche Umnutzungskontexte, um Unterschiedlichkeiten in der Umnutzungsbedeutung – insbesondere im Verhältnis zur Nachhaltigkeit – herauszuarbeiten und landeskulturell einzuordnen.

3.1   Bauliche Umnutzung

Bei unserer ersten Kontrastierung aus dem Bereich der baulichen Umnutzung fokussieren wir uns auf die Städteplanung beziehungsweise Stadtteilplanung.

Gerade in der baulichen Umnutzung geht es darum, vorhandene Strukturen oder Gebäude für einen neuen Zweck zu verwenden und an sich verändernde Faktoren anzupassen. Bei den aktuellen baulichen Umnutzungsprojekten handelt es sich um die Großmarkthalle im Stadtteil Ostend in Frankfurt sowie um den Stadtteil Hammarby Sjöstad in Stockholm. Beide Projekte haben ein ähnliches Ziel: Sie wollen den jeweiligen Stadtteil lebenswert machen und modernisieren. Der Hauptunterschied ist der ökonomische Fokus in Frankfurt durch die Errichtung der Europäischen Zentralbank und der ökologische Fokus auf Nachhaltigkeit in Stockholm.

Nach Kötter (2010, S. 7) gibt es vier Aspekte, die bei einer städtebaulichen Innenentwicklung zu beachten sind. Dabei handelt es sich um ökonomische, ökologische, soziale und städtebauliche Aspekte. Letzteres sind zum Beispiel Gebäudeleerstände, die dazu führen, dass eine bauliche Umnutzung eine Alternative geworden ist. Zugleich ist die bauliche Umnutzung eine architektonische Herausforderung und verändert das Gebäude in Sinn und Form (Mazzoni 2008, S. 12). Eine bauliche Umnutzung soll ökonomisch sinnvoll, ökologisch vorteilhaft und sozial legitimiert sein sowie die architektonische Leistung erhalten (Guggenheim 2011, S. 4).

Bei der deutschen Großmarkthalle handelt es sich um ein Gebäude aus dem Jahr 1928, welches nach den Plänen von Martin Elsaesser errichtet wurde und als örtlicher Großmarkt diente (EZB 2010, S. 2). Der Ort wurde auf Basis einer Machbarkeitsstudie als ökonomisch geeignet eingestuft, um als Lobby, Ausstellungsflächen, Besucherzentrum, Restaurant, Cafeteria und Konferenzräume der Zentrale der Europäischen Zentralbank zu dienen (EZB o. J.). Sie wird mit dem neu zu errichtenden Hochhaus der Europäischen Zentralbank verbunden sein und als »integraler Bestandteil des neuen Sitzes der EZB« fungieren (EZB 2010, S. 2). In dem Umnutzungsprozess wird weiterhin noch Wert auf die Nachhaltigkeit und die Energieeffizienz gelegt. Exemplarisch seien hier die Nutzung von Regenwasser, die Wärmerückgewinnung und eine effiziente Isolierung zu nennen (EZB 2009, S. 12 f.). Nachgelagert zu der Nutzung der Großmarkthalle für die neue Europäische Zentralbank führen diese Maßnahmen zu weiteren Projekten in der Umgebung wie zum Beispiel zur Errichtung von neuen Wohnflächen, Geschäften sowie Sport- und Spielplätzen. Die ökonomischen Bestrebungen führen dementsprechend auch zu einer ökologischen und sozialen Ausrichtung in der baulichen Umnutzung.

Bereits in den 1980er Jahren startete die Stadt Stockholm die Umnutzung für den neuen Stadtteil Hammarby Sjöstad. Hierbei sollte ein alter Industriehafen in ein modernes Stadtviertel umgewandelt werden. Diese Maßnahmen sollen bis 2018 abgeschlossen sein (Hammarby Sjöstad 2011, S. 2). Ziel dieser baulichen Umnutzungsmaßnahmen ist es, einen nachhaltigen und ökologischen Stadtteil zu errichten, der zugleich eine hohe Lebensqualität ermöglicht. Die sozialen und ökologischen Perspektiven haben hier Vorrang und führen zu einem eigenen Ökokreislauf, dem sogenannten *Hammarby Model* (Hammarby Sjöstad 2011, S. 5). Hierdurch sollen Müll, Energieverbrauch sowie Abwasser reduziert werden. Durch eine holistische Planung der Umnutzung dient dieses Projekt schon jetzt als Vorbild für andere Städteplaner (Stadtentwicklung Wien 2012). Der Fokus auf einem nachhaltigen Umgang mit den Ressourcen wird weiterhin dazu führen, dass sich dieses Projekt in Zukunft – so die Erwartung – auch ökonomisch rechnen wird (Hageneder/Lindenthal 2010, S. 20).

Beide Projekte sind typische Beispiele für eine bauliche Umnutzung. Es gibt jedoch in der strategischen Ausrichtung und im Ablauf einige Unterschiede. Gerade die Großmarkthalle in Frankfurt hat als Hauptfokus die ökonomische Perspektive. Erst danach kommen soziale und ökologische Aspekte. Genau umgekehrt ist es bei Hammarby Sjöstad, hier dominieren die sozialen und ökologischen Aspekte.

Die beiden Beispiele zur baulichen Umnutzung weisen auf der kulturellen Ebene viele Überschneidungen auf. Erkennbar ist, dass beide Länder sehr zukunftsorientiert und risikoneutral handeln. Weiterhin ist aufgrund der flachen Hierarchien, die in Deutschland als auch in Schweden existieren, die Notwendigkeit eines starken Informationsaustausches gegeben. Eine Unterscheidung ergibt sich in der Qualität der Informationen. Aufgrund der Tatsache, dass Schweden gruppenbezogen ist, werden die Informationen für eine breite Zielgruppe formuliert und dadurch allgemein gehalten. In Deutschland hingegen besteht eine hohe Ausprägung individueller Leistungsorientierung. Informationen sind deshalb sehr präzise und konkret, dadurch sprechen die Informationen auch nur eine spezielle Zielgruppe an.

3.2 Funktionale Umnutzung von Leistungen

Ein zweites Beispiel im Bereich der funktionalen Umnutzung bezieht sich auf Datencenter. Klassische Datencenter kosten vor allem viel Energie und führen zu einer hohen Abwärme, moderne Datencenter versuchen schon in ihrer Planung, dem entgegenzuwirken (Dillon 2013, S.40 ff). Vor dieser Prämisse ist es das Ziel dieser sogenannten grünen Datencenter, deren Nebenprodukte nutzbar zu machen und nicht als Abfallprodukte anzusehen (Velte et al. 2008, S. 3 ff.). Es gibt dabei eine Vielzahl von verschiedenen Beispielen für solche Datencenter. Interessanterweise werden in diversen Rankings oft zwei Datencenter als sehr innovativ bezeichnet (Alger 2012, S. VIf.): Hierbei handelt es sich um das *Citi Data Centre* in Frankfurt von der *Citigroup* und das *Pionen White Mountains Data Center* in Stockholm. Beide Datencenter haben das Ziel, die Nebenpro-

dukte einer Serverfarm nutzbar zu machen, jedoch mit unterschiedlicher Ausrichtung. Sie gelten als Best Practices für grüne Datencenter.

Alger (2008, S. 1) definiert grüne Datencenter als: »A computing environment
that uses resources in a more efficient manner and has less impact upon people
and the environment.« Dabei resultiert die Motivation, grün zu werden, aus
ökonomischen Zwängen. Der Anstieg des Bedarfs an Rechenkapazitäten führt
zu einem erhöhten Energiebedarf (Velte et al. 2008, S. 3 ff.). Eine nachhaltige
Konstruktion ermöglicht hier langfristige Einsparungen (Barroso/Hölzle 2009,
S. 74). Dementsprechend ist auch ein Anstieg in Maßnahmen hin zu grünen
Datencentern zu verzeichnen (Karanasios et al. 2010, S. 1).

Das deutsche *Citi Data Centre* wurde 2008 fertiggestellt und dient als Ein-
richtung für die Tätigkeiten der *Citigroup* in Europa, dem Mittleren Osten und in
Afrika (Alger 2008, S. 28). Es sollte »eines der ökologischsten Rechenzentren der
Welt« werden (Siedenbiedel 2007). Es ist das erste Datencenter, das die *Lea-
dership in Energy and Environmental Design* (LEED)-Bewertung erhalten hat,
und benötigt 25 % weniger Energie als klassische Datencenter (Seidel 2009).
Grüne Fassaden aus recyceltem Material, ein bepflanztes Dach und umgekehrte
Osmose verstärken die Kühlung des Gebäudes (Beciri 2009, Abs. 3).

Auch das schwedische *Pionen White Mountains Datencenter* wurde 2008 in
Betrieb genommen. Diese Einrichtung wurde in einem Bunker aus dem Kalten
Krieg errichtet und befindet sich in 30 Metern Tiefe. Dieses Datencenter ist
durch die Wikileaks-Daten, welche dort hinterlegt sind, bekannt geworden (Diaz
2010, Abs. 5). Neben der natürlichen Kühlung durch die Umgebung hat das
Unternehmen Bahnhof weiterhin auf die Inneneinrichtung gesetzt, um ein an-
genehmes Arbeitsumfeld für die Mitarbeiter zu erreichen. Neben dem Flair eines
James Bond-Films gibt es Wasserfälle, eine Bar und einen Konferenzraum über
den Servern (McMillan 2012). Zugleich sind auch Pflanzen und ein Aquarium zu
finden (Alger 2012, S. 51).

Beide Datencenter fokussieren sich auf den ökologischen Aspekt und nutzen
diesen auch für ökonomische Zwecke. Gerade bei dem deutschen Beispiel erkennt man dies gut an dem Einsparpotenzial in der Kühlung von ca. 50 Millionen Liter Wasser pro Jahr (vgl. Alger 2008, S. 28). Auch wenn das schwedische
Beispiel hier ebenfalls Einsparpotenzial hat und auch sonst zu einem grünen
Datencenter zählt (Alger 2012 S. 44 ff.), liegt der Fokus in Schweden vergleichsweise stärker auf der sozialen Perspektive. Ästhetik ist für das Unternehmen Bahnhof wichtig, was an dem »James Bond-Feeling« innerhalb des
Datencenters zelebriert wird (McMillan 2012). Daraus lässt sich in der Tat ein
Unterschied zwischen beiden Strategien ableiten. Das *Citi Data Centre* wurde so
aufgebaut, dass die Architektur genutzt werden kann, um das Datencenter ef-
fizienter und grüner zu machen. Das *Pionen White Mountains* nutzt vorhandene
Infrastrukturen. Diese Infrastrukturen helfen zwar auch, Strom und Kühlung zu

sparen, doch sie schaffen zudem ein einzigartiges Arbeitsumfeld. Auch hierbei sind die Unterschiede auf Kulturdimensionen zurückzuführen. Das *Citi Data Centre* spiegelt die geringe Humanorientierung auf der einen Seite und den Leistungsbezug der deutschen Landeskultur auf der anderen Seite wider. Schweden zeichnet sich mehr durch eine Gruppenorientierung und einen institutionellen Kollektivismus aus, der deutlich in der Umnutzung der vorhandenen Infrastruktur und dem sozio-emotionalen Zusatznutzen wiederzufinden ist. Bei der Analyse dieser Aspekte wird deutlich, dass auch hier die öffentliche Kommunikation eine wesentliche Rolle spielt. In ihr wird der Leistungsbezug der Deutschen in Zahlen ausgedrückt, was den Zugang und das Verstehen erschwert. Schweden hingegen zeichnet sich dadurch aus, dass weniger die Leistung, sondern mehr das einzigartige Arbeitsumfeld nach außen kommuniziert wird.

Trotz der unterschiedlichen Kulturdimensionen und der Verständigung verwenden beide Beispiele klassische Datencenter-Strukturen und erweitern diese um die ökologische und soziale Perspektive. Diese funktionale Umnutzung führt zugleich zu einer Verbesserung der ökonomischen Perspektive (insbesondere Kostenersparnisse) und erweitert die Wertschöpfungskette von Datencentern um diverse sinnvolle Aspekte (wie etwa zur Kühlung), die vorher nicht genutzt wurden.

3.3   Recycling

Die Weiterverwertung von Reststoffen wird in der Zukunft aufgrund der stetig wachsenden Nachfrage nach Rohstoffen und der steigenden Konkurrenz durch die Globalisierung immer wichtiger. Selbst die Endstufe des Recyclings, die Müllverbrennung, lässt sich optimieren. Optimierungspotenziale der Müllverbrennung sind die Reduktion des Müllvolumens und die Schadstoffreduktion bei der Verbrennung. Für die Umwelt ist beides ein großer Fortschritt und fördert die Nachhaltigkeit (Walat 2011). Es wird im Folgenden ein Vergleich zwischen Deutschland und Schweden zur Umnutzung bei Müllverbrennungsanlagen unternommen.

Beim Verbrennen von Müll verbleiben unterschiedliche Nebenprodukte und Reststoffe in Müllverbrennungsanlagen (Savidis/Franke/Schmidt 2000, S. 653). Eines der Nebenprodukte ist die sogenannte Rostasche oder Rostschlacke, die zum Baustoffersatz, ähnlich einem Mineralgemisch, weiterverarbeitet wird. Dazu wird die Schlacke mit Wasser gewaschen und mechanisch behandelt, sodass sie zu einem hochwertigen Produkt für den Straßen- und Wegebau wird. Das Nebenprodukt Schlacke wird nicht nur in Deutschland, sondern auch in Schweden für den Straßenbau verwendet. Dies ist vorteilhaft, weil die Verwendung von »natürlichem« Splitt eingespart wird und damit Kosten reduziert werden können (Avfall Sverige Swedish Waste Management o. J., S. 18). Aus der Säuberung der Schlacke resultieren Nebenprodukte in Form von Eisenschrott, Nicht-Eisen-Metallen (Aluminium, Kupfer, Messing, Chromstahl) und weiteren nicht verbrannten Rückständen. Die nicht verbrannten Rückstände werden erneut in den Verbrennungsprozess zurückgeführt. Der Eisenschrott und die Nicht-Eisen-Metalle werden an Metallhütten weitergeleitet. In Deutschland werden sie zur Produktion von Euro-Münzen weiterverwendet (Mörer-Funk 2001). Weitere Nebenprodukte sind Salzsäure und Gips, welche in der Bauindustrie zu Gipsputz weiterverarbeitet werden (Zwahr/Schröder 2001, S. 226 f.).

Die Verbrennung von Haushaltsmüll produziert nicht nur Nebenprodukte, sondern auch Restabfall, der aktiv in der Verbrennung nicht mehr bearbeitet werden kann. Ein solcher Restabfall ist der Staub, der sich in der Abgasreinigung absetzt. Zum Recycling werden die Stäube als Versatzmaterial in Salzbergwerken verwendet. Das bedeutet, dass Hohlräume, die beim Abbau von Salz entstehen, mit den Stäuben versetzt (aufgefüllt) werden. Mischsalze, die während der Rektifikation der Salzsäure entstehen, gehören ebenfalls zu der Gruppe der Reststoffe. Diese werden aufgrund ihrer Halogene, wie Brom, Jod und Fluor in Salzkavernen aufbewahrt. Ein weiterer Reststoff, der bei der Rektifikation der Salzsäure entsteht, ist die sogenannte Rohsäure (Müllverwertung Rugenberger Damm 2013, S. 8 ff.).

Bei der Müllverbrennung in Deutschland und Schweden ergeben sich nur geringe Unterschiede zwischen den Anlagen, den Neben- und den Restprodukten. Ein möglicher Grund dafür ist, dass die Müllverbrennungsanlagen durch deutsche Unternehmen in Schweden aufgebaut wurden (Martin GmbH 2010). Folglich ist es nicht außergewöhnlich, dass selbst die Verarbeitung der Nebenprodukte gleich erfolgt. Allerdings gibt es deutsch-schwedische Unterschiede bei der Einbindung von Müllverbrennung in die nationalen Recyclingkonzeptionen, denn bereits heute importieren Deutschland und Schweden Müll, um die Müllverbrennungsanlagen auszulasten. Hierbei ergeben sich allerdings zwei unterschiedliche Perspektiven auf das gleiche Phänomen: Deutschland steht dem Import von Müll tendenziell kritisch gegenüber (Kotynek 2008). Im Gegensatz zu Deutschland importiert Schweden bewusst Müll zur Auslastung seiner Anlagen (Walat 2011).

Im Recycling-Beispiel ergeben sich im Wesentlichen Unterschiede in den sozialen Aspekten. Während in Deutschland die Verbrennung von Müll als »Gift« gesehen wird, welches gesundheitsschädigend für die Bevölkerung ist und sogar Krebs erzeugen kann, leistet die schwedische Bevölkerung keinen Widerstand gegen die Müllverbrennung (Kotybek 2008). In Schweden wird die Ansicht vertreten, dass aus einen Schornstein ebenfalls schädlicher Rauch aufsteigt, warum solle dann die Müllverbrennung schädlich sein (Walat 2011). Der ökonomische Aspekt, dass durch die Müllverbrennung Strom und Wärme erzeugt wird, wird in Schweden viel deutlicher kommuniziert als in Deutschland. Der ökologische Aspekt und damit eine Minimierung des Müllaufkommens durch den Konsumenten stehen in Deutschland im Vordergrund. Insgesamt ist Deutschland damit eine höhere Unsicherheitsvermeidung zuzusprechen als Schweden. Die Tatsache, dass Schweden die Vorteile der Müllverbrennung kommuniziert, kann auch auf den gruppenbezogenen Nutzen, der daraus resultiert, zurückzuführen sein. Deutschland hingegen ist aufgrund seines Leistungsbezugs darauf fokussiert, jeden Bereich mit Daten und Fakten zu hinterlegen. Die daraus resultierenden Risiken werden zwar durch unterschiedliche Studien belegbarer, diese haben jedoch den Nachteil, dass sie aufgrund ihrer Spezifikation nur für Fachgruppen zugänglich sind. Resultierend daraus bleibt dem Großteil der Bevölkerung die Information de facto unzugänglich.

3.4   Remix

Umnutzung im Sinne des vorliegenden Artikels erfasst auch Kunst und Kultur. Sowohl in Deutschland als auch in Schweden gelingt es Teilen der Gesellschaft, internationale kulturelle Strömungen zu adaptieren und spezifisch zu transformieren. Dies wird besonders im Bereich der Populärmusik deutlich, die sich auch die Neuabmischung von Vorhandenem (Remix) als Kunstform erschlossen hat. Auf Grundlage internationaler Einflüsse entstanden »Szenen« mit eigener Schwerpunktsetzung – in Schweden »Death Metal«, in Deutschland »Hip-Hop«. Die beiden im folgenden Abschnitt betrachteten Musiksszenen konnten kommerziellen Erfolg generieren, indem sie international virulente Kulturphänomene mittels regional spezifischer Adaption und deren kommerzieller Verbreitung umnutzten.

Heavy Metal entwickelte sich als eigenständige Musikrichtung ab den 1960er Jahren aus dem Blues Rock, dem Hard Rock und dem Psychedelic Rock (Elflein 2010, S. 43). Diese Entwicklung wurde insbesondere in den 1970er Jahren unter dem Einfluss stilbildender Gruppen wie Black Sabbath und Led Zeppelin weiter verstärkt (Elflein 2010, S. 44). Metal als eigenständiges kulturelles Phänomen existiert seit Ende der 1970er Jahre (Elflein 2010, S. 43). In den 1980er Jahren begann in der noch jungen Szene eine Entwicklung von Subgenres (Ekeroth 2008, S. 9). Innerhalb dieser Subgenres (vor allem im Black und Death Metal) sind schwedische Interpreten von internationaler Bedeutung (vgl. Ekeroth 2008, S. 7; Johansson 2010, S. 135). Insbesondere schwedischer Death Metal adaptierte zusätzlich Einflüsse aus dem Punkrock und kann als eigenständige Entwicklungslinie verstanden werden (vgl. Ekeroth 2008, S. 18). Ekeroth (2008, S. 18) hebt besonders den Einfluss deutscher Punkbands auf die noch junge schwedische Death Metal-Szene heraus. Purcell (2003, S. 22) spricht in diesem Zusammenhang vom »Swedish Death Metal« als eigenem Subgenre. Dieses Subgenre konstituiert sich als eigenständiges »movement with a significantly different sound« (Purcell 2003, S. 23).

Ungeachtet dieser zahlenmäßigen Differenz stammen 6 % der von Elflein (2010, S. 80) weltweit untersuchten Bands aus Schweden (n=827, Bands aus 27 Staaten mit 1.563 Tonträgern im Zeitraum zwischen 1966 und 2006). Sie bilden damit die viertgrößte Gruppe innerhalb der Untersuchung. Deutsche Bands belegen in dieser Auflistung Rang 3 mit 7,8 % der Stichprobe, wobei die Differenz von 1,8 % den Unterschied in den Bevölkerungsgrößen keinesfalls widerspiegelt. Die inhaltliche Bedeutung der schwedischen Szene für die weltweite Entwicklung des Metal unterstreicht Ekeroth (2008, S. 6). Der Autor versteht die schwedische Szene als zweites Zentrum neben der in den USA (Ekeroth 2008, S. 6). Aus angloamerikanischer Perspektive verortet auch Purcell (2003, S. 23) sie gleichrangig neben den Szenen in den Vereinigten Staaten und dem Vereinigten Königreich. Im Kontext der Bevölkerungsgröße von Schweden fällt dieser Umstand umso stärker ins Auge. Grundsätzlich wird Metal insgesamt stärker als weltweites Phänomen wahrgenommen als andere Strömungen der Populärmusik (Elflein 2010, S. 80).

Das »Überschwappen« und die anschließende Adaption der afroamerikanischen Hip-Hop-Musik in Deutschland datieren Küppers-Adebisi und Küppers-Adebisi (2011, S. 137) auf Mitte bis Ende der 1980er Jahre. Die Autoren merken an dieser Stelle an, dass die beschriebene Adaption insbesondere durch Jugendliche mit Migrationshintergrund stattgefunden habe (Küppers-Adebisi/Küppers-Adebisi 2011, S. 137). Über diesen Personenkreis hinaus wird der Musikstil ab den 1990er Jahren bedeutsam (vgl. Weber/Winkler 2007). Hip-Hop in Deutschland differenziert sich in den Folgejahren weiter aus. Einschlägige Interpreten erhielten im Jahr 2013 acht von 140 insgesamt vergebenen Gold- beziehungsweise Platinauszeichnungen des Bundesverbandes Musikindustrie für Musikalben (Thomas 2013; Bundesverband Musikindustrie o. J.).

Es gelingt also der deutschen und der schwedischen Musikszene, internationale Einflüsse zu adaptieren und weiterzuentwickeln. Hierbei entstanden mit Blick auf Hip-Hop und Metal länderspezifische Weiterentwicklungen international gängiger Stilrichtungen, welche in den jeweiligen Ländern und darüber hinaus teils international wirtschaftlich erfolgreich vermarktet werden. Gerade diese Weiterentwicklung der international gängigen Stilrichtungen ist eine Form des Remix. Bei beiden Remixformen wird der Standardstil dieser Art der Musik umgewandelt und dementsprechend umgenutzt. Der eigentliche Hip-Hop verändert sich als Remix hin zu dem deutschen Hip-Hop, genauso wie der inter-

nationale Heavy-Metal zu dem schwedischen Metal (insb. Viking Metal) umgenutzt wird.

Unabhängig von konkreten Ursachen gelang der Metal-Szene in Schweden die
Adaption international virulenter Kulturinhalte derart erfolgreich, dass die
schwedischen Musiker ihrerseits Einfluss auf die internationale Szene bekamen.
Dieser Einfluss spiegelt sich einerseits im Bekanntheitsgrad schwedischer Interpreten (vgl. Elflein 2010, S. 80) und andererseits in der Setzung spezifisch
nordischer Themen im Bereich des Metal wider. Nordische Mythen und verwandte Themen beeinflussten nicht nur skandinavische Interpreten, sondern
auch Vertreterinnen und Vertreter aus dem übrigen Europa und den USA
(Heesch 2012, S. 71). Heesch (2012, S. 71) weist in diesem Zusammenhang auf
die Entwicklung weiterer Subgenres des Heavy Metal hin, beispielsweise des
Pagan oder Viking Metal.

Dieser Einfluss auf die internationale Szene blieb dem deutschen Hip-Hop im
Mainstream bislang verwehrt. Ursache mag eine spezifischere Anpassung an
kulturelle Eigenheiten Deutschlands sein. Bedeutsam ist in diesem Zusammenhang vor allem die Verwendung der deutschen Sprache. Sprache ist im Hip-
Hop zentral wichtig. Nichtsdestotrotz pflegen einzelne deutsche Künstlerinnen
und Künstler auch Kontakte in die Vereinigten Staaten und treten dort mit
internationalen Stars der Szene auf (vgl. Kayser 2008). Die Verwendung einer
spezifischen Sprache, hier des Deutschen, trägt zur Kommunikation spezifischer
Inhalte bei. Dies gilt umso mehr, wenn spezifische Inhalte für eine spezifische
Zielgruppe aufbereitet werden sollen. Vermutlich hat sich deutscher Hip-Hop im
Ursprung auf eine konkrete Zielgruppe gerichtet, für die zunächst konkrete
Inhalte kommuniziert werden sollten.

Demgegenüber arbeiten die schwedischen Interpreten vornehmlich in eng-
lischer Sprache. Dies geschieht unabhängig davon, dass mitunter spezifische
kulturelle Inhalte (vor allem im Viking Metal) transportiert werden. Offenbar
besteht bei schwedischen Musikern, ungeachtet spezifischer Kommunikati-
onsinhalte, das Bedürfnis nach einer möglichst umfassenden, einfachen und
universellen Kommunikation dieser Inhalte.

In Bezug auf die kulturellen Dimensionen ergibt sich bei Deutschland ein
hoher Kollektivismus, obwohl in der GLOBE Studie von einem niedrigen
Kollektivismus ausgegangen wird. Der hohe Kollektivismus in Schweden wird
jedoch bestätigt. Schwieriger in diesem Beispiel ist die Verbindung zur
Nachhaltigkeit, da es sich um Musik handelt. Ökologische Nachhaltigkeit ist in
diesem Beispiel nicht anwendbar. Es ist jedoch zu erkennen, dass ein Remix,
ökonomisch gesehen, nachhaltig sein kann. Eine vorhandene Art der Musik
wird wiederverwendet und umgenutzt. Auch sozial kann es nachhaltig sein, da
auch hier Bekanntes neu zusammengewürfelt wird, aber in seinem Kern

ähnlich bleibt. Es besteht also schon von vornerein ein soziales Bedürfnis, diese Art der Musik, auch wenn sie »geremixt« wurde, weiterzuentwickeln.

4. Diskussion

Die Auseinandersetzung mit dem Begriff der Umnutzung unter Verwendung der unterschiedlichen Begriffsinhalte und Beispiele lässt eine Auffächerung in ökonomische, ökologische und soziale Inhalte erkennen. Weiterhin wird auf der Metaebene die unterschiedliche Akzeptanz innerhalb der Gesellschaft deutlich. Nachfolgende Tabellen 2 und 3 ordnen die behandelten Beispiele ein.

Deutschland				
Kontext	*Beispiel*	*Sozial*	*Ökologisch*	*Ökonomisch*
baulich	**Großmarkthalle**	Revitalisierung eines Stadtteils (Fokus auf die EZB)	Nutzung von vorhandenen Ressourcen/ sparsame Konstruktion	Auf Basis einer Machbarkeits-studie ausge-wählt
funktional	**Citi Data Centre**	Soziale Aspekte tauchen nicht auf	Ökologisches Datencenter als Hauptziel	Kosten-minimierung
Recycling	**Müllverbrennung Deutschland**	Widerstand durch gesund-heitliche Risiken	Nachhaltigkeit durch Strom-produktion und Weiter-verarbeitung von Neben-produkten	Verkauf von produziertem Strom durch eine Steigerung der Müll-produktion
Remix	**Hip-Hop**	Adaption kultu-reller Einflüsse aus den USA	Ökologische Aspekte tau-chen nicht auf	Erfolgreiche Vermarktung/ ökonomische Verwertung deutschsprachiger Hip-Hop-Musik

Tabelle 2: Darstellung der ausgeführten Umnutzungsbeispiele (Deutschland)

Tabelle 2 geht auf die Betrachtung der Beispiele im Kontext von Deutschland ein. Dazu werden die sozialen, ökologischen und ökonomischen Merkmale noch-mals aus der Ausarbeitung zusammengefasst. Die nachfolgenden Tabelle 3 setzt sich mit den Beispielen im Kontext Schweden auseinander. Auch hier erfolgt eine Differenzierung nach sozialen, ökologischen und ökonomischen Merkmalen.

Schweden				
Kontext	*Beispiel*	*Sozial*	*Ökologisch*	*Ökonomisch*
baulich	**Hammarby Sjöstad**	Revitalisierung eines Stadtteils (Fokus auf Familien)	Der Versuch einen geschlossenen Kreislauf umzusetzen	Nutzung von einem alten Hafen- und Industriegebiet
funktional	**Pionen White Mountain**	Soziale Aspekte (z. B. Arbeitsplätze) sind relevant	Ökologie ist eher nachgelagert	Kostenminimierung
Recycling	**Müllverbrennung Schweden**	Vollständige Akzeptanz: »Ein Schornstein produziert auch Rauch«	Nachhaltigkeit durch Stromproduktion und Weiterverarbeitung von Nebenprodukten	Verkauf von produziertem Strom; Gewinn durch importierten Müll
Remix	**Death Metal**	Adaption kultureller Einflüsse aus dem Vereinigten Königreich und Deutschland	Ökologische Aspekte tauchen nicht auf	Erfolgreiche Vermarktung/ ökonomische Verwertung/ reziproker Einfluss auf globale Szene

Tabelle 3: Darstellung der ausgeführten Umnutzungsbeispiele (Schweden)

Die Zusammenstellung der Beispiele in Tabelle 2 und 3 der baulichen und der funktionalen Umnutzung unterstreichen den Zielaspekt, Kosten zu reduzieren und die ökonomisch beste Lösung zu erreichen. Dass dabei eine ökologische und gleichzeitig soziale Lösung herauskommt, zeigt, dass auch in Deutschland alle drei Aspekte der Nachhaltigkeit bedient werden. Dieser Fokus auf das Ökonomische geht jedoch mit einer schlechteren Kommunikation mit der Gesellschaft einher.

Betrachtet man das Recycling-Beispiel unter den drei Gesichtspunkten der Nachhaltigkeit (ökologisch, ökonomisch und sozial), so lassen sich die unterschiedlichen Sichtweisen der deutschen und der schwedischen Bevölkerung erkennen. Die Gesellschaft in Deutschland betrachtet die Müllverbrennung als Gefahr für die Gesundheit. In Schweden hingegen wird die Müllverbrennung als umweltfreundliche Alternative zur herkömmlichen Stromproduktion gesehen. Die unterschiedlichen Meinungen in den Ländern prägen auch das Erscheinungsbild der Unternehmen. In Schweden herrscht vermehrt gesellschaftliche Akzeptanz für die Müllverbrennung. In Deutschland hingegen werden aufgrund der schädlichen Stoffe und des Widerstands der Gesellschaft nur widerwillig Importe aus anderen Ländern zugelassen. Auch hier sind die Unterscheidungen eng mit der Kommunikation verbunden. Eine Ausnahme bildet die kulturelle Umnutzung im Bereich der Populärmusik. Sowohl deutscher Hip-Hop als auch schwedischer Death Metal stellen Adaptionen bereits virulenter kultureller Einflüsse dar. Beiden Musikszenen gelingt es, sich erfolgreich zu vermarkten und ihre kulturellen Erzeugnisse ökonomisch zu verwerten. Beim Blick auf den schwedischen Metal fällt allerdings dessen reziproke internationale Bedeutung für die Szene auf. Hier deutet sich eine potenzielle ökonomische Verwertbarkeit an, welche über die Verwertbarkeit deutschsprachigen Hip-Hops hinausgeht. Eine mögliche Ursache hierfür liegt wohl in der unterschiedlichen Zugänglichkeit beider Genres. Hip-Hop basiert in großem Maße auf Sprache, daher dürften deutschsprachige Interpreten international schwerer zu vermarkten sein als Englisch singende Musiker aus Schweden.

Es ist insgesamt in den Beispielen zu erkennen, dass Deutschland im Rahmen der Umnutzung verstärkt auf den Aspekt der Ökonomie setzt. Erst wenn dieser positiv bewertet wird, werden die ökologischen und sozialen Sachverhalte betrachtet. Schweden hingegen setzt auf soziale Inhalte und kommuniziert diese an die Gesellschaft. Erst danach folgen die ökologischen und ökonomischen Perspektiven. Während dieser Befund zunächst eine Hypothese darstellt, die gegebenenfalls auf einer breiteren Datenbasis empirisch überprüft werden müsste, sind die beobachteten Priorisierungen dennoch interessant, weil sich hier bei der Umnutzung unter ähnlichen Rahmenbedingungen landeskulturelle Eigenheiten auszuwirken scheinen.

5.   Ergebnis

Der Begriff der Umnutzung ist nicht nur in seiner Erklärung umfangreich. Er kann auch auf unterschiedliche Bereiche angewendet werden. Einige beispielhafte Anwendungen wurden in diesem Artikel anhand der Betrachtung von Deutschland und Schweden aufgezeigt. Die Untersuchung beider Länder ergibt, dass in der Umnutzung selbst nur wenige Unterschiede vorhanden sind. Egal, in welcher Form die Umnutzung durchgeführt wurde, wird ersichtlich, dass mit ihr eine ökonomische, ökologische und soziale Nachhaltigkeit erreicht werden kann.

Ein wesentlicher Aspekt, der sich wie ein roter Faden durch die Bearbeitung zieht, ist die Kommunikation der Projekte in der Gesellschaft. Sie resultiert in Akzeptanz oder Nicht-Akzeptanz. Schweden kommuniziert die Projekte auf eine sozialere Art und arbeitet so mit simpleren und nachvollziehbareren Konzepten. Es ist dadurch für die Gesellschaft erkennbar, wieso diese Projekte gut für die Nachhaltigkeit sind. Vielfach handelt es sich um weiche Formulierungen, die einer Werbemaßnahme gleichkommen. Daher ist es nicht verwunderlich, dass konkrete Zahlen selten verwendet werden. Deutschland dagegen überschüttet die Gesellschaft regelrecht mit konkreten Zahlen, Gesetzen, Zertifikaten und ökonomischen Wirtschaftlichkeitshinweisen. Dadurch wird die Komplexität so weit erhöht, dass die Nachhaltigkeit der Umnutzung kommunikativ untergeht.

Es wird erkennbar, dass beide Länder gute Vorbilder für Umnutzung abgeben können, jedoch könnte die Datenversessenheit der Deutschen eher kontraproduktiv sein. Daten müssen in der Form gefiltert werden, dass die Adressaten die relevanten Informationen erhalten. Denn für die Legitimation der Umnutzung ist deren Transparenz essenziell. Genauso bedeutsam ist die Überzeugung der Gesellschaft von der nachhaltigen Natur der Umnutzungsprojekte. Wie man sehen kann, sind Deutschland und Schweden von der inhaltlichen Umnutzung Vorbilder, was jedoch nicht ausschließt, dass beide Länder voneinander lernen können, insbesondere da sich die Kommunikation unterscheidet. Dies gilt nicht zuletzt vor dem Hintergrund der bekannten kulturellen Eigenheiten beider Länder. Idealerweise repräsentieren Umnutzungsprojekte gleichermaßen die Bedürfnisse von Individuum und Gesellschaft.

In diesem Ländervergleich wird deutlich, dass die Kommunikation von Umnutzungsprojekten eine kritische Rolle einnimmt. Dies bedeutet für jedes Umnutzungsprojekt, dass viel Wert auf die Außendarstellung gelegt werden sollte. Es ist daher anzunehmen, dass diese Aussage allgemeingültig ist und für jedes Umnutzungsprojekt landeskulturunabhängig gilt. Umnutzung selbst bleibt rein begrifflich von diesen kulturellen Aspekten zunächst unberührt. Eine weitere Erkenntnis ist, dass Umnutzung wohl zwangsläufig nachhaltig ist. Egal, ob man mit ökonomischen Aspekten beginnt oder mit sozialen Aspekten, im Verlauf des Projekts werden die anderen beiden Dimensionen der Nachhaltigkeit aufgegriffen und einbezogen.

Bibliographie

Alger, Douglas: Grow a Greener Data Center, Indianapolis 2008.

Alger, Douglas: The Art of Data Center, Upper Sadle River, NJ 2012.

Avfall Sverige Swedish Waste Management: Towards a greener future with Swedish waste to energy. The world's best example. o. J., verfügbar unter: http://www.avfallsverige.se/fileadmin/uploads/forbranning_eng.pdf [28. 02. 2014], S. 18.

Barroso, Luiz A./Hölzle, Urs: The Datacenter as a Computer: An Introduction to the Design of Warehouse-Scale Machines, San Rafael, CA 2009.

Beciri, Damir: Green architecture – Citigroup Data Center in Frankfurt. 2009, verfügbar unter: http://www.robaid.com/bionics/green-architecture-citigroup-data-center-in-frankfurt.htm [05. 03. 2014], Abs. 3.

Bundesverband Musikindustrie: Gold-/Platin-Datenbank. o. J., verfügbar unter http://www.musikindustrie.de/no_cache/gold_platin_datenbank/[30. 09. 2014].

Diaz, Jesus: This Is the Nuclear Bunker Where Wikileaks Will Be Located. 2010, verfügbar unter: http://gizmodo.com/5626381/this-is-the-nuclear-bunker-where-wikileaks-will -be-located [05.03.2014] Abs. 5.

Dillon, Matt: ›To live by the code‹, in: *Ecolibrium* 2013/April, S. 40–42.

Ekeroth, Daniel: Swedish Death Metal. Brooklyn 2008.

Elflein, Dietmar: Schwermetallanalysen. Die musikalische Sprache des Heavy Metal. Bielefeld 2010.

Endres, Alexandra: Deutschland, Vorbild im Reden. Die Bundesregierung sieht sich als Vorreiter nachhaltigen Handels. In Wahrheit aber bremst der Politikbetrieb den Fortschritt, kritisiert der WWF. 2012, verfügbar unter: http://www.zeit.de/wirtschaft/ 2012-06/nachhaltigkeit-deutschland-wwf/komplettansicht [14.03.2014], Abs. 2.

Mörer-Funk, Axel (Hg.): Metallhütten machen aus Schrott Material für die staatliche Münze. 2001, verfügbar unter: http://www.ingenieur.de/Themen/Rohstoffe/Metallhu-etten-Schrott-Material-fuer-staatliche-Muenze [28.02.2014].

EZB: ›Baubeschreibung des EZB-Neubaus‹, Frankfurt 2009.

EZB: ›Die Grossmarkthalle: Architektur, Entstehung und Sanierung‹, Frankfurt 2010.

EZB: Vorlauf, verfügbar unter: http://www.ecb.europa.eu/ecb/premises/intro/vision/ html/history.de.html [05.03.2014].

Guggenheim, Michael: ›Formloser Diskurs. Umnutzung als Test architektonischen Wissens‹, in: *Candide. Journal for Architectural Knowledge* 2011/4, S. 9–36.

Gürtler Berger, Theresia: Umnutzung, eine nachhaltige Massnahme? In: Marion Wohl-leben/Hans-Rudolf Meier (Hg.): *Nachhaltigkeit und Denkmalpflege. Beiträge zu einer Kultur der Umsicht.* Zürich 1999.

Hageneder, Christiana/Lindenthal, Julia: Wegweiser für eine zukunftsweisende Stadt- und Siedlungsentwicklung. 2010, verfügbar unter: http://www.oegut.at/downloads/pdf/ wegweiser_stadtentwicklung.pdf [17.03.2014].

Hammarby Sjöstad: Hammarby Sjöstad – a new city district with emphasis on water and ecology. 2011, verfügbar unter: http://www.hammarbysjostad.se/inenglish/pdf/ HS%20komb%20eng%20april%202011.pdf [30.09.2014].

Hampden-Turner, Charles/Trompenaars, Alfons: The Seven Cultures of Capitalism. Value Systems for Creating Wealth in the United States, Japan, Germany, France, Britain, Sweden, and the Netherlands. New York 1993.

Heesch, Florian: Metal for Nordic Men? Amon Amarth's Representations of Vikings. In: Niall W. R. Scott (Hg.), Reflections in the Metal Void. Oxford 2012.

House, Robert J./Hanges, Paul J./Javidan, Mansour/Dorfman, Peter W./Gupta, Vipin: Culture Leadership, and Organizations. The GLOBE Study of 62 Societies. London/Neu Delhi 2004.

Johansson, Ola: ›Beyond ABBA: The Globalization of Swedish Popular Music‹, in: *FOCUS on Geography 2010* 53/4, S. 134–141.

Karanasios, Stan/Cooper, Vanessa/Deng, Hepu/Molla, Alemayehu/Pittayachawan, Siddhi: ›Antecedents to Greening Data Centres: A conceptual framework and exploratory case study‹, in: *Proceedings of the 21st Australasian Conference on Information Systems* 2010/54, S. 1 ff.

Kayser, Dennis: Tomekk-Skandal: Abschied mit Hitlergruß, in: *SPIEGEL Online.* 2008, verfügbar unter: http://www.spiegel.de/panorama/leute/tomekk-skandal-abschied-mit-hitlergruss-a-530592.html [25.03.2014]

KrWG (Kreislaufwirtschaftsgesetz): Gesetz zur Förderung der Kreislaufwirtschaft und Sicherung der umweltverträglichen Bewirtschaftung von Abfällen. 2012, verfügbar unter: http://www.gesetze-im-internet.de/bundesrecht/krwg/gesamt.pdf [14.03.2014], § 4 Abs. 1.

KrWG (Kreislaufwirtschaftsgesetz): Gesetz zur Förderung der Kreislaufwirtschaft und Sicherung der umweltverträglichen Bewirtschaftung von Abfällen. 2012, verfügbar unter: http://www.gesetze-im-internet.de/bundesrecht/krwg/gesamt.pdf [14.03.2014], § 3 Abs. 25.

Kötter, Theo: ›Chancen und Grenzen der Innenentwicklung – zwischen Umnutzung und Rückbau‹, in *vhw FWS* 2010/1, S. 7 – 12.

Kotynek, Martin: Gift vom anderen Ende der Welt. 2008, verfügbar unter: http://www.sueddeutsche.de/wissen/muellverbrennung-in-deutschland-gift-vom-anderen-ende-der-welt-1.836805 [7.3.2014].

Küppers-Adebisi, Adetoun/Küppers-Adebisi, Michael: ›Musikrevolte, Migration und Politik mit Fokus auf Schwarze Musik in Deutschland‹, in: Oppong, Marvin (Hg.): *Migranten in der deutschen Politik*. Wiesbaden 2011, S. 135 – 148.

Langford, Simon: The Remix Manual, Burlington/Oxford 2011.

Martin GmbH: Martin GmbH News. 2010, verfügbar unter: http://www.martingmbh.de/index.php?level=2&CatID=9.91&inhalt_id=82&year=2010 [27.02.2014].

Martin GmbH: Marting GmbH News 2010, verfügbar unter: http://www.martingmbh.de/index.php?level=2&CatID=9.13&inhalt_id=10&year=2005&presse=52&do=showDetail [27.02.2014].

Mazzoni, Ira: ›Umnutzung: Eine architektonische Provokation‹, in: Stadt Frankfurt am Main (Hg.): *Zwischenzeit – Momentaufnahmen der Frankfurter Großmarkthalle*. Frankfurt 2008. S. 10 – 13.

McMillan, Robert: Deep Inside the James Bond Villain Lair That Actually Exists. 2012, verfügbar unter: http://www.wired.com/wiredenterprise/2012/11/bahnhof [05.03.2014].

Müllverwertung Rugenberger Damm: Sicher entsorgen – sinnvoll verwerten. 2013, verfügbar unter: http://www.mvr-hh.de/fileadmin/user_upload/2013/MVR2013_Umweltbericht_DE_ebook.pdf [28.02.2014], S. 8 – 10.

OECD: Education at a Glance 2012, in: *OECD* 2012, 62 – 64, 108 – 109, 262 – 263, 484 – 485.

Purcell, Natalie J.: Death Metal Music. The Passion and Politics of a Subculture. Jefferson, London 2003.

Savidis, Stavors/Franke, Jörk/Schmidt, Thomas: ›Bestimmung der Durchlässigkeit von Drainagematerial aus Reststoffen der Stahlherstellung und Müllverbrennung‹, in: *Müll und Abfall: Fachzeitschrift für Abfall- und Ressourcenwirtschaft* 2000/11, S. 653.

Schittich, Christian: Bauen im Bestand. München, Basel 2003.

Schoeller, Monika/Bong, Jörg/Justus, Michael/Rosenfeld, Uwe (Hg.): Kennzahlen von Deutschland: Fischer Weltalmanach. 2014, verfügbar unter http://www.weltalmanach.de/staaten/details/schweden/[26.06.2014].

Schoeller, Monika/Bong, Jörg/Justus, Michael/Rosenfeld, Uwe (Hg.): Kennzahlen von Schweden: Fischer Weltalmanach. 2014, verfügbar unter http://www.weltalmanach.de/staaten/details/schweden/[26.06.2014].

Scholter, Judith: Tief im Norden. Schweden war der Sehnsuchtsort der deutschen Pädagogik. Nun hat der PISA-Schock das Land erreicht. Wie konnte das geschehen? 2013, verfügbar unter: http://www.zeit.de/2013/50/pisa-studie-schweden/komplettansicht [14.03.2014] Abs. 2 – 3.

Seidel, Alexander: ›Rechenzentrum spart Energie! – Ein Widerspruch in sich?‹, *xia – Intelligente Architektur* 2009/04 – 06.

Siedenbiedel, Christian: Citi-Group baut Rechenzentrum für 170 Millionen Euro. 2007, verfügbar unter: http://www.faz.net/aktuell/rhein-main/wirtschaft/banken-citi-group -baut-rechenzentrum-fuer-170-millionen-euro-1462730.html [05. 03. 2014].

Stadtentwicklung Wien: ›stadt bauen: Hammerby Sjöstadt‹, Wien 2012.

Thomas, Fabian (Hg.): Deutschrap: Gold & Platin-Alben 2013, 2013, verfügbar unter: http://www.jds-rap-blog.de/2013/12/12/deutschrap-gold-alben-2013 [24. 12. 2013].

Velte, Toby/Velte, Anthony/Elsenpeter, Robert: Green IT: Reduce Your Information System's Environmental Impact While Adding to the Bottom Line, New York 2008.

Walat, Tomasz: Europas Glückliche Müllmänner. 2011, verfügbar unter: http:// www.presseurop.eu/de/content/article/670291-europas-glueckliche-muellmaenner [7. 3. 2014].

Weber, Julian/Winkler, Thomas: ›Ist intelligenter Rap möglich?‹ 2007, verfügbar unter http://www.taz.de/1/archiv/archiv/?dig=2007/05/26/a0073 [26. 05. 2007].

Westkämper, Engelbert/Warnecke, Hans-Jürgen: Einführung in die Fertigungstechnik. Wiesbaden 2010, S. 267.

Zwahr, Heiner/Schröder, Wolfgang: ›Planung, Bau und Betrieb der Müllverbrennungsanlage Rugenberger Damm in Hamburg – Teil 2‹, in: *Müll und Abfall: Fachzeitschrift für Abfall- und Ressourcenwirtschaft* 2001/04, S. 226 – 227.

Hans Graßl & Jana Klein

Wandel der geschlechtsspezifischen Berufswahl in Zeiten des Fachkräftemangels?

Seit geraumer Zeit geistert das Schreckgespenst »Fachkräftemangel« durch die Medien (u. a. Bonin 2014). So titelte der Focus jüngst provokativ: »Millionen Arbeiter fehlen – Deutschland schrumpft sich ins Mittelmaß« (Klug/Große Starmann 2013). Im Ausland werden händeringend nicht nur Ingenieure und Fachkräfte, sondern neuerdings auch Auszubildende für das Duale System gesucht (Hertreiter 2014). Die jüngste Fachkräfteanalyse der Bundesagentur für Arbeit vom Dezember 2013 identifiziert vor allem in den technischen Berufsfeldern und im Gesundheits- und Pflegebereich eine zunehmende Knappheit an Fachkräften. Auch in den Kreisen Siegen-Wittgenstein und Olpe, die wir hier exemplarisch betrachten, bewegen sich die Arbeitslosenquoten momentan am Rande der Vollbeschäftigung. Die Arbeitsmarktentwicklung für Fachkräfte ist jedoch, wie die Erfahrungen der letzten Jahrzehnte zeigen, stark konjunkturabhängig (Weiß 2012). Die Industrieregion mit den führenden Branchen Metallerzeugung, Herstellung und Weiterverarbeitung von Metallprodukten, Maschinenbau (Siegen-Wittgenstein) und einer starken Kfz-Zulieferindustrie (Olpe) versucht im Rahmen einer regionalen Fachkräfteinitiative, mit einem breiten Maßnahmenbündel dem befürchteten Fachkräftemangel zu begegnen. Zentrale Hoffnungen ruhen nicht zuletzt auf den Frauen der Region, denn deren Beschäftigtenquote liegt mit 42,8 Prozent (Siegen-Wittgenstein) und 42,3 Prozent (Kreis Olpe) unter dem Bundesdurchschnitt von 47,5 Prozent (Kramer-Pabst et al. o. J., S. 4 f.). Diesem Vorhaben stehen jedoch mächtige strukturelle, kulturelle und sozialpolitische Barrieren entgegen, denen wir in unserer Untersuchung nachgehen werden: Im Rahmen eines Forschungsprojekts, das wir in Zusammenarbeit mit einem renommierten Unternehmen in der Region durchführen, sollen Hindernisse identifiziert werden, denen sich junge Frauen bei der Entscheidung für oder gegen einen gewerblich-technischen Ausbildungsberuf gegenübersehen. Ziel des Projektes ist es, praktikable betriebliche Strategien und Instrumente zu entwickeln, um Barrieren zu entschärfen, die den Frauen die (Um-)Nutzung industrieller Erwerbschancen verwehren. Die

Grundlage für unsere Analyse bilden vor allem narrative Interviews mit Frauen, die sich für eine gewerblich-technische Ausbildung entschieden haben.

Viele Industrieregionen in Deutschland und in Ländern mit ebenfalls alter Industrietradition, wie Frankreich, die USA und Großbritannien, sind in den letzten beiden Jahrzehnten einem vermeintlich unausweichlichen Trend zur Deindustriealisierung gefolgt: Sie haben ihre Produktion sukzessive in Schwellenländer mit niedrigen Arbeitslöhnen verlagert oder ganz aufgegeben, weil sie dem Innovationsdruck oder dem Kostendruck in der globalisierten Wirtschaft nicht standhalten konnten. Die Region Siegen-Wittgenstein/Olpe hat, gegen den Trend, ihre Industriewirtschaft im internationalen Wettbewerb und in der Wertschöpfungskette behaupten können: In der Region arbeiten rund 70 Prozent der Industriebeschäftigten in den metallverarbeitenden Branchen, die drei Viertel des gesamten Industrieumsatzes erwirtschaften. Viele Betriebe in der Region Siegen-Wittgenstein/Olpe haben sich auf technisch komplizierte Nischen in der Metallverarbeitung spezialisiert, in denen sie weltweit oft nur mit wenigen Wettbewerbern konkurrieren müssen. Dieser Fokus verlangt nach guten Qualifikationen auch auf den unteren und mittleren Ebenen der Unternehmen. In Zeiten des beschleunigten demographischen Wandels und wachsender Konkurrenz für das betriebliche Ausbildungssystem gilt es talentierte und technikaffine Schülerinnen für das Duale System zu begeistern, die momentan in der Hoffnung auf eine akademische Karriere in die Hochschulen strömen, aus kulturellen Gründen in die vollschulischen Berufsbildungssysteme des Dienstleistungssektors drängen oder aber in das sogenannte Übergangssystem abgelenkt werden, weil ihnen die von den Betrieben eingeforderten kognitiven und sozialen Fähigkeiten fehlen. Eine weitere wichtige Herausforderung für die betriebliche Ausbildungspolitik stellt die Überwindung der sozialen und kulturellen Barrieren dar, die darin besteht, dass sich Frauen im gewerblich-technischen Berufssegment nach wie vor in einer exponierten Minderheitensituation befinden. Im Jahre 2010 wurden im Zuständigkeitsbereich der IHK Siegen insgesamt 2360 neue Ausbildungsverträge abgeschlossen (Stand: 31.12.2010). Von den Auszubildenden waren 919 weiblich und 1441 männlich. Der Frauenanteil in der Region liegt mit rund 39 Prozent im Bundesdurchschnitt von 2010 (BIBB Datenreport zum Berufsbildungsbericht 2012). Der Frauenanteil in den gewerblichen Ausbildungsberufen beträgt trotz der industriellen Ausrichtung der Region niedrige 6,92 Prozent.[1]

---

1 Platz eins bei den Ausbildungsberufen der Männer im Kreis Siegen-Wittgenstein belegt der »Industriemechaniker«: 116 junge Männer wählten diesen Beruf. Lediglich vier Frauen haben diesen Beruf gewählt (31.12.2010). In den kaufmännischen Ausbildungsberufen liegt der Frauenanteil bei 59,58 Prozent und in den sonstigen Berufen 44,49 Prozent (IHK Siegen, eigene Berechnung).

1. Männerwelten und Frauenwelten im ökonomischen Raum

Zunächst muss geklärt werden, vor welchem ökonomischen und gesellschaftlichen Hintergrund Maßnahmen zur Verbesserung der Attraktivität von technischen Ausbildungsberufen für junge Frauen entwickelt werden müssen. Der Erfolg der deutschen Industrie- und Exportwirtschaft in den letzten Jahrzehnten hatte sehr unterschiedliche Auswirkungen auf die soziale und ökonomische Stellung von Frauen und Männern. Die Männer, die bis heute die Beschäftigung in der Industriewirtschaft dominieren, konnten (was vielen Akteuren nicht bewusst ist) ihre ökonomische Vormachtstellung gegenüber den Frauen festigen. Die renommierte Berliner Sozialforscherin Jutta Allmendinger (2011, S. 3) fasst die Lage der Frauen am Arbeitsmarkt in Deutschland prägnant zusammen:

>»Deutschland 2011: Die Erwerbsquote von Frauen liegt 10 Prozentpunkte unter der von Männern. Sie arbeiten die Hälfte der von Männern geleisteten Arbeitsstunden. Frauen sind oft in anderen Berufen als Männer tätig, zudem häufiger in kleineren Betrieben und in Positionen mit niedrigerem Status. Am Ende jeden Monats erhalten sie gerade einmal 60 Prozent dessen, was Männer verdienen. Auch wenn wir den Stundenlohn betrachten und dabei die Art der geleisteten Arbeit, die Ausbildung, das Alter, die Erwerbserfahrung und die Firmengröße berücksichtigen, bleiben Unterschiede. Frauen erzielen gut zehn Prozent weniger Lohn als Männer für vergleichbare Arbeit. Da unser Rentensystem maßgeblich auf eigene Erwerbstätigkeit setzt, wundert es also nicht, dass Frauen nur 57 Prozent der Versicherungsleistungen von Männern beziehen. Und noch etwas: Betrachtet man die eigene Altersrente von Frauen, liegt diese in den westdeutschen Bundesländern unterhalb der gezahlten Witwenrenten. Der Heiratsmarkt sichert Frauen nach wie vor besser ab als der Arbeitsmarkt.«

Eine Berufsausbildung oder ein Studium ist für junge Frauen in Deutschland mittlerweile zwar eine Selbstverständlichkeit. In den Berufsbildungswegen, den erlernten Berufen und den Studienfächern zeigen sich jedoch deutliche Unterschiede zwischen jungen Frauen und Männern. Dadurch wird die Trennung in männlich und weiblich dominierte Berufe sowie die Dominanz von Männern in den höheren Berufspositionen fortgeschrieben. Aufgrund der geschlechtsbezogenen Unterschiede bei der Berufswahl gelingt es den Frauen nicht, einen ökonomischen Vorteil (höhere Einkommen, Führungspositionen) aus ihren gegenüber den Männern höheren schulischen Bildungsabschlüssen zu ziehen (Pimminger 2012, S. 5). Vor allem der immer noch extrem ungleiche Zugang von Frauen und Männern zur dualen Ausbildung und zur Hochschulbildung in den sogenannten MINT-Fächern[2] stabilisiert die tradierte Ungleichheit. Dieser einzigartigen Kombination von praktisch-theoretischer Berufsausbildung und naturwissenschaftlich-technischer Hochschulbildung verdankt Deutschland

---

2 MINT-Fächer: Mathematik, Informatik, Naturwissenschaften, Technik.

zwar seine starke Stellung als Exportnation. In beiden Ausbildungssystemen werden jedoch vorwiegend Männer ausgebildet, die dafür mit langjährigen und vergleichsweise gut bezahlten Vollzeitjobs belohnt werden. Die Abschwächung des für die Nachkriegszeit typischen Hausfrauen-Familienernährer-Modells, das in vielen modernen Gesellschaften zugunsten der erwerbstätigen Frauen vorgenommen wurde, fiel hierzulande äußerst moderat aus. Zwar haben in den letzten Jahren immer mehr Frauen eine Beschäftigung aufgenommen, das gesellschaftliche Arbeitsvolumen der Frauen ist dennoch kaum gestiegen. Die zunehmende Umverteilung regulärer Vollzeit- in Teilzeitbeschäftigung in der Dienstleistungswirtschaft bewirkt lediglich eine Umverteilung des Arbeitsvolumens (Allmendinger 2011, S. 3).

Mit dieser Arbeitsteilung sind allerdings langfristig hohe Kosten für das Handwerk und die Industrie verbunden. Sowohl das Handwerk wie auch die verarbeitende Industrie schöpfen bis heute die enormen Bildungspotenziale der Frauen, die diese im Zuge der Bildungsexpansion seit den 1960er Jahren entwickelt haben, nicht aus (Geißler 2014, S. 379). Was sind die strukturellen Barrieren und Mechanismen, die dazu führen, dass die Bildungserfolge der Frauen nicht für die industriellen Kernsektoren erschlossen werden konnten? Erstaunlich stabile berufliche und familiäre Rollenerwartungen lenken die Frauen mit unsichtbarer Hand schon im Übergang von der Schule ins Ausbildungssystem auf Tätigkeitsfelder in den personenorientierten Dienstleistungsbranchen. Interessanterweise folgt Deutschland in diesen Feldern der Ökonomie nicht der Strategie, der es seinen Erfolg in den Industrie- und Technikbranchen schuldet, nämlich gute Chancen auf dem Arbeitsmarkt durch hochqualifizierte betriebsorientierte Ausbildung zu schaffen. Die Folge ist deshalb auch im Gesundheits- und Pflegesektor Fachkräftemangel. Viele Arbeitnehmerinnen in den personenorientierten Dienstleistungsbrachen verfügen auf mittlerer Qualifikationsebene lediglich über vollschulische Berufsausbildungen unterhalb der Standards der dualen Ausbildung.[3] Auch die Professionalisierung durch akademische Ausbildung stagniert in zentralen von Frauen dominierten Tätigkeitsfeldern, wie der Pflege und Erziehung (Bender/Graßl 2012).

Verschärft wird die Situation für die Frauen auch dadurch, dass neben der wertschöpfungsstarken Industriewirtschaft eine (oft prekäre) Dienstleistungswirtschaft entstanden ist, in der Teilzeitarbeit und niedrige Löhne an der Ta-

---

3 Typische Berufe, für die eine Berufsausbildung an Vollzeitschulen vorgesehen ist, sind: Erzieher/innen, Kranken- und Altenpflegerinnen, Physiotherapeut/innen. Diese Ausbildungen dauern vergleichsweise lange, sie sind teuer, weil nicht durchgängig Ausbildungsvergütungen vorgesehen sind und teilweise hohe Schulgelder anfallen. Obwohl diese Berufsausbildungen häufig einen Realschulabschluss voraussetzen, können am Arbeitsmarkt keine entsprechenden Verdienste (wie beispielsweise in vergleichbaren technischen Berufen) erzielt werden (Geißler 2014, S. 379).

gesordnung sind. Die Frauen profitieren in Deutschland also kaum von der enormen Wertschöpfung in der Industrie, deren gesellschaftliche Grundlagen sie durch kostenlose Reproduktionsarbeit im Haushalt oder als schlecht bezahlte Teilzeitbeschäftigte im Bereich personenbezogener Dienstleistungen (Bildung, Pflege, Betreuung, Erziehung) mit schaffen. Die zentrale Bedeutung des verarbeitenden Gewerbes im Gefüge des lokalen Arbeitsmarkts ist in den Kreisen Siegen-Wittgenstein und Olpe mit ein Grund für eine deutlich höhere Arbeitslosigkeit der Frauen, weil diese kaum Zugang zu den industriellen Branchen haben und die »Frauenbranchen« kaum zusätzliche Erwerbs- und Aufstiegschancen bieten. Frauen können gesamtwirtschaftlich betrachtet in Deutschland auch nicht indirekt, wie beispielsweise in den skandinavischen Gesellschaften, wo der Staat als Arbeitgeber ein breites öffentlich zugängliches Angebot an sozialen Dienstleistungen bereitstellt, an der Umverteilung der Gewinne der Industriewirtschaft teilhaben. Der Sozialstaat in Deutschland verteilt vor allem Geld (u. a. Kindergeld, Ehegattensplitting, Familienkrankenversicherung) in die Familien um. Die skandinavischen Wohlfahrtsstaaten bieten dagegen hochprofessionelle Dienste (u. a. Ganztagsschulen, Kinderbetreuung, Pflegeleistungen) an, die von erwerbstätigen Frauen im öffentlichen Dienst produziert werden. Der Personalabbau im öffentlichen Dienst und im privatisierten Gesundheitswesen und die konservative Haltung, Dienstleistungen im Bereich von Pflege, Betreuung und Erziehung vorwiegend als Aufgabe der privaten Haushalte und damit der Frauen anzusehen, behindern bis heute den professionellen Ausbau des personenorientierten Dienstleistungssektors in Deutschland (Bender/Graßl/Schaal 2007, S. 178).

Die auf der Ebene der Familien teilweise entschärfte Geschlechterhierarchie (Ehe- und Familienrecht, höhere Erwerbsbeteiligung der Frauen) hat sich auf gesamtwirtschaftlicher Ebene in Deutschland deshalb verschärft. Die gesellschaftlichen Kosten der prekären Dienstleistungswirtschaft werden jeden Tag bezahlt. Der Preis ist die historisch niedrige Geburtenrate, die schon in wenigen Jahren sowohl die heute noch erfolgreiche (von Männern geprägte) Industriewirtschaft wie auch die prekäre Dienstleistungswirtschaft der Frauen in große Schwierigkeiten führen wird. Auch in der Region sind die strukturellen Anzeichen deutlich: Die Zahl der Schulabgängerinnen und Schulabgänger sinkt in den Kreisen Siegen-Wittgenstein und Olpe bereits bis 2019 um rund ein Viertel (Kramer-Pabst et al. o. J., S. 6).

2.   Zur Struktur und Kultur der geschlechtsspezifischen Berufswahl

Vor dem Hintergrund einer umfangreichen Sichtung der Forschungsliteratur zur geschlechtsspezifischen Berufswahl schreiben Buchmann/Kriesi (2012, S. 257) den historisch und kulturell verankerten Geschlechtsbildern eine zentrale Bedeutung für die geschlechtypische Berufswahl junger Frauen und Männer zu: Geschlechtsbilder prägen vor allem die beruflichen Qualifikationsprofile der Berufe des Dualen Systems. Sie beeinflussen die Sozialisationspraktiken und Unterstützungsleistungen der bei der Berufswahl beteiligten Akteure, wie beispielsweise der Eltern, Lehrpersonen oder Berufsberater. Und Geschlechterbilder sind bestimmend für die Selbstbilder, schulischen Leistungen und beruflichen Interessen von Heranwachsenden. In Interaktionssituationen beeinflussen kulturell verankerte Geschlechtsbilder die Wahrnehmung von Männern und Frauen und wirken sich darauf aus, wie deren jeweilige Persönlichkeit und Kompetenzen eingeschätzt werden. Die kulturelle Konstruktion von Geschlecht variiert zwischen sozialen Klassen, Schichten und Milieus teilweise erheblich. Männlichkeit wird in eher niedrigen sozialen Schichten mit Physis, Muskelkraft und manuellen Fähigkeiten in Verbindung gebracht. In höheren sozialen Schichten sind dagegen Intellektualität und analytische Fähigkeiten männliche Attribute (Cockburn 1988):

> »Technik gilt als männliches Territorium, als stereotypisch mit ›männlichen‹ Kompetenzen und Leistungen verbundener Aktivitätsraum. Diese territoriale Grenzziehung einer ›männlichen‹ Technik wird über geschlechtertypische Sozialisation, kulturell geformte geschlechtypische Normalitätsvorstellungen und -unterstellungen sowie institutionelle Regelungen im (all-)täglichen Doing Gender von Männern, Frauen, Bildungsinstitutionen und Arbeitsmarktorganisationen hergestellt und reproduziert« (Solga/Pfahl 2009, S. 1).

Doing Gender ist ein zentrales Konzept der Sozialisationstheorie und »beschreibt wie [die soziale Kategorie] Geschlecht in Interaktion hergestellt wird und zu einem wichtigen sozialen Merkmal für Personen sowie soziale und berufliche Praktiken wird« (Solga/Pfahl 2009, S. 2). Fürsorglichkeit, soziale und kommunikative Kompetenzen und haushaltsnahe manuelle Fertigkeiten gelten schichtübergreifend als weibliche Attribute. In der sozialen Mittelschicht sind diese Zuschreibungen auf sprachliche Fähigkeiten, sorgfältiges Arbeiten und Gewissenhaftigkeit als weibliche Tugenden erweitert (Buchmann/Kriesi 2012, S. 257). In den folgenden Untersuchungsschritten werden wir, ausgehend von der scheinbar individuellen Berufswahl am Ende der Schulzeit, den verschlungenen Wegen nachgehen, wie in der alltäglichen Praxis im Laufe der biographischen Entwicklung aus der relativen Gleichheit von Jungen und Mädchen im frühen Kindesalter bis hin zur geschlechtsspezifischen Berufswahl die oben beschriebenen Ungleichheiten zwischen Frauen und Männern entstehen.

3. Berufsausbildung in Deutschland

Das berufliche Ausbildungssystem in Deutschland fächert sich in drei Sektoren auf: das duale Berufsausbildungssystem, das vollzeitschulische Berufsausbildungssystem und das sogenannte Übergangssystem. In die jeweiligen Sektoren traten im Jahr 2011 neu ein: rund 50 Prozent in eine duale Berufsausbildung, rund 20 Prozent in eine vollzeitschulische Berufsausbildung und 30 Prozent wechselten in das Übergangssystem (Autorengruppe Bildungsberichterstattung 2012, S. 102). Das *Übergangssystem* ist ein Sammelbegriff für verschiedene Maßnahmen zur Vorbereitung auf eine reguläre Ausbildung und darüber hinaus für kürzere Bildungsgänge, die jedoch keine vollwertige Berufsausbildung bieten (Pimminger 2012, S. 5). Die Berufsausbildung im Rahmen des Dualen Systems ist immer noch die quantitativ wichtigste Säule des beruflichen Ausbildungssystems in Deutschland, obwohl dessen Anteil seit Beginn der 1990er Jahre von über 60 Prozent auf heute unter 50 Prozent abgenommen hat (Kleinert/Jakob 2012: 214). Duale und vollzeitschulische Berufsausbildungen unterscheiden sich in ihrem Berufsspektrum erheblich. Das Duale System ist traditionell auf Berufe im Handwerk und im verarbeitenden Gewerbe, das vollzeitschulische System auf Gesundheits-, soziale und Assistenzberufe ausgerichtet. Die geschlechtstypisch segmentierten Berufsspektren führten historisch dazu, dass das Duale System bis heute eine Welt der Männer geblieben ist, während die vollzeitschulischen Berufsausbildungen vor allem von Frauen nachgefragt werden (Geißler 2014, S. 379). Junge Frauen sind im Bereich der dualen Ausbildung mit rund 39 Prozent unterdurchschnittlich vertreten. Im Feld der schulischen Ausbildung sind sie dagegen mit rund 72 Prozent stark überrepräsentiert (BiBB-Datenreport 2014, Pimminger 2012, S. 5, Statistisches Bundesamt Fachserie 11, Reihe 3, 2012). Im dualen System selbst machen 73 Prozent der jungen Männer eine Ausbildung in einem männlich dominierten, aber nur 43 Prozent der jungen Frauen eine Ausbildung in einem weiblich dominierten Beruf. Das liegt vor allem daran, dass viele von Frauen dominierte Berufsfelder im vollzeitschulischen Berufsausbildungssystem verankert sind.[4] Männer wählen im dualen

---

4 »In den Gesundheitsberufen ist die Zahl der Auszubildenden gegenüber 2001 um 21 % gestiegen. Die Ausbildung zur Krankenpflege, Altenpflege und dergleichen erfolgt vor allem in den Schulen des Gesundheitswesens. In diesen Schulen ist die Anzahl der Schülerinnen und Schüler über den betrachteten Zeitraum kontinuierlich gestiegen. Aufgrund des demographischen Wandels, der eine immer älter werdende Bevölkerung mit sich bringt, werden diese

System seltener einen gemischten oder von Frauen dominierten Beruf. »Die These einer geschlechtsspezifischen Einmündung in Ausbildungsberufe trifft damit auf junge Männer deutlich stärker zu als auf junge Frauen« (Granato/ Schittenhelm 2004, S. 34). Der Anteil weiblicher Auszubildender im Dualen System ist in den alten Ländern seit drei Jahrzehnten mit Werten um 40 Prozent relativ stabil. Der Trend geht sogar in die andere Richtung:

> »Obwohl die Neuabschlüsse im Dienstleistungsbereich, in dem der Frauenanteil tra-
> ditionell höher ist, steigen, während sie in den durchweg männlich dominierten Pro-
> duktionsberufen tendenziell zurückgehen, ist der Anteil der jungen Frauen an den
> Auszubildenden und an den Neuzugängen (…) in den 2000er Jahren sogar noch ge-
> ringfügig gesunken. Der Rückgang in den Produktionsberufen wurde von den jungen
> Männern durch einen steigenden Anteil im Dienstleistungsbereich kompensiert. Ihr
> Anteil an den Dienstleistungsberufen ist von rund 28 Prozent im Jahr 1993 auf rund
> 38 Prozent im Jahr 2010 gestiegen. (BiBB-Datenreport 2012)« (Pimminger 2012, S. 9).

Damit scheint sich die männliche Dominanz im dualen System eher noch weiter zu verstärken. Einerseits durch den Vorstoß der jungen Männer in (oft bereits gemischte) Dienstleistungsberufe, andererseits dadurch, dass das duale System Ausbildungsberufe mit geringeren Bildungsanforderungen insbesondere in männlich dominierten Berufsfeldern (v. a. im Bereich Handwerk) bereitstellt. Junge Männer haben trotz im Vergleich mit jungen Frauen durchschnittlich niedrigerer Bildungsabschlüsse mehr Möglichkeiten in und zu einer dualen Ausbildung. Gering qualifizierte Frauen müssen dagegen mit besserqualifi-zierten Schulabgängerinnen um ein engeres Spektrum an traditionellen Frau-enausbildungsberufen konkurrieren (Pimminger 2012, S. 11). Denn junge Frauen konzentrieren sich auf eine geringere Anzahl an Ausbildungsberufen als junge Männer. Rund 52 Prozent der weiblichen Auszubildenden verteilten sich im Jahr 2012 auf nur zehn, rund 70 Prozent auf zwanzig Berufe. Demgegenüber wurden rund 42 Prozent der männlichen Auszubildenden in den zehn Lieb-lingsberufen, rund 58 Prozent in zwanzig Berufen ausgebildet (Statistisches Bundesamt, Fachserie 11, Reihe 3, 2012).

4.   Die *leaking pipeline* oder das Versickern der Technikaffinität bei Mädchen

Die Ursachen für den geringen Frauenanteil in technischen Berufen liegen nicht in der Natur der Geschlechter, sondern die Unterschiede sind sozialisationsbe-dingt. »Sobald das biologische Geschlecht eines Säuglings bekannt ist, beginnt

---

Berufe wichtiger« (Statistisches Bundesamt 2013, S. 33). Vgl. zur demografischen Dynamik des Dienstleistungssektors im Kreis Siegen-Wittgenstein Luschei und Strünck (2013).

die sozio-kulturelle Welt, das Kind zu männlichen beziehungsweise weiblichen Rollen zu sozialisieren« (Geulen 2007, S. 146). Dass die Vorstellungen über die Rolle der Geschlechter zwischen verschiedenen Gesellschaften stark variieren können, zeigt sich schon daran, dass die Sozialisation in verschiedenen Teilgesellschaften in Deutschland unterschiedlich verläuft und zu unterschiedlichen Persönlichkeitsstrukturen und Verhaltensweisen führt. In den neuen Bundesländern ist der Frauenanteil in technischen Berufen immer noch höher als in Westdeutschland (Langstrof 2012, S. 3, Langstrof 2013, S. 4).

Die Sozialisationsforschung geht davon aus, dass die »Berufswahl [...] kein punktuelles Ereignis am Ende der Schulzeit [ist] sondern ein Prozess, der in der Kindheit beginnt und sich über die Lebensphase der Jugend bis ins frühe Erwachsenenalter hinein vollzieht« (Puhlmann 2001, S. 20). Deshalb muss die Analyse der Prozesse der geschlechtsspezifischen Berufswahl die frühkindliche Sozialisation durch die Eltern und Geschwister, den Einfluss der Gleichaltrigen und Freundinnen/Freunde auf die Persönlichkeitsentwicklung, die Sozialisation in Kindergarten und Schule, den Sozialisationsbeitrag der Medien bis hin zur Berufsberatung durch die Bundesagentur für Arbeit (BA) und die Geschlechtervorstellungen und Auswahlroutinen der ausbildenden Unternehmen in den Blick nehmen.

Solga und Pfahl (2009) verwenden das Bild einer *leaking pipeline* (undichten Leitung), um die geschlechtsspezifische *Kanalisierung* der Aktivitätsfelder im Lebensverlauf zu beschreiben. Die Autorinnen gehen davon aus, dass im Laufe des Bildungs- und Berufslebens (der Pipeline) immer weniger Mädchen und Frauen übrig bleiben, die sich für Technik interessieren und dann für einen technischen (Ausbildungs-)Beruf entscheiden und auch in diesem Berufsfeld tätig bleiben. Nach jeder »Station« (beginnend mit der frühkindlichen Sozialisation im Elternhaus, über den Kindergarten, Schulzeit, Ausbildung/Studium und Eintritt in das Berufsleben) bleiben weniger technikaffine Mädchen und Frauen in der Pipeline zurück. Grundsätzlich lässt sich sagen, dass die *leaking pipeline* zur Folge hat, dass nur sehr wenige Frauen in den technischen Berufen beschäftigt sind. Dies ist wiederum die Ursache dafür, dass Mädchen und junge Frauen (aber auch Eltern, die Freund/innen und Lehrer/innen) in ihrem Sozialisationsprozess zu wenige Vorbilder in Gestalt realer vollzeitberufstätiger und erfolgreicher Frauen in Technikberufen in Reichweite haben, was wiederum die Löcher in der Leitung größer werden lässt. Durch das Versickern von immer mehr Mädchen und jungen Frauen aus der undichten Pipeline reproduzieren und verfestigen sich in der Gesellschaft Geschlechterstereotype, wonach Technik als ›männliche‹ Kompetenz angesehen wird und Mädchen hier ein ›Defizit‹ hätten (Doing Gender). Die Folge ist wiederum eine ausgeprägte technischungleiche Geschlechtersozialisation am Anfang und während der Pipeline: der Teufelskreis beginnt so wieder von Neuem (Solga/Pfahl 2009, S. 1, 28). Das

Fehlen weiblicher Vorbilder erklärt auch, warum es trotz Wandel und Entstehung neuer technischer Berufe, die immer dezidierter als »weiblich« geltende Fähigkeiten wie Feingefühl und Kommunikationsfähigkeit erfordern, nicht zu einem Aufbrechen der Männer- und Frauenwelten im Arbeitsmarkt kommt (Puhlmann 2001, S. 18). Es liegt also nicht an den Anforderungen der Berufe selbst, sondern an den Mechanismen der undichten Pipeline, die es zu ergründen gilt.

Unser Ziel in den folgenden Schritten ist es, die Funktionsweise der *leaking pipeline* genauer zu untersuchen und geeignete Mittel zu identifizieren, um diese abzudichten. Wir werden deshalb die wichtigsten Akteure und ihren Einfluss auf die Berufswahlentscheidung von Mädchen und jungen Frauen näher betrachten, um hier Anknüpfungspunkte für konkrete Handlungsempfehlungen zu finden. In den folgenden Analyseschritten werden wir die Sozialisationsinstanzen Eltern, Erzieher/innen/Kindergarten, Lehrer/innen/Schule, männliche und weibliche Peers, Medien und Unternehmen in den Blick nehmen.

5.   Das Elternhaus und das familiäre Umfeld

Mädchen und Jungen haben von Grund auf eine natürliche Neugier an der Erforschung ihrer (technischen) Umwelt. Eltern fördern dieses Interesse jedoch bereits im frühkindlichen Alter sehr unterschiedlich. Im Vorschulalter findet bereits eine (in der Regel unbewusste) techniksensible geschlechtsspezifische Sozialisation durch die Eltern statt. Erziehungsbedingt weisen Mädchen schon früh ein geringeres technisches Selbstkonzept auf: Sie zweifeln an ihrer Technikkompetenz und schätzen sich signifikant weniger technikkompetent ein als Jungen (Solga/Pfahl 2009b, S. 165). Im Alter von zehn bis zwölf Jahren haben Mädchen dann meist schon eine grundsätzliche Haltung gegen Technik. Kinder, die noch nicht von Technik eingenommen sind, entwickeln über das zwölfte Lebensjahr hinaus nur noch selten ein nachhaltiges Technikinteresse (Ziefle/Jakobs 2009, S. 9–11).

Vor allem den Vätern fällt eine wichtige Rolle in den frühen Phasen der Techniksozialisation zu. In der Forschungsliteratur gilt »eine starke Vaterzentrierung während der Kindheit und Jugendphase als belegt«, wenn sich Mädchen schon früh mit Technik beschäftigen (Solga/Pfahl 2009, S. 6). Auch in den von uns geführten Interviews mit Frauen in technischen Berufen wird die Rolle der Väter reflektiert. Eine Spritzlackiererin erinnert sich:

> »Handwerklich war ich eigentlich schon immer. Während meine Schwester mit Barbies gespielt hat, hab ich unten in der Werkstatt gesessen und meinen Papa gefragt, ob ich mal einen Nagel irgendwo reinhauen darf. Ich hatte einen Mordsspaß dabei, irgendwo

einen Nagel reinzuhauen oder irgendwo was abzusägen. Mein Papa hat dann geschaut, dass der irgendwo ein ›Hölzlein‹ für mich finden konnte, dass ich da mal einen Nagel reinhauen konnte.«

Auch im Prozess der Berufsfindung ihrer Kinder beteiligen sich die Eltern als wichtige, wenn nicht sogar die wichtigste intervenierende und beratende Instanz (Beinke 2006, S. 249). In der in diesem Zusammenhang oft zitierten empirischen Studie von Hoose und Vorholt (1997) über den Einfluss von Eltern auf das Berufswahlverhalten von Mädchen gaben rund ein Drittel der Mädchen an, dass Eltern (Vater *oder* Mutter), sie in dieser Frage am besten beraten könnten. Neben den Eltern spielten Schulnoten und sonstige Rückmeldungen der Schule eine wichtige Rolle. Sowohl die Eltern wie auch die Mädchen beschreiben den Be-rufswahlprozess als rationalen Prozess, der sich eng an der Einschätzung der Fähigkeiten und Neigungen der Mädchen orientiere. Als wichtige weitere Be-stimmungsfaktoren gelten den Eltern und den Mädchen auch Spaß an der Sache, guter Verdienst, Krisensicherheit und Aufstiegschancen im zukünftigen Beruf (Hoose/Vorholt 1997, S. 36).

Anspruch und Wirklichkeit liegen oft nicht beieinander. Die *tatsächliche* Beurteilung der Fähigkeiten der Mädchen folgt in vielen Fällen doch den in der Gesellschaft vorherrschenden Geschlechterstereotypen über technische Berufe. So werden (gesellschaftlich den Frauen zugeschriebene) Kompetenzen, wie so-ziale und kommunikative Fähigkeiten, bei Mädchen unhinterfragt vorausge-setzt, wohingegen ein Rückgriff auf die tatsächlich gezeigten Fähigkeiten erst bei der Beurteilung der Eignung für frauenuntypische Berufe erfolgt. Hier gilt: je weniger die Kompetenzen dem Geschlechterbild entsprechen, desto mehr Leistungen sind nötig, damit die (als untypisch erscheinenden) Kompetenzen den Mädchen auch zugestanden werden. Nicht selten befürchten Eltern auf-grund der geringen Präsenz von Frauen in technischen Berufen, dass darunter auch die Berufsaussichten ihrer Töchter leiden könnten. Erst wenn Mädchen überdurchschnittlich hohe Kompetenzen in den Naturwissenschaften zeigen und ein hohes Interesse an einem technischen Beruf artikulieren, erfolgt eine aktive Unterstützung durch die Eltern bei der Auswahl eines solchen Berufs. Und selbst dann bleibt die Entscheidung für einen technischen Beruf in den Augen der Eltern und der Mädchen eine riskante Entscheidung: Bedenken, die einzige oder eine von wenigen Frauen in einem Männerberuf und dadurch Anzüglich-keiten ausgesetzt zu sein, oder schlechtere Übernahmechancen in den Beruf zu haben, spielen bei der Berufsfindung sowohl bei den Mädchen selbst als auch bei den Eltern eine große Rolle (Hoose/Vorholt 1997, S. 37 f., Solga/Pfahl 2009, Langstrof 2012).

Handlungsempfehlungen

Grundsätzlich könnte eine Verbesserung der Vereinbarkeit von Beruf und Familie *für die Männer* in technischen Berufen dazu führen, dass auch die *Väter* mehr Zeit für ihre Kinder hätten und so eine technikaffine Sozialisation ihrer Töchter unterstützen könnten. Dieser kulturell ungewöhnliche Richtungswechsel in der Sozialisation muss allerdings auch von den Müttern mitgetragen werden (Solga/Pfahl 2009, S. 30). Die Zeiten der klassischen Versorger-Ehe, in denen nichterwerbstätige oder allenfalls teilzeitbeschäftigte Hausfrauen und Mütter von ihren vollzeitberufstätigen Ehemännern versorgt wurden und sich in den Familien auf Erziehung und Pflege von Kindern und Alten konzentrierten, gehören immer mehr der Vergangenheit an (Pfau-Effinger 1998). Der Weltmarkt und eine egalitärere Familienorganisation stehen diesem konservativen Arrangement entgegen. Gerade in den Industrieregionen Siegen-Wittgenstein und Olpe arbeiten viele Väter in gewerblich-technischen Berufen. Eine von uns interviewte Energieelektrikerin machte in diesem Zusammenhang folgenden Vorschlag:

> »Was ich auch sehr gut fände, wenn es das gleiche Konzept wie in Amerika gäbe ›bring dein Kind zur Arbeit mit‹. Dann sehen die Kinder auch, wie die Eltern ihr Geld verdienen und können sich eher vorstellen, ob es auch etwas für sie wäre.«

Die Väter könnten ein Stück ihrer Berufskultur (auch im Sinne ihrer Unternehmen) an ihre Töchter weitergeben. Ist kein Elternteil in einem technischen Beruf beschäftigt, könnten Betriebserkundungen *für Eltern* eine Gelegenheit schaffen, die Vielfalt der Berufe und die damit verbundenen Chancen in den technischen Branchen lebensnah kennen zu lernen. (Hoose/Vorholt 1997, S. 37 f.).

An der Hochschule Esslingen wurde von Marianne Langstrof ein Projekt entwickelt, das vor allem die Mütter im Berufsfindungsprozess unterstützen soll. In einem Mutter-Tochter-Workshop der Hochschule Esslingen konstruierten Mutter-Tochter-Teams am Bildschirm »magische Würfel«. Der Workshop zielte darauf ab, »einen positiven Eingriff in die Techniksozialisation im Elternhaus zu bewirken. Mütter sollten dabei lernen, dass Arbeiten mit Technik Freude machen kann und nicht etwa automatisch zu schwierig ist, weder für die Mutter selbst noch für ihre Tochter.« (Langstrof 2012, S. 4). Nebenbei konnten die Mütter die Welt einer technisch orientierten Hochschule kennenlernen.

6. Zwischen Elternhaus und Unternehmen: Peers – Schule – Lehrer/innen

Für junge Frauen und Männer sind gleichaltrige Freundinnen und Freunde (Peers) als Kommunikationspartner in Fragen rund um die Berufsorientierung und Berufswahl wichtig. Für jeweils ein Drittel der Mädchen und Jungen ist das Thema »Beruf« Gesprächsthema mit Freunden (Beinke 2006, S. 254). »Internationale Studien zeigen zudem, dass der Druck durch *Peers*, eine bestimmte soziale Identität anzunehmen, von Mädchen stärker wahrgenommen wird, als von Jungen« (Solga & Pfahl 2009, S. 8). Dieser Druck zeigt sich auch in der Berufswahl. Sie ist wichtig für die Identitätsbildung und die soziale Integration in die Peer Groups (Puhlmann 2001, S. 19). Die Affinität zwischen dem eigenen Berufswunsch und den Berufswünschen der Freunde ist in der Regel hoch. Dabei spielt die gemeinsame Schichtzugehörigkeit der Peers ein große Rolle. Wenn es um Fragen der Berufsorientierung geht, sind die Eltern, wie Beinke (2006) zeigt, jedoch einflussreicher als die Freunde. Diese sind wiederum wichtiger als Lehrer, Berufsberater, Berufsinformationszentren und die schriftlichen Informationsmaterialien der Berufsberatung (Beinke 2006, S. 253).

Der Druck seitens der *Peers*, sich geschlechterkonform zu verhalten, wird von der Schule und den Lehrer/innen noch verstärkt. Hier gilt ein starker Gender-Bias in der Wahrnehmung der Leistungen von Mädchen und Jungen als belegt. Das Verhalten der Lehrer/innen trägt zu einer Reproduktion der in der Gesellschaft vorherrschenden Geschlechterstereotype bei. Dies ist im Prozess der Berufswahl umso problematischer, weil sich Jugendliche in der Pubertät stark über ihr Geschlecht identifizieren und so geschlechterkonformes Verhalten noch verstärkt wird (Solga & Pfahl 2009, S. 8 f.). Die Schulnoten und Rückmeldungen aus der Schule spielen eine weitere wichtige Rolle für die Berufsentscheidung (Hoose & Vorholt 1997, S. 36). Darüber hinaus scheint für die Selbsteinschätzung der Mädchen die Rückmeldung der Lehrkräfte über ihre Leistungen wichtiger zu sein, als für Jungen. Dies ist auch für die Frage der Berufswahl wichtig, denn das Interesse an einem Fach ist an die Erfolge in diesem Fach gekoppelt. Je größer die Erfolge in einem Fach, desto stärker das Interesse daran und nicht umgekehrt (Solga & Pfahl 2009, S. 8 f.).

Handlungsempfehlungen

Schulische und betriebliche Angebote, Mädchen und jungen Frauen technische Berufe näher zu bringen, dürfen sich nicht einseitig darauf ausrichten, alleine das individuelle Verhalten der Mädchen selbst ändern zu wollen. Sie müssen die *peer groups* mit ansprechen. Initiativen laufen sonst Gefahr, die Technikdefizit-Annahme zu reproduzieren und die geschlechtsspezifische Arbeitsmarktse-gregation noch zu vertiefen. Sinnvoller scheint es daher, zunächst die Lehrer/innen für diese Problematik zu sensibilisieren. Eine Änderung des Lehrerver-haltens (in Kombination mit ansprechenden Unterrichtsmaterialien) könnte den Mädchen den Zugang zu naturwissenschaftlichen Fächern erleichtern (Solga/Pfahl 2009). Darüber hinaus sollte das Thema Berufswahl kontinuierlich in der gesamten Schulzeit fächerübergreifend zur Sprache kommen. Denkbar wäre hier – einem guten Beispiel aus Skandinavien folgend – die Nutzung eines »Berufswahltagebuchs«, das in der Grundschule begonnen und bis an das Ende der Schulzeit weitergeführt wird (Puhlmann 2001, S. 20).

7.   Die Bundesagentur für Arbeit als Sozialisationsinstanz

Die Berufsberatung der Bundesagentur für Arbeit (BA) erreicht durch regel-mäßige Schulbesuche am Berufsinformationstag nahezu alle Jugendlichen im für die Berufswahl sensiblen Alter. Auch die Informationsmaterialien und In-formationsseiten im Internet sind den Jugendlichen meistens bekannt und werden auch häufig von Lehrkräften in den Unterricht eingebunden (Ostendorf 2009, S. 17). An der Berufsberatung wurde und wird immer wieder Kritik geübt. Bereits in den 1970er Jahren stand sie im Mittelpunkt kritischer Reflexionen: Schon damals wurde die Berufsberatung für die unhinterfragte Reproduktion von Geschlechterstereotypen kritisiert, die zur ökonomischen und sozialen Unterordnung der Frauen auf dem Arbeitsmarkt beitrage (Beck-Gernsheim/Ostner 1978). Auch in der neueren Forschungsliteratur wird diese Kritik wei-tergeführt (Puhlmann 2001, Solga/Pfahl 2009, S. 22). So untersucht beispiels-weise Helga Ostendorf (2009) die Mechanismen und Praktiken im Zusam-menhang mit der Berufsberatung der Bundesagentur für Arbeit, die auch heute noch dazu beitragen, dass sich an den Strukturen der geschlechtsspezifischen Berufswahl kaum etwas ändert. Auch in den von uns geführten Interviews mit Frauen in technischen Berufen wird die Rolle der Berufsberatung (zumindest was die Vergangenheit anbelangt) mitunter kritisch reflektiert: Eine von uns interviewte Werkzeugprüferin erinnert sich:

> »Bei den Berufen aus der Metallbranche haben die nach meinem Eindruck eine Hemmschwelle beim BIZ [Berufsinformationszentrum] dazu zu sagen ›hier Mädchen nimm mal‹. Zumindest war das vor 13 Jahren so. Da liegt meiner Meinung nach auch das Problem. Ich hatte damals einen etwas älteren männlichen Berater, der war nicht so geneigt, mir etwas handwerkliches/technisches zu geben. Ich musste ihn erst darauf drängen. Die kommen dann immer mit Bankkauffrau oder Industriekauffrau, mit diesen kaufmännischen Berufen, an.«

Auch die Untersuchung der Berufsberatung der BA durch den Finanztest (Stiftung Warentest) aus dem Jahr 2007 kritisiert die gängige Praxis der Berufsberatung:

> »Rund die Hälfte der Ratsuchenden blieb ratlos. Ob sich nun Abiturienten vorstellten, Realschüler oder Auszubildende: In keiner Kategorie war mehr als ein ›Befriedigend‹ für die Agenturen drin. Manche Berater interessierten sich zu wenig dafür, was ihr Gegenüber von ihnen wollte. Die Testpersonen der Stiftung Warentest vermissten oft praktische Tipps für den Berufsfindungsprozess« (Stiftung Warentest 2007, S. 12).

Über diesen Ergebnissen sollte allerdings nicht vergessen werden, dass Jugendliche nur selten alleine zur Berufsberatung erscheinen. Beinke (2006) stellte im Rahmen seiner Studie zum Einfluss der *peer group* auf das Berufswahlverhalten von Jugendlichen (8. und 9. Klasse, die noch kein Betriebspraktikum absolviert hatten) fest, dass nur 18,4 Prozent aller von ihm befragten Jugendlichen den Gang zur Berufsberatung ohne Begleitung antraten. Die überwiegende Mehrheit bevorzugte es, die Eltern oder Freunde als Begleitpersonen mitzunehmen (Beinke 2006, S. 256). Die Interaktionssituation der Jugendlichen in der konkreten Berufsberatungssituation ist vor diesem Hintergrund weitaus komplexer, als in einem einfachen Ursache-/Wirkungsschema zwischen Berufsberatung und dem/der Beratung suchenden Jugendlichen in der Regel angenommen werden kann. Diese Verkürzung mündet schnell in eine pauschale Kritik an der Berufsberatung der BA, ohne den Einfluss von Eltern und Peers mit zu berücksichtigen.

Darüber hinaus ist es für die einzelnen Berater mitunter schwierig, Jugendliche zu beraten, die sich vielleicht angesichts der Fülle von Ausbildungsberufen und Studienmöglichkeiten selbst noch gar keine Gedanken über ihre berufliche Zukunft gemacht haben. Haben die Jugendlichen bereits konkretere Vorstellungen, sind die Erfahrungen mit der Berufsberatung sehr viel positiver. Eine von uns interviewte Industriemechanikerin zieht folgendes Fazit:

> »Wir besuchten dann im Rahmen der Berufsvorbereitung das BBZ [Berufsbildungszentrum] und die Agentur für Arbeit. Da habe ich dann auch meine Interessen geäußert und dann wurde mir vorgeschlagen mich in der Industrie als Werkzeug- oder Industriemechanikerin zu bewerben. Das habe ich auch bei auserwählten Firmen aus der Gegend gemacht und das hier ist jetzt daraus geworden.«

Wichtig scheint es, Eltern und Lehrer dafür zu sensibilisieren, den Besuch einer Berufsberatung entsprechend vorzubereiten. Zum Beispiel indem sich die ratsuchenden Jugendlichen über eigene Stärken, Schwächen und Interessen vorab Gedanken machen und so der/dem Berater/in bereits vorbereitete Informationen liefern können, an die im Beratungsgespräch angeknüpft werden kann. Wie wichtig eine intensive Vor- und Nachbereitung des Berufsinformationstags (BIT) für den Erfolg der BA ist, zeigt sich auch in unseren Interviews.

Eine stärkere Einbindung und Zusammenarbeit der Eltern mit den Institutionen der Berufswahl wäre wünschenswert. Weniger als die Hälfte von ihnen hat persönlichen Kontakt zu einer entsprechenden Institution und wenn Kontakt bestand, waren die Eltern sehr stark auf eigene Initiative angewiesen (Hoose/ Vorholt 1997, S. 43 f.). Außerdem wäre ein Angebot denkbar, dass Jugendliche ganz bewusst eine Vertrauensperson (Elternteil, Freunde) mit zur Beratung nehmen können. Diese emotionale Unterstützung durch eine Vertrauensperson ist nicht zu unterschätzen, bedenkt man das Alter der Jugendlichen (Pubertät als Umbruch- und Selbstfindungsphase), in der emotionale Unterstützung Selbstsicherheit gibt. In der Berufsberatung ist es vor allem wichtig, *alle* Berufsfelder wertneutral zur Auswahl zu stellen. Hier ist darauf zu achten, dass das Informationsmaterial wirklich geschlechtsneutral gestaltet ist. Die Kritik zielt dabei nicht auf die Auswahl der angebotenen Informationen, sondern auf die Art und Weise ihrer Darbietung, so werden die Informationen zu wenig auf die persönlichen Interessen abgestimmt und es steht allgemein zu wenig Reflexionszeit zur Verfügung. Das Angebot könnte um Elternabende, öffentliche Informationsveranstaltungen, Einzelgespräche und in Einzelfällen auch Hausbesuche erweitert werden (Hoose/Vorholt 1997, S. 43 f.). Außerdem müssen die Berufsfindungstage von den begleitenden Lehrkräften vor- und nachbereitet werden.

8.   Die Unternehmen als geschlechtssensible Sozialisationsinstanzen

Die Ursachen für die Segregation der Geschlechter am Arbeitsmarkt liegen in der geschlechtstypischen Berufswahl und -bildung von Frauen und Männern, die wiederum in der Konsequenz zu einer Herausbildung von unterschiedlichen Arbeits- Berufs- und Ausbildungskulturen führt (Puhlmann 2001, S. 20). Geschlechtsspezifisch grundierte Berufskulturen begünstigen wiederum ein an den beiden Geschlechtern orientiertes Nachfrageverhalten seitens der Unternehmen. Die Geschlechterbilder am Ende der Pipeline wirken hier in Form von strukturellen Barrieren. Verschärft wird die Segregation dadurch, dass weibliche Auszubildende in technischen Berufen seltener als Männer ein Übernahmeangebot durch den Ausbildungsbetrieb erhalten. Solga und Pfahl (2009, S. 18 f.) erklären diese widersprüchlichen Einstellungs- und Übernahmepolitiken der Betriebe (immerhin sind die Kompetenzen der Frauen hier bekannt) mit latenten Geschlechterbildern, die dafür sorgen, dass Männer bei der Übernahme bevorzugt werden. So zielten beispielsweise zusätzliche betriebliche Maßnahmen zur Fort- und Weiterbildung nicht selten auf die (technische) Kompetenzerweiterung bei Frauen und implizieren und reproduzieren damit die Annahme eines vermeidlichen Technikdefizits bei Frauen.

Des Weiteren bleibt festzuhalten, dass viele Frauen, die sich für eine Ausbildung in einem männerdominierten Beruf entscheiden, ihren Ausbildungs- und Berufsalltag als eine andauernde Bewährungsprobe erfahren. Zum einen wird immer wieder von Anzüglichkeiten seitens der männlichen Kollegen berichtet. Gleichzeitig rückt ihr Status als Minderheit die Frauen in von Männern dominierten technischen Berufen ständig in den Focus der Aufmerksamkeit, wobei die Frauen als *die Anderen*, als etwas *Besonderes* wahrgenommen werden. Vor diesem Hintergrund wird geschlechterstereotypes Verhalten seitens der Männer und der Frauen und die geschlechterstereotype Wahrnehmung dieses Verhaltens immer wieder reproduziert und verstärkt (Solga/Pfahl 2009, S. 14).

Dieses Verhalten richtet sich dabei an einem spezifisch an der *Lebenswelt von Männern* ausgerichteten Berufsethos in technischen Berufen aus. Die ständige Verfügbarkeit im Beruf, ein wesentliches Element dieses Ethos, ist nur realisierbar vor dem Hintergrund der klassischen Ernährer/Hausfrau Familienkonstellation. Frauen erfüllen dieses Kriterium (vor allem in der Familienphase) immer noch weniger als Männer und erhalten so weniger Unterstützung von Seiten der Unternehmen (Solga/Pfahl 2009, S. 22 f.). Aber auch Frauen, die sich dem traditionellen Berufsethos weitgehend anpassen, erfahren in ihrer beruflich-betrieblichen Umwelt Benachteiligungen. Eine britische Studie zeigt beispielsweise, dass die mit Frauen besetzten Arbeitsplätze im Betrieb, unabhängig von ihrem tatsächlichen Aufgabenzuschnitt, von den männlichen Kollegen als ›nicht-technisch‹ eingestuft werden (Solga/Pfahl 2009, S. 23–24). Leider bieten die wenigen technischen Berufen mit einem im Vergleich hohen Frauenanteil (z.B. Laborberufe) relativ wenige Ausbildungsplätze, was die Teilhabe von Frauen an technischen Berufen nochmals einschränkt (Solga/Pfahl 2009, S. 15, Granato/Schittenhelm 2004, S. 35).

Handlungsempfehlung

Die Befunde zeigen, dass insbesondere am Ende der *leaking pipeline* bei Frauen, die bereits in einem technischen Beruf arbeiten, die Rahmenbedingungen im Unternehmen verbessert werden müssen. Frauen müssen in den von ihnen erlernten technischen Berufen gehalten, das von ihnen bereits akkumulierte berufliche Humankapital erhalten werden. Realistische Karrierechancen dürfen nicht nur auf dem Papier (der Ausbildungsplatzanzeigen) stehen. Die betriebliche und gesellschaftliche Forderung nach mehr Frauen in diesen Berufen würde so deutlich an Glaubwürdigkeit gewinnen und somit eine Sogwirkungen für die Bildungskette davor ausüben. Durch greifbare Vorbilder von erfolgreichen Frauen würden technische Berufe von den Mädchen selbst, aber *auch* von ihren Eltern, Erzieher/innen, Lehrer/innen, Peers, Berufsberater/innen und den Medien als *reale* Berufsoption angesehen. Die Entscheidung für einen technischen Beruf könnte vom sozialen Umfeld leichter akzeptiert und auch durch die oben genannten Akteure unterstützt werden. Die Erosion der Stereotypen, die Technik einseitig mit einem Geschlecht verbinden, könnte bei Erwachsen und Kindern gleichermaßen beschleunigt werden (Solga/Pfahl 2009, S.28).

9.   Zusammenfassung und Fazit

Die Zeiten für einen Wandel der geschlechtsspezifischen Berufswahl scheinen günstig zu sein. Der Facharbeiterinnenmangel könnte langfristig zu einem Umdenken und Überdenken überkommener Geschlechterbilder führen, die die soziale Ungleichheit zwischen Männern und Frauen zementieren. Schwer wiegt darüber hinaus die Verschwendung und Fehlallokation von Kompetenzen, Motivationen und Talenten bei Jungen und Mädchen, die bei der Berufswahl nicht ihren Neigungen und Interessen folgen, sondern durch die Macht der geschlechterkulturellen Verhältnisse in ihrer Wahlfreiheit eingeschränkt werden. Interventionen zur Erhöhung des Frauenteils in technischen Berufen konzentrieren ihre Aktivitäten schwerpunktmäßig am Ende der *leaking pipeline* und laufen so nicht selten selbst Gefahr, die Dynamik der geschlechtsspezifischen Berufswahl zu verschärfen, da sie einseitig darauf abzielen, das Interesse der Mädchen auf technische Berufen zu lenken, ohne die weiteren Sozialisationsinstanzen im Berufsfindungsprozess und die spezifischen Arbeitsbedingungen in der Industrie mit in die Programmentwicklung einzubeziehen. Dadurch setzen sie am schwächsten Gliedern in der Berufsbildungskette (den Mädchen und Jungen) an und reproduzieren (ungewollt) die Geschlechterstereotypen vom weiblichen Technikdefizit und vom männlichen Defizit im sozialen und kommunikativen Kompetenzspektrum. Viele populäre Interventionen wie der Girls' Day und der Boys' Day fallen in die Zeit der Pubertät, in der Mädchen und Jungen nach ihrer Identität suchen und sich sehr stark über ihr Geschlecht definieren. Maßnahmen, die implizit einen Unterschied zwischen den Geschlechtern signalisieren, fördern ungewollt geschlechtsspezifische Sozialisation (Solga/Pfahl 2009, S.8, 29). Projekte, die das Technikinteresse von Kindern wecken wollen, müssen biographisch frühzeitig ansetzen, um die Wirkung späterer Initiativen zu erhöhen. Deshalb schlägt die Deutsche Akademie der Technikwissenschaften (acatech) ein gestaffeltes Vorgehen vor: In einem ersten Schritt sollte das Technikinteresse der Kinder erhalten, dann die Aufgeschlossenheit und Neugier an technischen Sachverhalten gefördert werden, um schließlich auf der dritten Stufe besonders technikbegabte Kinder gezielt zu fördern (acatech 2011, S. 16 f.)

Um die Löcher in der *leaking pipeline* zu stopfen, müssen bei Planung und Durchführung von Interventionen die individuellen Vorerfahrungen der Teilnehmerinnen stärker berücksichtigt werden. Die biographisch am Ende der Schulzeit angesiedelten Maßnahmen und Initiativen wirken nur dann, wenn noch ein Funken Technikinteresse in der individuellen Pipeline erhalten geblieben ist. Positive Eingriffe in die Techniksozialisation sollten daher folgende Kriterien erfüllen: Die (koordinierten) Maßnahmen sollten möglichst eine biographisch breite Spanne abdecken, um solide Grundlagen für alle Initiativen am Übergang von der Schule zur Berufsausbildung und zum Studium zu schaffen. Außerdem müssen die Interventionen den schmalen Grad zwischen geschlechtersensibel und geschlechtsbetont finden, um nicht ungewollt Geschlechterstereotypen zu verstärken. Dabei müssen nicht nur Mädchen und Frauen selbst, sondern auch Eltern, Erzieher, Lehrer, (männliche und weibliche) Peers, Berufsberatungsinstanzen und die Betriebe mit einbezogen werden.

Literatur

acatech (2011): Monitoring von Motivationskonzepten für den Techniknachwuchs (Mo-MoTech), München/Berlin/Heidelberg.

Allmendinger, Jutta (2011): ›Geschlecht als wichtige Kategorie der Sozialstrukturanalyse‹, in: *Aus Politik und Zeitgeschichte*, 37–38/2011, S. 3–7.

Autorengruppe Bildungsberichterstattung (2012): Bildung in Deutschland, Bielefeld.

Beck-Gernsheim, Elisabeth/Ostner, Ilona (1978): ›Frauen verändern – Berufe nicht? Ein theoretischer Ansatz zur Problematik von »Frau und Beruf«‹, in: *Soziale Welt. Zeitschrift für sozialwissenschaftliche Forschung und Praxis*. Baden-Baden, S. 257–287.

Beinke, Lothar (2006): ›Der Einfluss von Peer Groups auf das Berufswahlverhalten von Jugendlichen. Ergebnisse einer Studie aus dem Jahre 2004 einschl. Alleinerziehender und Lehrer‹, in: Bley, Nikolaus/Rullmann, Marit (Hrsg.): *Übergang Schule und Beruf. Aus der Praxis für die Praxis – Region Emscher-Lippe. Wissenswertes für Lehrkräfte und Eltern*. Recklinghausen, S. 249–265.

Bender, Christiane/Graßl, Hans (2012): ›Frauen in Führungspositionen. Die Ökonomie der Männer‹, in: *Frankfurter Rundschau*, 7. Mai 2012.

Bender, Christiane/Graßl, Hans/Schaal, Markus (2007): ›Der Schweizer Arbeitsmarkt: Sonderfall unter Modernisierungsdruck‹, in: Eberle, Thomas S./Imhof, Kurt (Hrsg.): *Sonderfall Schweiz*. Zürich, S. 172–187.

Bonin, Holger (2014): ›Fachkräfte braucht das Land‹, in: *Frankfurter Allgemeine Zeitung*, 11. April 2014, S. 18.

Buchmann, Marlis/Kriesi, Irene (2012): ›Geschlechtstypische Berufswahl: Begabungszuschreibungen, Aspirationen und Institutionen‹, in: Becker, Rolf/Solga, Heike (Hrsg.):

Soziologische Bildungsforschung, Kölner Zeitschrift für Soziologie und Sozialpsychologie, Wiesbaden, S. 256–280.

Cockburn, Cynthia (1988): Die Herrschaftsmaschine. Geschlechterverhältnisse und technisches Know-how, Hamburg.

Geißler, Rainer (2014): Die Sozialstruktur Deutschlands. 7., grundlegend überarbeitete Auflage. Mit einem Beitrag von Thomas Meyer, Wiesbaden.

Geulen, Dieter (2007): ›Sozialisation‹, in: Joas, Hans (Hrsg.), Lehrbuch der Soziologie, 3. Überarbeitete und erweiterte Auflage. Frankfurt am Main, S. 137–158.

Granato, Mona,, Schittenhelm, Karin (2004): ›Junge Frauen: Bessere Schulabschlüsse – aber weniger Chancen beim Übergang in die Berufsausbildung‹, in: *Aus Politik und Zeitgeschichte*, B 28/2004, S. 31–39.

Hertreiter, Laura (2014): ›Leerstellen‹, in: *Süddeutsche Zeitung*, 10./11. Mai 2014, S. 34.

Hoose, Daniela, Vorholt, Dagmar (1997): ›Der Einfluss von Eltern auf das Berufswahlverhalten von Mädchen. Ergebnisse einer empirischen Untersuchung‹, in: *Aus Politik und Zeitgeschichte* 25/1997, S. 35–44.

Kleinert, Corinna/Jacob, Marita (2012): ›Strukturwandel des Übergangs in eine berufliche Ausbildung‹, in: Becker, Rolf/Solga, Heike (Hrsg.): *Soziologische Bildungsforschung, Kölner Zeitschrift für Soziologie und Sozialpsychologie*. Wiesbaden, S. 211–233.

Klug, Petra/Große Starmann, Carsten (2013): ›Millionen Arbeiter fehlen. Deutschland schrumpft sich ins Mittelmaß‹, in: *Focus*, 7. Dezember 2013.

Langstrof, Marianne (2012): Wie begeistern wir den (weiblichen) Nachwuchs für Technik, Hochschule Esslingen (unveröffentlichtes Manuskript).

Langstrof, Marianne (2013): Studie zu weiblichem Techniknachwuchs. Wie der Frauenanteil in technischen Studienfächern erhöht werden kann. Hochschule Esslingen (unveröffentlichtes Manuskript).

Luschei, Frank/Strünck, Christoph (2013): ›Fehlen nur die Fachkräfte? Was der demografische Wandel für die Region Südwestfalen bedeutet‹, in: Stephan Habscheid, Gero Hoch, Heike Sahm und Volker Stein (Hrsg.): *Schaut auf diese Region! Südwestfalen als Fall und Typ. Diagonal*, 34, S. 153–165.

Ostendorf, Helga (2009): ›Institutionalisierte Sackgassen für Mädchen‹, in: *Aus Politik und Zeitgeschichte*, 45/2009, 2. November 2009, S. 17–25.

Pfau-Effinger, Birgit (1998): ›Arbeitsmarkt- und Familiendynamik in Europa – Theoretische Grundlagen der vergleichenden Analyse‹, in: Geissler, Birgit/Maier, Frederike/Pfau-Effinger, Birgit (Hrsg.): *FrauenArbeitsMarkt. Ein Beitrag der Frauenforschung zur sozio-ökonomischen Theorieentwicklung*. Berlin, S. 177–194.

Pimminger, Irene (2012): Junge Frauen und Männer im Übergang von der Schule in den Beruf. Agentur für Gleichstellung im EFS (Hrsg.), Berlin, 2. aktualisierte Fassung.

Puhlmann, Angelika (2001): ›Zukunftsfaktor Chancengleichheit – Überlegungen zur Verbesserung der Berufsausbildung junger Frauen‹, in: *Berufsbildung in Wissenschaft und Praxis (BWP)* (2001), Nr. 6, S. 18–21.

Solga, Heike/Pfahl, Lisa (2009): *Doing Gender* im technisch-naturwissenschaftlichen Bereich, Wissenschaftszentrum Berlin für Sozialforschung (WZB), Discussion Paper SP I 2009–502.

Solga, Heike/Pfahl, Lisa (2009b): Wer mehr Ingenieurinnen will, muss bessere Karrierechancen für Frauen in Technikberufen schaffen, WZBrief Bildung, Berlin.

Stiftung Warentest (2007): ›Berufsberatung: Berater müssen nachsitzen‹, in: *Finanztest* 10/2007.

Veith, Hermann (2008): Sozialisation, München, Basel.

Ziefle, Martina, Jakobs, Eva-Maia (2009): Wege zur Technikfaszination – Sozialisationsverläufe und Interventionspunkte, Heidelberg u. a..

Sonstige Quellen

Bundesinstitut für Berufsbildung (BIBB): Datenreport 2012.

Bundesinstitut für Berufsbildung (BIBB): Datenreport 2013.

Bundesinstitut für Berufsbildung (BIBB): Datenreport 2014.

Bundesministerium für Bildung und Forschung: Berufsbildungsbericht 2014.

IHK Siegen: Übersicht über neu abgeschlossene Ausbildungsverträge (Stand 31. 10. 2010).

Kramer-Pabst, Andrea/Schmengler, Elvira/Gräbener, Klaus/Kämpfer, Reinhard/Tillmann, Carsten (o. J.) (Redaktion): Regionale Fachkräfte-Strategie 2012ff, Eckpunkte eines integrierten Handlungsplans für die Kreise Siegen-Wittgenstein und Olpe. Internetquelle: http://fachkraefteinitiative-nrw.de/einzelregionen/siegen-wittgenstein-olpe/handlungsplan-siegen-wittgenstein-olpe.pdf (Zugriff: 12. Mai 2014).

Statistisches Bundesamt (2013): Berufsbildung auf einen Blick, Wiesbaden.

Statistisches Bundesamt Fachserie 11, Reihe 1, 2013.

Statistisches Bundesamt Fachserie 11, Reihe 3, 2012.

Weiß Carsten (2012): Fachkräftemangel – Legende oder Wirklichkeit? Vortrag am 14. November 2012 in der Siegerlandhalle (Pressemitteilung zum gleichnamigen Vortrag).

Materialien aus unserem Projekt

Verschiedene Interviews mit Frauen aus dem Kreis Siegen-Wittgenstein, die eine gewerblich-technische Ausbildung absolvieren oder in technischen Berufen tätig sind.

Daniela Fleiß

Alte Industrieanlagen, neue Nutzungen. Vom sinnvollen Umgang mit den Überresten industrieller Vergangenheit

1.   Einleitung

Wer um 1890 das Essener Hauptwerk der Firma Krupp, des bedeutendsten Stahl-Herstellers Europas, besichtigte, erblickte bereits von weitem einen

> »Wald seiner fast zahllosen Schornsteine, Schlote und Thürme [sic!] von allen Größen und Formen, aus denen man schwarze Rauchsäulen, weiße Dampfwolken, rothe [sic!] Feuergarben und auch von Zeit zu Zeit die charakteristischen, mit einem Funkenregen gemischten gelbbraunen Rauchmassen des Bessemerprocesses [sic!] emporsteigen sieht«,[1]

wie der Journalist der Leipziger Illustrierten Zeitung in einer Reportage über die Fabrik schilderte. Im Innern erlebte der Besucher den Ausführungen des Berichts nach beeindruckende Szenen voller Funkenflug, Hitze und donnernder Geräusche. »Selbst der vorbereitete Zuschauer«, so urteilte der Reporter, »vermag sich der überwältigenden Macht dieses Eindrucks nicht zu erwehren«.[2]

Diese Skizze kann stellvertretend stehen für die Eindrücke, die die Betriebe der Schwerindustrie beim fachfremden Besucher hinterließen.[3] Das Ruhrgebiet, wie viele Industrieregionen Europas, war geprägt durch riesige Fabrikareale, die die Umgebung durch Dreck, Rauch, Lärm und Funkenflug prägten, aber auch Stolz auf die heimische Produktionskraft und technische Leistung hervorriefen.

Keine hundert Jahre später ist es still und sauber in den ehemaligen industriellen Zentren geworden. Nach der letzten größeren Wachstumsphase in der Nachkriegszeit waren die alten Industriezweige Europas mit einem wirtschaftlichen Niedergang konfrontiert, der in den meisten Fällen zur Schließung der Industrieanlagen und damit zu einem ökonomischen Niedergang ganzer Regionen führte. Übrig blieben die verlassenen Zeugen des Industriezeitalters, die

---

1 ›Die Gußstahlfabrik von Fried. Krupp in Essen‹, S. 493.
2 Ebd., S. 498.
3 Vgl. für eine detaillierte Untersuchung der Fabrik als touristische Attraktion ab 1890 Fleiß 2013.

Fabrikhallen, Fördertürme, Abraumhalden, Schornsteine, Werkseisenbahnen oder Gasometer.

Was tun mit diesen alten Dingen? Sollte es möglich sein, sie einem neuen Zweck zuzuführen? Wie könnte dieser neue Zweck aussehen? Könnte er von neuem ökonomischen Nutzen sein? Oder wäre er eher von symbolischer Natur? Oder waren diese alten Dinge nur ein Hindernis aus der Vergangenheit, das es zu überwinden, das heißt konkret, abzureißen galt?

Verschiedene Regionen Europas gaben in den vergangenen 40 Jahren verschiedene Antworten darauf.

2.   Alte Dinge

Der Prozess des Niedergangs der alten Industrien wie dem Bergbau, der Schwer- oder der Textilindustrie – Branchen also, die in der Hochindustrialisierung den Höhepunkt ihrer Entwicklung erreicht hatten und die ihren Lebenszyklus dann nur noch durch Sonderkonjunkturen verlängern konnten – zeigte sich als ein gesamteuropäischer Prozess, der wiederum Teil eines größeren Prozesses ökonomischer Restrukturierung im Rahmen der internationalen und globalen Wirtschaft war. Seit den 1960er Jahren, dem Beginn der Absatzschwierigkeiten westeuropäischer Kohle, setzte in der westlichen Welt eine Phase industrieller Restrukturierung ein, die vom fordistischen Produktionsmodell des späten 19. und frühen 20. Jahrhunderts überleitete zu einem System mit kleineren Einheiten und größerer Flexibilität, dem neue Industrien wie die Mikroelektronik oder die Informationstechnologie viel eher entsprachen als beispielsweise die Montanindustrie. Gleichzeitig verschwammen die Grenzen zwischen Produktion und Dienstleistung, und die Bedeutung des Verkaufs von Informationen begann gegenüber dem von Gütern anzusteigen.[4] Während die westeuropäische Wirtschaft als Ganzes nach dem Abschwung der alten Industrien einen erneuten Aufschwung der neuen Industrien und des Dienstleistungssektors erlebte und sich damit ökonomisch konsolidieren konnte, galt das nicht für die einzelnen ehemaligen Industriezentren, die den Verlust der alten Industrien und dem damit verbundenen Abbau tausender von Arbeitsplätzen nicht kompensieren konnten.[5]

Die Deindustrialisierung ganzer Regionen wirkte sich nicht nur negativ auf die Arbeitsmarktsituation aus, sondern hatte vielfältige Folgen für die Bevöl-

---

4 Vgl. Jones/Wild 1991, S. 5 f.
5 Vgl. ebd., S. 21

kerung.[6] Aus der Langzeitarbeitslosigkeit entwickelten sich wirtschaftliche Nöte, sozialer Rückzug, schlechte körperliche und geistige Gesundheit. Es kam zu einer Zunahme der Jugendkriminalität und des Alkohol- und Drogenmissbrauchs in allen Altersschichten. Über die individuelle Ebene hinaus waren auch die jeweiligen Städte und Gemeinden betroffen, deren Finanzmittel abnahmen und die daher ihren kommunalen Aufgaben kaum noch nachkommen konnten. Aus diesem Zusammenspiel heraus entwickelte sich, so zeigten Gespräche mit Betroffenen, die Angst, dass zum ökonomischen auch ein Niedergang der Kultur der durch die Industriegesellschaft geprägten Gemeinschaft käme.[7] Tatsächlich mussten die Bewohnerinnen und Bewohner damit umgehen, dass durch das zunehmende Wegfallen sozialer Ankerpunkte wie Kneipen und Geschäfte etablierte Beziehungen drohten, sich langsam aufzulösen. Am schwersten wog aber wohl der Umstand, dass der Bezugspunkt für ihre Identität, die industriell geprägte Arbeit, verloren gegangen war. Allein die alten, (sinn-)leeren Gebäude- und Maschinenkomplexe waren geblieben – sofern ihr Abriss nicht direkt nach der Stilllegung voran getrieben worden war (vgl. Abbildung 1).

Was den Menschen jedoch außerdem noch geblieben war, war ihre durch die Vergangenheit bestimmte Gegenwart, ihre industriekulturelle Prägung. War diese auch nur ein Überrest, ›reif zum Abriss‹ wie die leeren Industriehallen?

Industriekultur im eigentlichen Sinne meint die Kultur (in ihrer umfassenden Bedeutung) des Industriezeitalters. Jenseits der ›hohen Kultur‹ umfasst dieses Kulturkonzept die Gesamtheit der gesellschaftlich konstituierten, raum- und zeitbezogenen Werte, Einstellungen und Vorstellungen. Das Individuum, im Falle der Betrachtung des Industriezeitalters vorrangig aus der Arbeiterschaft, mit seinem Handeln und Erleben in seiner Lebenswelt steht im Mittelpunkt.[8]

Diese Kultur des Industriezeitalters, begriffen als ›Erbe‹ – das englische Wort ›heritage‹ wird dem Konzept eher gerecht –, konnte jedoch in und nach der Zeit der Krise der alten Industrien auch als Gegenwarts- und Zukunftsprogramm verstanden werden. Die offensiv ausgestellte und ausgelebte Industriekultur wurde, so beschreibt Roland Günter, Kunst- und Kulturhistoriker und Pionier bei der Rettung von Industriebauten vor dem Abriss, zum »Identitäts-Kapital«, das Kraft gebe »zum Sichwohlfühlen und zum Vorwärtsgehen«.[9] Noch deutlicher in Worte fasste das Konzept eine Mitarbeiterin des Kulturmanagements im

---

6 Eine Zusammenfassung verschiedener Studien aus dem englischsprachigen Raum zu den Folgen der Deindustrialisierung liefern Stephenson/Wray 2005, S. 175–180.

7 Vgl. ebd., S. 176.

8 Vgl. zur Theorie der Kulturgeschichte z.B. Mergel 1996; Oexle 1996. Vgl. zur Kultur der Industriegesellschaft z.B. Glaser 1994. Das gesteigerte Interesse an der industriellen Kultur des 19. und 20. Jahrhunderts von Seiten der Historiker begann in den siebziger Jahren des 20. Jahrhunderts und fiel damit zusammen mit der Krise der europäischen Schwerindustrie.

9 Günter 2000, S. 412.

Abb. 1: Blick auf die z. T. demontierten Kühltürme der Kokerei Zollverein in Essen. Foto: Ulrich von Born/WAZ FotoPool, Bild-Nr. 00144257, Aufnahmedatum: 1.9.2008.

Ruhrgebiet: »Eine Region muss ja wissen, woher sie kommt. Und wenn man weiß, wo man die Wurzeln hat, dann kann man auch wachsen und sich weiter entwickeln.«[10]

Konkret werden unter Industriekultur in diesem zweiten Sinne die wissenschaftliche Diskussion industrieller Überreste und ihre Interpretation als Zeugen der Vergangenheit ebenso begriffen wie die Musealisierung der Geschichte der industriellen Gesellschaft und ihrer Zeugnisse und die Bewahrung alter industrieller Gebäude und ihre Neunutzung für kulturelle Zwecke wie Konzerte und Kunstausstellungen.

Durch den Bezug aufeinander sind also weder die alten Industriebauten noch die industriekulturelle Identität zum Abriss bestimmt. Aber wie kann diese Verschränkung besonders konstruktiv gelingen? Welche Kriterien muss der neue Zweck der alten Werkshallen und Maschinenensembles erfüllen, damit er auch aus der alten Identität des Industriezeitalters eine neue, auf Industriekultur basierende und positiv gewendete Identität erzeugen kann?

---

10 Interview mit einer Mitarbeiterin des Kulturmanagements beim Initiativkreis Ruhrgebiet, Jg. 1972 vom 12.9.2003, zitiert nach Röllinghoff 2008, S. 302.

3. Abriss oder Erhaltung?

In der Diskussion um Abriss oder Erhaltung ehemaliger Industrieanlagen oder einzelner ihrer Teile spielte vor allen Dingen der ökonomische Aspekt, gepaart mit dem – anfangs noch fehlenden – Verständnis für die Möglichkeiten einer Neunutzung eine wesentliche Rolle. Es lag im Interesse der Kommunen ebenso wie der Anwohner, die nun wirtschaftlich brach liegenden Flächen einer neuen ökonomischen Nutzung zuzuführen. Insbesondere solche Kommunen, bei denen Gewerbeflächen knapp waren, sei es durch die großen Areale, die im Besitz der altindustriellen Großunternehmen waren,[11] sei es durch den geografisch bedingten Mangel an passender Fläche zur Neuansiedlung für Industrie, wie beispielsweise in den engen Tälern des Siegerlandes oder des walisischen Kohlereviers, ließen den Abriss zu Beginn des Strukturwandels zügig voranschreiten.[12] Dieser Weg wurde anfangs von der Bevölkerung unterstützt, erhoffte sie sich doch von den neuen freien Flächen die Ansiedlung von Unternehmen, die den Verlust der Arbeitsplätze auffangen und neue ökonomische Sicherheit bieten konnten. Dass dies in dem meisten Fällen allein deswegen illusorisch war, weil die neuen Firmen, sofern eine Ansiedlung denn überhaupt gelang, Anforderungen an die Ausbildung ihres Personals stellten, das die ehemaligen Industriearbeiter häufig nicht erfüllen konnten, führten sich die Menschen der alten Industrieregionen nicht vor Augen.

Die Vorstellung eines Erhalts stillgelegter, ungenutzter Zechen und Stahlwerke war für die Menschen in der Region auch insofern wenig attraktiv, als sie schmerzlich an die verlorene Arbeit erinnert wurden. Schließlich fehlte den meisten schlicht die Vorstellungskraft, das, was über Jahrzehnte ihr Arbeitsplatz gewesen war, als Denkmal zu erkennen und die Erhaltung zu fordern. »Laß [sic!] uns den alten Laden mal abreißen«,[13] so lautete häufig die Reaktion ehemaliger Arbeiter.

---

11 Im Ruhrgebiet sprach man von einer regelrechten »Bodensperre« durch den Bergbau, der große Teile der Stadtgebiete in seinem Besitz hatte, vgl. Nonn 2001, S. 223.

12 Im Siegerland als Bergbauregion für Eisenerz blieb kein einziger Förderturm erhalten (vgl. hierzu die »Erlebniskarte« der Initiative »WasserEisenLand e.V«, verfügbar unter http://www.wassereisenland.de/Erlebniskarte [24.4.2014]). Im Kohlerevier des Rhondda-Tals in Südwales wurde nur eine einzige Zeche, Lewis Merthyr Colliery, heute Rhondda Heritage Park, nicht direkt nach der Stilllegung abgerissen (vgl. hierzu die Homepage des Rhondda Heritage Parks, verfügbar unter http://tourism.rctcbc.gov.uk/en/attractions/rhondda-heritage-park/rhondda-heritage-park.aspx [24.4.2014]). In Großbritannien kam das Interesse der Regierung hinzu, nachdem sie den Streik 1984/85 für sich entschieden hatte, die Zeugen des nun ›überwundenen‹ Industriezeitalters schnellstmöglich zu beseitigen (vgl. Berger 2013, S. 25.)

13 Interview mit Herrn H., Schlosser, Jg. 1938, vom 11.1.2000, zit. nach: Schwarz 2001, S. 164.

Fand jedoch ein Abriss nicht nur einzelner, sondern eines großen Teils der
alten Industrieanlagen statt, so waren die mentalen Folgen für die Bewohner der
umliegenden Gebiete in vielen Fällen verheerend. Die zum Teil erst durch die
Industrialisierung mit ihren Großbetrieben entstandenen Kommunen verloren
die Zeugnisse für den Grund ihrer Existenz. Nach dem Verlust ihrer ökonomischen Mitte drohten sie nun auch noch die baulichen Bezugspunkte ihrer
Identität zu verlieren.[14]

Diesen Verlust vorausahnend begannen sich – parallel zur Entdeckung der
Geschichte des Industriezeitalters durch die Wissenschaft – lokale Bewegungen
für den Erhalt einzelner Gebäude einzusetzen. Dieser Prozess ist insbesondere
für das Ruhrgebiet gut dokumentiert,[15] zeigte sich jedoch in den folgenden
Jahren als ein Phänomen, das nicht nur in den Kernländern der industriellen
Revolution, wie Großbritannien, Deutschland, Frankreich, Belgien oder den
USA, sondern in nahezu allen Gesellschaften, die sich auf den Weg ins postin-
dustrielle Zeitalter begaben, auftrat.

Die Forschung berichtet inzwischen über den Erhalt ehemaliger Industrie-
komplexe beispielsweise im Mittelmeerraum,[16] aber auch auf dem Balkan[17] und
im Baltikum[18]. Außerhalb Europas machen mittlerweile Länder wie Kanada,[19]
aber auch Brasilien, China oder Vietnam[20] durch ihren Umgang mit ihren
Zeugnissen des Industriezeitalters auf sich aufmerksam.[21]

Auch sind es nicht allein, wie man vielleicht durch die prominenteren Beispiele des Ruhrgebiets, des Saarlandes oder der schwerindustriellen Regionen
Großbritanniens meinen könnte, die Überreste der Montanindustrie, die erhalten wurden. Ebenso wurden Fertigungshallen der Textilindustrie[22] und des
Schiffsbaus[23] oder sogar Teile ehemaliger Salzbergwerke[24] konserviert.

---

14 Solche Folgen zeigten sich in vielen Orten, insbesondere in Großbritannien, wo von der
    Regierung eine schnelle Überwindung der gewerkschaftlich geprägten industriellen Ver-
    gangenheit vorangetrieben wurde. Hier war, so interpretiert eine Studie, eine emotionale
    Degeneration in der Bevölkerung festzustellen. Vgl. Stephenson/Wray 2005, S. 177.
15 Vgl. jüngst für eine internationale Leserschaft Brownley Raines 2011.
16 Vgl. Vargas-Sanchez/Porras-Bueno/Plaza-Mejia 2011; Morell 2011; Perelli/Pinna/Sistu 2011.
17 Vgl. Mlynka 2007; Timcak/Rybar/Jablonska 2011.
18 Vgl. Nisser u. a. 2012.
19 Vgl. Lemky/Jolliffe 2011.
20 Vgl. Nguyen Duc Hoa/Chesworth/Jolliffe 2011; Reeves u. a. 2011.
21 Einen Überblick über die Aktivitäten zum Erhalt der baulichen Zeugnisse des Industrie-
    kulturellen Erbes bietet die Homepage des International Committee for the Conservation of
    the Industrial Heritage (TICCIH), verfügbar unter http://ticcih.org/about/countries/
    [25.4.14].
22 Vgl. Hauff 1991.
23 Vgl. Law 1991, Nuhn 1991.
24 Vgl. Che 2011.

4.   Neue Zwecke

Aber der Erhalt der baulichen Zeugnisse reichte sowohl aus ökonomischer, als auch aus ideeller Sicht nicht aus, es musste auch zu einer wie auch immer gearteten Neunutzung kommen, allein schon, um die Instandsetzung und -haltung zu finanzieren, aber auch, um die Bauwerke wieder in das Leben der Menschen einzubinden.

Unter anderem wurde die neu entdeckte Industriekultur in diesem Zuge als neue Perspektive für die Regionen, die an ökonomischem Niedergang litten, auserkoren. Paradoxerweise wurden die Überreste des Niedergangs zu Anziehungspunkten uminterpretiert, die durchaus touristisches (Nischen-)Potenzial aufwiesen. Was bisher von einer Reise in eine Industrieregion abgeschreckt hatte, wurde nun begriffen als einzigartiges und vermarktbares Merkmal (vgl. Abbildung 2).

Abb. 2: Wegweiser zur Industriekultur, Essen-Katernberg. Foto: Daniela Fleiß, 2005.

Mag anfangs der Blick auf die teilweise verfallenden Zeugnisse des Niedergangs einer Epoche im Sinne eines ›Dark Tourism‹[25] eine Begründung für den Besuch gewesen sein, erhöhte sich – auch im Zuge des steigenden wissen-

---

25 Vgl. zum Phänomen des Dark Tourism z. B. Quack, Steinecke 2012.

schaftlichen und öffentlichen Interesses an der Geschichte des industriellen Zeitalters – das Interesse einer breiteren gebildeten Öffentlichkeit. Hinzu kamen immer mehr ehemalige Beschäftige und Anwohner, die sich durch den Besuch ihrer eigenen Identität rückversichern und sie in nachfolgende Generationen weitertragen wollten.

Letztlich konnte eine alleinige Orientierung an den an der Industriekultur Interessierten ökonomisch nicht erfolgversprechend sein, da diese Gruppe einfach zu klein war.[26] Die Erwartungen der Anwohnerinnen und Anwohner auf große Touristenströme und damit verbunden ökonomischen Aufschwung erfüllte sich jedenfalls nicht. Dies lag nicht allein an den mangelnden Interessenten, sondern auch – und das wurde häufig von den Anspruchsgruppen übersehen, an dem Charakter und der Zahl der Arbeitsplätze, die eine touristische Nutzung überhaupt in der Lage war zu schaffen. Weder konnte die Tourismusbranche Arbeitsplätze für ehemalige Beschäftigte der Schwerindustrie bieten – von ›Ehemaligen‹, die Führungen über das Gelände anboten und Servicedienstleistungen, für die eine geringe Qualifikation nötig war, einmal abgesehen –, noch konnte dieser Zweig des Dienstleistungssektors ein quantitativ vergleichbares Angebot an Arbeitsplätzen machen, wie der alte Industriebetrieb.[27]

Die Vergrößerung der Interessengruppe und damit die Erhöhung der Besucherzahlen zeigte und zeigt sich immer noch als ebenfalls problematisch. Die Aufgabe liegt darin, einen eher als Insiderthema zu kennzeichnenden Stoff einem größeren Publikum zugänglich machen, ohne inhaltliche Abstriche zugunsten beliebiger themenfremder Angebote hinzunehmen, bei denen die Industrieanlagen und -exponate nur noch eine Kulissenfunktion haben.[28]

Wie kann eine sinnvolle Erweiterung der Themen- und Produktpalette aussehen, um Touristen anzuziehen? Oder wäre eine Umnutzung über die touristische Vermarktung hinaus denkbar und ökonomisch sinnvoll? Ließen sich beide Aspekte vielleicht sogar miteinander kombinieren? Und wie ließe sich jenseits der wirtschaftlichen Inwertsetzung die Interpretation als identitätserhaltendes oder gar -schaffendes Symbol mit einer Neunutzung erreichen?

Die zwei Enden der Skala möglicher Zwecke alter Industrieanlagen bestehen einerseits in einer reinen Musealisierung und andererseits in einer tatsächlichen Umnutzung, die den alten Zweck nicht mehr in den Vordergrund stellt. Während diese zwei Formen in der Realität eher selten in Reinform existieren, lassen sich doch klare Tendenzen in eine der beiden Richtungen ausmachen. Beispielhaft sollen im Folgenden die beiden Regionen *Ironbridge Gorge* im Verwaltungsbe-

---

26 Vgl. Schwark 2004, S. 16.
27 Vgl. Fleiß/Strelow 2008, S. 253–255.
28 Vgl. Ebd.

zirk Shropshire der West Midlands Englands und das *Ruhrgebiet* im deutschen Bundesland Nordrhein-Westfalen mit ihren Neunutzungskonzepten vorgestellt werden. Obwohl beide Projekte Teil der europäischen Route der Industriekultur sind[29] und auf der Welterbeliste der UNESCO stehen,[30] liefern sie jeweils einen ganz unterschiedlichen Ansatz, mit dem industriellen Erbe in der Gegenwart umzugehen.

5.   Musealisierung als neuer Zweck: Der Ironbridge Gorge Museum Trust

Die Iron Bridge, 1779 erbaut, ist die erste gusseiserne Bogenbrücke der Welt. Sie ist das Resultat der erfolgreichen Versuche der im nahe gelegenen Ort Coalbrookdale gelegenen Coalbrookdale Company, Eisen nicht mehr mit Holzkohle, sondern mit Koks zu schmelzen, was die Herstellung großer Architekturteile aus Eisen möglich und die Region zu einem der Motoren der Industrialisierung machte. Hier wurden die ersten eisernen Räder, Boote, Schienen und die erste Dampflokomotive der Geschichte hergestellt. Die wirtschaftliche Dynamik in der Region zog in der Folge Betriebe weiterer Branchen, beispielsweise auch Keramik- oder Fliesenfabriken an.[31]

Der *Ironbridge Gorge Museum Trust* wurde bereits 1967 als Wohltätigkeitsorganisation gegründet, »to preserve and interpret the remains of the Industrial Revolution«,[32] wie es in der Selbstbeschreibung der Organisation heißt. Heute unterhält der Trust zehn Museen zu unterschiedlichen Aspekten der Geschichte des industriellen Zeitalters und verwaltet 35 industriekulturelle Sehenswürdigkeiten, die sich im Ironbrigde-Tal befinden.[33]

Die Besucherinnen und Besucher erwartet, so schildert der Trust auf seiner Homepage, ein umfassendes Erlebnis der industriellen Vergangenheit: »See the products that set industry on its path and the machines that made them. Watch and talk to the Museums' craftsmen and costumed demonstrators as they work

---

29 Sowohl die Ironbrige als auch die im Ruhrgebiet gelegenen Zechen Zollverein und Zollern sind Ankerpunkte auf der Europäischen Route der Industriekultur, einsehbar unter http://www.erih.net/de/ankerpunkte/grossbritannien.html und http://www.erih.net/de/ankerpunkte/deutschland.html [24.4.2014].

30 Vgl. UNESCO: Welterbeliste, einsehbar unter http://www.unesco.de/welterbeliste.html [24.4.2014].

31 Vgl. Homepage des Ironbridge Gorge Museum Trust, einsehbar unter http://www.ironbridge.org.uk/about-us/world-heritage-site/[24.4.2014].

32 Homepage des Ironbridge Gorge Museum Trust, einsehbar unter http://www.ironbridge.org.uk/about-us/ironbridge-gorge-museum-trust/ [24.4.2014].

33 Vgl. ebd.

iron, fashion china and glass, and bring alive the people who lived and worked here.«[34]

Das Musealisierungskonzept setzt vor allen Dingen auf ein möglichst kör-perliches Nachempfinden der Vergangenheit, in dem alle Sinne angesprochen, und bei dem die Besucherinnen und Besucher selbst aktiv werden können, indem sie einfachere Arbeit selbst ausführen. Unterstützt wird dieses Erleben durch einen Prozess des *Re-enactment*, in welchem Angestellte, gekleidet in der Vergangenheit nachempfundenen Kostümen, die Arbeitsprozesse des Indu-striezeitalters verrichten.

Neben bezahlten Angestellten, die in Kostüme schlüpfen mussten, halfen auch Freunde und Förderer des Museums ehrenamtlich bei dieser Inszenierung mit, den »antiquated labour-process as a desirable spectacle«[35] zu präsentieren (vgl. Abbildung 3 und 4).

Abb. 3: »Coalport Workshops« im Ironbridge Gorge Museum, Bild mit freundlicher Geneh-migung des Museums.

Eine derartige Musealisierung der verschiedenen Standorte ehemaliger In-dustrieanlagen auf einem recht engen Raum führte dazu, dass sich die Umge-bung diesem Konzept anschloss und sich schließlich ganze Ortschaften zu einem lebenden Museum entwickelten. Teils statteten die Inhaber bestehender

---

34 Homepage des Ironbridge Gorge Museum Trust, einsehbar unter http://www.ironbridge.org.
    uk/about-us/ [24.4.2014].
35 West 1988, S. 57.

Abb. 4: »Blists Hill Foundry« im Ironbridge Gorge Museum, mit freundlicher Genehmigung des Museums.

Gastronomie- oder Hotelbetriebe ihre Räumlichkeiten nach vermeintlich historischem Vorbild aus und ließen die Angestellten in historisch angehauchten Kostümen herumlaufen, teils begann der Museum Trust selbst, Lokale und Pensionen zu betreiben, um das alle Lebensaspekte umfassende Erlebnis der Besucher zu garantieren. Die Werbung des Museums stellt die ganze Ortschaft als Kulisse für einen vergnüglichen Tag für die ganze Familie mit Shopping, Freizeit, und historischem Tourismus dar.[36] Hinzu kam eine Flut von Unternehmen, die auf den ökonomisch erfolgreichen Zug aufsprangen und weitere Pubs, Cafés oder Hotels mit historisch angehauchtem Interieur und Personal eröffneten.

Wie diese privatwirtschaftlichen Anbieter sei sich das Museum immer der Tatsache bewusst gewesen, dass Geschichte auch ein Geschäft sei,[37] so erläuterte bereits 1988 Bob West in seiner ausführlichen Studie zu Fragen des Geschichtstourismus und der Rolle, die Museen für die lokale Gemeinschaft spielen, die er anhand des Ironbridge Gorge Museum Trust durchführte. Dafür sprachen und sprechen die ausgeprägte Bewerbung des Museums ebenso wie der forcierte Souvenirverkauf. Zwar war sich das Museum des Interessenkonflikts zwischen der Musealisierung der Vergangenheit und ihrem Verkauf als Freizeitvergnügen bewusst, betonten den Freizeitaspekt des Museums jedoch immer stärker.[38] Dadurch zeigte und zeigt sich das *Ironbridge Gorge Museum* jedoch auch wirtschaftlich erfolgreich, was generell für die Bewohner der Umgebung ehemaliger Industriebetriebe immer einen großen Raum in ihren Forderungen einnimmt. Insofern erfüllt der Trust schon einmal einen Teil der Ansprüche aus der umgebenden Region, die Neunutzung nicht noch indirekt auf

---

36 Vgl. ebd., S. 47.
37 Vgl. ebd., S. 45.
38 Vgl. ebd., S. 46.

Kosten der sowieso durch den industriellen Niedergang getroffenen Bewohner aufrechtzuerhalten.

Und auch dem Wunsch nach einem neuen Ankerpunkt zur (neuen) Identitätsbildung kam das Ensemble rund um die Iron Bridge insofern entgegen, als es die interessierten Anwohner in die konservatorischen und museumspädagogischen Aktivitäten mit einbezog. Insbesondere in einer frühen Phase der Erschließung spielten die Freiwilligen, häufig ehemalige Beschäftigte und deren Familienangehörige die Hauptrolle.[39] Mittlerweile hat sich diese ehrenamtliche Tätigkeit jedoch eher zu einer Mittelklassebewegung entwickelt,[40] sodass die neue Arbeiterschaft der Region – beispielsweise die eher schlecht ausgebildeten jungen Menschen mit geringen Perspektiven auf dem Arbeitsmarkt – ihre Identität letztlich nicht mehr in den Monumenten der industriellen Vergangenheit wiederfinden kann.

West definierte den Prozess, der rund um den Ironbridge Gorge Musem Trust abläuft, als die Erschaffung von einer »imagined communitiy of the past«.[41] Daran kritisierte er einerseits die fehlende demokratische Grundlage bei der musealen Erschaffung dieser Vergangenheit, die durch das Management des Museums und seine wissenschaftlichen Berater erfolgte. Diese vom Ironbridge Gorge Musem Trust präsentierte Vergangenheit überhöhe die technischen und baulichen Artefakte derart, dass dadurch die Illusion von Fakten und Objektivität entstehe, in der sozialgeschichtliche Aspekte wie der Klassenkampf, Genderdiskurse oder rassische Ungleichheiten außen vor blieben.[42] Auf einer umfassenderen Ebene kritisierte West jedoch nicht nur Aspekte der konkreten Umsetzung, sondern den Musealisierungsprozess an sich, der sich einzig auf die Schaffung einer Fantasievergangenheit beschränke, die allein rückwärtsgewandtes Identifikationspotential biete – so lässt sich jedenfalls die Kennzeichnung als »imagined communitiy of the past«[43] deuten. Studien über andere Industriegebiete, in denen ebenfalls eine Neunutzung nur in Form einer Musealisierung stattgefunden hat, beispielsweise über den Rhondda Heritage Park in Wales, bestätigen diese Problematik, dass die Bewohner der Region aus einer solchen Nutzung zwar unter Umständen Stolz auf ihre Vergangenheit ableiten und ökonomische Effekte in der Gegenwart nutzen können, dass sie aber darüber hinaus kein Identifikationspotential für die Gegenwart und Zukunft ihrer Region ableiten können, weil es keinen gegenwärtigen (Identitäts-) Nutzen gibt,

---

39 Vgl. ebd., S. 42.
40 Vgl. ebd.
41 Ebd., S. 37.
42 Vgl. Ebd., S. 50–53, 59.
43 Ebd., S. 37.

nur die Konservierung einer (aus den verschiedensten Gründen) immer un-
wirklicher erscheinenden Vergangenheit.[44]

6. Umnutzung als neuer Zweck: Die Zeche Zollverein und der Landschaftspark Duisburg-Nord im Ruhrgebiet

Anders als die zuvor vorgestellte britische Industrieregion ging das Ruhrgebiet
mit seinem industriekulturellen Erben um.

Das nach dem im Süden der Region gelegenen Fluss Ruhr benannte Ruhrgebiet mit seinen heute über fünf Millionen Einwohnern auf einer Fläche von
rund 4400 Quadratkilometern verdankt seine Entwicklung der letzten 200 Jahre
zur größten Stadtregion Deutschlands fast in Gänze der Schwerindustrie. Seit
dem Ende des 18. Jahrhunderts entstanden einerseits Eisenhütten, andererseits
wurde der bereits seit der frühen Neuzeit entlang der Ruhr ansässige Kohle-
bergbau seit dieser Zeit wirklich industriell betrieben. Während die Zechen
anfangs nur die Kohle für den Ausschmelzprozess der Eisenerze lieferten, wurde
mit dem Fund von verkokbarer Fettkohle im Jahr 1839 auch die Stahlerzeugung
mit Kohle statt mit Holz möglich, was diese beiden Sektoren der Montanindustrie im Ruhrgebiet auf das Engste miteinander verband und zu einem Wirt-
schaftswachstum sondergleichen führte. Am Vorabend der Kohle- und Stahlkrise arbeiteten im Bergbau 450.000 Beschäftigte und fast ebenso viele in der
Stahlindustrie. Seit Beginn der Kohlekrise im Jahr 1958 und der in den siebziger
Jahren einsetzenden Stahlkrise befindet sich das Ruhrgebiet in einer anhaltenden Phase des Strukturwandels. Heute sind bis auf wenige Ausnahmen die Betriebe der Schwerindustrie geschlossen, mehr als 400.000 Arbeitsplätze gingen
verloren.[45]

Die Diskussion um Abriss oder Erhalt der im Strukturwandel stillgelegten
Werksanlagen setzte im Ruhrgebiet, ebenso wie im Steelbridge Gorge, in den
späten sechziger Jahren ein, getragen zunächst von Initiativen Einzelner bezogen auf ganz bestimmte Bauwerke, dann von einer stetig wachsenden Gruppe.[46]
Eine feste Struktur erhielt der Umgang mit den baulichen Zeugnissen des Industriezeitalters in der Ruhrregion jedoch erst 1989 durch die Landesinitiative
»Internationale Bauausstellung Emscher Park«, kurz IBA. Dieses Strukturpro-
gramm war in der Absicht aufgelegt worden, ökologische, ökonomische und

---

44 Vgl. Dicks 1996, S. 57 ff. Das Phänomen der Eventisierung von Geschichte allgemein, das
sich hier zeigt, ist in jüngster Zeit vielfältig untersucht worden, vgl. u. a. Schlehe u. a. 2010,
Pirke u. a. 2010.

45 Vgl. zur Wirtschafts-, Bevölkerungs- und Raumentwicklung des Ruhrgebiets das immer
noch aktuelle Werk von Steinberg 1985.

46 Vgl. Schwarz 2008, S. 51 ff.

soziale Strategien insbesondere für den nördlichen Teil der Region zu erarbeiten. Diese Strategien beruhten auf der Grundannahme der IBA, dass die nicht mehr für die Produktion genutzten Industriebauten ein wichtiger Teil der Kultur der Region und daher unbedingt zu erhalten seien. Die IBA beließ es jedoch nicht bei einer Musealisierung der Orte, sondern gab organisatorische und finanzielle Impulse für die bestehenden Initiativen vor Ort, die ganz unterschiedliche Konzepte zur Umnutzung verfolgten. Neben der Entwicklung neuer Nutzungen für industrielle Bauten förderte die IBA außerdem die Regeneration der durch die Industrie belasteten und überformten Landschaft, die Steigerung der Wohn- und Lebensqualität in benachteiligten Stadtteilen und die Schaffung von Arbeitsplätzen. Alle diese Förderbereiche spielten ineinander, sodass auch die Neunutzung der Industriebauten durch die übrigen Bereiche mit geprägt wurde. Was entlang des Flusses Emscher entstand, war eine Mischung aus Natur-, Industrie- und Freizeitpark.[47] »The IBA Emscher Park was a gigantic experiment to anchor economic regeneration and future perspectives in a sense of tradition and the memory of the past that was heavy industry«,[48] so lautete die Bewertung durch die Forschung.

Ein Ergebnis der Arbeit der IBA war die ›Route Industriekultur‹ (vgl. Abbildung 2), die mittlerweile vom Regionalverband Ruhr getragen und stetig weiter ausgebaut wird. Sie erschließt auf einem 400 Kilometer langen Straßenrundkurs das industriekulturelle Erbe des Ruhrgebiets. Zum Kernnetz der ausgeschilderten Straßenroute zählen 25 als Ankerpunkte bezeichnete Highlights sowie 16 Aussichtspunkte und 13 Arbeitersiedlungen.[49] Bei den hier versammelten Ensembles war häufig eine Neunutzung in Form einer tatsächlichen Umnutzung zu beobachten. So wurden Abraumhalden beispielsweise durch von Künstlern geschaffene Aussichtsplattformen zu »Landmarken«, die Abwasserrohre ehemaliger Kläranlagen zu Hotelzimmern, eine Zeche zu einem Designstandort und ein Stahlwerk zu einem »Landschaftspark«. Die beiden letztgenannten Beispiele, das Weltkulturerbe Zeche Zollverein und der Landschaftspark Duisburg-Nord zeigen ganz besonders die Kreativität und Radikalität der Umnutzung im Ruhrgebiet.

Die Zeche im Norden der Stadt Essen, einer der Ankerpunkte der Route Industriekultur, gelte, so die Selbstbeschreibung der Betreibergesellschaft, als Besuchermagnet der Metropole Ruhr: »Hier schlägt das kulturelle Herz einer ganzen Region, lockt das Doppelbock-Fördergerüst Touristen nicht nur aus ganz

---

47 Vgl. Homepage der Internationalen Bauausstellung Emscher Park, verfügbar unter http://
    www.iba.nrw.de/arbeitsbereiche/main.htm [24.4.2014].
48 Berger 2013, S. 23.
49 Vgl. Homepage der Route Industriekultur, verfügbar unter http://www.route-industriekul
    tur.de/ [24.4.2014].

Deutschland sondern […] aus der ganzen Welt nach Essen.«[50] Was die hier – vielleicht etwas überschwänglich – skizzierten Besucherströme anzieht, ist eine Mischung aus Umnutzung und Musealisierung. Der Schwerpunkt der Umnutzung liegt in den Bereichen Kreativität und Design. Mit einem Designmuseum, Werkstätten und Büroräumen für Kreative und einem neu errichteten, architektonisch innovativen und doch an dem Konzept des bestehenden Gebäudeensembles orientierten Bauwerk, das als Hörsaalgebäude für die international renommierte Folkwang Schule dient, schlägt die Zeche Zollverein, die bereits seit ihrem Bau für ihre architektonische Gestaltung berühmt war, auf sinnvolle Weise eine Brücke von der Vergangenheit in die Gegenwart.[51] Hinzu kommen Konzerte, Tanztheater-Aufführungen, Performances und Ausstellungen (vgl. Abbildung 5 und 6).[52] Damit ist die ehemalige Zeche einerseits zu einem Ort der Hochkultur geworden, hat aber gleichzeitig auch ökonomisches Potenzial.

Abb. 5: Eröffnungsfeier des Kulturhauptstadtjahres 2010 auf der Zeche Zollverein. Foto: Ilja Höpping/WAZ FotoPool, Bild-Nr. 00003213, Aufnahmedatum: 9.1.2010.

Gleichzeitig wird der Wert des Ensembles an sich betont, indem museale Aspekte eine Rolle spielen. So werden beispielsweise regelmäßig Führungen auf

---

50 Homepage des Weltkulturerbes Zeche Zollverein, verfügbar unter https://www.zollverein.de/welterbe/tourismus/das-kulturelle-herz-einer-ganzen-region [24.4.2014].
51 Vgl. Homepage des Weltkulturerbes Zeche Zollverein, verfügbar unter https://www.zollverein.de/welterbe/design [24.4.2014].
52 Vgl. Homepage des Weltkulturerbes Zeche Zollverein, verfügbar unter https://www.zollverein.de/welterbe/kunst-und-kultur [24.4.2014].

Abb. 6: Eröffnungsfeier des Kulturhauptstadtjahres 2010 auf der Zeche Zollverein. Foto: Ilja Höpping/WAZ FotoPool, Bild-Nr. 00144260, Aufnahmedatum: 9.1.2010.

einem »Denkmalpfad« durch die Gebäude angeboten. Laut der Selbstdarstellung der ehemaligen Zeche soll die Wanderung auf dem Denkmalpfad jedoch mehr beinhalten, als eine nostalgische Verklärung der Vergangenheit, sondern die Besucher erleben »das einzigartige Denkmal der Industriekultur in all seiner Vielfältigkeit und entdecken den Wandel, der nicht nur im Welterbe Zollverein, sondern in der ganzen Region pulsiert.«[53] Es geht also nicht um eine rein vergangenheitsorientierte Verklärung des Industriezeitalters, sondern um die Verbindung von Vergangenheit und Gegenwart. Außerdem beherbergt eines der

---

53 Homepage des Weltkulturerbes Zeche Zollverein, verfügbar unter https://www.zollver-ein.de/welterbe/kunst-und-kultur [24.4.2014].

Gebäude das wichtigste Museum zur Geschichte der Region, das vor einigen Jahren von seinem bisherigen Standort auf das Gelände des Weltkulturerbes verlegt wurde.[54] Allerdings handelt es sich hier nicht um eine Einrichtung, die versucht, die Vergangenheit des Industriezeitalters als nacherlebbares Spektakel zu inszenieren, sondern um einen Neunutzer unter vielen anderen.[55]

Dieser Ausrichtung der Neunutzung der Zeche Zollverein lag das Konzept zugrunde, dass dieser Ort und seine neue Ausrichtung im Strukturwandel der Region eine zentrale Rolle spielen sollten, hier sollten Energie gebündelt und eine visionäre Kraft für die Zukunft generiert werden, so die Überlegungen zur Umnutzung.[56] Die Meinungen der Bewohner der umliegenden Stadtteile und der ehemaligen Beschäftigten über diese Umnutzung gingen indes anfänglich auseinander, in der Folgezeit zeigte sich aber eine zunehmende Akzeptanz und sogar vehemente Befürwortung für die neue Ausrichtung des alten Industriekomplexes.[57]

Auch der heutige »Landschaftspark Duisburg Nord« musste anfangs um Akzeptanz kämpfen. Das ehemalige Hüttenwerk im Duisburger Stadtteil Meiderich hat unter den großen Projekten Entlang der Route Industriekultur vielleicht die innovativste Umnutzung erfahren. Geboren aus einer Bürgerinitiative gegen den Abriss des alten Hüttenwerks und den Projekten der Internationalen Bauausstellung Emscher Park präsentiert sich das Gelände heute als »Landschaftspark«, der die Ensembles des ehemaligen Werks mit einschließt. An einem Ort, an dem die Arbeiter Millionen Tonnen Stahl und Schlacke auf Kosten der Umwelt produzierten, ist die Szenerie nun grün geworden. »As work has moved out, nature and art have moved in«.[58] Eine einmalige Parkanlage mit vielfältigen Möglichkeiten zur Freizeitgestaltung ist nicht nur rund um die ehemaligen Bauwerke entstanden, sondern nutzt diese auf zum Teil einzigartige Weise: An den Wänden der ehemaligen Erzlager üben sich die Kletterer des Deutschen Alpenvereins (vgl. Abbildung 7), Spielplätze integrieren die Überreste, ein erloschener Hochofen ist zum Aussichtsturm ausgebaut und kann selbstständig erkundet werden. Im ehemaligen Gasspeicher befindet sich ein Tauchsportzentrum – um nur einige der Umnutzungen zu nennen.[59] Hinzu kommen diverse Events, wie beispielsweise ein Open-Air-Kino im Sommer oder ein Fahrradrennen über das Gelände (vgl. Abbildung 8).

---

54 Vgl. Homepage des Weltkulturerbes Zeche Zollverein, verfügbar unter https://www.zoll-verein.de/welterbe/geschichte_zollverein [24.4.2014].
55 Vgl. zu den Ansprüchen an das Musealisierungskonzept der Zeche Zollverein Müller 2008.
56 Vgl. Röllinghoff 2008, S. 264.
57 Vgl. Röllinghoff 2008, S. 284–303.
58 Barndt 2010, S. 270.
59 Vgl. Homepage des Landschaftsparks Duisburg-Nord, verfügbar unter http://www.land-schaftspark.de/der-park [24.4.2014].

Abb. 7: Ehemaliger Erzbunker auf dem Gelände des Landschaftsparks Duisburg-Nord, umfunktioniert zur Kletterwand, Foto: Horst Neuendorf.

Abb. 8: Mountainbike-Rennen auf dem Gelände des Landschaftsparks Duisburg-Nord. Foto: Sportograf.com, 2013.

Als die Verwandlung des Hochofenbetriebs in einen Landschaftspark diskutiert wurde, waren viele ehemalige Industriearbeiter skeptisch.[60] Bei der Eröffnung des Parks herrschten dann drei Richtungen im Meinungsbild vor, die
von Befürwortung über Desinteresse bis hin zu Ablehnung reichten. Insbesondere die Tatsache, dass sich am ehemaligen Arbeitsplatz nun Freizeitgäste
vergnügen sollten, blieb einer Zahl von ehemaligen Beschäftigten suspekt. Nach
einiger Zeit jedoch, in der die ehemaligen Beschäftigten zusammen mit den
weiteren Anwohnern der umliegenden Stadtteile und mit Besuchern aus der
Region und sogar ganz Deutschland das neu gestaltete Gelände erkundet hatten,
wurden sie von der Qualität der Umnutzung überzeugt.[61] Mittlerweile habe sich,
so konstatierte die Duisburger Historikerin Angela Schwarz in ihrer Studie über
die Umnutzung des Industriebetriebs im Jahr 2001, der bunt ausgeleuchtete
Hochofenbetrieb zu einem neuen Wahrzeichen entwickelt.[62]

7. Schlussbetrachtung: »Ohne daß das Alte verschwinden müßte, entsteht etwas Neues.«[63]

Wie kann aus den alten Werksanlagen des Industriezeitalters etwas Neues entstehen, das sowohl die Geschichte und die daran gebundene Identität der
Menschen bewahrt, als auch wirtschaftlich rentabel ist? Denn beim Umgang mit
dem industriekulturellen Erbe, das wird von den verschiedenen Anspruchsgruppen immer wieder thematisiert, geht es in nicht unerheblichem Maße
darum, neue Arbeitsplätze zu schaffen und einen allgemeinen Aufschwung für
die Region zu erreichen. Doch gleichzeitig stellt sich die Frage, ob und wie eine
Neunutzung ein Hoffnungsträger für die Zukunft einer Region sein kann, nicht
nur in ökonomischer Sicht. Denn durch eine Anerkennung ehemaliger ›Altlas-
ten‹ als ›Industriedenkmale‹ und damit als Bestandteil des kulturellen Erbes,
wird auch die Lebenswelt der Menschen einer mit dem wirtschaftlichen Niedergang kämpfenden Region aufgewertet und mit neuem Sinn versehen.[64] Selbst
wenn sich die ökonomische Situation nicht gravierend verbessert, steigt das
Wohlbefinden der Menschen.[65] Roland Günter, der Initiator der IBA, sieht die

---

60 Vgl. Schwarz 2001, S. 165.
61 Vgl. ebd., S. 168.
62 Vgl. ebd., S. 169.
63 Ebd., S. 174.
64 Vgl. Wilhelm 2004, S. 44. Wilhelm, Lothar: ›Perspektiven von Industriekultur und Touris-
    mus in Europa‹, in: Schwark, Jürgen (Hg.): Tourismus und Industriekultur. Vermarktung
    von Technik und Arbeit. Berlin 2004, S. 43 – 64.
65 Vgl. Schröder 1999, S. 85. Schröder, Thies: ›An Outdated View of Modernism: Interview with

Industriedenkmäler als »Identitäts-Kapital«, das Kraft gibt »zum Sichwohlfühlen und zum Vorwärtsgehen.«[66]

Im Umgang mit den ehemaligen Industrieanlagen und -bauten, jetzt zu
Denkmälern aufgewertet, bieten sich, wie die bisherigen Ausführungen gezeigt
haben, zwei Vorgehen an. Zum einen kann das Industriedenkmal als solches im
engeren Sinne begriffen werden, das es als Grundlage einer kollektiven Erinnerung möglichst originalgetreu zu erhalten und auszustellen gilt. Die ehemalige
Industrieanlage soll die Vergangenheit anschaulich machen, sie wird reduziert
auf ihren dokumentarischen Charakter, auf ihre ›Originalität‹. Bei allen hier
nicht aufzuführenden Vorteilen einer solchen Konservierung und Musealisierung – nicht zuletzt einem möglichen ökonomischen Nutzen durch größere
Besucherströme und die Erhaltung eines gewissen Erinnerungsortes für die
umliegende Region – hat dieses Konzept, wie bereits angeklungen, auch gravierende Nachteile. Zum einen kann es zu einer Entfremdung der ›Betroffenen‹
von dem neuen Denkmal und seiner Geschichte kommen, weil die professio-
nalisiert dargebotene Geschichte im Rahmen eines Museums häufig nicht mit
dem eigenen, subjektiven Wissen um die Ereignisse in der Vergangenheit
übereinstimmt. Die Ansprüche der Menschen, denen das neue Denkmal einst-
mals als Arbeitsplatz ›gehörte‹ und der Museumspädagogen und Historiker
können hier recht weit auseinander gehen.[67] In diesem Zuge kann sich das (unter
ökonomischen Gesichtspunkten) musealisierte Industriedenkmal schnell aus
der Lebenswelt der ehemaligen Beschäftigten oder direkten Anwohner heraus
entwickeln und ein Ort der Hochkultur für eine Mittelschicht werden, die an der
Geschichte des Ortes nicht beteiligt war.[68] Ein noch entscheidenderer Nachteil
einer reinen Musealisierung ist jedoch noch auf einer ganz anderen Ebene angesiedelt: Eingefroren in der Zeit, gerät das Monument des Industriezeitalters in
eine Widersprüchlichkeit, die letztlich sein Wesen verrät. Es wird eine konser-
vierte Vergangenheit präsentiert, die die Verbindung zur Gegenwart, und damit
das Potential zur Identitätsbildung, immer stärker verliert.

Die Verbindung zur Gegenwart erhalten kann dagegen eine tatsächliche
Umnutzung der alten Industrieensembles, sofern sie nicht beliebig ist, sondern
versucht, den Charakter des Alten im neuen Zweck so umfassend wie möglich zu
berücksichtigen. »Ohne daß [sic!] das Alte verschwinden müßte [sic!], entsteht

---

Karl Ganser, IBA Emscherpark‹, in: Bauhaus Dessau: *Industrielles Gartenreich, Dessau-
Bitterfeld-Wittenberg*, Berlin 1999, Bd. 2, S. 80–87.
66 Günter 2000, S. 412
67 Vgl. Robinson 2013, S. 118.
68 Insbesondere in Spanien wird dieser Prozess der »Gentrification«, also der geistigen Inbe-
    sitznahme von Industriemonumenten durch die Mittelklasse, beschrieben, vgl. Morell 2011;
    Benito del Pozo/Gonzales 2012.

etwas Neues«,[69] so skizziert Angela Schwarz den Prozess. Das heißt eben nicht, beliebige Angebote nur in alte Industrieanlagen zu verlagern und Fragmente der Industriekultur als bloße Kulissenfunktion zu benutzen.[70] Stattdessen, so fordert der Tourismuswissenschaftler Jürgen Schwark, müsse sowohl auf ökonomische als auch auf soziale und kulturelle Nachhaltigkeit besonderer Wert gelegt werden. Industrielle Zwecke, Dienstleistungsbereiche, Naturschutz, Freizeit und Tourismus müssten ebenso Hand in Hand gehen wie die Zusammenarbeit von ökonomisch orientierten Anspruchsgruppen und sozialen Trägern, beispielsweise Vereinen ehemaliger Arbeiter.[71] Natürlich darf in diesem Zusammenhang die denkmalpflegerische Seite nicht vernachlässigt und das Industriedenkmal nicht durch spektakuläre Umnutzungen bis zur Unkenntlichkeit verfremdet werden.

Das übergeordnete Ziel einer jeden Neunutzung muss es sein, einen Weg zu finden, die Zukunft für die lokale Gemeinschaft zu gestalten, die die Vergangenheit nicht vergisst, aber über sie hinausgehen kann. Dies kann weder durch eine reine Musealisierung gelingen, noch durch eine auf rein ökonomischen Überlegungen beruhende Umnutzung, sondern durch eine Neunutzung, die rückgebunden ist an die Vergangenheit, die gegenwärtige Gesellschaft und die Gestaltungsperspektiven für die Zukunft.[72]

Forschungsliteratur

Barndt, Kerstin: »»Memory Traces of an abandoned Set of Futures«. Industrial Ruins in the Postindustrial Landscapes of Germany‹, in: Hell, Julia/Schönle, Andreas (Hg.): *Ruins of Modernity*. Durham, London 2010, S. 270–294.

Benito del Pozo, Paz/Gonzales, Pablo Alonso: ›Industrial Heritage and Place Identity in Spain: From Monuments to Landscapes‹ in: *Geographical Review* 2012/102, S. 446–464.

Berger, Stefan: ›Representing the Industrial Age: Heritage and Identity in the Ruhr and South Wales‹, in: Itzen, Peter (Hg): *The Invention of Industrial Pasts. Heritage, Political Culture and Economic Debates in Great Britain and Germany, 1850–2010*. Augsburg 2013, S. 14–35.

Brownley Raines, Anne: ›Wandel durch (Industrie) Kultur [Change through (Industrial) Culture]: Conservation and Renewal in the Ruhrgebiet‹, in: *Planning Perspectives* 2011/26, S. 183–208.

---

69 Ebd., S. 174.
70 Vgl. Schwark 2004, S. 17 f.
71 Vgl. Wilhelm 2004, S. 49.
72 Vgl. Robinson 2013, S. 125.

Che, Debora: ›Developing a Heritage Tourism Attraction in a Working Salt Mine: the Kansas Underground Salt Museum‹, in: Conlin, Michael V./Jolliffe, Lee (Hg.): *Mining Heritage and Tourism. A Global Synthesis.* London/New York 2011, S. 84–96.

Dicks, Bella: ›Regeneration versus Representation in The Rhondda: »The Story of the Rhondda Heritage Park«, in: *Contemporary Wales. An Annual of Economic & Social Research* 1996/9, S. 56–73.

Fleiß, Daniela: Innenräume. Die Fabrik als touristische Attraktion im Übergang zur Moderne. Dissertation. Siegen 2013.

Fleiß, Daniela/Strelow, Dörte: ›Urlaub im Schatten des Förderturms: Industriekultur als Tourismusattraktion und Hoffnungsträger‹, in: Schwarz, Angela (Hg.): *Industriekultur, Image und Identität. Die Zeche Zollverein und der Wandel in den Köpfen.* Essen 2008, S. 221–260.

Glaser, Hermann: Industriekultur und Alltagsleben. Vom Biedermeier zur Postmoderne. Frankfurt a.M. 1994.

Günter, Roland: Tal der Könige. Ein Handbuch für Reisen zu Emscher, Rhein und Ruhr, 4. Auflage. Essen 2000.

Hauff, Thomas: ›De-industrialisation, Socioeconomic Change and Revitalisation in the West Münsterland Textile Area: the Case of Gronau‹, in: Wild, Trevor (Hg.): *De-Industrialisation and New Industrialisation in Britain and Germany.* London 1991, S. 199–213.

Jones, Philip/Wild, Trevor: ›Industrial Restructuring and Spatial Change in Britain and West Germany‹, in: Wild, Trevor (Hg.): *De-Industrialisation and New Industrialisation in Britain and Germany.* London 1991, S. 1–39.

Mlynka, Ladislav: Technical Monuments in Slovakia. Bratislava 2007.

Law, Christopher: ›Planning for Urban Revitalisation in a Capitalist Framework: Issues and Conflicts‹, in: Wild, Trevor (Hg.): *De-Industrialisation and New Industrialisation in Britain and Germany.* London 1991, S. 319–322.

Lemky, Kim/Jolliffe, Lee: ›Mining Heritage and Tourism in the Former Coal Mining Communities of Cape Breton Island, Canada‹, in: Conlin, Michael V./Jolliffe, Lee (Hg.): *Mining Heritage and Tourism. A Global Synthesis.* London/New York 2011, S. 144–157.

Mergel, Thomas: ›Kulturgeschichte – die neue »große Erzählung«? Wissenssoziologische Bemerkungen zur Konzeptualisierung sozialer Wirklichkeit in der Geschichtswissenschaft‹, in: Hardtwig, Wolfgang/Wehler, Hans-Ulrich: *Kulturgeschichte heute.* Göttingen 1996, S. 41–77.

Morell, Marc: ›Working Class Heritage without the Working Class: an Ethnography on Gentrification in Ciutat (Mallorca)‹, in: Smith, Laurajana/Shackel, Paul A./Campbell, Gary (Hg.): *Heritage, Labour and the Working Classes.* New York 2011, S. 283–302.

Morell, Marc: ›Working Class Heritage without the Working Class: an Ethnography on Gentrification in Ciutat (Mallorca)‹, in: Smith, Laurajana/Shackel, Paul A./Campbell, Gary (Hg.): *Heritage, Labour and the Working Classes,* New York 2011, S. 283–302.

Müller, Marion: ›Von der Arbeitsstätte hinter hohen Mauern zum Ort des Lernens über Ver-gangenheit, Gegenwart und Zukunft‹, in: Schwarz, Angela (Hg.): *Industriekultur, Image und Identität. Die Zeche Zollverein und der Wandel in den Köpfen.* Essen 2008, S. 163–220

Nguyen Duc Hoa, Cuong/Chesworth, Nancy/Jolliffe, Lee: ›Planning for the Future: Tourism Options for an Open Pit Coal Mine at Ha Long Bay, Vietnam‹, in: Conlin, Michael V./Jolliffe, Lee (Hg.): *Mining Heritage and Tourism. A Global Synthesis.* London/New York 2011, S. 183–193.

Nisser, Marie/Isacson, Maths/Lundgren, Anders/Cinis, Andis (Hg.): Industrial Heritage around the Baltic Sea. Uppsala 2012.

Nonn, Christoph: Die Ruhrbergbaukrise. Entindustrialisierung und Politik 1958–1969. Göttingen 2001.

Nuhn, Helmut: ›De-industrialisation and Problems of Revitalisation in the Hamburg Port Area‹, in: Wild, Trevor (Hg.): *De-Industrialisation and New Industrialisation in Britain and Germany.* London 1991, S. 169–185.

Oexle, Otto Gerhard: ›Geschichte als Historische Kulturwissenschaft‹, in: Hardtwig, Wolfgang/Wehler, Hans-Ulrich: *Kulturgeschichte heute.* Göttingen 1996, S. 25–27.

Perelli, Carlo/Pinna, Paola/Sistu, Giovanni: ›Mining Heritage, Local Development and Territory Identity: the Case of Sardinia‹, in: Conlin, Michael V./Jolliffe, Lee (Hg.): *Mining Heritage and Tourism. A Global Synthesis.* London/New York 2011, S. 203–213.

Pirker, Eva Ulrike/Rüdiger, Mark/Klein, Christa/Leiendecker, Thorsten/Oesterle, Carolyn/ Sénécheau, Miriam/Uike-Bormann, Michiko (Hg.): Echte Geschichte. Authentizitätsfiktionen in populären Geschichtskulturen, Bielefeld 2010.

Quack, Heinz-Dieter/Steinecke, Albrecht (Hg.): Dark Tourism. Faszination des Schreckens. Paderborn 2012.

Reeves, Keir/Wheeler, Fiona/Laing, Jennifer/Frost, Warwick: Chinese Mining Heritage and Tourism in the Goldfields of the Pacific Rim, in: Conlin, Michael V./Jolliffe, Lee (Hg.): *Mining Heritage and Tourism. A Global Synthesis.* London/New York 2011, S. 23–32.

Robinson, Emily: ›Inspirations and Obligations. Remembering the Industrial Past in Modern Britain‹, in: Itzen, Peter (Hg): *The Invention of Industrial Pasts. Heritage, Political Culture and Economic Debates in Great Britain and Germany, 1850–2010.* Augsburg 2013, S. 114–131.

Röllinghoff, Silke: ›»Zollverein muss kompromisslos gut werden« oder: »Vergangenheit hat Zukunft«‹, in: Schwarz, Angela (Hg.): *Industriekultur, Image und Identität. Die Zeche Zollverein und der Wandel in den Köpfen.* Essen 2008, S. 261–208.

Schlehe, Judith/Uike-Bormann, Michiko/Oesterle, Carolyn/Hochbruck, Wolfgang (Hg.): Staging the Past. Themed Environments in Transcultural Perspectives, Bielefeld 2010.

Schröder, Thies: ›An Outdated View of Modernism: Interview with Karl Ganser, IBA Emscherpark‹, in: Bauhaus Dessau: *Industrielles Gartenreich, Dessau-Bitterfeld-Wittenberg,* Berlin 1999, Bd. 2, S. 80–87.

Schwark, Jürgen: ›Industriekultur und Technik im Tourismus‹, in: Ders. (Hg.): *Tourismus und Industriekultur. Vermarktung von Technik und Arbeit.* Berlin 2004, S. 15–20.

Schwarz, Angela: ›Die »Pyramiden Meiderichs«: Ehemalige Beschäftigte, Anwohner, auswärtige Besucher und der Landschaftspark Duisburg-Nord‹, in: dies. (Hg.): *Vom Industriebetrieb zum Landschaftspark. Arbeiter und das Hüttenwerk Duisburg-Meiderich zwischen Alltäglichkeit und Attraktion.* Essen 2001, S. 157–190.

Schwarz, Angela: ›Industriekultur, Image und Identität im Ruhrgebiet oder: Die umstrittene Frage nach dem Strukturwandel in den Köpfen‹, in: Dies. (Hg.): *Industrie-*

kultur, Image und Identität. Die Zeche Zollverein und der Wandel in den Köpfen. Essen 2008, S. 17–68.

Steinberg, Heinz Günter: Das Ruhrgebiet im 19. und 20. Jahrhundert. Ein Verdichtungsraum im Wandel. Münster 1985.

Stephenson, Carol/Wray, David: ›Emotional Regenerations through Community Action in Post-industrial Mining Communities‹, in: *Capital & Class* 2005/87, S. 175–199.

Timcak, Geza M./Rybar, Pavol/Jablonska, Jana: ›GeoTourism Site Development in Slovakia‹, in: Conlin, Michael V./Jolliffe, Lee (Hg.): *Mining Heritage and Tourism. A Global Synthesis.* London/New York 2011, S. 158–170.

Vargas-Sanchez, Alfonso/Porras-Bueno, Nuria/Plaza-Mejia, Angeles: ›Mining Tourism in the Spanish Provinces of Huelva: the Case of the Riotinto Mining Park‹, in: Conlin, Michael V./Jolliffe, Lee (Hg.): *Mining Heritage and Tourism. A Global Synthesis.* London/New York 2011, S. 171–180.

West, Bob: ›The Making of the English Working Past: a Critical View of the Ironbridge Gorge Museum‹, in: Lumley, Robert (Hg.): The *Museum Time-Machine: Putting Cultures on Display.* London 1988, S. 36–62.

Wilhelm, Lothar: ›Perspektiven von Industriekultur und Tourismus in Europa‹, in: Schwark, Jürgen (Hg.): *Tourismus und Industriekultur. Vermarktung von Technik und Arbeit.* Berlin 2004, S. 43–64.

Quellen

›Die Gußstahlfabrik von Fried. Krupp in Essen‹, in: Illustrirte Zeitung 1890/2471, S. 493–510.

Internetquellen

»Erlebniskarte« der Initiative »WasserEisenLand e.V«, verfügbar unter http://www.wassereisenland.de/Erlebniskarte [24.4.2014].

Homepage des International Committee for the Conservation of the Industrial Heritage (TICCIH), verfügbar unter http://ticcih.org/about/countries/[25.4.2014].

Homepage der Europäischen Route der Industriekultur, einsehbar unter http://www.e-rih.net/de/ankerpunkte/grossbritannien.html und http://www.erih.net/de/ankerpunkte/deutschland.html [24.4.2014].

Homepage der Route Industriekultur, verfügbar unter http://www.route-industriekultur.de/[24.4.2014].

Homepage des Ironbridge Gorge Museum Trust, einsehbar unter http://www.ironbridge.org.uk/about-us/world-heritage-site/[24.4.2014].

Homepage des Ironbridge Gorge Museum Trust, einsehbar unter http://www.ironbridge.org.uk/about-us/ironbridge-gorge-museum-trust/[24.4.2014].

Homepage des Ironbridge Gorge Museum Trust, einsehbar unter http://www.ironbridge.org.uk/about-us/[24.4.2014].

Homepage des Rhondda Heritage Parks, verfügbar unter http://tourism.rctcbc.gov.uk/en/attractions/rhondda-heritage-park/rhondda-heritage-park.aspx [24.4.2014].

Homepage des Weltkulturerbes Zeche Zollverein, verfügbar unter https://www.zollverein.de/welterbe/tourismus/das-kulturelle-herz-einer-ganzen-region [24.4.2014].

Homepage des Weltkulturerbes Zeche Zollverein, verfügbar unter https://www.zollverein.de/welterbe/design [24.4.2014].

Homepage des Weltkulturerbes Zeche Zollverein, verfügbar unter https://www.zollverein.de/welterbe/kunst-und-kultur [24.4.2014].

Homepage des Weltkulturerbes Zeche Zollverein, verfügbar unter https://www.zollverein.de/welterbe/kunst-und-kultur [24.4.2014].

Homepage des Weltkulturerbes Zeche Zollverein, verfügbar unter https://www.zollverein.de/welterbe/geschichte_zollverein [24.4.2014].

UNESCO: Welterbeliste, einsehbar unter http://www.unesco.de/welterbeliste.html [24.4.2014].

Homepage der Internationalen Bauausstellung Emscher Park, verfügbar unter http://www.iba.nrw.de/arbeitsbereiche/main.htm [24.4.2014].

Homepage des Landschaftsparks Duisburg-Nord, verfügbar unter http://www.landschaftspark.de/der-park [24.4.2014].

Joseph Imorde

Die Gegenwart des Vergangenen.
Zur Musealisierung Roms

Das größte erhaltene Gebäude der Antike, das Kolosseum, diente bekannter-
maßen über Jahrhunderte hinweg als Steinbruch. Im späten Mittelalter und auch
noch in der frühen Neuzeit versorgten die Steinmassen der durch Erdbeben der
Jahre 1231 und 1349 stark in Mitleidenschaft gezogenen Südfassade die reichen
stadtrömischen, dann aber auch die Papst- und Kardinalsfamilien mit Baumaterial. (Abb. 1) Immer wieder findet sich in den Bauakten der Renaissance- und
Barockpaläste der Hinweis auf die »travertini« des Kolosseum. Die Stufen von
Sankt Peter und ein Teil der Pflasterung der Piazza di San Pietro stammen von
dort, wie auch Teile des Palazzo Venezia und der Cancelleria,[1] ja selbst noch ein
Gutteil des Materials des Palazzo Barberini scheint dem Kolosseum entrissen
worden zu sein.[2] Am 3. Februar 1703 stürzte – wieder war es ein Erdbeben – ein
weiterer Bogen der Südseite in sich zusammen, dessen Material dann bei der
Verschönerung des römischen Flusshafens, des »porto di Ripetta«, Verwendung
fand.[3]

Die monumentale Geschichte der Antike wurde mit der Verbauung der Materialien gleich in mehrfacher Hinsicht »aufgehoben«. Die Historie verschwand
im Neuen, verblieb aber als architektonische Spur in den Bauten bestehen. Die
Geschichte machte sich dergestalt unaufhörlich in ihrem Vergessen bemerkbar
und wurde durch Aneignung und Vernutzung musealisiert. Das galt natürlich
nicht nur für die Gebäude selbst, sondern, um hier ein weiteres Beispiel zu
bringen, auch für das Stadtbild, das in Rom nicht selten noch die verschwun-
denen Monumente der Antike repräsentierte, Beispiele wären die Piazza Navona
und das Stadion des Kaisers Domitian, oder auch die Piazza del Biscione mit
dem Theater des Pompeius.

Eine gänzlich andere Möglichkeit, mit den Monumenten der Antike umzugehen, ist nun jene, die Geschichte ihrer Ruinierung gleichsam anzuhalten. Auch

---

1 Pearson 1973, S. 171–187. Siehe auch Wegerhoff 2012.
2 Colagrossi 1913, S. 213.
3 Ebd., S. 217.

Abb. 1: Ippolito Caffi, Das Innere des Colosseums, um 1850.

für dieses Vorgehen der Musealisierung des Stadtraums kann das Kolosseum als gutes Beispiel dienen. Die Erosion des Gebäudes wird im Pontifikat Benedikt XIV. (Prospero Lorenzo Lambertini 1675–1758) zwar nicht gänzlich gestoppt, aber doch merklich verlangsamt, und zwar dadurch, dass der Papst Bemühungen seiner Vorgänger aufnimmt und das Kolosseum 1744 den dort umgekommenen Glaubenszeugen und der Passion Christi weiht.[4] Mit dieser Christianisierung der antiken Architektur gehen konkrete Sicherungsmaßnahmen einher. Stützmauern werden eingezogen, die inneren Bögen teilweise vermauert, ehemalige Zugänge durch Türen verschlossen, um so die Ruine vor dem weiteren Verfall und der Vandalisierung zu schützen. Diese konservierenden Maßnahmen machen - so ließe sich sagen - das Kolosseum erstmals zu einem Denkmal im heutigen Sinne. War die Arena vorher ein lebendiger Teil des Stadtlebens gewesen - nicht nur als Steinbruch, sondern auch als Unterkunft verschiedener, legaler, wie auch einiger illegaler Gewerbe - wird sie nun zu einem Monument gemacht, und langsam aber sicher auf »ewig« gestellt. Die Idee, das Gebäude als Stätte der Heilsgeschichte auszuzeichnen, um es damit für die gläubige Gegenwart zu retten und nutzbar zu machen, war besonders durch einen Dominikaner namens Carlo Tomassi oder Carlo de'Tomasi befördert worden, der 1671 und dann noch einmal zum heiligen Jahr 1675 gelehrte Broschüren erscheinen ließ,

---

4 Buchowiecki 1961/62, S. 101.

um zu beweisen, dass das Amphitheater durch das Blut unzähliger Märtyrer geheiligt worden sei.[5] Der Dominikaner zitierte dabei auch die Meinung des »Architektur-Experten« Gianlorenzo Bernini (1598 – 1680), der als Gutachter die Ansicht vertreten hatte, dass das Kolosseum unbedingt gerettet werden müsse, und das nicht nur aufgrund des Andenkens an die Märtyrer, sondern auch um der klassischen Architektur selbst Genüge zu tun. Das Amphitheater zeige – so die Ansicht Berninis – die Größe Roms wie kein anderes Gebäude der Stadt und deshalb dürfe man nichts mehr davon wegnehmen und müsse gleichzeitig darauf achten, nicht die Erscheinung der Architektur durch zu viele Eingriffe und Anbauten zu verunstalten. Jedem, so meinte er, solle die Möglichkeit erhalten bleiben, dieses einzigartige Monument zu bewundern und sich an ihm zu erbauen.[6]

Schon im 15. Jahrhundert hatte es im Kolosseum Eremiten gegeben, später auch eine Kapelle, das Kirchlein Santa Maria della Pietà; auch waren 1720 Stationen eines Kreuzwegs hinzugekommen,[7] doch erst unter Benedikt XIV. wurde die Ruine gewissermaßen integral und als Ganzes zum Heiligtum erklärt.[8] Die Konsolidierung des Amphitheaters wurde unter den Nachfolgern, besonders aber unter Pius VII. (Giorgio Barnaba Luigi Chiaramonti 1740 – 1823) fortgesetzt, der nach einem erneuten Erdbeben (im Jahr 1803) zwischen 1806 und 1820 im Südosten einen mächtigen Strebepfeiler aus Ziegeln errichten ließ, um damit die Nordfassade zu sichern.[9]

Mit der sich im 18. Jahrhundert langsam vollziehenden Wandlung der Ruine in ein Denkmal,[10] wurde das antike Gebäude einer neuen Nutzung zugeführt, das heißt dem Alltag enthoben und stärker als zuvor zur ästhetischen Betrachtung frei gegeben. Die deutschen Reisenden, die zu jener Zeit nach Rom kamen, darunter natürlich vor allem Johann Wolfgang Goethe (1749 – 1832), aber auch Carl Philipp Moritz (1756 – 1793), Wilhelm Heinse (1746 – 1803) oder Wilhelm von Humboldt (1767 – 1835), standen vor der Antike wie vor einem Bild, wollten nur auf das Große schauen und übersahen dabei nur zu gerne die vielen Glaubensmanifestationen der katholischen Kirche wie auch die Unannehmlichkeiten des römischen Alltags.

---

5 Colagrossi 1913, S. 214 – 215.
6 Ebd. mit Hinweis auf Carlo Tomassi, Breve relazione dell'Anfiteatro, consacrato col sangue prezioso d'innumerabili Martiri, serrato e dedicato ad onore de'medesimi l'anno del giubileo 1675.
7 Il Colosseo 1999, S. 213.
8 Ebd., S. 214.
9 Zusammenfassend schon Klemm 1839, S. 178.
10 Moritz 1792 – 1793, I, S. 204 – 219 [Rom, den 28. März 1787], hier S. 204.

Der Süden war diesen Reisenden das ihnen zugehörige, aber noch ausstehende Andere des wahren Selbst.[11] Da sollte sich die klassische Bildung, von der man sich zuhause hatte prägen lassen, in eigener Anschauung vervollkommnen. Das antike Rom war durch Bücher und allerhand Reproduktionsgraphik schon bestens vertraut. Goethe kannte die klassischen Bauten nicht nur aus der Literatur, sondern zum Beispiel auch aus Wiedergaben von Piranesi-Vorläufern, die in einem Vorsaale des elterlichen Hauses gehangen hatten. Der Vater, Johann Caspar Goethe (1710 – 1782), war ja selbst 1740 in Italien gereist. Was er von dort als Andenken mitgenommen hatte, was er von dort erzählte und berichtete, bildete für den jungen Goethe den Quell seiner Phantasie: »Hier [zuhause] sah ich täglich die Piazza del Popolo, das Coliseo, den Petersplatz, die Peterskirche von außen und innen, die Engelsburg und so manches andere.«[12] Als der Dichter dann nach Italien aufbrach, reiste er mit schwerem Bildungsgepäck. Doch einmal in der ewigen Stadt angekommen, fand er es, trotz des großen Vorwissens, »ein saures und trauriges Geschäft, das alte Rom aus dem neuen herauszuklauben«. Die Scheidung des Alten vom Neuen fiel deshalb so schwer, weil die Zeit die verschiedenen Epochen der Kunst gleichsam miteinander verbacken hatte, Antike, Mittelalter und Barock standen nicht nur neben, sondern häufig auch auf und ineinander, waren in diesem Sinne wirklich schwer voneinander zu scheiden: »Wie man geht und steht zeigt sich ein landschaftliches Bild aller Art und Weise, Paläste und Ruinen, Gärten und Wildnis, Fernen und Engen, Häuschen, Ställe, Triumphbögen und Säulen, oft alles zusammen so nah, dass es auf ein Blatt gebracht werden könnte.«[13] Dieses Bei-, Neben- und Übereinander, also die historische Gleichzeitigkeit, oder mit einem anderen Wort, der »Synchronismus« der Geschichte, drängte sich für Goethe in Rom stark in den Vordergrund und führte ihn zu dem nicht allzu fern liegenden Gedanken, dass alles Große vergänglich sei. Doch dürfe – und hier wurde der Gedanke originell – einen diese Vorstellung nicht niederschlagen, sondern müsse einen dazu aufmuntern, selbst etwas von Bedeutung zu leisten, das fortan die nachfolgenden Generationen »zu edler Tätigkeit aufrege«.[14]

Goethe schrieb in Rom an seinem Tasso und an der Iphigenie, legte dort aber vor allem die Grundlage für einen seiner Bestseller, nämlich für die »Italienische Reise«, die Jahrzehnte nach dem wirklichen Aufenthalt erschien (1816, 1817 sowie 1829) und in der Tat ungezählte Autoren dazu aufregte, dem Dichter nachzueifern oder besser, es ihm in Italien gleich zu tun. Bis heute stellt das Buch

---

11 Wehle 1996, S. 257.
12 Ponzi 2001, S. 275 – 291, hier 278. Ponzi zitiert nach Dichtung und Wahrheit, Münchener Ausgabe, Bd. 16, S. 17.
13 Goethe 1993, I, S. 139 – 140 [Rom, den 7. November 1887], hier S. 140.
14 Siehe Thoenes 2002, 312. Zitiert nach Goethe 1993, S. 480 – 492 [Bericht. Dezember 1787], hier S. 489.

einen wichtigen, wenn nicht den wichtigsten Bezugspunkt für die deutsche Italienliteratur dar.[15] Bemerkenswert daran ist, dass der Aufenthalt in Italien durch die langsam umsichgreifende Musealisierung seiner Orte und vor allem durch die Festschreibung Roms als »ewiger Stadt« zu einer oft sehr subjektiven Haltung einlud. Auch Goethe interessierten die Gegenstände nur insofern, als er sich an ihnen erbauen konnte, sie den Blick auf sein eigenes Empfinden und sein eigenes Sein öffneten.[16] Da ging es um die Ausmalung eines »Geschichts- und Weltbildes« mit autogenen Empfindungsfarben, also um eine erinnerungsstiftende Aneignung, die sich später auch in nostalgischen Schilderungen des Erlebten reproduzieren ließ. Es ging also nicht mehr nur um den reinen Wissenserwerb, wie noch auf der Kavaliersreise oder Grand Tour, sondern vielmehr um Persönlichkeitsbildung, um den Genuß seiner selbst im Anblick des Anderen.[17] Das Gemeinte kann an einer Passage deutlich werden, die sich bezeichnenderweise auf ein nächtliches Erlebnis am Kolosseum bezieht. Goethe schreibt am 2. Februar 1787:

> »Von der Schönheit, im vollen Mondschein Rom zu durchgehen, hat man, ohne es gesehen zu haben, keinen Begriff. Alles Einzelne wird von den großen Massen des Lichts und Schattens verschlungen, und nur die größten allgemeinsten Bilder stellen sich dem Auge dar. Seit drei Tagen haben wir die hellsten und herrlichsten Nächte wohl und vollständig genossen. Einen vorzüglich schönen Anblick gewährt das Colisee. [...] Der Anblick war köstlich. So muß man das Pantheon, das Capitol beleuchtet sehn, den Vorhof der Peterskirche und andere große Straßen und Plätze. Und so haben Sonne und Mond, eben wie der Menschengeist, hier ein ganz anderes Geschäft als anderer Orten, hier, wo ihr Blick ungeheuer und doch gebildete Massen entgegen stehn.«[18]

Der Dichter war, wie gesagt, auf der Suche nach großen Bildern, nach Eindrücken, die sich dem Gedächtnis nachhaltig einprägen sollten, um dann als eigene Geschichte zur Verfügung zu stehen. Das war ein allgemeiner Zug des »romantischen« Reisens. Die nächtliche Wanderung durch Rom gehörte auch deshalb mit zum Standardrepertoire einer empfindsamen Besichtigungstour, weil sich in diesen Stunden die Gegenwart so gänzlich verschleiern konnte, hinter der magisch aufleuchtenden Vergangenheit.[19]

---

15 Battafarano 1999, S. 8.
16 Ebd., 19.
17 Beyer 2000, S. 257.
18 Goethe 1993, 179–180 [Rom, den 2. Februar 1787].
19 Etwa für Conrad Ferdinand Meyer: Römische Mondnacht. – Ein feierliches Mondenlicht ergießt/Sich auf das schlummernde, das ew'ge Rom,/Kein Laut, und unter stillen Brücken fließt/Des heil'gen Tibers unerschöpfter Strom;/Was sich erbaute sein Gestad entlang/Und was zerfällt in Trümmern voller Pracht,/Verwächst in ruhigem Zusammenhang/Zu einer ernsten, friedvollen Macht./Wie Wellen schweben Ungemach und Glück/Vorüber, keine gleitet mehr allein,/Verschüchtert tritt das laute Heut zurück/In seiner Schwester leise zieh'nde Reihn;/Die Stunde schämt sich ihrer Ungeduld,/Wo still Jahrtausend an Jahrtau-

Gerade des Nachts wurde die Stadt zu einem Museum, denn da trat der Alltag ab und die licht schimmernde Ruinenwelt erstand in ihrer ganzen malerischen Größe.[20] (Abb. 2) Kein hektisches Treiben mehr, keine Details, sondern besinnliche Ruhe des Großen, nicht das ermüdende Überangebot an Kunstwerken, sondern melancholische Anrührungen, ob nun auf dem Forum, dem Petersplatz, dem Kapitol oder eben vor dem Kolosseum. Dieser touristischen Sentimentalität gab man sich nicht nur gerne hin, nach ihr war man recht eigentlich auf der Suche, in einer Stadt, die noch keine einheitliche Straßen-, geschweige denn Platzbeleuchtung kannte,[21] und die erfahrungsgemäß am Tage ihre sehr anstrengenden Seiten entwickeln konnte.

Die Vorstellung einer gänzlich dunklen Stadt, einer Stadt ohne Straßenbeleuchtung und aufdringliche Leuchtreklame, einer Stadt ohne ständig aufblitzende Autoscheinwerfer und helle Schaufenster, einer stillen Großstadt ohne das weiße Rauschen des überall pulsenden Verkehrs, ist einem heute wohl kaum noch vorstellbar, war aber im späten 18. und frühen 19. Jahrhundert ein wichtiger Erfahrungswert der Rombesucher. Die nächtliche Besichtigung der Stadt wurde zum literarischen Topos, zu einem schriftstellerischen Gemeinplatz und fand sich fast in jeder Reisebeschreibung. Denn nachts verschwanden die schmutzigen Hütten und die alten Gebäude beherrschten wieder das Forum.[22]

---

send ruht,/Und es versinkt des Tages Hast und Schuld/In eines großen Lebens stäte Flut. Zit. nach Requadt 1962, 150.

20 Das auch für hochstehende Persönlichkeiten. Siehe Friedrich Wilhelm IV. von Preussen 2001, S. 168 [25. Oktober 1828]: »Nach 8 Uhr beym hellsten Mondschein fuhren wir nach dem Capitol, stiegen bey der großen Treppe aus, überschritten den Hügel zwischen den Colossen [Dioskuren] u den Tropäen des Marius hindurch, bey Marc Aurels Reiter Statue vorbey u fanden uns plötzlich auf dem Forum Romanum !!!!!!! langsam hindurch, am Bogen des Septimius, den 4 großen Tempel Trümern vorbey, durch den enormen FriedensTempel, rechts durch den Bogen des Titus an dem wir beym Mondlicht deutlich den 7armigen Leuchter von Jerusalem erkannten, beym Bogen des Constantin u den Ruinen [des Tempels] von Venus u Roma vorbey, in's Colosseum, das so riesenhaft aussah wie ein Gebirge!!! Dort umhergezogen, erst ohne, dann mit Fackeln u dann zuhaus durch die Trümer von August's u Trajan's Forum, bey der einen ganzen Fluß ausströhmenden Fontana di Trevi vorbey. Du begreifst liebe, gute Alte, daß ich dem allen fast erlag, u wie gut mir der ruhige Schlaf darauf that.«

21 Reumont 1868–1870, II, S. 823: »Pius VI. verordnete der vielen Mordthaten und Beraubungen wegen Militärpatrouillen so bei Tag wie bei Nacht, und führte im Jahr 1787 die Strassenbeleuchtung ein.«

22 Brief von Ernst Curtius an Victorine Boissonnet, Rom, den 8. Feburar 1841, hier nach Deutsche Briefe aus Italien 1971, S. 333–335, hier S. 334: »[...] das Schönste aber bleibt doch, in heller Nacht das Forum auf und ab zu wandeln. Dann ist man nicht mehr auf dem Campo Vaccino, das Treiben des Tages ist verklungen, die schmutzigen Hütten verschwinden, die alten Gebäude beherrschen wieder das Forum; [...].«

Abb. 2: Carl Gustav Carus, Sankt Peter im Mondschein, 1833.

Wie schrieb der französische Schrifsteller Hippolyte Taine (1828 – 1893):

> »Die Strassen sind fast leer und der Anblick ist erhaben und tragisch wie die Zeichnungen Piranesi's. Sehr wenig Licht – nur gerade genug, um die grossen Formen zu zeigen, und die Dunkelheit sich abheben zu lassen. Die Schmutzereien, Entwürdigungen und schlechten Gerüche sind verschwunden. Der Mond leuchtet in einem wolkenlosen Himmel, und Kühle, Stille und das Gefühl vor dem Unbekannten, alles erregt und ergreift.«[23]

Die Stadt wurde mit Phantasie überformt und mit Projektionen – ich möchte sagen – in sentimentaler Weise musealisiert. In Rom sehnte man sich nach einem unbestimmten Ideal, war auf der Suche nach der besseren Vergangenheit, wollte das Große der Geschichte ergreifen, um sich davon ergreifen zu lassen. Die Stadt war, um es in einer treffenden Formulierung des Kunst- und Kulturhistorikers Jacob Burckhardt (1818 – 1897) zusammenzuziehen, ein »Weltknoten«, eben der

---

23 Taine 1904, S. 21 [15. Februar 1864. Spaziergang in Rom von zehn Uhr bis Mitternacht.].

Ort, wo historisch noch alles miteinander verbunden war. Ähnlich wie schon für
den reisenden Goethe bildeten das Land und sein Genuss auch für Burckhardt
noch das notwendige Supplement seines ganzen Wesens und Lebens – »dort, nur
dort« – so hieß es in einem frühen Brief aus dem Jahr 1839 – »finden sich die
Centra, um welche herum meine Phantasiebilder sich crystallisieren können«.[24]
Rom war für den Schweizer die schönste Gegenwelt der nordalpinen Heimat und
zeichnete sich besonders durch eines aus, nämlich durch Genießbarkeit. Als
Burckhardt 1846 erstmals in der Stadt weilte, schrieb er:

> »Der Genuß Roms ist ein beständiges Errathen und Combinieren; die Trümmer der
> Zeiten liegen in gar räthselhaften Schichten übereinander. […] Alles zusammenge-
> nommen ist es eben doch noch die Königin der Welt und giebt einen aus Erinnerung
> und Genuß so wundersam zusammengesetzten Eindruck wie keine andere Stadt.«[25]

Abends konnte der 28jährige Schweizer dann in seinem Zimmer hoch über der
Piazza Barberini sitzen und seiner Empfindung Ausdruck geben, dass nun
buchstäblich all seine Jugendträume wahr geworden seien, der nächtliche Blick
auf Rom war für ihn die reine Idylle:

> »[…] es sind die Palläste im Mondschein, dann links ein ungeheures Panorama vom
> Pantheon bis Monte Pincio, jetzt in das schönste Silberlicht getaucht, endlich rechts
> über einige friedliche Klöster und zerfallene Mauern weg der schwarze Pinienhain von
> Villa Ludovisi; unten aber der barberinische Platz, tief zu meinen Füßen spritzt ›mein
> Freund der Triton‹ seinen schimmernden Strahl in die Mondnacht«.[26]

Der Enthusiasmus ging soweit, dass sich Burckhardt nachts auf den Plätzen
Roms »monden« konnte, so wie wir uns vielleicht heute am Strand sonnen.[27]

Die immer wieder betonte Verkommenheit des päpstlichen Rom war deshalb
eine Gnade, weil sie die Stadt – paradoxerweise – vor dem Fortschritt und der
Modernisierung schützte, sie in den Augen Burckhardts und vieler anderer
Reisender Rom gerade die pittoreske Gestalt bewahren ließ. Erst durch die
Unveränderlichkeit, die mit der weltlichen Macht des Papstes aufs Engste ver-
bunden war, konnte Rom seine ästhetische Wirkung entfalten und als »Stadt der
Trümmer«,[28] als Ruinenparadies und damit als Museum seiner eigenen Größe

---

24 Burckhardt 1949, S. 124–129 [An Friedrich von Tschudi. Berlin, 18. November 1839], hier
    S. 125.
25 Burckhardt 1955, S. 15–17 [An Karl Fresenius. Rom, 21. April 1846], hier S. 15–16. Vgl.
    Roeck 2001, S. 148–149.
26 Burckhardt 1955, S. 18–19 [An Wilhelm Wackernagel. Rom, 10. Mai 1846], hier S. 18.
27 Siehe auch Burckhardt 1966, S. 33–37 [675. An Robert Grüninger, 20. April 1875], hier S. 35.
28 Humboldt 1934, S. 35–38 [Rom. 18. Juni 1807], hier S. 37: »Stadt der Trümmer! Zufluchtsort
    der Frommen!/Bild nur scheinst du der Vergangenheit;/Pilger deine Bürger, nur gekom-
    men,/anzustaunen deine Herrlichkeit;/denn vor allen Städten hat genommen/dich zum
    Thron die allgewaltge Zeit./Dass du seyst des Weltenlaufes Spiegel,/krönte Zeus mit Herr-
    schaft deine Hügel.« Auch in Humboldt 1823, S. 9.

verherrlicht werden. Diese voreingenommene Anschauung der Historie, die sich im Genuss der Geschichte gefiel, wünschte sich Italien zuerst einmal unpolitisch und unterstützte einen konservierenden Umgang mit der Stadt und seinen Monumenten, denn diese wollte man als überzeitlich betrachten. In Rom verstand sich »das Nichtsthun von selbst«,[29] weil es dort anders als in Paris, London oder Berlin nicht dieses furchtbare Getriebe gab. Dort änderte sich wenig und deshalb setzte sich niemand wirklich mit der politischen Realität auseinander, sondern genoss in großen Zügen die Gegenwart des Vergangenen. Italien war für die Nordländer die »ästhetisch-ideale Gegenwelt zur Rationalität, Profanität, Trivialität des durchbrechenden Industriezeitalters«[30] und so entwickelte sich das Land im 19. Jahrhundert mehr und mehr zu einem Bild seiner selbst und wurde in seiner verkommenen Bildhaftigkeit zur Droge des Bildungsphilisters.

Es ist kein Zufall, dass Jacob Burckhardt, der Protestant aus Basel, den für die sich in Deutschland institutionalisierende Kunstgeschichte wichtigsten Reiseführer zur italienischen Kunst schrieb, nämlich seinen berühmten »Cicerone« von 1855, ein Buch, das schon im Untertitel dezidiert zum »Genuss der Kunstwerke Italiens« einladen wollte. Auf dem nun immer häufiger beschrittenen Weg der popularwissenschaftlichen Aneigung transalpiner Kultur wurde Burckhardts Buch – neben Goethes »Italienischer Reise« – einer der gewichtigsten Meilensteine.[31] Es habe, so meinte später einmal der Kunsthistoriker Carl Neumann (1860 – 1934), keinen Gebildeten gegeben, der »nicht den Cicerone mit in das Reisegepäck nach Italien gesteckt hätte«.[32] Als »Priester der Schönheit«[33] machte Burckhardt den Genuß zur Triebfeder einer sich vollendenden Säkularisierung.[34] Kunstgeschichte gab nun, was früher die Theologie gegeben hatte,[35] denn wer das Land als distanzierter Enthusiast bereiste, entzauberte die Kunst, indem er sie mit erlesener Ästhetik behexte.[36] In der universitären Kunstgeschichte wurde die Abtrennung der Artefakte von der »Volkskultur«, das heißt konkret vom katholischen Glauben, mit dem Verweis auf die in der Kunst zu

---

29 Burckhardt 1955, S. 21 – 27 [An Gottfried Kinkel. Rom, 18. und 19. Mai 1846], hier S. 25.

30 Bauer 1991, S. 307.

31 Rehm 1964, S. 263: »Der ›Cicerone‹ von 1855 war seine, war Burckhardts ›Italienische Reise‹.«

32 Neumann 1898, S. 374.

33 Zum ästhetischen Dogmatiker Winckelmann Stahl 1928, S. 10: »Da entstand ein Katholizismus der Schönheit und des Geschmacks, und auch dessen Hauptstadt wurde Rom, und damit auch Wallfahrtsort für seine Gläubigen.«

34 Siehe Ritzenhofen 1979, S. 48 – 52 [Die Kunst als Substitut der Religion und Metaphysik], hier S. 49. Ritzenhofer spricht von der »Säkularisierung des Geistbegriffs«. Tauber 2000, S. 104 spricht von dem Italien Burckhardts als einem »Ort der säkularisierten Jenseitsgläubigkeit«.

35 Ein Wort Ernst Heidrichs überliefert bei Roh 1915, S. 76.

36 Siehe mit anderer Gewichtung Mommsen 1997. Bezogen auf den frühen Burckhardt bei Schlink 2001, S. 260.

genießende Formenschönheit gerechtfertigt. Das war die Musealisierung des Landes unter der Maßgabe des Genusses. Dabei sank – um mit Max Horkheimer (1895–1973) zu sprechen – die Kunst zum reinen Bildungsgut herab, weil ihr auch »der letzte Schimmer des Glaubens an das Unglaubhafte« ausgewrungen wurde.[37] Waren Florenz und Rom früher gastfreie Lieblingsaufenthalte vor allem reicher Oberschichten gewesen,[38] die auch die katholischen Festlichkeiten als Attraktionen wahrgenommen hatten, wurden die Städte Italiens nach und nach zum Ziel eines Reiseproletariats aus entfesselten Lateinlehrern[39] und damit unvermeidlich zur Herausforderung einer deutschen Erziehung.[40]

Nach dem Deutsch-Französischen Krieg 1870/71 »nahm das Reisen nach Italien stark zu«.[41] Der jährliche Wanderschwarm über die Alpen wuchs mit der Eröffnung der Gotthardbahn 1882 nochmals gewaltig an.[42] Es regte sich damals schon kräftig das, was man heute als Massentourismus zu bezeichnen pflegt. Der Dichter Gerhard Hauptmann (1862–1946) meinte einmal, dass sich da die ganze zähe träge Masse des deutschen Philistertums über die Berge gewälzt habe und als dieselbe träge und zähe Masse wieder zurück.[43]

Einer der ausschlaggebenden Motive der unzähligen deutschen Bildungs- und Vergnügungsreisenden war es, zu »verifizieren«,[44] ob denn noch am Platze sei, was nach den Büchern, das heißt nach Goethes »Italienischer Reise« oder Burckhardts »Cicerone« da sein sollte.[45] (Abb. 3) Die Touristen liebten es, vor

---

37 Horkheimer 1991, S. 364.
38 Döllinger 1889, S. 251.
39 Siehe Uhde 1899, S. 17–18.
40 Schiemann 1906, S. VII.
41 Wölfflin 1933, S. XIX.
42 Kurz 1919, 15.
43 Hauptmann 1976, S. 23 [Venedig, den 1. Februar 1897].
44 Freud 2003, S. 205 [Brief an den Bruder Alexander vom 17. September 1905]: »Ich merke, was sonst noch aufrecht erhalten, war das bischen ernste Pflicht, mit dem Baedeker in der Hand neue Gegenden, Museen, Paläste, Ruinen zu verifizieren [...].«
45 Bie 1910, S. 27–40 [Über den Genuss alter Kunst], S. 38: »Der unreife Reisende sieht sich die neue Stadt systematisch an. Er folgt dem Baedeker, wie der Kunstjünger dem Lübke. Er verwendet die Zeit in bemessenen, skalenweise geordneten Ausdehnungen auf Vatikan, Pitti, Uffizien und Akademie, je nach der buchmäßig verbrieften Wichtigkeit.« Siehe auch Forsten 1903, S. 7: »Die Zahl der Kunstschätze Italiens und die Zeit der Vergnügungsreisenden stehen im entgegengesetzten Verhältnis, wenn es darauf ankommt alles zu sehen und sich an dem Gesehenen zu erbauen. Gründlich und ausführlich führen die Reisehandbücher den Italienfahrer in die Kunstwelt der Halbinsel ein und mit einer geradezu rührenden Gewissenhaftigkeit wandern viele Reisende von Kirche zu Kirche, von Galerie zu Galerie, um alles zu sehen, was in den Handbüchern als sehenswert verzeichnet ist. Vom Geniessen der Kunstwerke kann aber bei dieser Hetzjagd nicht die Rede sein, sie wird zu einer zeitraubenden und mühsamen Arbeit, die das Vergnügen der Vergnügungsreise sehr problematisch erscheinen läßt. Von diesem Gedanken geleitet, verfasste ich den folgenden Führer und ich übergebe ihn der Oeffentlichkeit mit der Versicherung, dass man mehr von Italiens Kunstschätzen nicht gesehen haben muss, um einen unauslöschlichen Eindruck von ihrer Bedeutung, Schönheit

Originale zu treten, die ihnen schon aus Beschreibungen und Reproduktionen lieb und vertraut waren.[46] In Rom fühlte man sich zuhause, weil man die Lage der Hauptmonumente in der Schule hatte auswendig lernen müssen und die allgegenwärtigen Inschriften auch zu übersetzen befähigt war.[47] »Man kam schon mit berauschter Seele nach Italien, fand, was man suchte, weil man es finden wollte«.[48] Im Normalfall wurden dann die verschiedenen Attraktionen planmäßig abgehetzt[49] und das Gesehene ordentlich mit dem Gelesenen verglichen.[50] Bewaffnet mit ausgebildeter Voreingenommenheit und oft mit einem »diskreten Lächeln innerer Überlegenheit«,[51] begab sich der – auch schon mal so genannte – »Reisepöbel«[52] auf die Suche nach vergangener Größe, schaute vorzüglich nach dem Kolossalen der Ruinen aus und konnte sich mit Wilhelm von Humboldt wünschen, »daß ein gütiges Schicksal Rom seine abgelegene Zerfallenheit bewahren möge«.[53]

Das Leitkriterium eines solch eigenmächtigen Konservativismus war das Pittoreske, das Malerische, die Schönheit der Landschaft und Kunst.[54] Italien erhob man als Ganzes in den Status einer Bildersammlung, ob man nun vor irgendwelchen Monumenten stand oder den Golf von Neapel betrachtete. Dabei half jene von zuhause mitgebrachte Vorbildung des besuchten Landes dazu, die Einheimischen in das imaginierte Kunst- und Geschichtserleben mit einzubeziehen und gleich mit zu musealisieren: So konnte es manchem auf der Piazza

---

und Grossartigkeit zu gewinnen und um eine Reise nach Italien zu einer wirklichen Erholungsreise zu gestalten.«

46 Sirius 1897, S. 102.

47 Widmann 1881, S. 154: »Mich interessierte, zu wissen, weßhalb wir uns hier [auf dem Pincio stehend] auf einmal so zu Hause fühlten. Und da stellte sich denn doch als Hauptgrund ganz einfach der Umstand heraus, daß wir seit vielen Jahren so oft anläßlich geschichtlicher Studien und anläßlich der Lektüre eines alten Klassikers die Lage der Hauptmonumente Roms auf einem Plan uns vergegenwärtigt hatten und durch gelegentlich in Gemäldeausstellungen angeschaute Veduten, welche Rom bald von diesem bald von jenem Hügel aus zeigten, so gut waren unterstützt worden, dass wir jetzt, weil Jegliches an dem Orte stund, den ihm unsere Phantasie von jeher angewiesen hatte, so ganz uns zu Hause fühlen konnten.«

48 Schiemann 1906, S. IX.

49 Reumont 1844, II, S. 313–314: »Wäre es nicht die Hast, die vielen Fremden jeden Genuß verdirbt, das quälende Pflichtgefühl, das Sehen jeglicher Merkwürdigkeit als Gewissenssache, das planmäßige Abhetzen der verschiedenartigsten Gegenstände nach einander, ohne zu einem ruhigen, klaren Eindruck zu [314] kommen […].«

50 Kritisch Kaden 1876, S. 250–251: »Sie erinnern sich jener Unglücklichen, die […] auf den Bänken unter den Blüthenbäumen oder vor dem griechischen Marmor Stunden und Stunden saßen und Bädeker und Gsell-Fels studirten, oder mit triefenden Stirnen an uns vorüberhasteten, um, ehe die Hotelglocke zu Tisch läutet, noch rasch ihr Tagespensum abgehaspelt zu haben.«

51 Gombrich 1970, S. 111. Gombrich zitiert aus dem »Nympha Fragment« Warburgs.

52 Hartlieb 1927, S. 522–523 [Florenz, 14. April 1925].

53 Burckhardt 1922, S. 106–107.

54 Dazu Cerasi 2003, S. 377–380.

Abb. 3: Ippolito Caffi, Ausblick vom Pincio, um 1840.

San Marco in Venedig erscheinen, als seien die dort zu sehenden Menschen, die
Männer, Frauen und Kinder, ja selbst die streunenden Tiere, den Gemälden
Tizians, Tintorettos oder Veroneses entsprungen.[55] Andere blickten dort auf
Figuren aus den Dramen Shakespeares, sahen den wuchernden Shylock, oder
plötzlich auch Jago oder Desdemona in der Menge auftauchen und wieder
verschwinden. In Rom lächelten »raffaelitische Madonnen« dem Verüberge-
henden Kunstschriftsteller Karl Scheffler dirnenhaft entgegen,[56] während sich
beim Anblick alter Frauen in Neapel schlagartig die Erinnerung »an gewisse
Zeichnungen von Leonardo da Vinci oder Raffael, ja sogar an die Sibyllen der
Sixtinischen Kapelle« von Michelangelo einstellte.[57] Jeder Blick in eine der
Straßen Roms, so meinte der Kunsthistoriker Carl Justi, sei »ein Gemälde«, jede
Person, die einem begegne, »würde in einem Skizzenbuch Figur machen.«[58]
Wohin der gebildete Enthusiast auch schaute, überall sah er auf Widergänger
seiner heimatlichen Phantasiearbeit. Erlesenes Wissen kalibrierte die Seher-
fahrung in der Fremde: Dabei machten die Menschen der jeweiligen Gegenwart

55 Effie in Venice 1965, S. 71–73 [Brief von Euphemia Chalmers Ruskin an die Mutter,
   19. November 1849], hier S. 72: »[…] that is always the case here showing you that the race is
   the same although much degraded to what it was, for every where you see men, women,
   children & dogs here that you think have stepped out of the canvasses of Titian, Tintoretto,
   Veronese, Giorgione, the Bellinis, &c. and so remarkably so, that we are perpetually turning
   in the street and saying, ›Oh, there is the boy in Tintoretto's Mercury & the Graces,‹ or, ›there
   is the Europa of Paul Veronese.‹«
56 Scheffler 1913, S. 286.
57 Hartlieb 1927, S. 75 [Neapel, 28. April 1924].
58 Siehe Justi 1922, S. 6–10 [An die Mutter. Rom, den 1. April 1867], hier S. 6.

auf die Ausländer nur zu häufig den Eindruck, als gehörten sie einer vermeintlichen besseren Vergangenheit an. Wenn man sie nicht gänzlich übersah, machte man die Einheimischen zu malerischen Staffagefiguren,[59] die je nach mitgebrachtem Geschmack den monumentalen Historien- oder eben intimen Genrebildern eingepasst wurden.[60]

Gelang solch eine künstlerische Übertragungsleistung nicht oder ging die ästhetische Betrachtung des Alltags ins Leere, wandten sich die Reisenden vom modernen Italien mit befremdetem Schauder ab[61] oder empfanden schlicht Mitleid, Mitleid mit dem zurückgebliebenen Staat und seinen unerzogenen Bewohnern.[62] Die politisch-soziale Wirklichkeit des besuchten Landes galt während eines Aufenthalts als Störfaktor[63] und der Bildungsbeflissene vermied es dringlich, mit dem »handeltreibenden Gesindel«[64] und den als allgegenwärtig beschriebenen Bettlern in körperlichen Kontakt zu kommen.[65] Der privilegierte Reisende lebte in einem idealen Land, »unberührt von den politischen Zuständen, ganz in der Welt der Kunst, des Alterthums und seines abgeschlossenen Cirkels«,[66] »in sanfter poetischer Ekstase«, wie Carl Justi hätte sagen können.[67] Man ehrte die Toten und verachtete die Lebenden,[68] floh in die Campagna oder stand spät auf, um nachts im Mondschein spazieren gehen zu können, zu einem Zeitpunkt, wo das gemeine Volk zu Bette lag. »Allüberall paarte sich da Liebe und Bewunderung des Italiens von Anno dazumal mit einer nahezu kränkenden Missachtung und Verkennung des Italiens des Ottocento.«[69]

Allerdings entstand solch einem ausgebildeten Eskapismus bald ein Problem durch die nicht aufzuhaltende politische Entwicklung des bereisten Landes. Nach der Einigung Italiens 1870 änderte sich nicht nur in der Politik Gewaltiges, sondern vor allem auch in Rom – man könnte sagen – Alles. Nun war nicht mehr

---

59 Kaden 1876, S. 210 – 211.
60 Justi 1922, S. 14 – 21 [An den Bruder. Rom, den 23. April 1867], hier S. 15. Siehe dazu Assmann 2002, S. 215.
61 Auf den Umbau Roms bezogen Osterkamp 1991, S. 260.
62 Kaden 1886, S: 273 – 298 [Großes Gesindel], hier S. 277.
63 So Adolf Hildebrand. Dazu Borghese 1991, S. 274.
64 Romain Rolland Malwida von Meysenbug 1932, S. 184 – 185 [Rolland an Malwida. Florenz, Freitag 31. Oktober 1890], hier S. 185.
65 Über Bettler in Rom etwa Kephalides 1822, I, S. 177 – 179.
66 Justi 1922, S. 141 – 150 [An die Seinen. Rom, den 12. Januar 1868], hier S. 149 – 150.
67 Ebd., S. 14 – 21 [An den Bruder. Rom, den 23. April 1867], hier 15: »Aber der Fremde lebt nur in der Gegenwart der Jahrhunderte und ihrer Denkmäler, und kommt fast nur mit der Colonie seiner Landsleute in Berührung, die von denselben Neigungen erfüllt sind. Selbst die Gegenwart erscheint meist, wie sie der Maler betrachtet, als ein hübsches Genrebild. So begünstigt alles ein Leben in sanfter poetischer Ekstase, – aus der man zuweilen durch Briganten, Prellereien und den Scirocco herausgeworfen wird.«
68 Deutsche Briefe aus Italien 1971, S. 336 – 337 [Georg Herwegh, Brief an Robert Prutz aus Mailand vom 25. Juli 1843], hier S. 336.
69 Michels 1930, S. 104.

der Papst für die Pflege des Geschichtsbildes zuständig, sondern die Kommune und der junge Staat. Was sich in Rom vor allem änderte, war der Umgang mit der historischen Substanz. Sie wurde nun auf Zukunft ausgerichtet und damit das angegriffen, was den Bildungsreisenden aus dem Norden, in Rom immer am besten gefallen hatte, nämlich das Vergangene, jene malerische Unveränderlichkeit und pittoreske Verwahrlosung, jene Bilderbuchverkommenheit des antiken, mittelalterlichen und barocken Rom. Die städtebaulichen Belange der ewigen Stadt, die nach dem Ende der weltlichen Herrschaft des Papstes etwas mehr als 200.000 Einwohner zählte, erschien den neuen Machthabern als so wichtig, dass umgehend, das heißt nur eine Woche nach der Erstürmung der Bresche an der Porta Pia am 20. September 1870, eine Kommission von Architekten und Ingenieuren eingesetzt wurde, die für die Vergrößerung und Verschönerung Roms Sorge tragen sollte.[70] Die Stadt erlebte in der Folge eine rapide Bevölkerungsvermehrung, die im Rhythmus von jeweils dreißig Jahren zu einer Verdopplung der Einwohnerzahlen führte. Um die Jahrhundertwende wurde die »Schwelle der Fünfhunderttausend« genommen und in den Jahren der Weltwirtschaftskrise, 1929/30, die Millionengrenze erreicht. Die Stadt wuchs schnell und zwar hinein in die unbewohnten Viertel innerhalb der aurelianischen Mauern, griff aber auch weit hinaus ins beinahe menschenleere Umland.[71] War früher die Campagna von allen Seiten in die Stadt hineingedrungen, wälzte sich die Stadt nun mit gewaltigen Vorstößen in die Campagna hinaus.[72] In den ersten Jahren des geeinten Italien herrschte in Rom eine Art von Goldgräberstimmung. Durch die Aufhebung feudaler Rechtstitel, wie auch durch die Säkularisierung von kirchlichen Immobilien kam es zu einer tiefgreifenden Veränderung der römischen Besitzstruktur.[73] Ausländisches Kapital kam in die Stadt und eine enorme Spekulation begann um sich zu greifen, das vor allem deshalb, weil es zwischen 1870 und 1885 bei dem ausgewiesenen Bauland zu extremen Preissteigerungen kam. In den Prati del Castello, also im Viertel hinter dem Vatikan und der Engelsburg, zahlte man 1874 3 bis 7 Lire pro Quadratmeter, 1880 war der Preis auf 75 Lire gestiegen, 1885 erreichte er 300.[74] 1873 kostete der Quadratmeter Bauland auf dem Esquilin 9 Lire, 1887 100 – 125.[75] Der ungeheure Wertzuwachs von Grund und Boden – nach Schätzungen waren es zwischen 1870 und 1885 2 Milliarden Lire – sorgte schnell für eine geradezu entfesselte Baudynamik, jener sprichwörtlichen »febbre edilizia«, dem römischen Baufieber, von dem der erste Bebauungsplan für die Hauptstadt, der sogenannte »piano rego-

---

70 Buchowiecki 1961/1962, S. 107.
71 Petersen 1984, S. 270.
72 Weisbach 1914, S. 71.
73 Petersen 1984, S. 271.
74 Ebd., S. 272. Dort wird zitiert Caracciolo 1974, 178.
75 Ebd., S. 272. Dort wird zitiert Insolera 1971, 64.

latore« von 1873, einen guten Eindruck vermitteln kann. Stichworte der damaligen Stadtplanung waren Sanierung, Verbreiterung, Verschönerung und Durchbruch – und das nicht nur in den Neubaugebieten, sondern auch im Stadtzentrum, das in seiner kleinteiligen Bebauung als schmutzig und ungesund galt. Das Wohnideal zielte auf Übersichtlichkeit, Weiträumigkeit und Stadthygiene, wobei man sich – was die Geschichte der Architektur betraf – auf die Idee des zu isolierenden Monuments festlegte – auch dies eine Strategie der Musealisierung. Zahlreiche Pläne für die »Freilegung« von Bauten sind überliefert und viele wurden auch durchgesetzt, so etwa die Freilegung des Pantheon, des Trevi-Brunnens oder des Augustus-Monuments.

Der neue Staat unterstützte nun zudem den Prozess der Reinigung aller großen Ruinen Roms, eine Säuberung nicht nur von den geschichtlichen Zeugnissen des Mittelalters und des Barock, sondern eine Reinigung auch von der üppigen Vegetation, die sich dort über die Jahrhunderte angesiedelt hatte. Noch im Jahr 1855 konnte der Engländer Richard Deakin ein Buch schreiben, das den Titel »The Flora of the Colosseum« trug, und in dem er mehr als vierhundert Pflanzenarten aufzählte. Nach 1871 sah dann der Geschichtsschreiber des mittelalterlichen Rom und Augenzeuge des Stadtumbaus, Ferdinand Gregorovius, »Schaaren von Menschen, mit Sicheln, Aexten, Messern und Brecheisen bewaffnet, auf die Ruinen klettern«, um dort den durch Zufall entstandenen Pflanzenschmuck zu zerstören. Man rasierte das Colosseum gleichsam ab, entfernte neben den christlichen Einbauten alle Sträucher und Blumen, bis da nur noch ein nacktes, frostiges Mauergerippe stand, ganz fremdartig und gespensterhaft anzusehen, so Gregorovius.[76] Der neue Staat orientierte sich am alten Rom und förderte archäologische Grabungen im großen Stil, Ausgrabungen, die das Ruinengemälde der Stadt vielfach veränderten und teilweise zerstörten. Das pittoreske Rom fiel in die Hände positivistischer Wissenschaftler und bekam ein neues Museumskonzept. Die Kaiserpaläste auf dem Palatin hätten sich, so meinte Gregorovius, mit ihrer Freilegung zu kahlen Trümmermassen entwickelt, das Forum zu einem Schacht, in welchen man hinabsteigen müsse, »um dann in einem Labyrint von vielem kleinlichen Gemäuer, den Gerippen des Altertums, umherzuwandern«.[77] Der Rückbezug des jungen Staates auf die Antike, und besonders auf die politischen Ansprüche und architektonischen Formen des Imperium Romanum, fand in der Errichtung des vielgescholtenen Nationalmonuments für den ersten König Italiens Vittorio Emanuele II. den nicht zu übertreffen Höhepunkt. Dem sogenannten »Vittoriano«, zu dem am 22. März 1885 der Grundstein gelegt und das am 4. Juni 1911 ein-

---

76 Gregorovius 1888, S. 286–315 [Der Umbau Rom's], hier S. 297–298.
77 Ebd., S. 299.

geweiht wurde,[78] musste ein kleines Stadtviertel weichen. Darüberhinaus opferte man ein Kloster und riss den sogenannten Turm Pauls III. ab, um den ehrwürdigsten Hügel Roms mit dem gigantesken »Altar des Vaterlandes« zu besetzen.

Was die Feinde der Stadterneuerung vor allem erboste, war das Verschwinden großer Teile des breiten Villengürtels im Osten und Nordosten der Stadt. Während man an der einen Stelle die Antiken besonders herauspräparierte, das heißt am Forum, am Palatin und am Kolosseum, riss man an anderen Stellen, etwa auf dem Esquilin, gut erhaltene Antiken, zum Beispiel die Reste der Servianischen Mauer, einfach ab. Und obwohl dies im »piano regolatore« des Jahres 1883 gar nicht vorgesehen war, wurde eine der schönsten Parkanlagen Roms, ein Juwel der europäischen Gartenbaukunst, die Villa Ludovisi, Opfer der fiebrigen Bauspekulation. Die Familie verkaufte 1883 das 20 Hektar große Gelände für 8 Millionen Lire (das heißt für 40 Lire pro Quadratmeter) an ein Baukonsortium, unter dessen Leitung in der Folge das großbürgerliche Ludovisi-Viertel entstand, mit dem ersten Boulevard Roms, der berühmten Via Veneto. Die 250 Jahre alten Pinien des Parks, Bäume, die Jacob Burckhardt noch von seinem Zimmer oberhalb der Piazza Barberini hatte sehen können, wurden gefällt und gewaltige Erdmassen bewegt, um das in dieser Gegend besonders unebene Gelände zu planieren. Die Eingriffe waren so erheblich, dass sich heute die antike topographische Situation nur noch mit größter Mühe erahnen lässt.

Die Veränderungen des ehemaligen Stadtbildes waren schlicht unumkehrbar. Nach 1887 brach dann allerdings der bis dahin ungeheuerliche Bauboom geradezu plötzlich in sich zusammen[79] und hinterließ nicht nur eine breite Spur von bankrotten Bank- und Immobiliengesellschaften, insolventen Bauunternehmungen und verarmten Adelsfamilien,[80] sondern darüber hinaus auch eine große Anzahl von leer stehenden und oft unfertigen Neubauten.

Ein deutscher Reisender, der Verleger Eugen Diederichs (1867–1930), erblickte, als er 1896 durch die neuen Stadtquartiere ging, »moderne Ruinen über Ruinen, Häuser eben erst angefangen, oder zu einem Viertel, zur Hälfte, oder bis zum Dach vollendet; jahrelang schon in diesem Zustand und dem langsamen Verfall entgegengehend, ein eindringliches Beispiel italienischen Unvermögens«.[81] Die Stadt war für Diederichs nicht mehr das, was sie einmal gewesen war – das alte romantische Rom für ihn gänzlich verschwunden. Die Stimmung, in die sich die früheren deutschen Romfahrer versetzt gefühlt hatten, konnte sich für ihn nicht mehr einstellen.

---

78 Brice 2005, S. 285–286.
79 Calza 1911, S. 20–21.
80 Petersen 1984, S. 280.
81 Diederichs 2004, S. 59.

Die ausländischen Beobachter des Umbaus Roms, vor allem aber die romantisch veranlagten Deutschen, schüttelten den Kopf und erregten sich über den respektlosen Umgang mit ihrer je eigenen malerischen Geschichte. Es war für viele ein Jammer, dem Vandalismus und Amerikanismus zuschauen zu müssen, von dem man glaubte, dass er nun in Rom regiere. Und um ein Zeichen des Protestes zu setzen, schrieb man in Deutschland Artikel gegen den Umbau und die Vernichtung Roms und verfasste darüber hinaus ein Memorandum, das von verschiedenen Professoren unterzeichnet dann in München veröffentlicht wurde:

> »Wir, und Tausende mit uns, die dem Aufenthalte in der ewigen Stadt edelste Lebenserinnerungen verdanken, möchten jene weihevolle Anschauung des Grossen und Schönen auch den kommenden Geschlechtern so unangetastet als möglich bewahrt wissen. Wir erklären das Selbstverständliche ausdrücklich, weil wir vernehmen, dass da, wo jene Darstellungen wirken sollen, man sich bemüht, sie für vereinzelte Stimmen auszugeben. Nie war das Urtheil aller Einsichtigen einmüthiger. Wir freuen uns der Einigung Italien's und seines Aufschwunges, wir verkennen das Recht der Lebenden nicht; aber wir warnen, es dort zu missbrauchen, wo es den Forderungen des Gemüthes und der Geschichte aus rein materiellen Rücksichten feindselig entgegentritt. Rom ist eine ideale Haupt- und Vaterstadt aller Männer der Kunst und Wissenschaft, ein Reiseziel für Freunde des Erhebenden und Schönen aus allen Ländern, und indem wir erwägen, was auch das heutige Rom so vielen von denen, die zu ihm wallfahrten, schuldig geworden ist, dürfen wir uns wohl den hochherzigen Italienern selbst anschliessen, welche das Erbe der Vergangenheit auch der Zukunft in würdiger Gestalt überliefern wollen.«[82]

Diese vollkommene Realitätsenthobenheit der deutschen Professoren entsprang nicht nur einer romantischen Italien- und Romsehnsucht, sondern dem anmaßenden Glauben einer kuratorischen Zuständigkeit für die Stadt als historische, archäologische und kunstgeschichtliche Quelle. Da sollte das Alte erhalten bleiben, um zukünftigen Generationen weiter ein Leben in der Gegenwart des Vergangenen zu ermöglichen. Wer hätte damals erahnen können, dass sich das dermaßen musealisierte Rom unter dem Einfluss des Massentourismus in einen Vergnügungspark verwandeln würde.

---

82 »München, im Frühling 1886. Dr. Baumeiter. H. Brunn. M. Carriere. W. Christ. J. von Döllinger. Dr. Flasch. Dr. J. Friedrich. W. von Giesebrecht. Paul Heyse. Kriebel. Franz von Lenbach. Dr. Hermann Lingg. Franz von Löher. C. von Piloty. Dr. von Prantl. J. L. Raab. F. Reber. A. von Rothmund. R. Schöll. L. Thiersch. Max von Wiedmann. E. Wölfflin.«« Nach Riegel 1898, S. 22.

Abbildungsnachweis

1 und 3 Caffi. Luci del Mediterraneo. Rom 2005.
2 Carl Gustav Carus – Natur und Idee. Berlin 2009.

Bibliographie

Italo Michele Battafarano, Die im Chaos blühenden Zitronen. Identität und Alterität in
    Goethes Italienischer Reise. (= Iris 12) Bern [etc.] 1999.
Franz J. Bauer, Einige Bemerkungen zu den Italienbildern deutscher Künstler, in: Imagini
    a confronto: Italia e Germania. Deutsche Italienbilder und Italienische Deutschland-
    bilder. A cura di Angelo Ara. (= Annali dell'Istituto Storico Italo-Germanico in Trento.
    Contributi 4) Bologna 1991, S. 305–307.
Andreas Beyer, ›Im Arsenal anschaulicher Geschichte. Die deutsche kunsthistorische
    Italien-Forschung vor den Institutsgründungen‹, in: Deutsches Ottocento. Die deutsche
    Wahrnehmung Italiens im Risorgimento. Herausgegeben von Arnold Esch und Jens
    Petersen. (= Bibliothek des Deutschen Historischen Instituts in Rom Band 94) Tü-
    bingen 2000, S. 257–272.
Oskar Bie, Reise um die Kunst. Berlin 1910.
Lucia Borghese, ›Florentiner Kunstliteratur des späten 19. Jahrhunderts: Die Schriften
    Karl Hillebrands und Adolf von Hildebrands‹, in: Kunstliteratur als Italienerfahrung.
    Herausgegeben von Helmut Pfotenhauer. (= Reihe der Villa Vigoni 5) Tübingen 1991,
    S. 262–276.
Catherine Brice, Il Vittoriano. Monumentalità pubblica e politica a Roma. (= Istituto per la
    storia del Risorgimento Italiano. Biblioteca scientifica 1) Roma 2005.
Walther Buchowiecki, ›Die städtebauliche Entwicklung Roms vom 15. Jahrhundert bis zur
    Gegenwart‹, in: Jahrbuch des Vereines für Geschichte der Stadt Wien 17/18 (1961/62),
    S. 86–122.
Jacob Burckhardt, Briefe. Erster Band. Basel 1949.
Jacob Burckhardt, Briefe. Dritter Band. Basel 1955.
Jacob Burckhardt, Briefe. Sechster Band. Basel/Stuttgart 1966.
Jacob Burckhardt, ›Italienische Erfahrungen‹ [Kölnische Zeitung, Nr. 92 und 93 vom 2.
    und 3. April 1847], in: Jacob Burckhardt, Unbekannte Aufsätze Jacob Burckhardt's aus
    Paris, Rom und Mailand. Eingeleitet und herausgegeben von Josef Oswald. Basel 1922,
    S. 88–107.
Arturo Calza, Roma Moderna. Milano 1911.
Alberto Caracciolo, Roma Capitale. Dal Risorgimento alla crisi dello stato liberale. Roma
    1974.
Laura Cerasi, Florentinität. ›Wege einer Identitätsideologie an der Wende vom 19. zum
    20. Jahrhundert‹, in: Quellen und Forschungen aus italienischen Archiven und Biblio-
    theken 83 (2003), S. 363–394.
Il Colosseo. A cura di Ada Gabucci. Milano 1999.
P. Colagrossi, L'anfiteatro Flavio nei suoi venti secoli di storia. Firenze 1913.

Deutsche Briefe aus Italien von Winckelmann bis Gregorovius. Gesammelt und herausgegeben von Eberhard Haufe. [Zweite, erweiterte Auflage.] Leipzig 1971.

Eugen Diederichs, »Roms Name wirkt wie ein Zauber!« Berichte einer Reise durch Italien in den Jahren 1896/97. Herausgegeben, mit Anmerkungen und einem Nachwort versehen von Kai Aghte. Jena 2004.

Ignaz von Döllinger, Gedächtnisrede auf Gino Capponi [1876], in: Ignaz von Döllinger, Akademische Vorträge. Zweiter Band. Mit einem Porträt. Nördlingen 1889, S. 241–253.

Effie in Venice. Unpublished Letters of Mrs John Ruskin written from Venice between 1849–1852 edited by Mary Lutyens. London 1965.

Hans Forsten, Was muss man in Italien gesehen haben? Ein kurzer Führer durch die Sehenswürdigkeiten und Kunstschätze. Zum praktischen Gebrauch herausgegeben. Berlin 1903.

Sigmund Freud, Unser Herz zeigt nach dem Süden. Reisebriefe 1895–1923. Herausgegeben von Christfried Tögel unter Mitarbeit von Michael Molnar. Berlin 2003.

Friedrich Wilhelm IV. von Preussen. Briefe aus Italien 1828. Herausgegeben und kommentiert von Peter Betthausen. München/Berlin 2001.

Johann Wolfgang Goethe, Italienische Reise. Herausgegeben von Christoph Michel und Hans-Georg Dewitz. [2 Bände.] (= Sämtliche Werke. I. Abteilung. Band 15/1–2) Frankfurt 1993.

Ernst Hans Gombrich, Aby Warburg an Intellectual Biography. With a Memoir on the History of the Library by. F. Saxl. London 1970.

Ferdinand Gregorovius, Kleine Schriften zur Geschichte und Kultur. Zweiter Band. Leipzig 1888.

Wladimir von Hartlieb, Italien. Alte und neue Werte. Ein Reisetagebuch. München 1927.

Gerhart Hauptmann, Italienische Reise 1897. Tagebuchaufzeichnungen. Herausgegeben von Martin Machatzke. Berlin 1976.

Max Horkheimer, Gesammelte Schriften. Band 6: ›Zur Kritik der instrumentellen Vernunft‹ und ›Notizen 1949–1969‹. Herausgegeben von Alfred Schmidt. Frankfurt am Main 1991.

Italo Isolera, Roma moderna. Un secolo di storia urbana 1870–1970. Torino 1971.

Carl Justi, Briefe aus Italien. Bonn 1922.

Max Horkheimer, ›Sitten, höhere Kultur‹, in: Max Horkheimer, *Gesammelte Schriften. Band 6: Zur Kritik der instrumentellen Vernunft* und *Notizen 1949–1969*. Herausgegeben von Alfred Schmidt. Frankfurt am Main 1991, S. 364–365.

Wilhelm von Humboldt, Rom. Zweiter unveränderter Abdruck. Berlin 1823.

Wilhelm von Humboldts Briefe an Johann Gottlieb Schweighäuser zum ersten Mal nach den Originalen herausgegeben und erläutert von Albert Leitzmann. (= Jenaer Germanistische Forschungen 25) Jena 1934.

Woldemar Kaden, Neue Welschland-Bilder und Historien. Leipzig 1886.

Woldemar Kaden, ›Vom Tiber nach dem Aetna‹, in: Karl Stieler, Eduard Paulus und Woldemar Kaden, *Italien. Eine Wanderung von den Alpen bis zum Aetna. In Schilderungen von Karl Stieler, Eduard Paulus, Woldemar Kaden, mit Bildern von G. Bauernfeind, German[n] Bohn, Arthur Calame, G. Closs, L. Dill, Bh. Fiedler, Johannes Graf, L. Heilbuth, A. Hertel, E. Kanoldt, H. Kaulbach, W. v. Kaulbach, F. Keller, E. Kirchner, Lindemann-Frommel, A. Metzener, L. Passini, P. F. Peters, W. Riefstahl, R. Schick,*

G. Schoenleber, D. Skarbina, Th. Weber, A. v. Werner und Anderen. Holzschnitte von Adolf Closs in Stuttgart. Stuttgart 1876, S. 191–430.

August Wilhelm Kephalides, Reise durch Italien und Sicilien. [Zwei Theile.] Zweite Auflage. Leipzig 1822.

Gustav Klemm, Reise durch Italien. Dresden und Leipzig 1839.

Isolde Kurz, Deutsche und Italiener. Ein Vortrag. Stuttgart und Berlin 1919.

Robert Michels, Italien von heute. Politische und wirtschaftliche Kulturgeschichte von 1860 bis 1930. (= Der Aufbau moderner Staaten 5) Zürich und Leipzig 1930.

Wolfgang J. Mommsen, ›Kultur und Wissenschaft im kulturellen System des Wilhelminismus. Die Entzauberung der Welt durch die Wissenschaft und ihre Verzauberung durch Kunst und Literatur‹, in: *Kultur und Kulturwissenschaft um 1900 II: Idealismus und Positivismus.* Herausgegeben von Gangold Hübinger und Friedrich Wilhelm Graf. Stuttgart 1997, S. 24–40.

Karl Philipp Moritz, Reisen eines Deutschen in Italien in den Jahren 1786 bis 1788. In Briefen. [Drei Theile.] Berlin 1792–1793.

Carl Neumann, ›Jacob Burckhardt. Ein Essay‹, in: *Deutsche Rundschau 94* (Januar, Februar, März 1898), S. 374–400.

Ernst Osterkamp, »»Vixi«. Spiegelungen von Carl Justis Italienerfahrung in seiner Biographie Johann Joachim Winckelmanns‹, in: *Kunstliteratur als Italienerfahrung.* Herausgegeben von Helmut Pfotenhauer. (= Reihe der Villa Vigoni 5) Tübingen 1991, S. 242–261.

John Pearson, Arena. The Story of the Colosseum. London 1973.

Jens Petersen, ›Rom als Hauptstadt des geeinten Italien 1870–1914. Politische und urbanistische Aspekte‹, in: *Quellen und Forschungen aus italienischen Archiven und Bibliotheken 64* (1984), 261–283.

Mauro Ponzi, ›Goethes Bild von Rom: Fiktion und Wahrheit‹, in: *Goethe und Italien.* Herausgegeben von Willi Hirdt und Birgit Tappert. (= Studium Universale 22) Bonn 2001, S. 275–291.

Walther Rehm, ›Jacob Burckhardt und Goethe‹, in: Walther Rehm, *Späte Studien.* Bern und München 1964, S. 249–275.

Paul Requadt, Die Bildersprache der deutschen Italiendichtung von Goethe bis Benn. Bern und München 1962.

Alfred Reumont, Geschichte der Stadt Rom in drei Bänden. Dritter Band. Von der Rückkehr des h. Stuhls bis zur Gegenwart. [Zwei Abteilungen.] Berlin 1868–1870.

Alfred von Reumont, Neue Römische Briefe von einem Florentiner. [Zwei Theile.] (= Römische Briefe von einem Florentiner dritter und vierter Theil) Leipzig 1844.

Herman Riegel, ›Die Umgestaltung Rom's seit 1870 und ihre Tadler‹, in: Herman Riegel, *Beiträge zur Kunstgeschichte Italiens.* Dresden 1898, S. 13–28.

Heinz Ritzenhofen, Kontinuität und Krise. Jacob Burckhardts ästhetische Geschichtskonzeption. Inaugural-Dissertation zur Erlangung des Doktorgrades der Philosophischen Fakultät der Universität zu Köln. Köln 1979.

Bernd Roeck, Florenz 1900. Die Suche nach Arkadien. München 2001.

Bernd Roeck, Johann Jakob Bachofen, Jacob Burckhardt und Italien, in: Deutsches Ottocento. Die deutsche Wahrnehmung Italiens im Risorgimento. Herausgegeben von Arnold Esch und Jens Petersen. (= Bibliothek des Deutschen historischen Instituts in Rom Band 94) Tübingen 2000, S. 137–160.

Franz Roh, ›Zur Erinnerung an Ernst Heidrich‹, in: *Zeitschrift für Ästhetik und allgemeine Kunstwissenschaft 10* (1915), S. 73–76.

Romain Rolland Malwida von Meysenbug. Ein Briefwechsel 1890–1891. Mit einer Einleitung von Romain Rolland »Danksagung« Erinnerungen an Malwida. Herausgegeben von Berta Schleicher. Stuttgart 1932.

Karl Scheffler, Italien. Tagebuch einer Reise. Leipzig 1913.

Theodor Schiemann, ›Vorwort zur ersten Auflage‹, in: Victor Hehn, *Reisebilder aus Italien und Frankreich.* Von Viktor Hehn. Herausgegeben von Theodor Schiemann. Zweite Auflage. Stuttgart und Berlin 1906, S. V–XXII.

Werner Weisbach, ›Stadtbaukunst und Terza Roma‹, in: *Preußische Jahrbücher 157* (1914), Heft 1, S. 70–100.

Wilhelm Schlink, ›Vor dem Cic. Jacob Burckhardts erste Vorlesung über Raffael‹, in: *Zwischen den Welten. Beiträge zur Kunstgeschichte für Jürg Meyer zur Capellen. Festschrift zum 60. Geburtstag.* Herausgegeben von Damian Dombrowski unter Mitarbeit von Katrin Heusing und Alexandra Dern. Weimar 2001, S. 254–261.

Peter Sirius, Kennst du das Land? Wander- und Wundertage in Italien und Sicilien. Zweite Auflage. Leipzig 1897.

Fritz Stahl, Rom. Das Gesicht der ewigen Stadt. Berlin o. J. [1928].

Hippolyte Taine, Reise in Italien. Erster Band Rom und Neapel. Aus dem Französischen übertragen von Ernst Hardt. Leipzig 1904.

Christine Tauber, Jacob Burckhardts ›Cicerone‹. Eine Aufgabe zum Genießen. (= Reihe der Villa Vigoni 13) Tübingen 2000.

Christof Thoenes, ›»In einem neuen Land«. Fußnoten zu Goethes Italienischer Reise‹, in: *Westfalen und Italien. Festschrift für Karl Noehles.* Herausgegeben von Udo Grote in Verbindung mit Hans-Joachim Hubrich, Michael Reuter, Axel Schollmeier. Petersberg 2002, S. 299–317.

Wilhelm Uhde, Am Grabe der Mediceer. Florentiner Briefe über deutschen Kultur von Wilhelm Uhde. Dresden und Leipzig 1899.

Cosima Wagner, Die Tagebücher. [2 Bde.] Ediert und kommentiert von Martin Gregor-Dellin und Dietrich Mack. München/Zürich 1976–1977.

Erik Wegerhoff, Das Kolosseum – bewundert, bewohnt, ramponiert. Berlin 2012.

Winfried Wehle, ›Die Wahrheit im Einzelnen. Ein neugeschriebenes Kapitel der »Italienischen Reise« – Goethe, Foscolo und die ›jungen Leute‹ von 1806‹, in: *»Italien in Germanien«. Deutsche Italien-Rezeption von 1750–1850. Akten des Symposiums der Stiftung Weimarer Klassik* Herzog Anna Amalia Bibliothek, Schiller-Museum 24.–26. März 1994. Herausgegeben von Frank-Rutger Hausmann in Zusammenarbeit mit Michael Knoche und Harro Stammerjohann. Tübingen 1996, S. 252–274.

Josef Victor Widmann, Rector Müslins Italiänische Reise. Zürich 1881.

Heinrich Wölfflin, ›Einleitung des Herausgebers‹, in: *Jacob Burckhardt, Der Cicerone. Eine Anleitung zum Genuß der Kunstwerke Italiens.* Herausgegeben von Heinrich Wölfflin. [2 Bde.] (= Gesamtausgabe III–IV) Stuttgart, Berlin und Leipzig 1933, S. VII–XXV.

Raphaela Averkorn

El Cid Campeador – Mythos, Konstruktion und Umnutzung in nationaler und transnationaler Perspektive

»Ein Land wie ein Schiff, das so groß ist wie ein Land. (....) Santiago ist der Kapitän auf
seinem Schleppboot, die schwarze Form der Kathedrale zieht das Schiff von Aragonien
und Kastilien und allen spanischen Ländern auf den Ozean hinaus, und an der Reling
steht, betend und trinkend und winkend, das Große Theater Spaniens, Alfons der Weise
und Philipp II., Teresa von Ávila und Johannes vom Kreuz, El Cid und Sancho Pansa,
Averroes und Seneca (....).«[1]

Rodrigo Díaz de Vivar († 1099), bekannt als *Cid Campeador*, ist untrennbar seit
Jahrhunderten mit der Geschichte Spaniens, dem Nation-Building-Prozess und
der Konstruktion einer zunächst kastilischen, später spanischen Identität verbunden.[2]

Er steht in einer Reihe mit nationalen Identifikationsfiguren wie dem Apostel
Jakobus dem Älteren (Santiago el Mayor) sowie bedeutenden Intellektuellen,
Herrschern und Heiligen. Das Vorbild für die Entwicklung und Umnutzung des
Kults um Rodrigo war der Santiago-Mythos, dessen Wirkmächtigkeit nicht nur
auf der Iberischen Halbinsel seit dem Hochmittelalter im Rahmen hagiogra-
phischer und politischer Legendenbildung zu konstatieren ist.[3]

Der konkurrierende Mythos um Rodrigo bot den Vorteil des Bezugs auf eine
historisch greifbare Person der unmittelbaren Vergangenheit. Durch das 1929
erschienene politisch einflussreiche Werk von Ramón Ménendez Pidal »La España del Cid«, erfuhr dieser Mythos in der Neuzeit einen neuen Bekanntheitsgrad.[4]

Die Popularität und der Vorbildcharakter des Campeador sind bis heute
besonders in Spanien und Lateinamerika ungebrochen. In seiner Heimat Kastilien zählt er zu den bedeutendsten Persönlichkeiten, wie eine 2013 durchge-
führte Umfrage des regionalen Fernsehsenders RTVCYL zeigt. Auf einer Liste
der 100 bedeutendsten lebenden und verstorbenen Persönlichkeiten aus Kasti-

---

1 Nooteboom 1992, S. 400.
2 Vgl. aus der umfangreichen Literatur besonders, Moreta Velayos 2003, Fletcher 1999, Martínez Diez 1999, Averkorn 1997, Rodiek 1990, Reilly 1988, Linehan 1987, Lacarra 1980a,
  Lacarra 1980b.
3 Vgl. zum Santiago-Kult z. B. Herbers 2006, speziell zum Mythos Averkorn 2001.
4 Menéndez Pidal 1969, passim, Fletcher 1999, S. 323–331, Averkorn 1997, S. 72, 90 f.

lien und León ging mit 13,8 % der Stimmen Königin Isabella I. die Katholische (†1504) als Siegerin hervor. Ihr folgten der erste demokratische Ministerpräsident nach dem Ende der Diktatur, Adolfo Suárez (†2014), mit 7,75 %, Rodrigo Díaz de Vivar (†1099) mit 7,49 %, die heilige Teręsa von Ávila (†1582) mit 5,94 %, der Schriftsteller Miguel Delibes (†2010) mit 5,02 % sowie auf den folgenden Plätzen Philipp II. von Spanien (†1598), der Fußball-Nationaltrainer Vicente del Bosque (*1950) und der Entdecker Floridas Juan Ponce de León (†1521).[5]

Bemerkenswert ist die im kollektiven Gedächtnis verankerte Wertschätzung für kastilische Persönlichkeiten, die mit historischen Ereignissen von nationaler und supranationaler Bedeutung verknüpft werden, wie der Kampf des drittplatzierten zum mythischen Cid Campeador umgenutzten Rodrigo, für das Christentum, die Hegemonialstellung Kastiliens und die Einheit Spaniens. Zahlreiche lateinamerikanische Länder sehen im mythischen Cid ein öffentliches Vorbild, das in vielfacher Weise stetig genutzt und umgenutzt wird, da er im Gegensatz zu Eroberern wie Cristóbal Colón, als nicht in die Conquista Lateinamerikas involvierte Gestalt stets positiv konnotiert wurde, so dass er als unbesiegbarer Held der spanischen Reconquista auf Personen des öffentlichen Lebens problemlos übertragbar ist.

Zwischen 1971 und 1984 brachte der Illustrator Antonio Hernández Palacios erfolgreich Comics auf den spanischen Markt, 1980 wurde als spanisch-japanische Fernsehkoproduktion der Zeichentrickfilm »Ruy, el pequeño Cid« in 26 Folgen erfolgreich ausgestrahlt. Der Historiker José Luis Corral veröffentlichte 2000 einen historischen, fachlich fundierten Roman »El Cid«, der sich bis 2009 schon über 600.000mal verkaufte. Der für das Kino produzierte und mit dem Goya prämierte Zeichentrickfilm »El Cid: La leyenda« (2003) spielte allein in Spanien über 2,3 Millionen Euro ein.[6]

Die Geschichte des mythischen Cid funktionierte im transnationalen Kontext als Hollywood Block Buster »El Cid« (1961) und als Walt Disney Zeichentrickfilm »El Cid Campeador« (1984), in dem Donald Duck mittels einer Zeitmaschine zum Cid reiste.[7]

---

5 Vgl. http://www.eldiadevalladolid.com/noticia/ZB256CAC3-DE3E-39E1-1616798D4D619F00 /20131130/isabel/catolica/elegida/castellano/leones/historia [20.4.2014].

6 Vgl. Hernández Palacios, Antonio: El Cid. 4 Alben, 1971–1984, dt. 1982–1988, http://pel iculashoy.com/el-cid-la-leyenda-en-linea.html[20.4.2014], http://www.caminodelcid.org/Ca mino_Laleyendayelmito.aspx [20.4.2014], Rodríguez Marcos, Javier: De la cátedra al ›best seller‹, verfügbar unter http://elpais.com/diario/2009/05/07/cultura/1241647201_850215.ht ml [20.4.2014].

7 Vgl. Winkler 2001, S. 327–30. Der Cid-Stoff wurde besonders seit dem 19. Jh. im Roman und in der Musik benutzt, z.B. von Jules Massenet in der Oper »Le Cid« (1885), vgl. hierzu ausführlich Rodiek 1990, S. 244, 251–278, Averkorn 1997, Kap. 4. Zum Cid in Comics auch Corbellari 2011, S. 229–242.

Wer war Rodrigo Díaz de Vivar, der nach seinem Tod in den ihn mythifizierenden Schriften als »Cid« (= arabisch »Herr«, »Befehlshaber«) bzw. »Campeador« (= lateinisch »campi doctor« = (Lehrer des Gebrauchs der Waffen gegen den Feind in freiem Felde) oder generell als »Cid Campeador« bezeichnet wurde?[8]

Aufgrund der multiplen Ausformungen und Umnutzungen dieser historischen Person seit dem 11. Jahrhundert, wird im Folgenden zwischen dem historischen Rodrigo Díaz de Vivar und dem mythischen Cid Campeador unterschieden. Die Entstehung des Cid-Bildes, seine kontinuierlichen Metamorphosen sowie seine aktuelle Wirkmächtigkeit zeigen deutlich, dass nach Hans Blumenberg Mythen beständig, veränderbar und in der Konsequenz unsterblich sind.[9]

1.   Historische Grundlagen

Rodrigo Díaz de Vivar unterscheidet sich zu Beginn seiner Karriere nicht wesentlich von seinen ritterlichen Zeitgenossen im Königreich Kastilien. Er wurde zwischen 1043 und 1047 in Vivar, einem bei Burgos gelegenen kleinen Ort, als Sohn des nicht sehr wohlhabenden, aus niederem Adel stammenden Diego Laínez und seiner namentlich nicht bekannten Gemahlin, einer Tochter des Adligen Rodrigo Álvarez geboren, der am Hof von König Ferdinand I. von Kastilien verkehrte. Dort wurde Rodrigo eine ritterliche Erziehung, die militärische Fähigkeiten, aber auch Lesen und wahrscheinlich Schreiben beinhaltete, im Haushalt des ältesten Königssohnes Sancho zuteil. Rodrigo entwickelte Gefallen an Literatur und ein besonderes Interesse für das Rechtswesen, was sich noch sehr vorteilhaft für seine Karriere erweisen sollte. Schon früh brachten ihm militärische Aktionen Erfolg und erste Kontakte zu Muslimen ein, die gemeinsam mit Christen gegen christliche Gegner kämpften.[10]

Diese wechselnden militärischen und politischen, nicht von religiösen Aspekten geprägten Bündnisse zwischen Christen und Muslimen, sollten zu einer Leitlinie der späteren, sehr flexiblen Politik Rodrigos werden, der am Aufbau eines eigenen Vermögens interessiert war. Die Zeit der Reconquista war durch hohe soziale Mobilität geprägt, die es ermöglichte, im Rahmen der Expansion

---

8 Fletcher 1999, S. 7.
9 Blumenberg 1979, S. 40: »Mythen sind Geschichten von hochgradiger Beständigkeit ihres narrativen Kerns und ebenso ausgeprägter marginaler Variationsfähigkeit. Diese beiden Eigenschaften machen Mythen traditionsgängig: ihre Beständigkeit ergibt den Reiz, sie auch in bildnerischer oder ritueller Darstellung wiederzuerkennen, ihre Veränderbarkeit den Reiz der Erprobung neuer und eigener Mittel der Darbietung.«
10 Fletcher 1999, S. 171–182, Averkorn 1997, S. 74–78.

der christlichen Königreiche Grundbesitz und Privilegien in den eroberten Gebieten zu erhalten und für den sozialen und finanziellen Aufstieg zu nutzen. Oftmals wurde der unterlegene Gegner auf dem Schlachtfeld nicht getötet, sondern gefangen genommen und gegen Zahlung von Lösegeld wieder frei gelassen. Rodrigo bediente sich gezielt dieser Mittel, um mit dem Gewinn Immobilien und Grundbesitz in Kastilien zu erwerben. Der nach seinem Ableben konstruierte mythische Cid Campeador weist begreiflicherweise diese sehr profanen Charakterzüge nicht auf.

Rodrigos Aufstiegswille war jedoch Brüchen unterworfen, da nach dem Tod seines Gönners Ferdinand I. (†1065) Erbstreitigkeiten ausbrachen, die zu zeitweiligen Teilungen des Königreichs und kriegerischen Auseinandersetzungen führten. Rodrigo blieb am Hof von König Sancho von Kastilien und führte in den folgenden Jahren – ohne seine Aktivitäten als erfolgreicher Krieger zu vernachlässigen – ein Leben als wichtiger Hofbeamter, das ihn auf seine späteren Lebensphasen hervorragend vorbereitete. Der 1072 durch Verrat verursachte Tod König Sanchos stellte einen Wendepunkt dar. Der zumeist als Experte für Rechtsfragen genannte Rodrigo wurde nun erstmalig als herausragender Kämpfer erwähnt, der in typisch mittelalterlicher Überhöhung allein siegreich gegen fünfzehn feindliche Ritter kämpfte. Er sicherte seine Karriere durch den Eintritt in die Dienste des siegreichen Königs Alfons VI. von Kastilien-León, für den er von Ende 1072 bis 1080 z. B. Aufgaben als Rechtsberater und Richter in Asturien übernahm. Bereits um 1074 war Rodrigo eine politisch und ökonomisch wichtige Ehe mit Jimena, der Tochter eines bedeutenden asturianischen Adligen, eingegangen. 1079 bahnte sich eine erneute, dramatische Wende an, als Rodrigo sich in königlichem Auftrag an den Hof des mit Kastilien verbündeten muslimischen Herrschers von Sevilla begab, um fällige Tributzahlungen einzutreiben. Da sich jener im Kampf gegen das muslimische Córdoba befand, leistete er ihm Waffenhilfe und ließ einen auf gegnerischer Seite kämpfenden gefangengenommenen kastilischen Adligen erst gegen ein hohes Lösegeld frei, was ihm einen lebenslangen Feind am Hof eintrug. Rodrigo perfektionierte in den folgenden Jahren diese Handlungsstrategien, Rückschläge blieben jedoch nicht aus, da er Wagnisse einging, ohne sich zuvor gegen Risiken abzusichern. 1081 führte er eigenmächtig mit seiner privaten Armee eine Strafexpedition gegen den muslimischen Herrscher von Toledo, der unter dem Schutz des kastilischen Königs stand, durch und machte unzählige Gefangene, die er ausraubte. Die Quellen sprechen von 7000 Personen – einer eher symbolisch zu sehenden Zahl –, deren Festnahme ihm viel Geld einbrachte, jedoch König Alfons VI. so sehr verärgerte, dass er Rodrigo zur Strafe ins Exil schickte.[11]

---

11 Fletcher 1999, S. 183–198, Averkorn 1997, S. 79 f.

Er sah darin eine neue Chance und nutzte seine langjährigen Erfahrungen, um sich ein neues Betätigungsfeld zu suchen. Nach Absagen durch die christlichen Herrscher in Katalonien und Aragón begab er sich bis 1086 als Söldner in den Dienst der mit Kastilien verfeindeten muslimischen Herrscher von Zaragoza. Die sehr günstigen Arbeitsbedingungen, die ihm einen persönlichen Anteil an Lösegeldern, u. a. durch die Gefangennahme der christlichen Grafen von Barcelona, Pamplona und des Bischofs von Roda, und andere Remunerationen garantierten, bildeten die entscheidende Grundlage für sein stetig wachsendes Vermögen.

Seit 1083 unterhielt Rodrigo wieder sporadische Kontakte zu seinem Lehnsherrn Alfons VI., der 1085 erfolgreich Toledo belagern und erobern konnte. Kompliziert wurde Rodrigos Situation 1086, als der Monarch die Eroberung Zaragozas plante, die Belagerung jedoch abbrechen musste, da von Süden die Almoraviden auf die Iberischen Halbinsel eindrangen und ihn schlagen konnten. In dieser Schlüsselsituation erfolgte die Versöhnung zwischen Lehnsherrn und Lehnsmann, als Rodrigo aus nicht geklärten Gründen Zaragoza verließ. Er versöhnte sich öffentlich und feierlich anlässlich der Konsekration der Kathedrale von Toledo Ende 1086 mit Alfons VI., jedoch zu seinen eigenen Bedingungen, die der Monarch angesichts der neuen militärischen Bedrohungen akzeptieren musste. Daher gestand der König ihm zu, dass Rodrigo künftig das von ihm eroberte Land in seinen persönlichen Besitz überführen durfte. Sein Verhältnis zu Alfons VI. blieb mehr oder weniger getrübt und gipfelte 1089 in einer erneuten Auseinandersetzung, als der inzwischen erfolgreich auf eigene Rechnung agierende Rodrigo mit seinem Heer vom König zur Unterstützung im Kampf gegen die abermals auf der Iberischen Halbinsel eingefallenen Almoraviden, gerufen wurde, aber aus nicht mehr zu eruierenden Gründen nicht rechtzeitig zum Schlachtfeld gelangte und vom erbosten Alfons VI. erneut exiliert wurde. Rodrigo setzte seinen Aufstieg dennoch fort, forderte Schutzgeld von den muslimischen Städten Denia und Valencia und kämpfte 1090 erfolgreich gegen den mit Denia verbündeten christlichen Grafen Berengar von Barcelona, der ein hohes Lösegeld zahlen und seine Ansprüche auf die muslimischen Gebiete in der Levante, zu denen auch Valencia zählte, an Rodrigo abtreten musste.[12]

Dass die christlichen Fürsten Rodrigo in der Folgezeit nicht mehr als exemplarischen Christen betrachteten, erscheint sehr nachvollziehbar. Rodrigo Díaz de Vivar war in den folgenden Jahren nicht - wie die mythifizierenden, ihn zum kastilischen Nationalhelden stilisierenden Werke behaupteten, einzig und allein am Wohlergehen des Königreichs interessiert, sondern vielmehr an der Schaffung eines eigenen Herrschaftsraums.

---

12 Fletcher 1999, S. 199 – 262, Averkorn 1997, S. 80 f.

Rodrigo setzte seine militärischen Erfolge fort und schloss je nach Bedarf Allianzen mit christlichen und muslimischen Herrschern. Den Vormarsch der Almoraviden, die den muslimischen Herrscher von Valencia hingerichtet hatten, nutzte er, um die geschwächte Stadt auszuhungern und im Mai 1094 zur Aufgabe zu zwingen. Im Juni zog er als Herrscher in Valencia ein und agierte von diesem Zeitpunkt als unabhängiger Feudalfürst. Er blieb zunächst politisch isoliert, da die christlichen Nachbarn ihn, der überdies als Emporkömmling angesehen wurde, basierend auf ihren früheren Erfahrungen nicht als zuverlässigen Bundesgenossen einschätzten. Im Herbst 1094 konnte er einen Angriff der zahlenmäßig deutlich überlegenen Almoraviden erfolgreich abwehren, ein Ereignis, das in zahlreiche Chroniken einging und sein Ansehen als unbesiegbarer Heerführer bei seinen Zeitgenossen festigte. Wenig später gewann er den kurz zuvor inthronisierten König von Aragón als Bündnispartner und erzielte mit ihm gemeinsam weitere Erfolge gegen muslimische, mit dem christlichen Grafen von Barcelona verbündete Städte. Seine Machtstellung ermöglichte es Rodrigo, seine Töchter in die Fürstenhäuser von Navarra und Barcelona einheiraten zu lassen, wodurch er die Legitimation seiner Herrschaft und seine dynastische Vernetzung im Hochadel vorantreiben konnte. Sein einziger Sohn Diego starb jung auf dem Schlachtfeld auf Seiten Kastiliens. Rodrigo Díaz de Vivar verschied nicht heldenhaft auf dem Schlachtfeld, sondern im Sommer 1099 in seinem Palast in Valencia. Seine Witwe Jimena († n. 1113) konnte wegen fehlender militärischer Unterstützung durch Kastilien die Stadt nur bis 1102 gegen die stetige Bedrohung durch die Almoraviden verteidigen. Jimena und ihre Truppen setzten nach dem Abzug die Stadt in Brand und begaben sich mit Rodrigos Leichnam sowie vielen Reichtümern zurück nach Kastilien, wo er im Kloster San Pedro de Cardeña bei Burgos bestattet wurde.[13]

2. Umnutzung der historischen Gestalt und Konstruktion des mythischen Cid vom 12. bis 19. Jahrhundert

Rodrigos Tod wurde in christlichen und muslimischen Chroniken unterschiedlich kommentiert. In der muslimischen Historiographie wurde das überwiegend negative Bild eines zwar militärisch erfolgreichen, aber tyrannischen, grausamen Fürsten in den folgenden Jahrhunderten unverändert fortgeschrieben, während auf christlicher Seite ein Heldenmythos aufgebaut und die Person des Rodrigo in unterschiedlicher Weise umgenutzt wurde.[14]

---

13 Fletcher 1999, S. 263–298, Averkorn 1997, S. 81 f.
14 Fletcher 1999, S. 159 f., Menéndez Pidal 1969, S. 578, Averkorn 1997, S. 82.

Aus Rodrigo Díaz de Vivar, einem nicht sehr wohlhabenden kastilischen Adligen, erfolgreichen Söldner und Herrscher von Valencia, der keineswegs stets als guter Christ und loyaler Lehnsmann aufgefallen war, wurde ein übermächtiger, beispielhafter christlicher, kastilischer Held, der entscheidend zum Aufstieg und zur Einheit der Nation beigetragen hatte, konstruiert. Er wurde bereits zu Lebzeiten und kurz nach seinem Tod ob seiner militärischen Leistungen bewundert, die Eingang in die zeitgenössische Literatur und in das Liedgut fanden. Zu diesem frühen Zeitpunkt erfolgte lediglich eine nicht sehr komplexe, gezielte Umnutzung seiner historisch belegbaren Taten, um aus ihm, dem Zeitgenossen, ein Vorbild für die christlichen kastilischen Kämpfer in der Reconquista zu schaffen.

Um 1083 wurden die ersten militärischen Erfolge Rodrigos in dem heute »Carmen Campi Doctoris« genannten, einem in lateinischer Sprache wahrscheinlich im katalanischen Kloster Ripoll verfassten Gedicht gepriesen. Der anonyme Dichter nennt ihn mehrfach »Campeador«. Wahrscheinlich vor 1125 wurde von einem unbekannten Verfasser, einem gut informierten Zeitgenossen Rodrigos und vielleicht sogar Augenzeugen vieler Geschehnisse, die in einem schlichten, nüchternen Stil in lateinischer Prosa verfasste »Historia Roderici« geschrieben. Der Autor betrachtete ihn als zu Reichtum gelangten Helden, kritisierte jedoch seine von den Zeitgenossen durchaus als außergewöhnlich wahrgenommene Grausamkeit, ein Aspekt, der von späteren Autoren nicht mehr erwähnt werden sollte. Eine weitere, deutlich komplexere Phase der Umnutzung, die zur Konstruktion des neuen Bildes eines mythischen Cid Campeador führte, begann Mitte des 12. Jahrhunderts. Im »Poema de Almería«, das um 1150 an die gleichnamige Schlacht (1147) gegen die Muslime erinnerte und den Sieger König Alfons VII. von Kastilien pries, lassen sich bereits erste Beispiele einer gezielten Umnutzung der Person Rodrigos und der allmähliche Aufbau eines Mythos zum »unbesiegbaren Maurenbezwinger« im Vergleich zu den Taten König Alfons VII. erkennen. Wie sehr sein Andenken im öffentlichen Bewusstsein gepflegt wurde, zeigen Verweise auf nicht mehr überlieferte Lieder. Gleichfalls wurde Rodrigo erstmals in Verbindung mit Álvar Fáñez (ca. 1047 – 1114), einem der bedeutendsten Militärführer König Alfons VI. gebracht, der jedoch im Vergleich zum Cid nach Einschätzung des Dichters nur der zweite in Bezug auf Ruhm, Ehre und Erfolg war.[15]

Somit war Rodrigo Díaz de Vivar, sicherlich durch das Bestreben seiner Zeitgenossen - in Kastilien zu einer Symbolfigur geworden, die in der öffentlichen Meinung sogar Königen als Vorbild diente.

---

15 Moreta Velayos 2003, S. 371 – 373, Fletcher 1999, S. 147 – 161, 303 – 305, Averkorn 1997, S. 82 f., Rodiek 1990, S. 37 – 41, Linehan 1987, S. 230 f.

Von überaus hoher Bedeutung für die Entwicklung des Cid-Mythos bis in die heutige Zeit war das in kastilischer Sprache verfasste »Poema de Mio Cid« bzw. »Cantar de Mio Cid«, ein literarisches Werk mit fiktiven Episoden sowie historisch fundierten, jedoch literarisch verfremdeten Erzählungen, die teilweise auf mündlich verbreitete Gesänge zurück gingen. Der Entstehungszeitpunkt wird bis heute kontrovers diskutiert, liegt jedoch wahrscheinlich im letzten Jahrzehnt des 12. Jahrhunderts, sicherlich jedoch vor 1207. Rodrigo wird als exemplarischer königstreuer, christlicher Kastilier portraitiert, der mit Hilfe des Apostels Santiago selbstlos zum Wohle Kastiliens militärische Erfolge erzielte. Dieses Gedicht – aufgeteilt in drei Gesänge – verschweigt Rodrigos eigentliche Motive, seine Tätigkeit als Söldner in Diensten muslimischer Herrscher, die grausame Behandlung von Gefangenen und erwähnt lediglich, da es sich um für Kastilien vorteilhafte Aktionen handelte, die Anhäufung von Beutegut im Kampf gegen die Andersgläubigen. In zahlreichen fiktiven Episoden wird auf die tatkräftige Unterstützung durch Rodrigos vorgeblichen Freund und Waffengefährten Álvar Fáñez, verwiesen oder auf die unwürdigen Schwiegersöhne des Cid, die – wie auch andere Motive – bis heute im Bewusstsein der breiten Öffentlichkeit eine Rolle spielen. Die Person des Rodrigo wird propagandistisch zur Erinnerung an die glorreichen Zeiten Kastiliens im 11. Jahrhundert umgenutzt, um als Cid Campeador die Begeisterung für das Wiederaufflammen der Reconquista und die Rückbesinnung auf nationale Interessen in einer extremen Krisensituation im Kampf gegen die Almohaden zu schüren, die die Almoraviden verdrängt und 1195 eine Schlacht gegen Kastilien gewonnen hatten. Erst 1212 gelang König Alfons VIII. († 1214) von Kastilien mit Unterstützung der christlichen Nachbarreiche der legendäre Sieg in der Schlacht von Las Navas de Tolosa gegen die Almohaden.[16]

In den folgenden Jahrzehnten eröffnete die Umnutzung der Person des historischen Rodrigo vielfältige neue Möglichkeiten. Die Mönche aus Cardeña, die durch das Grab des Cid einen wichtigen Erinnerungsort ihr Eigen nannten, befanden sich Ende des 13. Jahrhunderts in einer ökonomisch schwierigen Situation. Als neue Möglichkeit der Existenzsicherung sahen sie ihre Chance in der Vermarktung der Grabstätte. Zu diesem Zweck nahmen sie eine Umnutzung der historischen Fakten sowie der frühen Überlieferungen vor und schufen unter Einbezug phantasievoll gestalteter neuer Episoden das von ihnen »Estoria de Cardeña« genannte Werk, das heute treffender als »Leyenda de Cardeña« bezeichnet wird. Diese Schrift wurde 1272 König Alfons X., dem Weisen von Kastilien, einem Enkel des Siegers von Las Navas de Tolosa, bei einem Besuch im inzwischen wirtschaftlich wieder aufstrebenden Kloster, das sich schnell zu

---

16 Moreta Velayos 2003, S. 374–380, Fletcher 1999, S. 305–314, Averkorn 1997, S. 84 ff., Linehan 1987, S. 318–326.

einer beliebten Pilgerstätte entwickelt hatte, überreicht. In dieser Schrift sprachen die Mönche Rodrigo wundertätige Kräfte zu und stilisierten ihn zum definitiven kastilischen Helden. Wesentliche Elemente dieses Werks prägen den Cid-Mythos bis heute. In einer Episode erschien Petrus dem Rodrigo und teilte ihm mit, dass er nur noch 30 Tage zu leben hätte, Gott ihm aber die Fähigkeit geben würde, sich seinen Körper durch den Verzicht auf Nahrung und die Aufnahme von Balsam und Myrrhe zu erhalten. Durch diese Einbalsamierung zu Lebzeiten könne er noch nach seinem Tod festgebunden auf seinem Pferd Babieca Schlachten gewinnen. Nach der gewonnenen Schlacht wurde der einbalsamierte Cid Campeador geschminkt, angekleidet, auf seinem Pferd festgebunden nach Cardeña geführt und in der Klosterkirche neben dem Hochaltar auf einen Schemel gesetzt. Der Legende zufolge wurde Jimena nach ihrem Tod zu seinen Füßen beerdigt, sein Pferd vor der Kirchenpforte. Erst zehn Jahre nach seinem Tod fiel Rodrigo aufgrund nicht perfekt durchgeführter Einbalsamierung die Nase ab, was man zum Anlass nahm, ihn endgültig zu beerdigen. König Alfons X. sah das identitätsstiftende Potential, das der mythische Cid bot, und bediente sich zahlreicher Quellen und literarischer Vorlagen, u. a. auch der »Leyenda de Cardeña«, um den historischen Rodrigo Díaz de Vivar dauerhaft als mythischen Cid Campeador, den christlichen, loyalen und kastilischen Nationalhelden, für seine eigene politische Gegenwart, aber auch für die Nachwelt historiographisch umzunutzen. Er gewährte ihm in seiner in kastilischer Sprache abgefassten Chronik (Primera Crónica General) mehr Raum und Bedeutung als seinem eigenen Vorfahren, König Alfons VI. von Kastilien. Wie sehr der mythische Cid Campeador im politischen und gesellschaftlichen Leben Spaniens noch nach der Vereinigung Kastiliens und Aragóns von Bedeutung war, zeigte sich 1554, als der Enkel der Katholischen Könige, König Philipp II. vergeblich versuchte, die Heiligsprechung des Cid durch den Papst zu erreichen, um dessen nationale Größe und Bedeutung neben dem Heiligen Jakobus, die beide besonders in Krisenzeiten unverzichtbar waren, zu unterstreichen. Die Person des historischen Rodrigo hingegen war aus dem nationalen Gedächtnis getilgt worden.[17]

In den folgenden Jahrhunderten war der sehr flexibel nutzbare Cid-Mythos in Bezug auf die jeweiligen politischen und gesellschaftlichen Verhältnisse weiteren Modifikationen unterworfen. Guillén de Castro passte ihn höfischen Gegebenheiten an und stellte ihn im Drama »Mocedades del Cid« (1618) (Jugendtaten des Cid) als jugendlichen Helden im Zwiespalt zwischen Liebe und Ehre dar. Jerónimo de Cáncer y Velasco und weitere Literaten des Siglo de Oro zeigten wenig Respekt vor dem mittelalterlichen Helden und der Reconquista, spielten mit

---

17 Vgl. Fletcher 1999, S. 314–321, Averkorn 1997, S. 82–84, Linehan 1987, S. 467 f.

dem Mythos und nutzen ihn für erfolgreich am Königshof aufgeführte Burlesken und Parodien um.[18]

Eine bedeutsame transnationale Verwendung und Umnutzung des Cid-Stoffes nahm der französische Jurist Pierre Corneille (1606–1684), Begründer des klassischen französischen Theaters und Protegé von Richelieu in seinem Drama »Le Cid« (1637) vor. Ihm wurde nicht nur Plagiat wegen der wörtlichen Übernahme ganzer Verse aus dem Stück von Castro ins Französische vorgeworfen, sondern er löste wegen der strukturellen Konzeption seines Stücks die in der Literaturgeschichte berühmte Auseinandersetzung (»La Querelle du Cid«) aus. Das Eingreifen von Richelieu und der Académie Française zum Schutz Corneilles zeigt das Interesse des aufkeimenden Absolutismus an der politischen Instrumentalisierung des Theaters. Corneille brachte den spanischen Nationalhelden zu einem Zeitpunkt erfolgreich auf die Bühne, als das französische Königtum sich unter Ludwig XIII. siegreich im Krieg gegen Spanien behauptete. Es ist nicht eindeutig zu klären, ob der vom Königtum protegierte Corneille durch sein Theaterstück dennoch eine versteckte Kritik am königlichen Hof zugunsten des immer stärker an Einfluss verlierenden Adels üben wollte oder aber die politische Situation zwischen beiden Königreichen thematisieren wollte. Er verlegte den Schauplatz von Burgos nach Sevilla, das zu Lebzeiten des Cid noch von Muslimen regiert wurde. Er war nicht mehr als spanischer Held angelegt, spezifische nationale Elemente fehlten. Corneille nutzte die Gestalt des Cid um, indem er Charakterzüge der Protagonisten veränderte und sie französischen Sitten und Gebräuchen anpasste, um der französischen Gesellschaft einen Spiegel vorzuhalten. Er zeigte in eindrucksvoller Weise Generationenkonflikte, Männlichkeitsideale und Geschlechterbeziehungen auf, da sich in Frankreich neue Modelle des Zusammenlebens entwickelten.[19]

Corneilles Werk, das zu einem der erfolgreichsten Theaterstücke geworden war, überdauerte die Französische Revolution und erfuhr eine politische Umdeutung durch Napoleon Bonaparte (1769–1821). Er setzte seinen Lieblingsschauspieler François-Joseph Talma (1763–1826) seit 1799 in der Rolle des Rodrigo gezielt für politische und propagandistische Zwecke, seine Herrschaft stabilisierende Aufführungen u. a. an der Comédie Française ein. Talma wird als ein Neuerer der Schauspielkunst angesehen, da er sein Publikum durch innovative Spieltechniken und historische Kostüme in seinen Bann zog. Der Cid wurde als ein siegreicher andalusischer Kämpfer analog zu den Erfolgen Bonapartes in Frankreich und auf dem Ägypten-Feldzug gesehen. Wie dem Cid gelang Bonaparte der Aufstieg zum Herrscher aus eigener Kraft. Beide Figuren verschmolzen in der napoleonischen Propaganda. Zwischen 1799 und 1810 er-

---

18 Mata Induráin o. J., S. 408–416, Rodiek 1990, S. 127–135.
19 Vgl. ausführlich Santelices 1933, S. 66–75, Rodiek 1990, S. 143–180.

lebte das Stück 77 Aufführungen und war auch bei diplomatischen Treffen ein wichtiger Bestandteil der nationalen Propaganda. So stand 1800 der von Talma verkörperte »Cid« auf dem Spielplan anlässlich des Treffens von Kaiser Napoleon mit Kaiser Alexander I. von Russland in Erfurt. Zur Legitimierung seiner Herrschaft nutzte Napoleon neben weiteren Medien gezielt das Theater, in dem er besonders die Aufführung von Heldendramen favorisierte, um Parallelen zu seinem eigenen Werdegang aufzuzeigen. Überdies konnte er, wenn er sich gezielt mit Verspätung in Aufführungen begab, durch sein Erscheinen das Stück unterbrechen und sich bejubeln lassen. Politik und Fiktion vermengten sich zu einem öffentlichen Schauspiel, für das der Stoff des »Cid« eine ideale Vorlage bot.[20]

Wie aber ging Spanien, das von Napoleon eroberte Königreich, etwa zeitgleich mit dem Cid-Mythos um? Francisco de Goya (1746–1828), der bereits 1808 in seinem Gemälde »Die Erschießung der Aufständischen« sowie 1810 bis 1814 in seinen Radierungen »Schrecken des Krieges« gesellschaftspolitische Kritik an der Franzosen-Herrschaft in Spanien geübt hatte, griff nach deren Scheitern und der von Napoleon 1813 gestatteten Rückkehr Ferdinands VII. zwischen 1814 und 1816 ein Cid-Motiv auf, das bisher nur sehr vereinzelt, z. B. durch Nicolás Fernández de Moratín (1737–1780) in seinem Gedicht »Fiesta de toros en Madrid« verwendet worden war. Goya stellte in seinem Zyklus von Radierungen, der unter dem Namen »Tauromaquia« bekannt wurde, Rodrigo Díaz de Vivar als Vertreter des spanischen Volkes und siegreichen Torero dar, der Stier symbolisierte die geschlagenen Franzosen.[21]

In Frankreich war die transnationale und transkulturelle Verwendbarkeit und das politisch-gesellschaftliche Potential der Figur des mythischen Cid besonders durch Corneille und Napoleon I. erkannt worden. Spanien vergaß auch in Zeiten der Prosperität wie im Goldenen Zeitalter nicht den mythischen mittelalterlichen Cid Campeador, nutzte ihn jedoch mittels burlesker und parodistischer Verfremdungen publikumswirksam zur Betonung der Größe Spaniens als europäischer Hegemonialmacht um. Die bereits vielfach umkonstruierte und in immer neuen Facetten erscheinende überhöhte, heroisierte und legitimierende Gestalt des mythischen Rodrigo Díaz de Vivar eignete sich jedoch besonders dazu, in Zeiten von Umbrüchen und Krisen als jeweiliges nationales Vorbild, als herrschaftsstabilisierendes sowie identitätsstiftendes Element genutzt zu werden.

---

20 Vgl. Filippi 2011, S. 101–108.
21 Fiesta de toros en Madrid – Poemas de Nicolás Fernández de Moratín verfügbar unter: http://www.poemas-del-alma.com/nicolas-fernandez-de-moratin-fiesta-de-toros-en-madri d.htm#ixzz37MnmeXQj [15.2.2014], Díez Borque 2008, S. 375–387, Rodiek 1990, S. 286 f.

3.   Der historische und der mythische Cid im 20. und 21. Jahrhundert

Eine neue Phase in der Rezeption und Umnutzung des Cid-Mythos, lässt sich seit Ende des 19. Jahrhunderts konstatieren, als die politische Situation Spaniens im Inneren nach zahlreichen Konflikten, wie z. B. den Carlisten-Kriegen, und im Äußeren, wie z. B. nach der Niederlage gegen die USA 1898 mit dem Verlust Cubas oder auch durch die weltpolitische Lage angesichts des Börsenkrachs (1929) einen dramatischen Höhepunkt erreichte und das nationale Selbstbewusstsein auf einem Tiefpunkt angelangt war. Diese neuartige Betrachtung des mythischen Cid Campeador kulminierte in dem von dem Philologen Ramón Menéndez Pidal (1869–1968) verfassten Werk »La España del Cid« (1929). Basierend auf historischen und literarischen Vorlagen, die er jedoch als historisch fundierte Quellen interpretierte, entwarf er sein in der Fachwelt als »Cid pidaliano« bezeichnetes neues Bild des historischen Rodrigo, das mehr Übereinstimmungen mit dem mythischen Cid Campeador aufweist als mit der historischen Gestalt. Menéndez Pidal wollte eine wissenschaftliche Rückführung zum »wahren, mittelalterlichen« Cid erreichen, den er als Kastilier, als Kreuzritter der Reconquista sowie als exemplarischen Christen darstellte. Er wehrte sich mit diesem Werk scharf gegen die Darstellung des Cid durch den niederländischen Orientalisten Reinhart Dozy (1820–1883), der in seinen 1849 publizierten Untersuchungen zur mittelalterlichen Geschichte und Literatur Spaniens arabische Quellen einbezogen und ein differenziertes, mit negativen Zügen behaftetes Cid-Bild entworfen hatte. Menéndez Pidal hingegen sah darin einen unfundierten, unredlichen Angriff auf die spanische Nation sowie eine Verunglimpfung ihres Nationalhelden. Durch die gezielte Wiederbelebung traditioneller nationaler und besonders kastilischer Werte und Vorstellungen mittels pädagogischer Handlungsanweisungen wollte er einen Beitrag zur Wiederherstellung der alten Größe Spaniens leisten. Kastilien stellte für ihn den entscheidenden Nukleus dar, aus dem Spanien erwachsen war. In jenen Krisenzeiten erreichte sein gut lesbar verfasstes Werk »La España del Cid« ein breites Publikum, traf den Nerv der Zeit und prägte die öffentliche Meinung nachhaltig. Die sehr positive Aufnahme durch den einflussreichen Schriftsteller und Kritiker José Augusto Trinidad Martínez Ruiz (1873–1967), genannt Azorín, der seinerseits 1900 ein Buch mit dem Titel »El alma castellana« (Die Seele Kastiliens) publiziert hatte, trug dazu wesentlich bei. 1931 wurde nach der Abdankung König Alfons XIII. die Zweite Republik ausgerufen, 1936 brach der Bürgerkrieg aus, der 1939 mit dem Sieg Francos endete.[22]

---

22 Vgl. Menéndez Pidal 1969, passim, Fletcher 1999, S. 322–331, Averkorn 1997, S. 89 ff. Lacarra 1980a, S. 96–107.

Francisco Franco Bahamonde (1892 – 1975), geboren in Galizien, dem Hauptzentrum des Santiago-Kultes, nutzte nicht nur den nationalen Mythos um den Apostel, sondern auch die Person des mythischen Cid Campeador für seine politischen Zwecke, wies ihnen in der franquistischen Ideologie einen wichtigen Platz zu und machte beide zu Leitfiguren der nationalen Bewegung sowie sich selbst zu einem Double des »Cid«. Dies tat er unter anderem dadurch, dass er sich seit 1936 »Caudillo« – in Erinnerung an seine erfolgreiche militärische Vergangenheit, besonders den als »Kreuzzug« bezeichneten Marokko-Feldzug – nennen ließ.[23]

Francos Anhänger sahen ihn als die Reinkarnation historischer Helden verschiedener Epochen und priesen ihn als Alexander den Großen, El Cid Campeador oder als Napoleon. Der Autor und franquistische Ideologe Ernesto Giménez Caballero (1899 – 1988) stellte in seinem propagandistischen für den Unterricht an Grundschulen gedachten Werk »España Nuestra, El Libro de las Juventudes Españolas« (1943), Franco als Cid, der von Burgos nach Valencia zog, dar und setzte ihn überdies in Analogie zu den christlichen Königen, die für die Einheit Spaniens gekämpft hatten. Ideologisch wurde an messianische Traditionen angeknüpft und die Verbindung christlicher mittelalterlicher Helden mit dem Caudillo Franco hergestellt, der als Retter des Katholizismus, Fortführer der Spanischen Inquisition für die Einheit Spaniens und damit als Kämpfer gegen alle Feinde, die Ungläubigen und die Kommunisten, im Rahmen seiner Reconquista bzw. seines Kreuzzugs, gesehen wurde. Das mittelalterliche Kastilien, zu dessen Größe in der franquistischen Ideologie der Cid Campeador basierend auf dem durch Menéndez Pidal aktualisierten Mythos entscheidend beigetragen hatte, war die Keimzelle für die sogenannte glorreiche nationale Bewegung (»Movimiento Nacional«) unter Führung Francos.[24]

Francos Biograf Paul Preston sah es in dessen Charakter begründet, dass Franco neben dem Apostel Santiago eine historische in der Öffentlichkeit bekannte Persönlichkeit als Vorbild benötigte, die die von ihm vertretenen Werte verkörperte. Beide wiesen deutliche Parallelen zu seinem Leben auf. Franco hatte nicht nur am Festtag des heiligen Santiago, am 25. Juli 1937, die Entscheidungsschlacht bei Brunete gewonnen, sondern er beendete den Bürgerkrieg mit der erfolgreichen Einnahme von Valencia, Alicante und Cartagena (März 1939). Franco führte seinen Kreuzzug nicht als »matamoros« (Maurentöter) wie der Apostel und in dessen Nachfolge der christliche, national eingestellte »Cid pidaliano« durch, sondern als guter Christ in Analogie als »mata-

---

23 Alric 2011, S. 187, Lacarra 1980a, S. 107 – 111, Averkorn 2001, S. 539 zur Jakobus-Verehrung durch Franco, zu den Militäraktionen und dem Cid auch Preston 1994, S. 21 – 41 sowie Preston 1993, passim.
24 Vgl. Preston 1994, S. 21, Catoira 2008, Kap. El Caudillo; speziell zu Schulbüchern auch Domke 2011, S. 11 – 16, 92, 102.

comunistas« (Kommunistentöter) für die Einheit Spaniens. Bis 1939 war der Sitz seiner »Junta« in Burgos. Es war nicht nur die Stadt des Cid, der in ihrer näheren Umgebung geboren und seit 1921 mit Jimena in der Kathedrale von Burgos ruhte, sondern auch das Herrschaftszentrum des von Franco gleichermaßen verehrten Fernán González, dem Begründer der Grafschaft Kastilien im Jahre 931. Als nach Kriegsende die Verlagerung des Regierungssitzes nach Madrid anstand, inszenierte der Bürgermeister von Burgos den Auszug der Regierung in Reminiszenz an mittelalterliche Epen, an den Sohn der Stadt, den Cid Campeador, und pries den Caudillo Franco als Retter Spaniens. Der feierliche Einzug in Madrid am 19. Mai 1939 folgte denselben Traditionslinien und imitierte das Ritual des historisch belegten Herrschereinzugs König Alfons VI. in die neue Hauptstadt Toledo nach der erfolgten Eroberung am 25. Mai 1085.[25]

In enger Verbindung zum spanischen Cid-Kult forderte am 12. Oktober 1947 der argentinische Präsident Juan Perón anlässlich der Feierlichkeiten zum »Día de la Raza«, auch »Día de la Hispanidad« genannt, und zum 400. Geburtstag von Cervantes in Buenos Aires eine Absage an die »Leyenda negra« durch Rückbesinnung auf die spanischen und damit europäischen Wurzeln Argentiniens. Er forderte die notwendige Wiederauferstehung des Don Quijote, der von der spanischen Falange als weitere nationale Symbolfigur beansprucht wurde, sowie zur Abschreckung ihrer Gegner die Öffnung des Grabs des Cid Campeador.[26]

1955 weihte Franco das monumentale Reiterstandbild des Cid in Burgos ein, den er in seiner Rede nicht nur als »Geist Spaniens«, sondern auch als geistigen Führer seines Marokko-»Kreuzzugs« und der franquistischen nationalen Bewegung lobte, dessen Wiederauferstehung als Symbol des neuen Spaniens erforderlich sei. Franco instrumentalisierte den »Cid pidaliano« und wollte ihm als einem Helden, der im Dienste Gottes kämpfend, einen glorreichen Tod erlitten hatte, zur verdienten historischen Größe verhelfen.[27]

Schon während des Bürgerkriegs hatte 1937 der Dichter Nicomedes Sanz y Ruiz de la Peña sein Werk »El Romancero de la Reconquista«, als dessen Vorlage das »Poema de Mio Cid« diente, veröffentlicht. In dieser Umnutzung wurden die Eroberungen Rodrigos (»El Cid«) mit den militärischen Erfolgen Francos (»El Caudillo«) verglichen, ihre Ähnlichkeit und enge Verbindung betont. Das Gedicht gipfelt in der Zeile »El ayer y el hoy se funden en un abrazo perfecto« (Das Gestern und das Heute verschmelzen in einer perfekten Umarmung).[28]

---

25 Vgl. Catoira 2008, Kap. El Caudillo, López Campillo/Poutet/Rémis 1997, S. 143, Averkorn 1997, S. 90 f.
26 Vgl. Homenaje del General Perón a don Miguel de Cervantes: En el día de la Raza rescatamos nuestra raíz hispánica contra la leyenda negra, por Comisión Nacional de Homenaje, verfügbar unter: http://revista-arbil.es/126pero.html [20.3.2014].
27 Vgl. Alric 2011, S. 188–196.
28 Vgl. Catoira 2008, Kap. El Caudillo.

Das bereits 1900 publizierte Gedicht »Castilla« von Manuel Machado (†1947) sowie sein 1938 erschienener Gedichtband spielten eine wichtige ideologische Rolle in der Falange-Bewegung. Das Gedicht wurde bei Veranstaltungen gesungen, wobei besonders die Zeile »polvo, sudor y hierro – el Cid cabalga« (Staub, Schweiß und Eisen – der Cid reitet) im Gedächtnis blieb. Machado bezeichnete Franco in einem panegyrischen Sonett als »Caudillo de la Nueva Reconquista«.[29]

In einem Gedicht nach dem Muster mittelalterlicher Romanzen glorifizierte Eduardo Marquina (†1946) Franco als »Cid Francisco Franco el Justo«. Die auf öffentlichen Plätzen aufgestellten Reiterstandbilder Francos erinnerten an die Denkmäler für den Cid Campeador, der seinerseits in einem Gedicht von Federico de Urrutia als durch den Himmel reitender Ritter im blauen Hemd der Falangisten gepriesen wurde.[30]

Das nationale Erbe in Form des fiktiven Don Quijote und des »Cid pidaliano« wurde im Bürgerkrieg von beiden Lagern propagandistisch genutzt, wie in einem Text des republikanischen Schriftstellers León Felipe (1884–1968) mit dem Titel »Don Quijote toma las armas« (Don Quijote greift zu den Waffen) von 1937, in dem er die Volksrevolution auf historische Wurzeln zurückführt sowie den Cid und Don Quijote als zu seiner Partei zugehörig bezeichnet.[31]

Franco führte den bereits zu Beginn des 20. Jahrhunderts eingeschlagenen Weg einer Öffnung des Landes für ausländische Touristen durch die gezielte Nutzung der kulturellen Güter Spaniens fort, um die Anerkennung Spaniens und seiner kulturellen Größe in Europa und der Welt zu erreichen, von den politischen Strukturen der Diktatur abzulenken und die Wirtschaft anzukurbeln. Hierzu zählen der Ausbau des »Camino de Santiago« (Jakobs-Weg), aber auch die Einführung des Massentourismus sowie die verstärkten Kontakte zu den USA durch den Abschluss von Wirtschafts- und Militärabkommen und den Spanienbesuch von Präsident Eisenhower im Jahre 1959.[32]

Die medienwirksame politische und wirtschaftliche Nutzung des »Cid pidaliano« gipfelte in einer transnationalen Zusammenarbeit des Franquismus mit Hollywood. Der amerikanische Filmproduzent Samuel Bronston und der Regisseur Antony Mann schufen den Monumentalfilm »El Cid« (1961) mit Charlton Heston und Sofia Loren in den Hauptrollen. Ramón Menéndez Pidal, nach schwierigen Anfängen inzwischen als »großer nationaler Pädagoge« ge-

---

29 Vgl. Bouzy 2011, S. 167–185, Catoira 2008, Kap. El Caudillo, Mainer 2002, S. 39, Tuñón de Lara 1987, S. 490 f.

30 Vgl. Alric 2011, S. 187–195, Mainer 2002, S. 39–44, zur Rolle des Cid im Militärwesen unter Franco vgl. Lacarra 1980a, S. 111–113.

31 Vgl. Tuñón de Lara 1987, S. 467 f.

32 Vgl. Bernecker 1999, S. 138–139 zum Ausbau des Tourismus (von 1,5 Millionen (1955), 6 Millionen (1960), 27 Millionen (1971) zu ca. 40 Millionen in 1978).

lobt, fungierte als offizieller Berater. Dieser Film kann als schlichtes monu-
mentales Historienspektakel basierend auf dem »Poema de Mio Cid« und dem
Werk von Menéndez Pidal, als Propagandafilm zur Förderung des Tourismus
und Optimierung des Ansehens Spaniens in der Welt oder aber als typischer
amerikanischer Film in Zeiten des Kalten Krieges gesehen werden. Manche
sahen in diesem Werk den Kampf des Cid gegen das allmächtige Feudalsystem in
der Person König Alfons VI. und eine Anspielung auf den Sieg des Liberalismus
(USA) gegen den Totalitarismus (UdSSR). Aber auch der Kampf gegen die Almoraviden, die die Weltherrschaft anstrebten, passte in dieses Schema, dem
zufolge der Cid als ein Kämpfer für Toleranz in Religions- und Rassenfragen
dargestellt wurde. Charlton Heston (1923–2008) beschäftigte sich intensiv mit
dem »Cid pidaliano«. Dieser Film ließ ihn Zeit seines Lebens nicht mehr los, so
dass von einer persönlichen Umnutzung dieser Rolle gesprochen werden kann.
Heston, der sich in den fünfziger und sechziger Jahren für die Demokraten und
Kennedy engagierte, gegen die Segregation gemeinsam mit Martin Luther King
protestierte und somit den »liberalen Cid« verkörperte, wurde später als Freund
von Reagan 1987 Mitglied der Republikaner. Er sprach sich in Reden für einen
kulturellen Kreuzzug gegen Kommunisten und die multikulturelle Gesellschaft
aus. 1998 wurde er Vorsitzender der National Rifle Association, wobei seine
Antrittsrede sowie seine Gesten deutliche Ähnlichkeiten mit Szenen aus dem
Film »El Cid« aufwiesen. Im Jahre 2000 unterstützte er die Kandidatur von Bush,
bezeichnete den Wahlkampf als »heiligen Krieg« und verwendete in zahlreichen
Reden militante Gesten, die direkt aus dem Film übernommen worden zu sein
schienen und in transnationaler Perspektive Wirkung zeigten. Heston begeisterte sich weiterhin für den »Cid pidaliano« und sah die Darstellung Rodrigos als
Söldner mit negativen Charakterzügen als eine Fälschung durch Historiker an.[33]

Das franquistische Regime setzte den »Cid pidaliano« auf weiteren Akti-
onsfeldern erfolgreich ein. Einer der berühmtesten spanischen Toreros, Manuel
Benítez Pérez (*1934), genannt »El Cordobés«, der bis 2000 aktiv Corridas be-
stritt, 2002 von der Stadt Córdoba den Ehrentitel »Kalif des Stierkampfes« erhielt
und seinerseits heute als »Held« und »mythischer Torero« betrachtet wird, sah
im Cid sein kämpferisches Vorbild. Wie dem stets flexibel agierenden Cid war es
ihm, der aus kleinen Verhältnissen stammte und den Stierkampf mit neuen,
unkonventionellen quasi Show-Charakter beinhaltenden Elementen belebte,
gelungen, zum nationalen Helden aufzusteigen. Stierkampf wurde nach dem
Bürgerkrieg als ein identitätsstiftendes, die zerrissene spanische Nation, die
politischen Gruppierungen sowie die einzelnen Regionen versöhnendes und
einendes Element gesehen, als ein nationales, unterhaltendes Ereignis, das live

---

33 Vgl. Catoira 2008, Kap. El Cid cruza el Atlántico, Jancovich 2000, S. 79–103, Winkler 2001,
S. 327–330.

im Fernsehen übertragen wurde und das öffentliche Leben während der Corridas lahm legte. Wie eng Politik und Stierkampf propagandistisch verknüpft waren, zeigte sich u. a. daran, dass Francos Pressesprecher, der Sportjournalist Manuel Lozano Sevilla (†1982), von 1958 bis 1969 im damals einzigen Fernsehsender RTVE und im nationalen Radiosender Corridas kommentierte. El Cordobés konnte seine Erfolge auch im demokratischen Spanien fortsetzen und unbeschadet sein Ansehen wahren. Eine eigentliche Politisierung des Stierkampfes im Sinne der Politik Francos gelang nicht, so dass im demokratischen Spanien nach einer Zeit des Niedergangs und Übergangs bis in die 1980er Jahre der Stierkampf eine neue Facette als kulturelles Element erhielt und in lokale, regionale und nationale Festivitäten integriert wurde.[34]

Der mythische Cid Campeador in seiner aktualisierten Form als »Cid pidaliano«, diese multifunktionale Konstruktion eines mittelalterlichen Helden, lässt sich auch mit anderen Sportarten in Verbindung bringen. Seit Ende des 19. Jahrhunderts versuchten Intellektuelle wie Joaquín Costa und Miguel de Unamuno, Spanien zu »europäisieren«, wozu auch die Einführung neuer Sportarten wie Fußball als Gegenpol zum landestypischen Stierkampf gehörte. Daher erscheint es nur konsequent, dass Franco, aber auch die Republikaner, schon während des Bürgerkriegs das propagandistische Potential von Fußballspielen erkannten. Schon bald gewann der Cid Eingang in die Fußballstadien, wie Eduardo Galeano in seiner Studie zur Geschichte des Fußballs konstatierte. Mannschaften des demokratischen Widerstands aus dem Baskenland und Katalonien spielten im Ausland, viele Spieler emigrierten. Franco hingegen war bestrebt, den äußerst erfolgreichen Fußballklub Real Madrid, besonders bei Auslandsauftritten für Propagandazwecke als siegreiche Mannschaft analog zum siegreichen Cid Campeador einzusetzen. Galeano hingegen sieht in ihr, da zahlreiche Spieler aus anderen Ländern stammten, lediglich ein vorgebliches nationales Symbol und hinterfragt die intendierte direkte Parallele, da der historische Rodrigo keinesfalls als lupenreiner Nationalheld zu betrachten ist.[35]

Francisco Franco hatte den Cid-Mythos in einer derart intensiven Weise instrumentalisiert, dass es unausweichlich war, im postfranquistischen, demokratischen Spanien nach 1975 das Bild des mythischen Cid Campeador in seiner

---

34 Vgl. Rodiek 1990, S. 287, http://desolysombra.com/2014/05/20/50-anos-de-la-confirma cion-de-manuel-benitez-el-cordobes-en-madrid/ [18. 2. 2014], zu Lozana Sevilla der Nachruf in El País http://elpais.com/diario/1982/07/17/agenda/395704802_850215.html [18. 2. 2014], Rivero Herráiz, Antonio: Los orígenes del deporte y la fiesta taurina, verfügbar unter: www.cafyd.com/HistDeporte/htm/pdf/2 – 31.pdf [18. 2. 2014].

35 Vgl. Exzerpte aus Galeano, Eduardo: El fútbol, a sol y sombra. México 1995, verfügbar unter: http://espndeportes.espn.go.com/blogs/index?entryID=1810117&name=rafa_ramos&cc =7586 [2. 7. 2014] sowie http://www.espaciomural.com.ar/otra-mirada-sobre-el-mundial/ [2. 7. 2014].

modernen Form abermals zu korrigieren. Hinsichtlich der Nutzung und Umnutzung des Cid Campeador im demokratischen Spanien wurden neue Wege
beschritten, die sich verstärkt kulturellen, touristischen und kommerziellen
Ideen verschrieben. 1999 beschlossen acht spanische konservativ regierte Pro-
vinzen, die sich geographisch mit dem Cid auf seinem Weg von Burgos nach
Valencia verbunden sahen, anlässlich seines 900. Todestags, in Analogie zum
Jakobs-Weg den »Camino del Cid« zu kreieren, der 2002 eröffnet wurde. U. a.
unter Nutzung der Informationen aus dem »Poema de Mio Cid« wurden historisch nicht verifizierbare Teiletappen eingerichtet. Auf der Homepage wird
jedoch sorgfältig zwischen dem historischen und dem mythischen Cid in seinen
diversen Varianten unterschieden. In Valencia fand im Jahr 2000 eine Ausstellung statt, in der Leben und Wirken des historischen und des mythischen Cid
unter Einbezug der Instrumentalisierung durch Franco thematisiert wurden.[36]
  Unter Nutzung neuester Medien wie Twitter und Facebook wird der »Camino
del Cid« vermarktet, so wurde 2011 per Facebook zu einem Casting für ein
potentielles Remake des Films »El Cid« anlässlich des 50. Jahrestags seiner Ur-
aufführung aufgerufen und Russell Crowe für die Rolle des Cid sowie Pilar López
de Ayala, die knapp Angelina Jolie schlagen konnte, als Jimena gewählt.[37]
  Die transnationale Vermarktung des mythischen Cid im Tourismus-Sektor
funktioniert in den meisten spanischsprachigen Ländern Lateinamerikas, wo
nach spanischem Vorbild in Mexiko, Kolumbien, Venezuela, Peru und Chile
zahlreiche Hotels nach ihm benannt wurden, was dazu beiträgt, dass sein Bekanntheitsgrad nicht nur unterstrichen, sondern auch im Bewusstsein der
breiten Öffentlichkeit hoch gehalten wird.[38]
  Heutzutage wird der mythische Cid Campeador als vorbildhafter Kämpfer im
sportlichen Sinne betrachtet, nicht als ideologischer, national bestimmter. Einer
der besten spanischen Toreros, Manuel Jesús Cid Sala (*1974) nutzt ihn, unterstützt durch die Namensgleichheit, als Marketing-Instrument. Er gab sich den
Kampfnamen »El Cid« und wird in der Presse wegen seiner Erfolge regelmäßig
als Manuel Jesús Cid »Campeador« bezeichnet. Beider Leben werden verglichen,
sein Degen als das historische Schwert des Cid namens »Tizona« bezeichnet.
Einer seiner Söhne erhielt nicht zufällig den Namen »Rodrigo«. Wie sein Vorbild

---

36 Vgl. http://elpais.com/diario/1999/05/06/cultura/925941601_850215.html [18.3.2014], zur
     Konzeption http://www.caminodelcid.org/[18.3.2014], zur Ausstellung Bono, Ferrán: Va-
     lencia, Una exposición analiza en Valencia la realidad y el mito de El Cid, verfügbar unter:
     http://elpais.com/diario/2000/01/28/cvalenciana/949090700_850215.html [18.3.2014].
37 Vgl. http://www.diarioinformacion.com/cultura/2011/12/27/russell-crowe-nuevo-cid-camp
     eador/1205956.html [18.3.2014].
38 Vgl. z.B. www.elcid.com/destinations/mazatlan.html [3.7.2014].

konnte der schon »totgesagte« Torero 2010 seine Karriere erfolgreich wieder-beleben.[39]

Im Fußball wird das Motiv des totgesagten, des schwer verletzten Sportlers, der wieder auferstanden, erneut sportliche Höchstleistungen erbringt, regel-mäßig in der spanischsprachigen Presse weltweit genutzt, so 2012 bei Diego Costa von Atlético Madrid oder 2014 anlässlich der WM bei Luis Suárez (Uru-guay) sowie bei einem vorbereitenden Freundschaftsspiel gegen Nordirland im Fall von Arturo Vidal (Chile), dessen unverhoffte Rückkehr sogar als episch bezeichnet wurde. In der lateinamerikanischen Berichterstattung werden in einem Blog von 2013 nicht nur der mexikanische Erstligaspieler Christian Giménez »el Chaco«, sondern auch Franz Beckenbauer bei der WM 1970, Diego Maradona bei der WM 1990, Lionel Messi bei einem Champions League Spiel 2013, die verletzt auf den Platz gingen und dort in Anlehnung an den mythischen Cid sportliche Höchstleistungen erbrachten, gelobt. Dieser elegant geschriebene Beitrag rekurriert ebenfalls auf griechische und zeitgenössische Philosophen wie Plutarch und George Santayana (†1952). 2011 wurde in einem Artikel über Spielerkäufe von Real Madrid durch Trainer José Mourinho nachgedacht, ob er mit Don Quijote, der erfolglos gegen Windmühlenflügel kämpfte oder mit dem ungleich erfolgreicheren mythischen Cid Campeador verglichen werden könnte.[40]

Der Unternehmer Roberto Abad, der für sich eine biologische Verwandt-schaft mit dem historischen Rodrigo reklamiert und die sportlichen Erfolge der einzelnen Mannschaften seines Fußballvereins »Dínamo de Guadalajara« als das zweitwichtigste Geschehen nach der Eroberung Guadalajaras durch Álvar Fáñez, dem legendären Freund des Cid Campeador, sieht, konnte durch seine massive Eigenwerbung erreichen, dass dieser Klub in der spanischen Presse mehrfach als die Fußballmannschaft des Cid Campeador bezeichnet wurde.[41]

Die spanische Presse setzt den Vergleich mit dem Cid Campeador auch im Zusammenhang mit ausländischen Sportlern ein wie im Fall Jochen Rindt, der 2012 als der »Cid Campeador« der Formel 1 bezeichnet wurde, da er als erster

---

39 Vgl. http://elpais.com/diario/2006/02/25/cultura/1140822013_850215.html [3.7.2014], http://www.antonioburgos.com/abc/2010/09/re092510.html [3.7.2014].

40 Vgl. https://curiosidadesdelfutbol.wordpress.com/tag/mundial-2014/ [20.6.2014], http://redcoquimbo.com/el-epico-regreso-de-arturo-vidal/ [3.7.2014], http://www.zonacentral.cl/zonanoticias/138-con-el-retorno-de-arturo-vidal-chile-le-gan-2-0-a-irlanda-del-norte-en-valparaso.html#.U7xX_kCAqSo [3.7.2014], http://www.abc.es/videos-futbol/20140513/diego-costa-campeador-atletico-glsse8hvbqvv1pjgxedc35wt1.html [3.7.2014], http://espndeportes.espn.go.com/blogs/index?entryID=1810117&name=rafa_ramos&cc=7586 [3.7.2014], http://www.futbolsapiens.com/columnas/la-contracolumna/%C2%BFdon-quijote-o-cid-campeador/ [3.7.2014].

41 Vgl. http://madrilanea.com/2012/11/08/el-equipo-de-futbol-del-cid-campeador/ [3.7.2014].

und einziger Rennfahrer nach seinem Tod posthum zum Weltmeister erklärt wurde und somit noch eine Schlacht gewonnen hatte.[42]

Der Basketballer Dirk Nowitzki hingegen ähnelt laut eines aktuellen Berichts in der spanischen Sportzeitung »Marca« immer mehr dem Cid Campeador, da er nicht nur immer jünger werde, sondern derart überragend und einzigartig sei, dass er als lebende Legende in einigen Jahren Spiele gewinnen werde, indem er lediglich seinen Mitspielern von der Bank aus Kommandos zurufen werde.[43]

Das Niveau der spanischsprachigen Sportberichterstattung zeigt, dass Kenntnisse der nationalen Geschichte und Literatur als bekannt vorausgesetzt werden und der mythische Cid ebenso wie der fiktive Don Quijote einen hohen Bekanntheitsgrad genießen.

Zahlreiche Politiker, aber auch andere Personen des öffentlichen Lebens wie Richter und Staatsanwälte unterschiedlicher politischer Couleur, besonders in Spanien und dem spanischsprachigen Lateinamerika, in Einzelfällen auch aus anderen Ländern wurden und werden mit dem mythischen Cid Campeador in Verbindung gebracht. Mehrheitlich werden Motive wie das des kämpferischen, unbesiegbaren Cid eingesetzt, um Stärke und Charisma eines Protagonisten zu charakterisieren oder aber das Motiv des nach seinem Tod Schlachten gewinnenden Cid benutzt, um die Wiederauferstehung z. B. von Politikern nach Niederlagen zu charakterisieren.

Der 2012 aus dem spanischen Staatsdienst entlassene und nach Lateinamerika emigrierte spanische Richter Baltasar Garzón Real hatte sich über Jahre durch seinen kompromisslosen Kampf gegen Menschenrechtsverletzungen, Terrorismus, Drogen etc. hervorgetan und wurde daher in den spanischen Medien als Cid Campeador des internationalen Strafrechts, als Cid Campeador der Menschenrechte, generell als der Cid Campeador des 21. Jahrhunderts oder auch in leicht satirischer Weise als eine Mischung aus Tintin, dem Cid Campeador, Julio Iglesias und Eliot Ness beschrieben, dem es überdies noch nach seiner Entlassung gelang, Schlachten zu gewinnen.[44] Eine Verbindung zum Cid Campeador wird auch dem kolumbianischen Staatsanwalt Alejandro Ordóñez zugesprochen, der als der »letzte Inquisitor« charakterisiert wird, mittelalter-

---

42 Vgl. http://www.elconfidencial.com/dentro-del-paddock/2012/12/21/jochen-rindt-el-cid-ca mpeador-de-la-formula-1–111535 [5.7.2014].

43 Vgl. Piñeiro, Marcos: Calderón asiste al espectáculo de un rejuvenecido Nowitzki que da alas a los Mavericks, verfügbar unter: http://www.marca.com/2014/02/01/baloncesto/nba/noti cias/1391238451.html [5.7.2014].

44 Vgl. http://larevue.squirepattonboggs.com/Baltasar-Garzon-ex-juge-star-espagnol_a1706.h tml [14.7.2014], http://vozpopuli.com/buscon/30864-baltasar-garzon-ceno-el-domingo-en -gibraltar [14.7.2014], http://www.aujourdhui.ma/une/focus/baltasar-garzon-juge-ou-poli tique–16127 [14.7.2014], http://eskup.elpais.com/1361005586–4dd9f2c90edb62c3ca0fc91 e46aba32a 16.2.2013 [14.7.2014].

liche Literatur und Musik liebt sowie eine Kopie von »Tizona«, dem legendären Schwert des Cid Campeador, besitzt.[45]

2012 wurde im Internet eine nach mittelalterlichen Vorlagen kreierte Romanze über Iñaki Urdangarín, Schwiegersohn von König Juan Carlos I., veröffentlicht. Der vielfacher Delikte angeklagte Gatte der Infantin Cristina, wird mit den fiktiven Schwiegersöhnen des Cid aus dem »Poema del Mio Cid« verglichen, die zwar von guter Herkunft waren, jedoch nach der Eheschließung mit den Töchtern Rodrigos einen sehr schlechten Charakter offenbarten. Es finden sich zahlreiche Karikaturen mit direkter Anspielung auf dieses Schwiegersohn-Motiv, 2014 wurde ein parodistischer Artikel in »El País« veröffentlicht.[46]

Eine Analyse ausgewählter Artikel zeigt, dass der Mythos des Cid Campeador situationsbezogen eingesetzt wird und nicht auf Politiker bestimmter Parteien zugeschnitten ist. José María Aznar López, von 1996 bis 2004 spanischer Ministerpräsident und Mitglied der konservativen Partei (»Partido Popular«), Sohn eines unter Franco in den staatlichen Medien aktiven Vaters, gehörte während seines Studiums zu Gruppierungen, die eine Rückkehr zu den Ideen des Gründers der Falange, Primo de Rivera, forderten. 1987 wählte der damalige Regionalpolitiker anlässlich einer Reportage der Tageszeitung »El País«, in der bekannte Spanier gebeten wurden, sich wie ihr historisches Vorbild zu verkleiden, den Cid Campeador. Dieses Foto des kostümierten Aznar ist in der spanischen Öffentlichkeit immer noch präsent und wird häufig zu satirischen Zwecken genutzt.[47]

Als Aznar nach dem Terroranschlag von Madrid 2004 die Wahlen verlor und eine Gastprofessur an der Georgetown University in den USA antrat, begann er mit einer radikalen medialen Kampagne gegen Muslime, die ihm in der kritischen Presse den Spottnamen »El Cid de Georgetown« eintrug. 2005 wurde sein erster Enkel nicht zufällig auf den Namen Rodrigo getauft. Aznar kommentierte gegenüber Parteifreunden diese Namenswahl mit der Bemerkung, dass Spanien einen »neuen Cid Campeador« benötige, womit er sich eindeutig in die von Menéndez Pidal begründete Traditionslinie stellte. Ein weiterer Enkel trägt den Namen Pelayo in Anlehnung an Don Pelayo, den Sieger über Muslime in der legendären Schlacht von Covadonga (722). 2013 wurde Aznars geplante Rück-

---

45 Vgl. http://www.elespectador.com/entretenimiento/arteygente/gente/alejandro-ordonez-un -politico-medieval-articulo-486475 [16.7.2014].

46 Vgl. http://www.monologos.com/romance-de-urdangarin/ [14.3.2014], zu den fiktiven Schwiegersöhnen Fletcher 1999, S. 306–307; Moreno, Ana G.: Este yerno es una ruina, verfügbar unter: http://elpais.com/elpais/2014/01/12/icon/1389527664_570775.html [14.3. 2014].

47 Vgl. http://www.libertaddigital.com/opinion/jose-garcia-dominguez/aznar-no-es-el-cid-ca mpeador-69702/ [15.4.2014], www.netoraton.es/?p=6839 [15.4.2014], www.xpress.es/ra diocable/aznar.html [15.4.2014], http://politica.elpais.com/politica/2013/05/25/actualidad/ 1369501951_935365.html [15.4.2014].

kehr auf die politische Bühne, die er mit scharfer Kritik an seinem Parteifreund Rajoy verband, in der spanischen Presse ironisch-kritisch als Rückkehr des »neuen Cid Campeador« kommentiert und karikaturistisch als Darstellung Aznars in einer Ritterrüstung verarbeitet.[48]

Aznars Nachfolger, der von 2004 bis 2011 regierende sozialistische Ministerpräsident José Luis Rodríguez Zapatero, wurde gleichfalls in den Medien mit dem Cid Campeador verglichen und z. B. von politischen Gegnern spöttisch als mittelalterlicher Held charakterisiert, der politisch bereits tot, von Parteifreunden reanimiert, gegen seine Gegner antritt und zwar derart erfolgreich, dass er anschließend noch Wunder wirken und zum Heiligen erhoben werden konnte.[49]

Der seit 2011 regierende konservative Ministerpräsident Mariano Rajoy Brey wurde in einem Blog von 2012 als der »Neue Cid Campeador« tituliert, der auf dem Rücken von Babieca reitend, das Schwert Tizona in der Hand, gegen die Europäische Kommission in Brüssel zog, um Spanien zu verteidigen. Dieses Motiv findet sich in vielen Zusammenhängen, sogar in den Blogs der britischen Telegraph Media Group, die sich mit den Reaktionen der Spanier auf die Austeritätspolitik, die Angela Merkel und Nicolas Sarkozy forderten, beschäftigten. 2014 wurde Rajoy anlässlich der aktuellen Diskussion um ein Unabhängigkeits-Referendum in Katalonien mit dem Cid, dem mythischen Helden und Kämpfer für die Einheit Spaniens, in Verbindung gebracht, da er sich selbst unnötigerweise zu einem zeitgenössischen Cid Campeador ausgerufen habe und das Wiedererwachen eines starken Nationalgefühls fordere, um die Einheit der großen Nation Spanien zu verteidigen, die verfassungsrechtlich betrachtet nicht in Gefahr sei.[50]

Im transnationalen Bereich findet der Cid-Stoff Anwendung auf ausländische Politiker. 2013 wurde als Reaktion auf die englischen Nachrufe auf Margaret Thatcher darauf verwiesen, dass sie noch nach ihrem Tod polarisiert und quasi wie eine Neuauflage des Cid Campeador Schlachten erfolgreich schlägt.[51] Silvio

---

48 Vgl. Catoira 2008, Kap. El Cid de Georgetown, sowie http://diarioaningunaparte.blogspot. de/2013/05/vuelve-el-cid-campeador.html [12.3.2014].

49 Vgl. http://www.murcia.com/cieza/noticias/2012/07/25-segun-ccci-pp-confunde-a.asp [12.3.2014].

50 Vgl. http://blogs.deia.com/ellapitzero/2012/03/12/rajoy-el-nuevo-cid-campeador/ [12.3. 2014], Evans-Pritchard, Ambrose: Spain's sovereign thunderclap and the end of Merkel's Europe (5.3.2012), verfügbar unter: http://blogs.telegraph.co.uk/finance/ambroseevans-pritchard/100015432/spains-sovereign-thunderclap-and-the-end-of-merkels-europe/[12.3.-2014], http://cronicasbarbaras.blogs.com/crnicas_brbaras/2014/01/rajoy-campeador.html [12.3.2014].

51 Navas García, Alejandro: La señora no cambia de política, in: Diari de Tarragona (19.4. 2013), verfügbar unter: https://www.unav.edu/web/vida-universitaria/detalle-opinion2?ar ticleId=2650149 [5.4.2014].

Berlusconi kann als das italienische Beispiel für den Prototyp eines Politikers gesehen werden, der durch selbst verursachte Affären und Skandale politische Niederlagen erlitt, aber immer wieder wie der Cid Campeador auferstand und weiter kämpfte.[52] Der gesundheitlich schwer angeschlagene algerische Präsident Buteflika, der sich im April 2014 im Alter von 77 Jahren im Rollstuhl an die Wahlurne begab, wurde in spanischen Medien als ein quasi unsterblicher Cid Campeador dargestellt, der unaufhörlich Schlachten gewinnt.[53]

Von besonderer Bedeutung ist der Cid-Stoff in der lateinamerikanischen Politik. Der Argentinier Ernesto Rafael Guevara de la Serna, genannt Che Guevara (1928 – 1967), wird sowohl von linken als auch rechten Parteien und Medien in Verbindung mit dem mythischen Cid Campeador gesehen. Nach seinem Tod bezeichnete ihn der ehemalige Beichtvater von Evita Perón als Helden wie den Cid Campeador.[54] In anderen Darstellungen wird Che als Cid Campeador der Landarbeiter charakterisiert oder im Essay »From El Cid to El Che« in eine Traditionslinie der Freiheitshelden vom Mittelalter bis heute gestellt.[55]

Der greise Fidel Castro sieht sich selbst in leicht ironischer Weise in der Nachfolge des Cid Campeador. Anlässlich der anhaltenden Spekulationen über seinen nahenden oder schon eingetretenen Tod witzelte er 2006 in einem Interview, dass, falls er wirklich sterben würde, niemand es glauben würde. Daher könne er nach seinem Tod wie der Cid Campeador agieren, die Partei solle ihn dann auf ein Pferd setzen, so dass er weitere Schlachten gewinnen könne.[56]

Der einflussreiche peruanische Politiker Víctor Raúl Haya de la Torre (1895 – 1979), der Begründer der Alianza Popular Revolucionaria Americana, wurde gleichfalls mit dem Cid Campeador verglichen, da sein Gedankengut nach sei-

---

52 Vgl. http://www.generazioneitalia.it/2011/11/07/ancora-una-mano-il-cavaliere-sta-perdend o-ma-vuole-lo-showdown/ [6.4.2014], http://www.lavocedinewyork.com/COMMENTI-Ma -la-giustizia-non-e-cosa-loro/d/192/ (12.4.11) [6.4.2014], http://archivio.siciliainformazio ni.com/politica/berlusconi-come-franco-tito-il-cid-le-impossibili-dimissioni-di-chi-non-si -e-mai-dimesso-da-nulla/ (8.11.2011) [6.4.2014], http://orsodipietra.wordpress.com/2013/ 03/12/berlusconi-come-el-cid-per-il-centrodestra/ [6.4.2014], http://www.europaquotidia no.it/2013/10/03/cosa-succede-nel-labirinto-del-post-berlusconismo/ [6.4.2014].

53 Vgl. http://internacional.elpais.com/internacional/2014/04/17/actualidad/1397757601_1250 17.html [20.4.2014].

54 Vgl. Galeano 2007, S. 19 – 26, verfügbar unter: http://archive.monthlyreview.org/index.php/ mr/article/view/MR-059 – 06 – 2007 – 10_4 [7.4.2014].

55 Vgl. Biagini, Hugo, E.: El Che Guevara y su influencia como paradigma juvenil, verfügbar unter: http://www.ensayistas.org/antologia/XXA/biagini/elche.htm [15.4.2014], Moyano Martin 1988, verfügbar unter: http://www.general-ebooks.com/book/77491316-from-el-cid-to-el-che-the-hero-and-the-mystique-of-liberation-in-latin-america [15.4.2014].

56 Vgl. www.archivo.laprensa.com.ni/archivo/2006/agosto/08/especiales/reportajes/134899_pr int.shtml [16.4.2014].

nem Tod einflussreich blieb.[57] In Chile wurde Salvador Allende (1908–1973) aus diesen Gründen ebenfalls häufig als ein nach seinem Tod Schlachten gewinnender Cid Campeador bezeichnet.[58]

Nach dem Ende der argentinischen Militärdiktatur rechnete man 1983 vergeblich damit, dass der peronistische Kandidat Ítalo Lúder gegen seinen Gegner Raúl Ricardo Alfonsín (†2009), der heute als der Vater der modernen argentinischen Demokratie bezeichnet wird, die Wahlen gewinnen würde und zwar mit Hilfe der verstorbenen, im Wahlkampf durch Bilder omnipräsenten Evita Perón (1919–1952) und Juan Perón (1895–1974), der als »Cid descamisado« (»hemdloser Cid«) in Anlehnung an die »Hemdlosen« der peronistischen Bewegung dargestellt wurde.[59]

Der früh verstorbene einen linken »Peronismo« propagierende Néstor Kirchner (1950–2010), der von 2003 bis 2007 regierte, wird gezielt von seiner eigenen Partei in Verbindung zum Cid Campeador gebracht. Kirchner wird seit seiner medienwirksam inszenierten Beisetzung auf Initiative seiner Witwe, der aktuellen Präsidentin Cristina Fernández de Kirchner, zum Mythos aufgebaut, um die politische Macht des »Kirchnerismo« zu stärken. Der Verstorbene wird in den Medien analog zum mythischen Cid Campeador als Held stilisiert, der nach der Übergabe des Präsidentenamts an seine Gattin mitten in der politischen Schlacht unerwartet verstarb, aber weiterhin präsent ist, um im Kampf gegen politische Gegner den kollektiven Willen des Volkes umzusetzen. Durch diese Mechanismen wird geschickt ein neues Nationalgefühl aufgebaut sowie die oftmals unpolitische Jugend aktiviert. Im letzten Wahlkampf war Kirchner durch unzählige Bilder in allen Medien präsent und wurde auch in übersinnlicher Perspektive benutzt, da seine Witwe betonte, dass sie seine direkte Anwesenheit in den Menschenmengen bei ihren Reden wahrnahm. Überdies finanzierten Parteigänger aus Patagonien anlässlich der Feiern zu seinem ersten Todestag die Anfertigung einer 2,20 m hohen, 400 kg schwere Bronzestatue, die auf einem 2,50 m hohen Podest zunächst an verschiedenen emblematischen Plätzen in Buenos Aires aufgestellt wurde. Zum Aufbau des Mythos wurden innerhalb kürzester Zeit unzählige Straßen, Plätze, Gebäude, Stadien, Kultur- und Studienzentren, Schulen etc. nach Néstor Kirchner benannt.[60]

---

57 Vgl. http://www.larepublica.pe/columnistas/en-construccion/cuando-haya-derroto-lenin-17-11-2009 [18.4.2014].

58 Vgl. http://piensachile.com/2013/05/salvador-allende-igual-que-el-mio-cid-cabalgan-despues-de-muerto/ [18.4.2014], http://www.rebelion.org/hemeroteca/chile/030910otero.html [18.4.2014].

59 Vgl. http://elpais.com/diario/1983/10/29/internacional/436230002_850215.html [15.5.2014] sowie das kritische Gedicht »Él« von Gustavo Marangoni (2009) über Juan Perón, verfügbar unter: http://www.nacionalypopular.com/index.php?option=com_content&task=view&id=15179 [15.5.2014].

60 Vgl. http://www.infolatam.com/latamblog/2010/11/12/nestor-kirchner-y-el-sindrome-del-cid-

Als Castros legitimer Nachfolger in der lateinamerikanischen Politik wurde in vielen Ländern der venezuelanische Präsident Hugo Chávez angesehen.[61] Sein früher Tod im Alter von 58 Jahren am 5. März 2013 führte dazu, dass die politische Linke einen neuen Mythos weiter entwickelte, der in direkte Verbindung zum mythischen Cid Campeador gebracht wird. Chávez sah sich als politischen Revolutionär im Kampf gegen die USA, als Freiheitskämpfer und self-made Mann wie der Cid und wollte gleichfalls als Hugo »Che« Chávez oder neuer Simón Bolívar im Gedächtnis bleiben. Seine Anhänger planten, das »Museo de la Revolución« in Caracas zu einem Erinnerungsort umzuwidmen, in dem der einbalsamierte Chávez wie Rodrigo in Cardeña ausgestellt werden sollte. Aktuell wird am Beispiel von Chávez die Verschmelzung des Simón Bolívar und des Cid Campeador zu einer neuen mythischen Figur, dem »Cid bolivariano« propagiert, der bereits erfolgreich zur Fortführung des »Chavismo« die Wahlen für Nicolás Maduro gewinnen konnte.[62]

In den Medien gewann Chávez, der ewige Kommandant, nach seinem Tod wie der Cid Schlachten für Venezuela, um es vor dem amerikanischen Einfluss zu schützen. Der bolivianische Präsident Evo Morales bezeichnete ihn als »El Cid« und als »Napoleon in einem roten Hemd«, der wiederum den Cid als sein Vorbild angesehen hatte. Präsident Maduro ließ Chávez per Dekret am 8. März 2013 zum »Helden des Vaterlandes« erklären.[63]

campeador/ [15.5.2014], http://www.revista2016.com.ar/politica-nacional/Nestor-Kirchner-el-Cid-Campeador.php [15.5.2014], Ponsico, José Luis: Kirchner y la leyenda del Cid Campeador (29.10.2010), verfügbar unter: http://www.nacionalypopular.com/index.php?option=com_content&task=view&id=16299 [15.5.2014], Ortiz, Ricardo Isidro: Néstor Kirchner y el síndrome del Cid Campeador (17.11.2010), verfügbar unter: http://www.buenosdiasnoticias.com/index.php?option=com_content&view=article&id=6980:nestor-kirchner-y-el-sindrome-del-cid-campeador&catid=5:politica&Itemid=6 [15.5.2014], Chatillard, Gionata: El triunfo de Cristina Fernández es el triunfo del Cid Campeador, verfügbar unter: http://www.elmundo.es/america/2011/09/19/noticias/1316453214.html [15.5.2014], Rudman, Ezequiel: Kirchner, como el Cid, vuelve a desfilar en vigilia del 27, verfügbar unter: http://www.ambito.com/diario/noticia.asp?id=608286; http://spaceandpolitics.blogspot.de/2010/11/la-primera-aparicion-publica-del.html [15.5.2014], http://adribosch.wordpress.com/2011/10/14/creando-el-mito-el-nombre-de-nestor-kirchner-invade-plazas-calles-y-escuelas/ [15.5.2014], http://agepeba.org/lectura.asp?id=8384 [15.5.2014].

61 Vgl. http://www.unidadyresistencia.net/2013/04/chavez-cid-campeador-mio-cid-expresion.html [6.5.2014].

62 Vgl. http://www.unidadyresistencia.net/2013/04/chavez-cid-campeador-mio-cid-expresion.html [6.5.2014], Pérez Giménez, A.: El ›chavismo‹ construye el mito de Chávez para que gane las elecciones después de muerto, verfügbar unter: http://www.elconfidencial.com/mundo/2013/03/06/el-lsquochavismorsquo-construye-el-mito-de-chavez-para-que-gane-la s-elecciones-despues-de-muerto-116325.html [6.5.2014].

63 Vgl. http://www.razonpublica.com/index.php/internacional-temas-32/3624-los-funerales-de-h ugo-chavez-la-construccion-del-mito-y-el-estado-magico.html [6.5.2014], http:// www.tiempo dehoy.com/mundo/hugo-chavez-el-nuevo-mito-de-la-politica-latinoamericana [6.5.2014], htt p://revistamarcapasos.com/7145/hugo-chavez-se-alza-el-mito/ [6.5.2014], http://www.lanacio

Das Portal der kommunistischen Partei der Kanaren »Unidad y Resistencia«
fügt in die Verbindung zwischen Chávez und dem Cid Campeador eine religiöse
Komponente unter Umnutzung nationalistischer, spanischer Dichtung, die im
Franquismus beliebt war, ein. Die bereits erwähnte Zeile aus Manuel Machados
Gedicht »Castilla« (»Staub, Schweiß und Eisen, der Cid reitet«) wird direkt auf
den Kommandanten Chávez, der sich mit Jesus Christus und vielen lateinamerikanischen Freiheitshelden im Himmel befindet, bezogen. Der kubanische
Cantautor Raúl Torres besingt die gemeinsame Wiederkehr von Hugo Chávez,
Augusto César Sandino, Che Guevara, José Martí und Simón Bolívar, Persönlichkeiten, die ihrerseits in Verbindung mit dem Cid Campeador gebracht
worden sind, so dass sich der Kreis schließt. Betont wird, dass Chávez nicht
gegangen, sondern weiterhin gegenwärtig ist: »Chávez eres tú, soy yo, somos
todos«. (Chávez bist du, bin ich, sind wir alle).[64]

Die Zeit wird zeigen, in welche Richtung sich die neu begründeten, ähnlich
konstruierten Mythen um Néstor Kirchner und Hugo Chávez entwickeln, welche
Gruppen sie für welche Zwecke nutzen werden und welche Rolle der mythische
Cid Campeador in den zu erwartenden diversen Umnutzungen spielen wird.

4.   Abschlussbemerkung

Die zumeist politisch motivierten Diskurse über den historischen Rodrigo Díaz
de Vivar und den kurz nach seinem Tod entwickelten mythischen Cid Campeador haben seit dem Ende des 11. Jahrhunderts verdeutlicht, dass keinerlei
Abnutzungseffekte zu konstatieren sind.

Cees Nootebooms Einschätzung des Rodrigo Díaz de Vivar in seiner Zeit trifft
nicht nur auf den mythischen Cid Campeador, sondern gleichfalls auf unser
Jahrhundert zu:

> »[ein] Mann, der in seine eigene Legende ritt, Rodrigo Díaz de Vivar, der Söldner, der
> sich zwei Parteien verdingen konnte und im moslemischen Valencia seine eigene En-
> klave begründen sollte, El Cid Campeador, der kämpfende Sidi, Meister wechselnder
> Allianzen und damit so recht das Symbol dieser verwirrenden Jahrhunderte [...].«[65]

Die Verankerung des Cid-Stoffes ist im öffentlichen Bewusstsein der zumeist
spanischsprachigen Welt derart gefestigt, dass von einem flexibel konstruierten,
anpassungs- und wandlungsfähigen Mythos gesprochen werden kann, der ein

---

n.com.ar/1560482-hugo-chavez-el-lider-mesianico-el-revolucionario-el-mito-que-rompio-todo
s-los-limites++1954 – 2013 [6.5.2014].

64 Vgl. http://www.unidadyresistencia.net/2013/04/chavez-cid-campeador-mio-cid-expresion
    .html [6.5.2014].

65 Nooteboom 1992, S. 308.

großes, kreatives und immer wieder innovatives Spektrum der Umnutzung bietet. Jorge Luis Borges sah die jeweilige Gegenwart in dieser Verantwortung, da Geschichte wandelbar ist und wir uns hinsichtlich der jeweiligen Darstellung entscheiden müssen:

»Die Vergangenheit ist Ton, den die Gegenwart nach Belieben knetet. Unaufhörlich.«[66]

Auswahlbibliographie [*]

Alric, Pierre: ›Franco Cid‹, in: Mathios, Bénédicte (Hg.): *Le Cid, figure mythique contemporaine?*. Clermont-Ferrand 2011, S. 187–196.

Averkorn, Raphaela: ›El Cid. Das Bild eines Helden vom 11. bis zum 20. Jahrhundert‹, in: Strzelczyk, Jerzy (Hg.): *Die Helden in der Geschichte und der Historiographie*. Poznan 1997, S. 71–91.

Averkorn, Raphaela: ›Sankt Jakobus‹, in: Müller, Ulrich/Wunderlich, Werner (Hg.): *Herrscher Helden Heilige* (Mittelalter Mythen 1), St. Gallen [2]2001, S. 525–542.

Bernecker, Walther L.: Spaniens Geschichte seit dem Bürgerkrieg. München [3]1999.

Blumenberg, Hans: Arbeit am Mythos. Frankfurt 1979.

Borges, Jorge Luis: Besitz des Gestern. Gedichte 1981–1985. München-Wien 1994.

Bouzy, Christian: ›L'emblématique du Cid au début du XXe siècle : du modernisme au nationalisme‹, in: Mathios, Bénédicte (Hg.): *Le Cid, figure mythique contemporaine?*. Clermont-Ferrand 2011, S. 167–185.

Catoira, Loreto B.: ›Identificaciones trasatlánticas con el mito de El Cid: políticos, artistas y patriotas sureños‹, in: *Espéculo. Revista de estudios literarios*. Universidad Complutense de Madrid, 2008, o. S., verfügbar unter: http://www.ucm.es/info/especulo/numero39/ide_cid.html [20.3.2014].

Corbellari, Alain: ›Le mythe du Cid dans la bande dessinée‹, in: Mathios, Bénédicte (Hg.): *Le Cid, figure mythique contemporaine?*. Clermont-Ferrand 2011, S. 229–242.

Díez Borque, José María: ›El Cid torero: de la literatura al arte‹, in: *Anales de Historia del Arte*, 2008, Volumen Extraordinario, S. 375–387.

Domke, Joan: Education, Fascism, and the Catholic Church in Franco's Spain, PhD, Loyola University Chicago, 2011, in: *Dissertations. Paper 104*, verfügbar unter: http://ecommons.luc.edu/luc_diss/104 [10.2.2014].

Filippi, Florence: ›Du Cid de Corneille au Cid d'Andalousie de Lebrun. Succès et infortune d'un mythe sous l'Empire et la Restauration‹, in: Mathios, Bénédicte (Hg.): *Le Cid, figure mythique contemporaine?*. Clermont-Ferrand 2011, S. 101–118.

Fletcher, Richard: El Cid. Weinheim – Berlin 1999. (engl. Ausgabe: The Quest for El Cid, London 1989).

Galeano, Eduardo: El fútbol, a sol y sombra. México 1995. (dt. Ausgabe: Der Ball ist rund. Zürich 2014).

---

66 Aus dem Gedicht von Jorge Luis Borges, Alle Gestern ein Traum, in: Ders. 1994, S. 179.
* Es wird nur wissenschaftliche Literatur angegeben, einzelne Artikel, Internetseiten oder Blogs sind in den Anm. aufgeführt.

Galeano, Eduardo: ›Magic Death for a Magic Life‹, in: *Monthly Review*, November 2007, S. 19–26, verfügbar unter: http://archive.monthlyreview.org/index.php/mr/article/view/MR-059-06-2007-10_4 [7.4.2014].

Herbers, Klaus: Jakobsweg. Geschichte und Kultur einer Pilgerfahrt. München 2006.

Jancovich, Marc: ›The Purest Knight of All: Nation, History, and Representation in »El Cid« (1960)‹, in: *Cinema Journal*, Vol. 40, No. 1 (Autumn, 2000), S. 79–103, verfügbar unter: http://www.jstor.org/stable/1225818 [18.2.2014].

Lacarra, María Eugenia: ›La utilización del Cid de Menéndez Pidal en la ideología militar franquista‹, in: *Ideologies and Literature* 3 (12) 1980a, S. 95–127.

Lacarra, María Eugenia: El Poema de Mio Cid. Realidad histórica e ideología. Madrid 1980b.

Linehan, Peter: ›The Cid of history and the history of the Cid‹, in: *History Today* 37, September 1987, S. 26–32.

López Campillo, Evelyne/Poutet, Hervé/Rémis, Anna: ›Una cruzada para una nueva tierra santa. ¡Fraternidad, libertad, igualdad!‹, in: *Norba 14, Revista de Historia*, 1997, S. 137–146.

Mainer, José Carlos: ›La construcción de Franco. Primeros años‹, in: *Archivos de la filmoteca: Revista de estudios históricos sobre la imagen*, N° 42–43, 1, 2002 (Ejemplar dedicado a: Materiales para una iconografía de Francisco Franco), S. 26–45.

Martínez Diez, Gonzalo: El Cid histórico. Barcelona 1999.

Mata Induráin, Carlos: ›El Cid burlesco del Siglo de Oro: el revés paródico de un mito literario español‹, GRISO-Universidad de Navarra, S. 408–416, verfügbar unter: www.letras.ufmg.br/.../El%20Cid%20burlesco.pdf [26.2.2014].

Menéndez Pidal, Ramón: La España del Cid, 2 Bde. Madrid ⁷1969 (1. Aufl. 1929).

Moreta Velayos, Salustiano: Entre la historia y la literatura: el Cid, la creación de un personaje histórico. 2003, S. 363–380, verfügbar unter: www.dialnet.unirioja.es/descarga/articulo/814550.pdf [15.3.2014].

Moyano Martin, Dolores: From El Cid to El Che: The Hero and the Mystique of Liberation in Latin America. New York 1988.

Nooteboom, Cees: Der Umweg nach Santiago. Frankfurt/Main ²1992.

Preston, Paul: ›General Franco as a military leader‹. In: *The transactions of the Royal Historical Society: sixth series*, 4, 1994, S. 21–41, verfügbar unter: http://eprints.lse.ac.uk/26103/ [10.3.2014].

Preston, Paul: Franco, a Biography. New York 1993.

Reilly, Bernard F.: The kingdom of Leon-Castilla under king Alfonso VI 1065–1100. Princeton 1988.

Rodiek, Christoph: Sujet – Kontext – Gattung. Die internationale Cid-Rezeption. Berlin-New York 1990.

Santelices, Lidia: ›Las Mocedades del Cid, de Guillén de Castro, Le Cid, de Pierre Corneille, y el Honrador de su Padre, de Juan Bautista Diamente‹, in: *Anales de la Universidad de Chile*, 10, 1933, S. 66–75, verfügbar unter: http://www.anales.uchile.cl/index.php/ANUC/article/view/24415 [15.3.2014].

Tuñón de Lara, Manuel u.a.: Der Spanische Bürgerkrieg. Eine Bestandsaufnahme. Frankfurt/M. 1987.

Winkler, Martin M.: ›El Cid. Ein mittelalterlicher Heldenmythos im Film‹, in: Müller, Ulrich/Wunderlich, Werner (Hg.): *Herrscher – Helden – Heilige* (Mittelalter Mythen 1). St. Gallen ²2001, S. 327–340.

Carolin Baumann & Viktória Dabóczi

Umnutzung entgegen des Sprachwandels: Irreguläre Flexionsformen als Prestigeträger?

1. Einführung

Umnutzung bedeutet dem Deutschen Universalwörterbuch des Duden-Verlags zufolge ›das Umnutzen‹; *umnutzen* ist in demselben Lexikon verzeichnet als ›für einen anderen, neuen Zweck nutzen‹ (Duden 2001, S. 1640).

Wenn von der Umnutzung sprachlicher Zeichen die Rede ist, denkt man sicher zuerst an Phänomene des Sprachwandels. Sprachwandel meint Veränderungen von Sprache im Laufe der Zeit. So könnte man vor allem in Fällen von Bedeutungswandel, der die Inhaltsseite sprachlicher Zeichen betrifft, eine Umnutzung sehen, wenn z. B. der Ausdruck *Dirne* heute nicht mehr, wie noch in althochdeutscher Zeit (ca. 750–1050 n. Chr.), neutral im Sinne von ›junges Mädchen‹ verwendet wird, sondern gleichbedeutend mit *Prostituierte* (vgl. Nübling 2013, S. 123). Von dieser Art der Umnutzung soll jedoch im Folgenden nicht die Rede sein.

Die Umnutzung, um die es gehen wird, betrifft nicht die Inhalts-, sondern die Formseite sprachlicher Zeichen. Deren Veränderung im Laufe der Zeit stellt in gewisser Weise den umgekehrten Fall dar: ein Beibehalten einer bestimmten Bedeutung bei Veränderung der formalen Mittel. Sowohl die ältere, stark gebildete Form *buk* als auch die jüngere, schwach gebildete Form *backte* realisieren das Tempus Präteritum und haben die Funktion, ein (hier: Back-)Ereignis und die Bezugnahme darauf zeitlich vor dem aktuellen Sprechzeitpunkt zu verorten (vgl. Rothstein 2007, S. 38 f.). Dabei ist *buk* die ältere und *backte* die jüngere Form und solange die jüngere die ältere Form nicht vollständig abgelöst hat, existieren beide Formen nebeneinander (vgl. Duden 9[1] 2011, S. 137) und scheinen hinsichtlich ihrer Funktion für den Sprecher identisch zu sein. Das äußert sich auch darin, dass dort, wo die Wahl zwischen zwei solchen Formen mit identischer Funktion besteht, grammatische Zweifelsfälle entstehen: Kom-

---

1 Duden Band 9 *Richtiges und gutes Deutsch* 2011, im Folgenden: Duden 9.

petente Sprecher geraten in Bezug auf (mindestens) zwei Formen in Zweifel, welche die (standardsprachlich) korrekte ist (vgl. Klein 2003, S. 2).

In dieser Situation des Zweifels liegt die Art der Umnutzung begründet, die wir im vorliegenden Artikel diskutieren wollen. Der in Bezug auf die Bedeutung irrelevante Formunterschied, z. B. zwischen *buk* und *backte*, kann dabei einen anderen, neuen Zweck etablieren, der sich in der Entscheidung des Sprechers für eine Form und einer damit verbundenen Bewertung manifestiert. Dabei steht die Frage im Fokus, ob für diesen neuen Zweck der Wunsch des Sprechers nach Prestige, evtl. durch den Ausdruck grammatischer Kompetenz, eine Rolle spielt und ob ein Merkmal »Irregularität«, d. h. ein formaler Ausnahmestatus im Kontext des Gesamtsystems, Träger dieser Prestigefunktion ist.

Beispielhaft betrachtet werden zwei Phänomene, die als typische Instanzen grammatischer Zweifelsfälle gelten können und sich daher für die Prüfung auf Prestigenutzung der Irregularität besonders eignen: die Wahl des Kasus Genitiv oder Dativ nach Präpositionen, z. B. *wegen dem/des Wetter(s)*, und die starke oder schwache Bildung des Präteritums und des Partizips II, z. B. *gewinkt/gewunken*.

Zur Erschließung des Themas werden in den Abschnitten 2 und 3 zunächst die Wege nachgezeichnet, die der Sprachwandel in diesen Phänomenbereichen geht. Abschnitt 2 ist dabei den stärker ausgetretenen Pfaden des Rückgangs des Genitivs als Präpositionalkasus und des Abbaus der starken Verbflexion gewidmet, die auch öffentlich, insbesondere in sprachpflegerischen Texten, als »Sprachverfall« diskutiert werden. Abschnitt 3 zeigt auf, dass es auch den Wandel in die entgegengesetzte Richtung gibt, der als Aufbau von Irregularität aufgefasst werden kann.

In Abschnitt 4 überlegen wir anhand von Daten aus einem Projekt zum Umgang mit grammatischen Zweifelsfällen in der Schule (*AgraZiS – Akzeptabilität grammatischer Zweifelsfälle in der Schule*), das wir derzeit an der Universität Siegen durchführen,[2] welche Rolle die Irregularität grammatischer Formen bei deren Bewertung im schulischen Kontext spielt, und überlegen vor diesem Hintergrund, inwiefern der Prestigegedanke auch im allgemeinen Sprachgebrauch die Wahl grammatischer Formen beeinflusst.

---

2 Dem AgraZiS-Projekt (http://www.uni-siegen.de/phil/germanistik/forschung/agrazis) liegt eine andere Fragestellung zugrunde als die in diesem Beitrag behandelte. Im Fokus steht die Akzeptabilität grammatischer Phänomene im schulischen Kontext. Dennoch werden wir in Abschnitt 4 erste Daten aus der Umfrage zu diesem Projekt im Hinblick auf mögliche Umnutzungen betrachten.

## 2.	Sprachwandel: Richtungen und Tendenzen

Wenn man Texte aus dem Mittelalter und der heutigen Zeit miteinander vergleicht, kann man nachvollziehen, dass die Sprache im Laufe der Jahrhunderte große Veränderungen erlebt hat. Beim Sprachwandel geht es jedoch nicht um punktuelle Änderungen, die man etwa alle hundert Jahre beobachten könnte, sondern um eine stetige Entwicklung. Dabei wird der permanente Prozess des Sprachwandels kaum wahrgenommen (vgl. Keller 1990, S. 19).

Eine der Grundvoraussetzungen für Sprachwandel ist das generelle Vorhandensein von Variation in der Sprache, z. B. in Form von Dialekten. Die genauen Ursachen des Sprachwandels lassen sich nicht immer leicht bestimmen. Man kann sie jedoch grundsätzlich in zwei große Gruppen, in inner- und außersprachliche Faktoren, einteilen, die Hand in Hand auf die Sprache wirken. Im Hintergrund der außersprachlichen Ursachen steht die allgemeine Motivation, dass die Sprache mit der gesellschaftlichen Entwicklung Schritt halten muss (vgl. ebd., S. 15). So kann man unter außersprachlichen Faktoren u. a. soziale und kognitive Phänomene erwähnen (vgl. Wegera/Waldenberger 2012, S. 27 ff.). Bei innersprachlichen Faktoren spielen Sprachökonomie und Optimierung eine wichtige Rolle. Dies bedeutet, dass sich Varianten, die gegenüber anderen Varianten ökonomischer sind, mit einer höheren Wahrscheinlichkeit durchsetzen (vgl. ebd., S. 23), z. B. schwache Präteritum- und Partizip-II-Formen des Verbs gegenüber starken Formen wie wir in Abschnitt 2.2 sehen werden.

Nach der Darstellung der allgemeinen Tendenzen des Sprachwandels konzentrieren wir uns im Folgenden auf zwei prominente Fälle der Sprachentwicklung, den Rückgang des Genitivs als Präpositionalkasus und den Abbau der starken Verbflexion.

### 2.1	Abbau des Genitivs als Präpositionalkasus

Unter ›Präposition‹ versteht man eine relativ geschlossene Gruppierung von grammatischen Elementen, die ein relationales Verhältnis (z. B. zeitlich: *seit dem Mauerfall*, räumlich: *in der Oberstadt*, kausal: *wegen des/dem schlechten Wetter(s)* etc.) zwischen Sachverhalten, Sachen oder Personen ausdrücken (vgl. Szczepaniak 2011, S. 93). Trotz des eher geschlossenen Charakters der Wortart Präposition, etwa im Gegensatz zu Substantiven,[3] ist die Wortart im Laufe der Sprachgeschichte in mehreren Etappen um neue Mitglieder gewachsen. In die-

---

3 Die Gruppe der Substantive kann durch Wortbildung und Entlehnung ständig neue Mitglieder begrüßen, man vergleiche z. B. *Bankenkrise* und *Flashmob* als neue Einträge im Duden-Universalwörterbuch von 2011.

sem Zusammenhang unterscheiden wir sog. primäre (*an, bei, in, mit, vor, zu* etc.) und sekundäre (z. B. *wegen, dank, entlang, gemäß*) Präpositionen. Primäre Präpositionen gelten als älteste, frequenteste, also häufigste, und somit prototypische Präpositionen. Sie regieren den Dativ und/oder den Akkusativ, z. B. *Sie wohnt in der Oberstadt* oder *Sie zieht in die Oberstadt* (vgl. ebd., S. 94). Die sog. sekundären Präpositionen sind historisch jünger und formal komplexer als primäre Präpositionen, sie sind jedoch seit langer Zeit (etwa seit dem Mittel- oder Frühneuhochdeutschen[4]) Bestandteil der deutschen Sprache.

Im Laufe ihrer Entwicklung sind die sekundären Präpositionen immer mehr an die älteren primären gerückt. Dies manifestiert sich in zwei Entwicklungen: Erstens in ihrer Stellung, indem viele von den sekundären Präpositionen die ursprünglichere Zirkum- (um die Bezugsphrase herum) und Poststellung (hinter der Bezugsphrase) bereits aufgegeben haben und nur noch in der prototypischen Prästellung (vor der Bezugsphrase) auftreten. Zweitens geben diese jüngeren Präpositionen mit zunehmender Grammatikalisierung die ursprüngliche Genitivrektion auf und regieren (meist) den Dativ. Beide Entwicklungen kann man exemplarisch bei kausalem *wegen* beobachten: Sein Stellungswandel *von X wegen* > *X wegen* > *wegen X* erfolgte von der Zirkum- über die Post- zur Prästellung und parallel dazu war in der Prästellung bereits seit dem 17. Jahrhundert neben der ursprünglichen Genitivrektion auch Dativ möglich (vgl. Szczepaniak 2014, S. 42 f.). Der Abbau des Genitivs als Präpositionalkasus bei sekundären Präpositionen, der auch gegenwärtig als Sprachverfall und schlechtes Deutsch (insbesondere bei *wegen*) stigmatisiert wird, ist keineswegs eine neue Erscheinung und stellt den normalen Entwicklungsweg Richtung Normal- oder Regelfall dar. Untersuchungen von Elspaß zeigen, dass die Dativselektion bei den Präpositionen *wegen, während* und *(an)statt* in schriftlichen, aber mündlichkeitsnahen Texten wie Privatbriefen bereits im 19. Jahrhundert deutlich dominieren (vgl. 2005, S. 86). Der Zweifel zwischen Genitiv und Dativ und die Tendenz, dass im schriftlichen Sprachgebrauch der Genitiv, im mündlichen oder mündlichkeitsnahen Sprachgebrauch (heute private E-Mails, Chat, SMS etc.) der Dativ gewählt wird, blickt zusammen mit Normierungsversuchen zugunsten des älteren Genitivs ebenfalls auf eine längere Geschichte zurück.

Im Hinblick auf den normalen Entwicklungsweg ist es umso erstaunlicher, dass einige sekundäre Präpositionen wie *dank, entgegen, nahe, gemäß* u. a. entgegen der allgemeinen Tendenz ihre ursprüngliche Dativrektion aufgeben und immer häufiger den Genitiv selegieren (vgl. u. a. Szczepaniak 2014 und Di Meola 1999 und 2000). Diese Tendenz und ihre möglichen Gründe diskutieren wir ausführlich in Abschnitt 3 und 4.

---

4 Ca. zwischen 1050 und 1350 bzw. 1350 und 1650.

2.2 Abbau der starken Verbflexion

Der Schwund starker Verbformen zugunsten der schwachen wird ebenfalls oft als Sprachverfall beklagt. Auch hier haben wir es mit einem langen Entwicklungsprozess zu tun, der seine Ursprünge bereits in der germanischen Sprachperiode[5] hat. Die heutige Dominanz der schwachen Verben bzw. der deutliche Rückgang der starken Verben ist zwei Entwicklungen zu verdanken: Zum einen spielt der Schwund von gerade starken Verben aus dem Lexikon eine größere Rolle, als man meinen könnte. Zwischen der althochdeutschen (ahd.) und frühneuhochdeutschen (fnhd.) Zeit (ca. 750–1650) sind etwa 160 Verben ausgestorben wie z. B. ahd. *quedan* ›sprechen‹ (vgl. Dammel 2014, S. 54). Zum anderen haben wir es mit einer Vielzahl von Übergängen zur schwachen Flexion zu tun. Die Hochphase dieser Übergänge ist das 16. Jahrhundert (Fnhd.); seitdem läuft der Prozess zwar weiterhin ununterbrochen, aber wesentlich langsamer (vgl. ebd., S. 54 f.). Parallel existierende Formen wie *buk/backte, molk/melkte* und die dazugehörigen starken Partizip-II-Formen *gebacken* und *gemolken*[6] zeigen, dass der Flexionsklassenwechsel vielfach noch nicht abgeschlossen ist. Auch die sog. gemischten Verben, z. B. *denken – dachte – gedacht*, bei denen Vokalwechsel und Dentalsuffix *-te* zusammen auftreten, signalisieren eine Zwischenstufe in der Entwicklung.

Hinter dem Wechsel in die schwache Flexionsklasse steht die bereits erwähnte Sprachökonomie. Während die Formen der starken Verben quasi auswendig gelernt werden müssen, weil die Regeln des Vokalwechsels heute nicht mehr durchsichtig sind, bilden wir die schwachen Formen via Regel, d. h. nach einem einheitlichen Muster. Wir müssen also nur einmal die Regel lernen und können diese auf eine Vielzahl von Verben anwenden. Dass das Erlernen dieser Regel wesentlich einfacher ist als der Erwerb der individuellen Vokalwechsel, sehen wir bei übergeneralisierten Formen wie etwa **getrinkt* bei Kleinkindern im Laufe des Spracherwerbs (vgl. Szagun 2011) oder bei Lernern des Deutschen als Fremdsprache.

Neben Sprachökonomie spielt jedoch auch die Gebrauchsfrequenz eine wichtige Rolle bei der Regularisierung oder bei der Erhaltung von irregulären Formen: Je öfter eine Form benutzt wird, desto wahrscheinlicher bleibt die irreguläre Form erhalten, die ganzheitlich gespeichert und unproblematisch abgerufen wird (vgl. Dammel 2014, S. 55). Im Gegensatz dazu werden Formen,

---

5 Germanisch bezeichnet die gemeinsame Ursprache von auch heute existierenden verwandten Sprachen wie Deutsch, Englisch, Schwedisch, Niederländisch etc., die etwa für die Zeit 1000 v. Chr. bis 200 n. Chr. angesetzt ist (vgl. Vogel 2012, S. 6).

6 Duden 9 vermerkt sowohl in der Ausgabe von 2001 (S. 595) als auch in der von 2011 (S. 642), dass neben der gewöhnlich verwendeten starken Partizip II Form *gemolken*, bereits die schwache Form *gemelkt* vorkommt.

die weniger häufig benutzt und abgerufen werden, nicht als ganze gespeichert, sondern erst im Bedarfsfall mit Regeln gebildet. Für die Verben bedeutet dies folgendes: Besonders frequente Verbformen bleiben irregulär, mit einem Wechsel in die schwache Klasse ist nicht zu rechnen. Den Extremfall bildet hier das Verb *sein*, das seine Formen sogar mit unterschiedlichen Stämmen, sog. Suppletivformen (*bist, ist, sind, seid, war, gewesen*) bildet. Eher selten benutzte ursprünglich starke Verben wechseln jedoch die Flexionsklasse, damit wird der hohe und in diesen Fällen überflüssige kognitive Aufwand des Auswendiglernens vermieden, z. B. im Fall des Verbs *küren-kürte-gekürt*, ursprünglich *küren-kor-gekoren* (vgl. Nübling et. al. 2013, S. 65 ff.). Zwar bildet heute die schwache Verbflexion den Normalfall, jedoch gehören die wenigen starken Verben zum Grundwortschatz des Deutschen, dies trifft nur auf einen Bruchteil der vielen schwachen Verben zu.

Der Übergang von der starken zur schwachen Verbflexion gehört also ebenfalls zum normalen Ablauf des Sprachwandels. Wie Wegera/Waldenberger (2012, S. 178) festhalten, kann der Flexionsklassenwechsel in Dialekten von dem in der Standardsprache abweichen; doch auch hier verläuft der Wandel überwiegend Richtung schwache Flexion und nur sehr selten umgekehrt, z. B. *strieff* neben *strafte*.

Wie bei der Kasusrektion von einigen sekundären Präpositionen, kann man jedoch auch in der Verbflexion entgegengesetzte Tendenzen beobachten: Hier werden also ursprünglich schwache Formen von neuen starken Formen verdrängt wie z. B. *gewunken* statt *gewinkt*.

3. Entgegen des Sprachwandels: *dank des, gewunken* und *aufgehangen*

In diesem Abschnitt möchten wir die bereits in Abschnitt 2 erwähnten Entwicklungen entgegen dem normalen Ablauf des Sprachwandels am Beispiel von einigen konkreten Phänomenen darstellen. Anschließend werden diese Phänomene in Abschnitt 4 anhand der Daten aus dem AgraZiS-Projekt diskutiert.

3.1 *dank des*

Den eher untypischen Rektionswechsel Dativ > Genitiv kann man neben *dank* auch bei weiteren sekundären Präpositionen wie z. B. *entgegen*[7], *nahe, entspre-*

---

7 Die Genitivverwendung im Titel des Beitrags bzw. in der Überschrift von Abschnitt 3 ist eine Anspielung auf diesen untypischen Fall. Im laufenden Text bleiben wir jedoch bei der Da-

chend, gemäß beobachten. Die Konkurrenz zwischen den beiden Rektionskasus und den damit verbundenen Zweifelsfall zeigen auch die Angaben der Grammatiken: Während ältere Grammatiken vielfach ausschließlich den Dativ als möglichen Kasus angeben (bspw. Erben (1980) für *dank*), findet man in neueren Grammatiken beide Kasusformen.[8] Dabei ändert sich die Wertung von Dativ und Genitiv ebenfalls im Laufe der Zeit, wie wir exemplarisch für *dank* sehen können: Anhand einer Analyse von acht Grammatiken aus den 1980er Jahren konnte Ágel für *dank* den Status »Genitiv im Vormarsch« ableiten (1992, S. 23). Flückinger/Gallmann bestätigen diese Tendenz der Grammatikschreibung in den 1980er Jahren, indem sie bei *dank* sowohl Dativ als auch Genitiv angeben, den Dativ jedoch als ursprünglichen und folglich vorzuziehenden Kasus bewerten (vgl. 1988, S. 103 f.). Die Ausgaben von Duden 9 aus den Jahren 2001 und 2011 schreiben zur Kasusrektion von *dank* bzw. zum Zweifelsfall *dank seinem Einfluss/dank seines Einflusses* hingegen, dass im Singular analog zu *kraft, statt, laut, infolge* etc. oft der Genitiv verwendet wird, z. B. *Dank eines Zufalls* [...]. Im Plural wird die eindeutige Dominanz des Genitivs dokumentiert, z. B. *dank sehr komplizierter Verfahren* (seltener: *dank sehr komplizierten Verfahren*), wobei dieser Genitiv auch als standardsprachlich korrekt anerkannt wird (vgl. 2001, S. 210 sowie 2011, S. 217). Im Gegensatz zu einer standardsprachlichen Anerkennung der Genitivverwendung im Plural ist keine Wertung für den Gebrauch im Singular vorzufinden. Die Formulierung »Dieser Genitiv gilt auch als standardsprachlich korrekt« (ebd.) für Pluralverwendungen erlaubt jedoch indirekt die Vermutung, dass singularische Genitivverwendungen noch keine hundertprozentige Anerkennung finden. Dennoch kann man festhalten, dass *dank* + Genitiv in den letzten 20 – 30 Jahren (etwa zwischen der Grammatik von Erben (1980) und Duden 9 (2001 und 2011)) eine − für die normale Sprachentwicklung − sehr rasche Verbreitung genießt. Als Vergleich sei hier an die Entwicklung von *wegen* + Dativ erinnert, das zum ersten Mal bereits im 17. Jahrhundert belegt wurde, heute jedoch immer noch nur im mündlichen Sprachgebrauch als legitime Variante anerkannt wird.

Empirische Untersuchungen zur Verwendung von *dank* + Genitiv (*des*)[9] zeigen ein ähnliches Bild: Die Untersuchung von Elter zeigt eine insgesamt geringe Genitivverwendung in aktuellen deutschsprachigen Zeitungen und Zeitschriften. In der von ihr ausgewerteten Textsammlung stehen 79 Dativverwendungen 33 Genitivverwendungen gegenüber. Die Aussagekraft der Belege

---

tivrektion nach *entgegen*, weil diese in der geschriebenen Sprache (noch) die verbreitetere Variante darstellt.

8 Einen Überblick über die Stellungnahme einiger Grammatiken bietet Elter (2005).

9 Da im Singular die Formen Dativ und Genitiv Femininum (beides *der*) zusammenfallen, ist eine maschinelle Suche lediglich nach den Formen *dank dem* (Mask./Neutr. Dativ) und *dank des* (Mask./Neutr. Genitiv) möglich.

für die Gesamtsituation im Deutschen wird jedoch – wie Elter selbst einräumt – dadurch geschmälert, dass die überwiegende Mehrheit der Belege aus dem Schweizerdeutschen stammt. Somit kann eine Dominanz des Dativs am Anfang der 2000er Jahre nur dem alemannischen Sprachraum[10] mit Sicherheit zugesprochen werden (vgl. 2005, S. 127 ff.).

Unsere Recherche im Archiv der geschriebenen Sprache des DeReKo[11] vom 20.3.2014 ergibt ein anderes Bild bezüglich der Verwendung *dank dem* und *dank des* für das gesamte deutsche Sprachgebiet: Bei einer Gesamtanzahl von 26.748 Belegen stehen 5.562 Verwendungen mit Dativ 21.186 Verwendungen mit Genitiv gegenüber. Die Beleglage entspricht der schnellen Karriere von *dank des*, die bereits die Nachschlagewerke andeuteten. Jedoch stellt sich die Frage, wie es dazu kommen konnte, dass sich eine ursprüngliche Dativpräposition innerhalb von nur ca. 30 Jahren zur Genitivpräposition wandelt.

Für die Genitivselektion ursprünglicher Dativpräpositionen findet man in der Literatur unterschiedliche Erklärungen. Di Meola (vgl. 1999, S. 347 ff. und 2000 zu *dank*) erklärt die Wahl des Genitivs nach *entgegen, entsprechend, nahe* und *gemäß*, die sowohl in Prä- als auch in Poststellung vorkommen, dadurch, dass durch die Genitivselektion gekoppelt mit der Voranstellung (z. B. *entsprechend des Wetters*) im Laufe der Grammatikalisierung[12] die maximale Entfernung vom Spenderlexem erreicht wird (z. B. *Sie ist dem Ziel (sehr) nahe.* (*nahe* als Adverb) – *nahe des Ziels* (*nahe* als Präposition)).

Sowohl Ágel (vgl. 1992, S. 25) als auch Duden 9 (vgl. 2001, S. 210 und 2011, S. 217) geben die besondere Entstehung von *dank* aus dem Substantiv *Dank* als Ursache für die ursprüngliche Dativrektion an (*Dank sei seinem Einfluss* → *dank seinem Einfluss*). Als Grund der Genitivverwendung sehen beide eine Analogie zu anderen Präpositionen wie z. B. *kraft, laut, wegen, infolge* mit Genitivrektion.

Die beiden Erklärungsrichtungen begründen zwar die Entwicklung entgegen dem normalen Ablauf des Sprachwandels, bieten jedoch keine Erklärung für die rasche Verbreitung der Genitivverwendungen und ihre Etablierung in der Schriftsprache. Einen weiteren hier relevanten Faktor stellen Becker (2011) und Szczepaniak (2014) dar. Becker führte eine Erhebung mit zwei Studentengruppen durch, indem sie den Probanden Lückentexte in zwei Versionen (fach-

---

10 Das alemannische Dialektgebiet umfasst Teile von Baden-Württemberg und die deutschsprachigen Regionen der Schweiz.

11 Deutsches Referenzkorpus, www.ids-mannheim.de/DeReKo.

12 Unter Grammatikalisierung versteht man den Prozess der Entstehung von grammatischen Elementen aus ursprünglich lexikalischen Einheiten bzw. die Weiterentwicklung eines grammatischen Zeichens zu einer noch stärkeren grammatischen Funktion (vgl. Lehmann 1995, S. 11).

sprachlich/formell und alltagssprachlich/informell) vorlegte (vgl. Becker 2011, S. 209 ff.). Die Ergebnisse fasst Tabelle 1 zusammen:

Präposition	mit Genitiv	mit Dativ
Dativpräpositionen (*gemäß, außer, gegenüber, entsprechend, entgegen*)	65 %	35 %
Dativ-/Genitivpräpositionen (*einschließlich, während, laut, innerhalb, dank*)	86 %	14 %
davon *dank*	85 %	15 %
Genitivpräpositionen (*bezüglich, ungeachtet, hinsichtlich, längs, jenseits*)	97 %	3 %

Tab. 1: Ergebnisse der Studie von Becker (2011, S. 210)

Wie die Ergebnisse zeigen, dominiert der Genitiv unabhängig vom Kontext sowohl bei Dativ-Genitiv-Präpositionen wie *dank* als auch bei Dativpräpositionen, die anhand der Grammatiken keine Genitivselektion erlauben (sollten). Becker begründet den Vorzug des Genitivs mit der Vernachlässigung der sekundären Präpositionen im schulischen Grammatikunterricht, aber auch durch unterschiedliche Angaben in den einzelnen Nachschlagewerken (vgl. 2011, S. 212 f.). Erwachsene Sprecher suchen sich demnach bei der Wahl der Kasusform einen Orientierungspunkt und folgen dabei gewissen Mustern (vgl. ebd.).

Um herauszufinden, welche Muster genau in Frage kommen, ist die Orientierung an der Schriftsprache ein wichtiger Punkt, da viele sekundäre Präpositionen nur in der geschriebenen Sprache vorkommen. Dies bestätigt Szczepaniaks (2014) Analyse von Online-Diskussionen (Language Forum und Wordreference.com) bezüglich *dank*. Die Diskussion spiegelt zum einen ebenfalls eine überzeugte Genitivverwendung nach *dank* wider, zum anderen dient *wegen* als Vorbild. Der prominente Fall *wegen* mit Genitiv-Dativ-Schwankung ist den Benutzern durchaus bekannt und wird unmittelbar auf *dank* übertragen: Genitiv wird demnach als ursprünglicher Kasus betrachtet und hyperkorrekt angewendet (vgl. Szczepaniak 2014, S. 44 f.). Den Einfluss von *wegen* auf die Kasuswahl bei *dank* bestätigen auch unsere Recherchen im DeReKo (vom 20.3. 2014) (Abb. 1).

Bei *wegen* zeigt sich ein enormes Übergewicht des Genitivs in der geschriebenen Sprache. Diese Gebrauchsweise wird auch bei *dank* übernommen (s. auch die Ergebnisse von Becker 2011). Angesichts der Daten können wir mit Szczepaniak (2014, S. 47) festhalten, dass der Genitiv mit der prestigeträchtigeren geschriebenen Sprache assoziiert und von Sprechern (gerade bei Unsicherheiten) bevorzugt verwendet wird. Diese Tendenz wird durch die Analogie zum prominenten Fall *wegen* + Genitiv/Dativ und die Stigmatisierung des Dativs verstärkt. Im Hintergrund der schnellen »Genitiv-Karriere« von *dank* stehen in

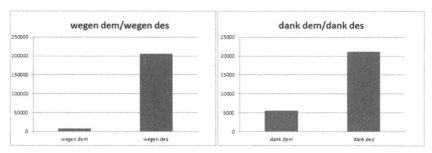

Abb. 1: Genitiv-/Dativrektion nach *dank* und *wegen* im Archiv der geschriebenen Sprache von DeReKo

diesem Sinne auch außersprachliche Faktoren, wie eben die aktuell starken Normierungstendenzen Richtung Genitiv nach sekundären Präpositionen. Der Eingriff von außen kann demnach durchaus den Tod des Dativs durch den Genitiv, zumindest im Kreis der sekundären Präpositionen, verursachen.

3.2   *gewunken* und *aufgehangen*

Die Bildung starker Partizip-II-Formen bei ehemals schwachen Verben ist bislang weniger erforscht als der Rektionswechsel von Präpositionen. Der Grund dafür kann die geringere Anzahl der Fälle bzw. das Fehlen eines prominenten Falls sein, der eine starke analogische Wirkung auf weitere Verben ausübt. Im verbalen Bereich geht die Entwicklungsrichtung normalerweise von der starken zur schwachen Flexion (s. Abschnitt 2). Diese Tendenz bestätigen auch die Sprachberatungsstellen, die bei schwankender Konjugation eine Favorisierung der schwachen Form seitens der Beratungsklientel feststellen (vgl. Neubauer 2009, S. 163). Zu den wenigen Ausnahmen mit entgegengesetzter Entwicklung gehören *winken* mit den konkurrierenden Formen *gewinkt/gewunken* und *aufhängen* mit den Partizip-II-Formen *aufgehängt/aufgehangen*.

Der (Zweifels-)Fall *gewinkt/gewunken* ist heute im gesamten Standarddeutschen verbreitet. Die Durchsetzung von *gewunken* gegenüber *gewinkt* kann man im Hinblick auf die Literatur bzw. Erfahrungen der Sprachberatungsstellen als schnell einschätzen. Während Duden 9 in der Ausgabe von 2001 nur *gewinkt* als standardsprachlich korrekte Form anerkennt und *gewunken* noch als landschaftlich und standardsprachlich nicht korrekt einstuft (vgl. 2001, S. 943), steht in der Ausgabe von 2011 ohne weitere Wertung: »Das schwach flektierte Partizip II von *winken* lautet *gewinkt*. In der Umgangssprache ist auch die stark flektierte Form *gewunken* häufig.« (vgl. 2011, S. 1023).

Die Sprachberatungsstellen, die den Sprachgebrauch unmittelbar dokumentieren, berichten inzwischen von einer standardsprachlichen Verwendung von *gewunken*. Die starke Form findet sowohl in der gesprochenen als auch in der geschriebenen Sprache Anerkennung, sie wird nicht als Normabweichung betrachtet und ist vorrangig im Gebrauch. Dabei berichten die Ratsuchenden über eine intuitive Verwendung der Form *gewunken* (vgl. Neubauer 2009, S. 162). Das Ergebnis unserer Recherche im DeReKo (vom 20.3.2014) bestätigt die Bevorzugung der starken Form auch in der geschriebenen Standardsprache. Von insgesamt 993 Belegen stehen 346 *gewinkt*-Verwendungen 647 *gewunken*-Belege gegenüber, dies entspricht beinahe einer Verteilung von 1:2 für *gewunken*, wie Abb. 2 zeigt.

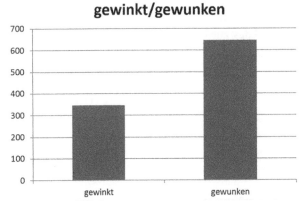

Abb. 2: Verteilung von *gewinkt/gewunken* im Archiv der geschriebenen Sprache von DeReKo

Die Gründe für diese Entwicklung sind nicht eindeutig; ob Analogie zu starken Formen mit dem gleichen Ablaut wie z. B. *gesunken, gesungen* eine Rolle spielt, lässt sich nicht nachweisen. Die starke Frequenz von *gewunken* in der insgesamt prestigeträchtigeren geschriebenen Standardsprache kann jedoch als Vorbild wirken und die Ausbreitung der Form begünstigen.

Für den Zweifelsfall *hing/hängte* bzw. *gehangen/gehängt* stellt Duden 9 fest, dass die Vergangenheitsformen des starken und schwachen Verbs in der Umgangssprache häufig verwechselt werden. Standardsprachlich stehen die starken Formen (*hing, gehangen*) für den intransitiven Gebrauch (*Das Bild hing an der Wand*), während die schwachen Formen (*hängte, gehängt*) auf den transitiven Gebrauch (*Sie hängte das Bild an die Wand*) festgelegt sind. Diese Regel gilt auch für die zusammengesetzten Formen, also: *Sie hat die anderen Läuferinnen abgehängt*, aber: *Er hat von ihr finanziell abgehangen* (vgl. 2011, S. 448).

Der Grund der Vermischung ist möglicherweise der Zusammenfall der Präsensformen *hängen* für den transitiven und *hangen* für den intransitiven Gebrauch. Die transitive und intransitive Verwendung von *hängen* sind heute lediglich anhand der Perfekt- und Präteritalformen zu unterscheiden (vgl. ebd.).

Zur zusammengesetzten Form *aufgehangen* gibt Duden 9 eindeutig und ausschließlich die Stammformen *hängte auf* und *aufgehängt* als korrekt an, *aufgehangen* wird kontextunabhängig abgelehnt (vgl. ebd., S. 119). Die sprachliche Realität sieht jedoch anders aus: Die Formen *aufgehangen, abgehangen* etc. kommen häufig vor, wie wir es auch in unseren Seminaren an der Universität Siegen immer wieder beobachten. Ein Beispiel ist auch der folgende Hörbeleg:

> »Sehr geehrte Fahrgäste! Bitte beachten Sie, dass nur der erste Wagen des Zuges Richtung Au weiterfährt. Der zweite Wagen wird in Siegen *abgehangen*« (Zugdurchsage kurz vor Siegen, Hörbeleg, V. D. am 18.3.2014).

Dass die starke Partizip-II-Form von *aufhängen* eher regional vorkommt, zeigen die Ergebnisse des Projektes ›Atlas zur deutschen Alltagssprache‹[13] zur Form *aufgehängt* und *aufgehangen* (Abb. 3).

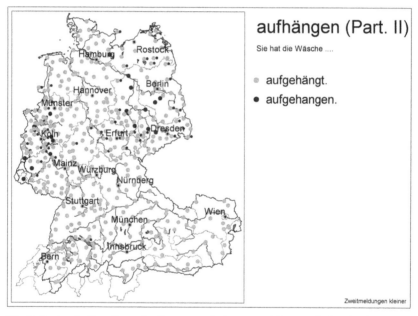

Abb. 3: Regionale Verteilung der Formen *aufgehängt/aufgehangen* (Atlas der deutschen Alltagssprache)[14]

Die Dominanz von *aufgehängt* in der Schriftsprache zeigen die Belegzahlen aus dem DeReKo mit 14.438 Belegen für *aufgehängt* gegenüber nur 291 *aufgehangen*-Formen.

---

13 http://www.atlas-alltagssprache.de/.
14 Bildquelle: http://www.atlas-alltagssprache.de/runde-7/f10a-e/.

Der Grund der Verwendung kann auch hier nicht eindeutig festgestellt werden. Einige Tendenzen können wir aus unseren Seminargesprächen ableiten: Unsere Studierenden an der Universität Siegen verwenden die Form *aufgehangen*, *abgehangen* sehr oft (dies zeigen auch die Ergebnisse aus unserem Projekt in Abschnitt 4). Die Benutzung der starken Form fällt nicht auf und wird auch nicht als normwidrig empfunden. Bei gezielter Frage, welche Form (*aufgehängt* oder *aufgehangen*) in Sätzen wie *Sie hat die Wäsche...* richtig oder möglich wäre, erweist sich die schwache Form *aufgehängt* bzw. die Regel beim transitiven Gebrauch als bekannt. Die Studierenden berichten jedoch darüber, dass sie intuitiv eher *aufgehangen* wählen, da die Form aufgrund ihrer Länge und starken Flexion richtiger klingt.

Längere Form und starke Flexion sind sowohl im Zusammenhang von *gewinkt/gewunken*, als auch *aufgehängt/aufgehangen* feststellbar. Wenn diese rein formalen Merkmale tatsächlich eine Rolle bei der Entscheidung für eine starke Form spielen, führt das zu der Frage nach einem sich hierin äußernden neuen Zweck dieser Formen, der (ähnlich wie beim Genitiv nach sekundären Präpositionen) möglicherweise ihren höheren Prestigewert betrifft.

4.   Neue Zwecke?

Eröffnet sich also im Sprachwandel die Möglichkeit zur Etablierung neuer Zwecke grammatischer Formen? Oder genauer: Werden irreguläre grammatische Formen von Sprechern zu Prestigeträgern umfunktioniert?

Vor dem Hintergrund der in Abschnitt 2 ausgeführten Tendenzen der Regularisierung durch Sprachwandel liefern die in Abschnitt 3 vorgestellten Phänomene der ›Irregularisierung‹ in Präpositionsrektion und Verbflexion Hinweise, die in diese Richtung deuten. In diesem vierten Abschnitt des Beitrags soll nun anhand von ausgewählten Fällen erwägt werden, ob sich Ursachen oder doch Einflussfaktoren irregularisierender Tendenzen ausmachen lassen, die mit Wertung und Prestigegedanken der Sprecher zu tun haben.

Die Perspektive ist dabei eine etwas andere als bisher: Es steht nicht vornehmlich die Verwendung grammatischer Formen im Fokus, sondern ihre Beurteilung, insbesondere in der Schule. Da hier die Bewertung grammatischer Formen institutionalisiert ist und ganz explizit wird, erscheint dieser Kontext besonders vielversprechend für die Untersuchung sich abzeichnender Prestigeumnutzungen; gleichzeitig wird die weiterführende Frage aufgeworfen, wie reflektiert mit solchen neuen Zwecken gerade im Schulunterricht umgegangen wird.

4.1   Akzeptabilität und Variabilität – Ein Auszug aus dem Projekt
       Akzeptabilität grammatischer Zweifelsfälle in der Schule (AgraZiS)

Im Rahmen des Projektes *Akzeptabilität grammatischer Zweifelsfälle in der Schule* (AgraZiS) wurden Lehramtsstudierende verschiedener Semester und praktizierende Lehrer befragt, ob sie in einem als Schülersatz präsentierten Satz eine bestimmte grammatische Form akzeptieren würden. Im Anschluss wurden Fragen zur Begründung des Akzeptabilitätsurteils und zu möglichen alternativen Formen gestellt.

Für die oben vorgestellten Phänomene des Präpositionalkasus Genitiv oder Dativ und der starken oder schwachen Verbflexion sind die in Tabelle 2 aufgelisteten Formen aus der AgraZiS-Umfrage relevant:

Bereich	Phänomen	Formen aus der AgraZiS-Umfrage
verbal	Präteritum	*hängte (etw. über etw.), schwomm*
	Partizip-II	*(hatte jdm.) gewinkt, (hatte etw.) aufgehangen*
nominal	Präpositionalkasus	*wegen* + Dativ (*diesem Kniefall*), *dank* + Dativ (*diesem Brief*)

Tab. 2: Ausgewählte Phänomene und Formen aus der AgraZiS-Umfrage

Unter den Präteritalformen wurde *hängte* als schwach mit der Endung -*te* gebildete Form und *schwomm* als stark durch Vokalwechsel (*schwimmen* > *schwomm*) gebildete Form präsentiert, unter den Partizip-II-Formen die schwach mit *ge_t* gebildete Form *gewinkt* und stark mit *ge_en* gebildetes *aufgehangen*. Beide Präpositionen *wegen* und *dank* wurden mit einer Ergänzung im Dativ vorgelegt.

Die folgende Tabelle zeigt, wie häufig die Formen als akzeptabel oder nicht akzeptabel bewertet wurden.

Form	akzeptabel	nicht akzeptabel	Summe[15]
hängte	63	29	92
schwomm	12	80	92
gewinkt	34	58	92
aufgehangen	52	40	92
wegen + Dativ	42	50	92
dank + Dativ	49	43	92

Tab. 3: Akzeptabilität ausgewählter Formen aus dem AgraZiS-Projekt

15 In der online durchgeführten Umfrage gab es eine nicht unerhebliche Abbrecherquote. In Tabelle 3 wurden nur die vollständigen Datensätze berücksichtigt.

Tabelle 3 zeigt, dass keine Form als völlig akzeptabel oder völlig inakzeptabel erscheint. Dieser Befund kann insofern nicht überraschen, als sich bereits in einer Vorstudie mit anderen Studierenden alle Formen als Teil von Zweifelsfällen und somit auch im Hinblick auf ihre Akzeptabilität als unklar herausgestellt haben.

Diejenigen, die eine Form als nicht akzeptabel bewertet haben, wurden gebeten, die in ihren Augen korrekte Form zu nennen. Eine Übersicht ist in Tabelle 4 gegeben.

Form	nicht akzeptabel	als korrekt genannte Alternativen
hängte	29	*hing* (25x), *hang* (4x)
schwomm	80	*schwamm* (79x), *ist geschwommen* (1x)
gewinkt	58	*gewunken* (57x)[16]
aufgehangen	40	*aufgehängt* (40x)
wegen + Dativ	50	*wegen* + Genitiv (48x)
dank + Dativ	43	*dank* + Genitiv (42x)

Tab. 4: Abgelehnte und als korrekte Alternativen genannte Formen; Zahl der Nennungen in Klammern

Tabelle 4 zeigt, dass sich der Unterschied zwischen der vorgelegten und der als korrekt angegebenen Form bei *hängte*, *gewinkt* und *aufgehangen* auf die Wahl zwischen einer stark und schwach flektierten Form bezieht. Dass dabei vor allem der Vokalwechsel als Merkmal der starken Form aufgefasst wird, zeigen die verschiedenen alternativen Formen, die zu *hängte* genannt werden, denen der Vokalwechsel gegenüber dem Präsensstamm gemeinsam ist, unabhängig von der spezifischen Qualität des Vokals (*hing/hang*).

Ein Sonderfall ist *schwomm*. Diese Form ist, wie die überwiegend als korrekt genannte Alternative *schwamm*, durch Vokalwechsel und somit stark gebildet. Anders als bei *schwamm* liegt jedoch bei *schwomm* zumindest Übereinstimmung im Stammvokal mit dem Partizip II *geschwommen* vor, somit »weniger« Vokalwechsel im Gesamtparadigma, sodass *schwomm* im Vergleich zu *schwamm* als regulärer gelten kann (vgl. Nowak 2013, S. 179).[17]

Bei den Präpositionen *wegen* und *dank* wird durchweg die Variante mit Genitiv der abhängigen Nominalphrase als korrekt genannt.

---

16 In einzelnen Fällen wurde keine korrekte Alternative angegeben, so dass hier weniger genannte Alternativen als Ablehnungen vorliegen.

17 Analoge Ausgleichstendenzen zeigt auch die Nennung von *hang* als stark gebildeter Alternative zu *hängte*; *hang* zeigt (wie *schwomm*) den gleichen Stammvokal wie das Partizip II *gehangen* (vgl. *geschwommen*), während *hing* einen eigenen, nur im Präteritum vorhandenen Vokal aufweist.

4.2   Korrektheit und Akzeptabilität – Was sagt der Duden?

Es wäre nun zu erwarten, dass die Akzeptabilität grammatischer Formen, gerade im schulischen Kontext, davon abhängt, wie nah diese Formen der geschriebenen Standardsprache stehen, die allgemeinen Vorbildcharakter hat (vgl. die Abschnitte 3.1 und 3.2) und nach wie vor den Maßstab des schulischen Grammatikunterrichts bildet (vgl. Köpcke 2011, S. 287).

Duden 9 widmet sich sprachlichen Zweifelsfällen mit dem Ziel, bei Unsicherheiten eine schnelle Entscheidungshilfe zu liefern, aber auch »einen Beitrag zur Pflege der deutschen Sprache [zu] leisten« (2011, S. 5). Für unsere Zwecke ist dieser Band darüber hinaus besonders geeignet, weil nicht nur Formen der geschriebenen Standardsprache beschrieben werden, sondern auch Dialekte, Umgangssprachen und Sprachen sozialer Gruppen (sog. Soziolekte) Berücksichtigung finden (vgl. ebd.). Hieraus lässt sich eine vergleichsweise differenzierte Bewertung grammatischer Formen in ihrem Verhältnis zur geschriebenen Standardsprache ableiten; die zugehörige Kategorie möchten wir hier »Korrektheit« nennen.

Die aus dem AgraZiS-Projekt ausgewählten Formen sind nach Duden 9 unterschiedlich korrekt. Dabei lassen sie sich nicht einfach in eine Gruppe der korrekten und eine der inkorrekten Formen einteilen; vielmehr ergibt sich aus den Einträgen in Duden 9 eine Anordnung auf einer Skala der Korrektheit.[18]

Die im AgraZiS-Projekt abgefragten Formen sind in Duden 9 (2011) beschrieben, wie in Tabelle 5 dargestellt, woraus sich eine Rangfolge absteigender Korrektheit ergibt.

Form	Bewertung nach Duden 9 (2011)
hängte	standardsprachlich korrekte Variante; alternative Variante (*hing*) umgangssprachlich häufig, wird aber abgelehnt (S. 448)
gewinkt	standardsprachlich korrekte Variante; alternative Variante (*gewunken*) umgangssprachlich häufig (S. 1023)
dank + Dativ	uneingeschränkt gebräuchliche Variante (alternative Variante im Plural: *dank* + Genitiv) (S. 217)
wegen + Dativ	umgangssprachlich gebräuchliche, im gesprochenen Standard korrekte Variante (alternative Variante: *wegen* + Genitiv) (S. 999)
aufgehangen	nicht korrekte Variante zu *aufgehängt* (S. 119)
schwomm	- (*schwamm*)

Tab. 5: Korrektheit der Formen laut Duden 9 (2011)

---

18 Dies entspricht auch der didaktischen Forderung für einen reflektierten Grammatikunterricht in der Oberstufe, »statt einer Dichotomie zwischen grammatischen und ungrammatisch [i.e. etwa korrekten und inkorrekten, C.B.] […] [ein] Kontinuum[s], das von grammatisch über akzeptabel (mit einer Reihe von Stufungen) bis hin zu ungrammatisch reicht« (Köpcke 2011, S. 290) anzusetzen.

Das obere Ende der Skala, die »korrekteste« Form, bildet demnach *hängte*; es ist im Gebrauch mit einem Akkusativobjekt (sog. transitiver Gebrauch) nach Duden 9 (2011, S. 448) die standardsprachlich einzig korrekte Form; die Alternative *hing* wird zwar als umgangssprachlich häufig genannt, aber abgelehnt.

Gewinkt unterscheidet sich in der Darstellung in Duden 9 (ebd., S. 1023) dadurch, dass die als umgangssprachlich gebräuchlich genannte Variante *gewunken* nicht explizit abgelehnt wird.

Im Mittelfeld rangiert die Präposition *dank* in der Kombination mit dem Dativ; die neuere Variante mit Genitiv wird für den Plural bereits als standardsprachlich korrekt anerkannt (ebd., S. 217).

Im entsprechenden Fall mit *wegen* gilt die Verwendung mit dem Dativ nur in der gesprochenen Standardsprache als korrekt, während der Genitiv als standardsprachlich uneingeschränkt korrekt angesehen wird (ebd., S. 999).

Aufgehangen wird als inkorrekte Alternative zu *aufgehängt* genannt.

Am unteren Ende der Korrektheitsskala steht *schwomm* als Präteritalform von *schwimmen*; es wird in Duden 9 nicht einmal als abgelehnte Variante genannt und somit hier als vollkommen inkorrekte Form gewertet.

4.3   Korrektheit, Akzeptabilität und der Einfluss der Irregularität

Man könnte nun mit gutem Recht annehmen, dass aus zunehmender Korrektheit zunehmende Akzeptabilität folgt. Gerade im schulischen Kontext, in den die Beispiele aus der AgraZiS-Umfrage gestellt wurden, sollte man erwarten, dass eine Form umso eher akzeptiert wird, je eher sie dem geschriebenen Standarddeutsch entspricht, an dem sich der schulische Grammatikunterricht orientiert (vgl. Köpcke 2011, S. 287).

Dabei würde man für die korrekte Form *hängte* ohne korrekte Alternative eine größere Akzeptabilität, d.h. weniger Ablehnungen, erwarten als für *gewinkt*, das über eine zumindest umgangssprachlich verbreitete alternative Form *gewunken* verfügt, und demgegenüber wiederum mehr Ablehnungen für *dank* + Dativ zugunsten der im Plural bereits als standardsprachlich korrekt eingestuften Alternative *dank* + Genitiv. Die weniger korrekten Formen sollten umso mehr Zustimmung erfahren, je eher sie in Duden 9 als gebräuchliche (wenn auch nicht standardsprachliche) Alternativen erscheinen; die größte Akzeptabilität erwarten wir somit für *wegen* + Dativ als im gesprochenen Standard korrekte Variante, eine geringere für *aufgehangen*, das zwar erwähnt, aber abgelehnt wird, und die geringste für *schwomm*, das gar nicht als mögliche Variante erscheint.

Vergleicht man nun die Reihenfolge der Formen nach Akzeptabilität in der AgraZiS-Umfrage, die wir in Abschnitt 4.1 dargelegt haben, mit der Korrektheit nach Duden 9 (2011), die in Abschnitt 4.2 betrachtet wurde, stellt man fest, dass es Abweichungen gibt.

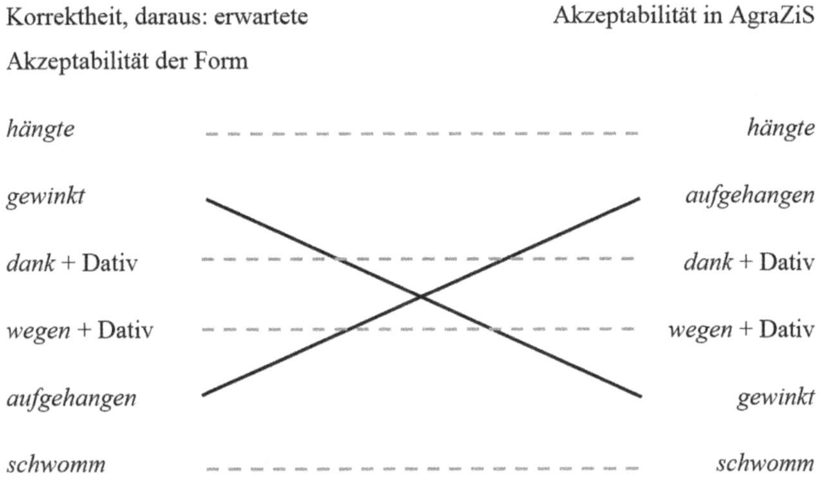

Korrektheit, daraus: erwartete   Akzeptabilität in AgraZiS
Akzeptabilität der Form

hängte   *hängte*

gewinkt   *aufgehangen*

dank + Dativ   *dank* + Dativ

wegen + Dativ   *wegen* + Dativ

aufgehangen   *gewinkt*

schwomm   *schwomm*

Abb. 4: Formen nach Korrektheits- und Akzeptabilitätsrang

Unerwartet ist die große Akzeptabilität von *aufgehangen* und die geringe Akzeptabilität von *gewinkt*. Obwohl *aufgehangen* nach Duden 9 als nicht korrekt gilt, haben weit mehr als die Hälfte der Befragten diese Form als grammatisch akzeptabel bewertet; umgekehrt lehnte über die Hälfte der Teilnehmer die korrekte Form *gewinkt* ab. *Hängte* als alternativlos korrekte Form und *schwomm* als inkorrekte Form ohne Nennung in der Grammatik sowie die Präpositionen *dank* und *wegen* mit Dativ stimmen mit den Erwartungen überein.

Es fällt nun auf, dass es sich bei der weniger als erwartet akzeptablen Formen *gewinkt* um eine schwache Verbform, bei der stärker als erwartet akzeptablen Form *aufgehangen* um eine starke Verbform handelt. Dies gibt Anlass zu der Vermutung, dass die (Ir-)Regularität der Formen die Akzeptabilitätsentscheidung zumindest mit beeinflusst.

Um den Hintergründen der Akzeptabilitätsurteile nachzugehen, betrachten wir die Fälle näher, in denen eine Form als grammatisch inakzeptabel abgelehnt wurde.

In der AgraZiS-Umfrage wurden die Befragten gebeten, mögliche Gründe für das Zustandekommen des Fehlers anzugeben, wenn sie eine Form abgelehnt hatten. Am häufigsten, in knapp 73 % aller Fälle, wurde dabei ein Mangel an sprachlichem, vor allem grammatischem Wissen als Grund für den Fehler formuliert. In etwa einem Viertel der Fälle wurde ein außerhalb des Sprechers liegender Grund wie Analogiebildung, Stil oder der Einfluss der Umgangssprache genannt.

Betrachtet man nun die Einzelfälle danach, welche Rolle mangelndes sprachliches Wissen für die Wahl der abgelehnten Form spielt, so ergibt sich das folgende Bild:

Form	sprecherinterne Ursache (fehlendes sprachl. Wissen)	andere Ursachen (außerhalb des Sprechers)
hängte	72 %	14 %[19]
gewinkt	60 %	9 %
dank + Dativ	53 %	35 %
wegen + Dativ	54 %	30 %
aufgehangen	73 %	15 %
schwomm	46 %	33 %

Tab. 6: Formen und Fehlerbegründungen in der AgraZiS-Umfrage (relative Werte in Bezug auf die Gesamtzahl der Ablehnungen)

Für die beiden in der Umfrage stark von der erwarteten Akzeptabilität abweichenden Verbformen *gewinkt* und *aufgehangen* sowie für *hängte* wird in vergleichsweise hohem Maße fehlendes grammatisches Wissen der Sprecher angenommen, während außersprachliche Ursachen eher selten genannt werden. Für die kaum von der Erwartung abweichenden Präpositionen mit Dativ und erwartungsgemäß inakzeptables *schwomm* ist das Verhältnis innerer und äußerer Ursachen ausgeglichener.

Für das Mittelfeld spiegeln die angegebenen Gründe somit die Abweichung von der erwarteten Akzeptabilität wieder; kurz: Von der Korrektheit abweichende Akzeptabilitätsurteile gehen einher mit einer relativ häufigeren Begründung des Fehlers durch grammatische Inkompetenz.

Umgekehrt erscheint die Akzeptabilität der Präpositionen mit Dativ sowie von *aufgehangen* eher kontextabhängig, indem die Befragten deutlich häufiger bereit sind, diese Formen in einem anderen Kontext, also außerhalb von Schülertexten, zu akzeptieren. Der am häufigsten genannte Kontext ist dabei für fast alle Formen die gesprochene Sprache oder Umgangssprache, also vergleichsweise informelle Kontexte.[20]

Tabelle 7 gibt einen Überblick, wie viele der abgelehnten Formen dennoch als in einem anderen Kontext akzeptabel bewertet wurden.

---

19 Den Rest bilden Fälle, in denen der Befragte nach seiner Ablehnung der Form keine Angabe zu möglichen Gründen für das Zustandekommen des Fehlers gemacht hat.

20 Nur für die inkorrekte, starke Form *schwomm* wurden häufiger als informelle poetische Texte als Kontexte genannt, in denen sie die Form akzeptieren würden.

Form	akzeptabel in der gesprochenen Sprache/Umgangssprache
hängte	14 %
gewinkt	9 %
dank + Dativ	30 %
wegen + Dativ	30 %
aufgehangen	28 %
schwomm	11 %

Tab. 7: Formen und alternative Kontexte (relative Werte in Bezug auf die Gesamtzahl der Ablehnungen)

Die Formen an den Polen von Korrektheit und Akzeptabilität, *hängte* und *schwomm*, würden von 14 % bzw. 11 % der Befragten, die sie in Schülertexten ablehnen, in anderen Kontexten akzeptiert; ähnlich die korrekte Form *gewinkt* mit 9 %; die Ablehnung ist also vergleichsweise rigoros.

Dagegen fallen *aufgehangen* und die Präpositionen mit Dativ durch doppelt bis dreifach so hohe Werte auf; sie profitieren somit deutlich stärker von der kontextabhängigen Akzeptabilität als die anderen Formen. Für die Präpositionen liegt hier der entscheidende Hinweis auf den neuen Zweck der alternativen Formen: die Spezialisierung auf formelle bzw. informelle Kontexte. Für *aufgehangen* erscheint die Akzeptanz in informellen Kontexten als Variante der insgesamt unerwartet großen Akzeptabilität dieser Form: Selbst wer sie in Schülertexten ablehnt, kann sie zumindest in informellen Kontexten akzeptieren.

Fassen wir also zusammen:

Die Varianten, die bei Zweifelsfällen in Bezug auf die Akzeptabilität grammatischer Formen bestehen, unterscheiden sich in der Regel in Merkmalen, die die eine Variante als regulär, die andere als irregulär ausweisen.

Die Korrektheit der Formen, wie sie aus der differenzierten Darstellung in einer normativen Grammatik wie Duden 9 hervorgeht, lässt keinen direkten Schluss auf die Akzeptabilität zu.

Die unerwartet große Akzeptabilität der starken, somit irregulären Verbform *aufgehangen* (zuungunsten der regulären Form *aufgehängt*) und die geringe Akzeptabilität der schwachen, also regulären Verbform *gewinkt* (zugunsten von irregulärem *gewunken*) deuten, unabhängig von ihrer Korrektheit, auf einen Einfluss der Irregularität bei der Bewertung der Formen.

Geben die Befragten Gründe an, warum sie eine Form ablehnen, beziehen sich diese Gründe in den Fällen, die von der erwarteten Akzeptabilität abweichen, auffällig häufig auf mangelndes sprachliches Wissen, auf grammatische Inkompetenz; dies betrifft in besonderem Maße die starken und schwachen Verbformen. Für diese könnte somit die (Ir-)Regularität einen neuen Nutzen begründen, der sich als Ausweis grammatischer Kompetenz beschreiben lässt.

Für die Präpositionen mit Dativ scheint eher der Kontext die Grundlage eines neuen Zwecks zu bilden, was sich zeigt, indem selbst bei Ablehnung in Schülertexten häufig Akzeptabilität in anderen Kontexten, insbesondere in der gesprochenen Sprache oder Umgangssprache, angegeben wird. Für die Präpositionen ist die Wahl des Kasus somit stärker von der (In-) Formalität des Kontextes gesteuert; der irreguläre Präpositionalkasus Genitiv kann folglich als Merkmal formeller Kontexte gesehen werden; in der Literatur wird das mit der Bezeichnung »Prestigekasus« erfasst (vgl. z. B. Hein/Menk 2013, S. 281; s. auch Abschnitt 3).

Sofern auch der Ausdruck grammatischer Kompetenz als Träger von Prestige gelten kann, lässt sich für beide Fälle, starke Verbflexion und den Präpositionalkasus Genitiv, festhalten, dass die irregulären Formen als Prestigeträger genutzt werden.

5. Abschließende Überlegungen

In der öffentlichen Diskussion von Sprachwandelphänomenen spielen Überlegungen zum Verfall der Sprache eine große Rolle. Besonders beklagt wird, so scheint es, der Verlust irregulärer Formen wie der starken Flexionsformen der Verben oder des Genitivs als Präpositionalkasus. Dabei lässt sich zeigen, dass es nicht nur Sprachwandel weg von den irregulären Formen, sondern auch zu ihnen hin gibt. Dennoch gibt es kein Buch, das den durch den Genitiv verursachten Tod des Dativs beklagt.

Allein diese Tatsache gibt schon Anlass zu Überlegungen über die Hintergründe der Verwendung bestimmter Formen, die über ihre rein grammatische Bedeutung hinausgehen. Ob sich Irregularität als Merkmal von Kompetenz- oder Prestigeformen tatsächlich phänomenübergreifend nachweisen lässt, müssen künftige Untersuchungen zeigen. Die in diesem Artikel betrachteten Einzelfälle aus dem (für andere Zwecke entwickelten) Fragebogen der AgraZiS-Umfrage haben gezeigt, dass es zumindest Hinweise darauf gibt.

Diese Hinweise sollten dazu anregen, den Umgang mit grammatischen Formen zu reflektieren, insbesondere bei ihrer Vermittlung in Schulen und wo immer sonst Grammatik gelehrt und vor allem: bewertet wird. Es kann nicht wünschenswert sein, dass sich die Bewertungen und somit die Lehre von Grammatik an den Schulen nach Prestige- und Kompetenzvorstellungen richtet, die, wohl überwiegend unbewusst, mit als herausfordernder empfundener irregulären Merkmalen der betreffenden Formen assoziiert sind, aber mit dem tatsächlichen Sprachgebrauch wenig zu tun haben. Schon in der Lehrerausbildung an den Universitäten sollte daher ein Bewusstsein für den Wandel von Sprache und die damit verbundenen Bewertungstendenzen gebildet werden.

Bibliographie

Ágel, Vilmos: ›Die deutschen Genitivpräpositionen. Prinzipien ihrer Verwendung‹, in: Anschütz, Susanne R. (Hg.): *Texte, Sätze, Wörter und Moneme. Festschrift für Klaus Heger zum 65. Geburtstag.* Heidelberg 1992, S. 17 – 33.

Becker, Tabea: ›»Entgegen des Trends«: Erwerb, Rektion, Didaktik von Präpositionen‹, in: Köpcke, Klaus-Michael/Noack, Christina (Hg.): *Sprachliche Strukturen thematisieren. Sprachunterricht in Zeiten der Bildungsstandards.* Baltmannsweiler 2011, S. 199 – 217.

Dammel, Antje: ›*Die schönen alten Formen*... Grammatischer Wandel der deutschen Verbalflexion – Verfall oder Reorganisation?‹, in: Plewnia, Albrecht/Witt, Andreas (Hg.): *Sprachverfall? Dynamik – Wandel – Variation.* Berlin/Boston 2014, S. 51 – 70.

Di Meola, Claudio: ›*Entgegen, nahe, entsprechend* und *gemäß.* Dativpräpositionen mit Genitivrektion‹, in: *Zeitschrift für germanistische Linguistik* 1999/27, S. 344 – 351.

Di Meola, Claudio: Die Grammatikalisierung deutscher Präpositionen. Tübingen 2000.

Dudenredaktion (Hg.): Deutsches Universalwörterbuch. 4., neu bearbeitete und erweiterte Auflage. Mannheim 2001.

Dudenredaktion (Hg.): Duden Band 9: Richtiges und gutes Deutsch. Das Wörterbuch der sprachlichen Zweifelsfälle. 5., neu bearbeitete Auflage. Mannheim 2001.

Dudenredaktion (Hg.): Duden Band 9: Richtiges und gutes Deutsch. Das Wörterbuch der sprachlichen Zweifelsfälle. 7., vollständig überarbeitete Auflage. Mannheim 2011.

Elspaß, Stephan: ›Standardisierung des Deutschen. Ansichten aus der neueren Sprachgeschichte »von unten«‹, in: Eichinger, Ludwig M./Kallmeyer, Werner (Hg.): *Standardvariation. Wie viel Variation verträgt die deutsche Sprache?* Berlin/New York 2005, S. 63 – 99.

Elspaß, Stephan/Robert Möller: Atlas zur deutschen Alltagssprache (AdA). 2003 ff., verfügbar unter: www.atlas-alltagssprache.de [21.04.2014].

Elter, Irmgard: ›Genitiv versus Dativ. Die Rektion der Präpositionen *wegen, während, trotz, statt* und *dank* in der aktuellen Zeitungssprache‹ in: Schwitalla, Johannes/Wegstein, Werner (Hg.): *Korpuslinguistik deutsch: synchron – diachron – kontrastiv.* Tübingen 2005, S. 125 – 136.

Erben, Johannes: Deutsche Grammatik. Ein Abriß. 12. Auflage. München 1980.

Flückinger, Max/Gallmann, Peter: Richtiges Deutsch. Praktische Grammatik der deutschen Sprache. Berlin/München/Wien/Zürich/New York 1988.

Hein, Katrin/Menk, Ruth M.: ›Wie hältst du's mit der Variation? – Zur Gretchenfrage der germanistischen Linguistik. Bericht zur 49. Jahrestagung »Sprachverfall? Dynamik – Wandel – Variation« des Instituts für deutsche Sprache, 12.–14.3.2013‹. in: *Deutsche Sprache* 2013/3, S. 277 – 284.

Keller, Rudi: Sprachwandel. Von der unsichtbaren Hand in der Sprache. Tübingen 1990.

Klein, Wolf Peter: ›Sprachliche Zweifelsfälle als linguistischer Gegenstand. Zur Einführung in ein vergessenes Thema der Sprachwissenschaft‹, in: *Linguistik online* 2003/16, verfügbar unter: http://www.linguistik-online.de/16_03/klein.html [16.04.2014].

Köpcke, Klaus-Michael: ›Grammatikalität und Akzeptabilität – Zwei für den Grammatikunterricht zentrale Begriffe verstehen lernen‹, in: Köpcke, Klaus-Michael (Hg.): *Grammatik – lehren, lernen, verstehen.* Berlin u. a. 2011, S. 287 – 304.

Lehmann, Christian: Thoughts on grammaticalization. Reviewed and expanded version. München 1995.

Neubauer, Skadi: »gewinkt oder gewunken – welche Variante ist richtig?« Tendenzen von Veränderungen im Sprachgebrauch aus Sicht der Sprachberatungsstelle der Martin-Luther-Universität Halle-Wittenberg. Frankfurt am Main 2009.

Nowak, Jessica: ›spinnen – sponn? – gesponnen: Die Alternanz x-o-o als Alternative zum »Schwachwerden«‹, in: Vogel, Petra Maria (Hg.): Sprachwandel im Neuhochdeutschen. Berlin u. a. 2013, S. 170–185.

Nübling, Damaris et. al.: Historische Sprachwissenschaft des Deutschen. Eine Einführung in die Prinzipien des Sprachwandels. 4., komplett überarbeitete und erweiterte Auflage. Tübingen 2013.

Rothstein, Björn: Tempus. Heidelberg 2007.

Szagun, Gisela: Sprachentwicklung beim Kind. Ein Lehrbuch. 4. Auflage. Weinheim/Basel 2011.

Szczepaniak, Renata: Grammatikalisierung im Deutschen. Eine Einführung. 2., überarbeitete und erweiterte Auflage. Tübingen 2011.

Szczepaniak, Renata: ›Sprachwandel und sprachliche Unsicherheit. Der formale und funktionale Wandel des Genitivs seit dem Frühneuhochdeutschen‹, in: Plewnia, Albrecht/Witt, Andreas (Hg.): Spachverfall? Dynamik – Wandel – Variation. Berlin/Boston 2014, S. 33–49.

Wegera, Klaus-Peter/Waldenberger Sandra: Deutsch diachron. Eine Einführung in den Sprachwandel des Deutschen. Berlin 2012.

Vogel, Petra Maria: Sprachgeschichte. Heidelberg 2012.

Stefanie Marr

Sechs bezeichnete Collagen

Es folgen:

o.T., 2014
Schnitt: Den Rahmen neu abstecken I

o.T., 2014
Schnitt: Den Rahmen neu abstecken II

o.T., 2014
Schnitt: Den Rahmen neu abstecken III

o.T., 2014
Schnitt: Den Rahmen neu abstecken IV

o.T., 2014
Schnitt: Den Rahmen neu abstecken V

o.T., 2014
Schnitt: Den Rahmen neu abstecken VI

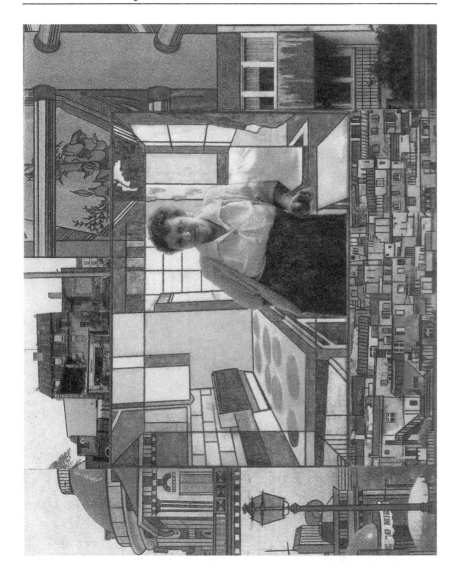

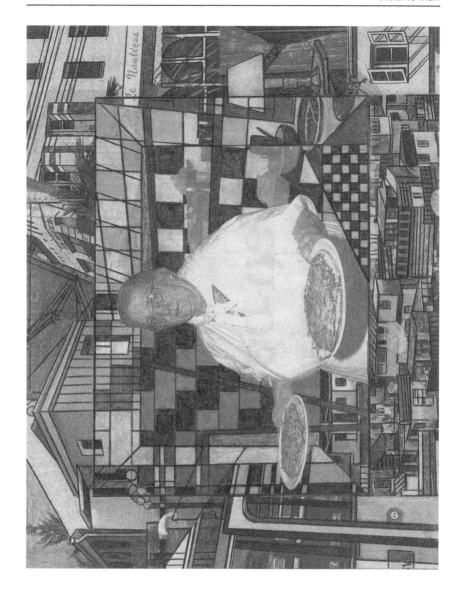

Hildegard Schröteler-von Brandt

Umnutzung von Stadt- und Baustrukturen – ein kontinuierlicher Prozess der Stadtentwicklung

Stadt- und Gebäudestrukturen befinden sich in einem kontinuierlichen Verän-
derungs- und Erneuerungsprozess. Umnutzungen sind somit immanenter Bestandteil der Stadtentwicklung und der raumbezogenen staatlichen bzw. kommunalen Steuerungspraxis. Die Prozesse zur Umnutzung in der Stadt finden auf
der Basis privatwirtschaftlicher Organisation und bestehender Eigentums-
strukturen auf den einzelnen Bauparzellen statt und folgen in der Regel den
Verwertungsinteressen der Grundeigentümer. Hinsichtlich der Nutzungen orientieren sich diese an einer Ertragssteigerung durch die Grundstücks- und
Gebäudeverwertung. Eine regelmäßige Folge der Aufwertung ist die Verdrängung der vormaligen Nutzungen oder Nutzer infolge der Mietpreissteigerungen.

Die Stadtentwicklung unterliegt damit den Gesetzen der städtischen
Grundrentenbildung und der spekulativen Bodenverwertung; diese lösen in der
Stadt einen ständigen Prozess von »Aufwertung« und »Verdrängung« aus –
sowohl hinsichtlich der Nutzungen als auch der Nutzer. Diese Vorgänge finden
einerseits im Zuge privater Investitionsentscheidungen statt (z. B. Modernisie-
rungsmaßnahmen, Wohnungsteilungen, Umwandlung von Miet- in Eigen-
tumswohnungen etc.) und lösen entsprechende Umzugsketten aus. Andererseits
werden durch eine planerische Ausweisung höherwertiger Nutzungen die La-
gewerte gesteigert oder – wie in den letzten Jahrzehnten vermehrt geschehen –
durch öffentlich geförderte Wohnumfeldmaßnahmen die Standorte wertsteigernd verbessert. Vor allem in den Innenstädten folgte eine Verdrängung von
günstigen Wohnungsangeboten und Kleingewerbe.

Die Aufwertungsprozesse finden dabei an Standorten statt, deren »Neubewertung« und »Neuverwertung« eine Erfolgsoption verspricht und an denen
sich die geplanten Umnutzungsmaßnahmen wertsteigernd auswirken. Diese
Entwicklung trifft in der Regel bzw. verstärkt auf wirtschaftlich florierende,
wachstumsstarke Regionen oder Städte zu. Anders dagegen verläuft die Entwicklung in schrumpfenden oder stagnierenden Regionen, in denen sich private
Umnutzungen mangels Nachfrage durch neue Nutzergruppen wirtschaftlich
nicht darstellen lassen und wo zugleich staatliche Anreizsysteme der Städte-

bauförderung, Investitionen in die Infrastrukturausstattung oder eine Attrak-
tivierung des Wohnumfeldes nicht zum Erfolg führen: Hier löst die Aufwertung
durch öffentliche Investitionen keine Umnutzungen aus; Instandsetzungs-
mängel, Mindernutzungen und Leerstände treten verstärkt auf und führen zu
einer Abwärtsspirale in den einzelnen Quartieren.

1.   Umnutzung im Rahmen gesellschaftlicher Transformationsprozesse

Im Zuge der post-fordistischen Transformationsprozesse verlieren seit einigen
Jahrzehnten viele Gebäudestrukturen ihre ursprüngliche Funktion. So werden
offenkundig die Flächen von »Alt-Industrien« nicht mehr nachgefragt und fallen
brach – wie die Standorte der Montanindustrie im Ruhrgebiet oder im Saarland.
Standorte der Wachstumsmotoren des 19. Jahrhunderts, wie beispielsweise die
Textilindustrie, wurden nahezu vollständig in Deutschland aufgegeben. Die
»Nützlichkeit« von Gebäuden erfuhr eine massive Neubewertung.

Durch den Einsatz neuer Technologien wie der Mikroelektronik veränderten
sich die Produktionsbedingungen: Statt zentraler, großflächiger Produktions-
flächen wurden dezentral organisierte Standorte nachgefragt (vgl. Krätke 1995).
Mit Zunahme des Dienstleistungssektors wandelten sich die Flächenansprüche
und die Unterbringung von Arbeiten und Wohnen in gemischt genutzten Gebäuden oder Stadtquartieren wurde möglich. Die Ausrichtung des Städtebaus
am Prinzip der Funktionstrennung geriet ins Wanken. Die Stadt und vor allem
die Kernstädte und die innenstadtnahen Wohngebiete wurden für eine Wohn-
nutzung zunehmend attraktiv. Zudem erfordern neue Konsummuster und
ausdifferenzierte Lebensstile neue Räume und ein attraktives Wohnumfeld
sowie neue Orte für Freizeitaktivitäten und (Erlebnis-)Konsum. Die Anforderungen einer individualisierten Gesellschaft machen auch vor den Raumnutzungen nicht halt: Denkmalschutz, In-Wertsetzung historischer Stadtbilder und
Erhaltung von Gebäuden konnten sich gegenüber uniformen, funktionalisti-
schen Raumbildern der »Moderne« der Nachkriegszeit durchsetzen.

In diesem Transformationsprozess erfasste eine Welle von Umnutzungen die
Bestandsgebäude und städtischen Flächen: Alte Fabriken wurden zu Büroflä-
chen oder Kulturstätten umgenutzt, lange Zeit vernachlässigte innenstadtnahe
Wohngebiete der Gründerzeit wurden attraktiv und an neue Wohnbedürfnisse
bzw. Eigentumsformen angepasst. Die Entwicklung innerstädtischer Brachflächen folgte der veränderten stadtökonomischen Zielsetzung und eine auf neue
Wirtschaftssektoren ausgerichtete Stadtmarketingstrategie (wie der Media Park
in Köln oder die »Meile der Kreativen« in Düsseldorf). Zahlreiche nicht mehr

genutzte Hafenareale wie in Duisburg, Frankfurt, Hamburg oder Köln wurden vor diesem Hintergrund umgenutzt. Durch die Erhaltung und Umnutzung vorhandener Gebäude erhielten die Orte eine neue Identität bei gleichzeitigem gestalterischen Verweis auf ihre Ursprungsnutzung. Zugleich boten sich die aufgelassenen Hafenareale aufgrund ihrer Lage ausgezeichnet für eine »innere« Stadterweiterung an – wie beispielsweise die für Wohnen und Dienstleistungen umgenutzte Speicherstadt in der Hafen City in Hamburg oder das ehemalige Speichergebäude im Rheinauhafen in Köln.

Eine vergleichbare Entwicklung vollzog sich auf ehemaligen Militärflächen. Die Konversionsflächen wurden in neue städtebauliche Konzepte integriert wie beispielsweise das Vauban-Gelände oder das Französische Viertel in Tübingen. Auch in zahlreichen Klein- und Mittelstädten wie Bamberg, Hemer oder Trier boten sich die Konversionsflächen für zentrale städtebauliche Entwicklungsaufgaben an.

Mit diesen Erneuerungsprojekten und der Orientierung der städtebaulichen Planung auf die »Bestandsentwicklung« – entsprechend dem Motto »Innenentwicklung geht vor Außenentwicklung« – sowie dem klaren Bekenntnis zum sparsamen Umgang mit unverbautem Freiraum durch die Nutzung aufgelassener Flächen konnten viele Städte ihre Attraktivität für die Bewohner steigern und vor allem ihre individuelle städtebauliche Erkennbarkeit und Eigenart entwickeln.

Bei der Suche nach einer neuen Stadtidentität spielt der öffentliche Raum eine zentrale Rolle: neue urbane Qualitäten sollen durch die Wiederbelebung des öffentlichen Raumes der Plätze und Parks geschaffen werden. Nicht selten fungieren Plätze und öffentliche Räume als »weiche« Standortfaktoren in der Konkurrenz der Städte um Einwohner- und Betriebsansiedlungen. Eine vordergründige Suche nach Identität führte allerdings oft zu einer »Ästhetisierung« des öffentlichen Raumes und seiner Gestaltungselemente (z.B. durch überzogene Stadtbeleuchtungskonzepte oder aufwändige »Granitisierung« der Fußgängerzone).

Mit der neuen Zuwendung zur »Stadt« als Ort vielfältiger Angebote von Kultur und Freizeit sowie als Wohn- und Arbeitsstandort zeigen sich zugleich die immanenten Aufwertungserscheinungen mit der zunehmenden Verdrängung von Nutzungen und Bewohnergruppen. Die Stadtgesellschaft differenzierte sich räumlich weiter aus und schuf neue Orte sozialer Ausgrenzung. So wurden z.B. die Quartiere des sozialen Wohnungsbaus in den Großsiedlungen der 1970er Jahre Gegenstand von konzertierten Aktionen aller städtischen Ämter im Kampf gegen eine soziale Stigmatisierung der Viertel. Die hier eingesetzten Maßnahmen konzentrieren sich auf Projekte zur sozialen Stabilisierung durch Bildungsangebote, intensive Jugendarbeit, Erhöhung der Wohn-

umfeldqualität oder allgemeine Angebote von Beratungs- und Unterstützungsleistungen.

Der Ausdifferenzierungsprozess der Städte und Regionen ist ungebrochen
und erfährt durch die demographische Entwicklung und die Binnenwanderung
eine neue räumliche Dimension. Während sich in den Wachstumsräumen neue
Nutzungsansprüche in alten Bauten realisieren lassen, bleiben diese in
schrumpfenden Räumen aus: Nicht Umnutzung und Neunutzung, sondern
Leerstände prägen dort das räumliche Erscheinungsbild.

Im Folgenden sollen nicht die prosperierenden Regionen und ihre Umnutzungsprojekte in den Mittelpunkt gestellt werden, sondern die stagnierenden
oder schrumpfenden Regionen und die räumlichen Auswirkungen in Regionen
ohne »Nachfragedruck«.

Welche Ursachen führen zu einer Zunahme der Leerstände im Wohnungsbau? Welche Hemmnisse bestehen für Umnutzungen? Welche Handlungsoptionen bezüglich einer aktiven Leerstandspolitik und des Umgangs mit Leerständen lassen sich feststellen? Welche Chancen bieten temporäre Zwischennutzungen?

2.   Hemmnisse für Umnutzungen – Ursachen von Leerständen

Die Auswirkungen der demographischen Entwicklung, die durch den Bevölkerungsrückgang und die veränderte Zusammensetzung der Altersstruktur der
Bevölkerung gekennzeichnet ist sowie die den demographischen Prozess ver-
stärkende Abwanderungsbewegung aus einzelnen Regionen Deutschlands führt
zu einer ungleichen Raumentwicklung. Die bereits feststellbare Schrumpfung in
den ostdeutschen Bundesländern wird sich in den nächsten 30 Jahren weiter
keilförmig nach Westdeutschland hinein erstrecken und die räumliche Polari-
sierung verstärken; der Bevölkerungsrückgang wird in einigen Regionen bis zu
20 % betragen (vgl. BBSR, Raumordnungsprognose bis 2030). In den fünf
Kreisen der Region Südwestfalen wird der Bevölkerungsrückgang beispielsweise
bis 2030 ca. 11 % betragen (vgl. IT NRW 2013). In der Folge dieser Entwicklung
wird es zu einer verringerten Nachfrage und zu Leerständen bei den unterschiedlichen Gebäudetypologien kommen. Die öffentlichen Infrastruktureinrichtungen werden weiter reduziert werden; diese Entwicklung
deutet sich derzeit schon mit Schließungen von Schul- und Kindergarten-
standorten an.

Neben dem Wohnungsbau im Allgemeinen betrifft die Leerstandsproblematik insbesondere die Ladenlokale in den Erdgeschosszonen der Gebäude. Die
Geschäftsschließungen und der Rückgang privater Versorgungsangebote nehmen weiter zu und verstärken das derzeit bereits oft anzutreffende Bild einer von

Leerständen oder Mindernutzungen geprägten Geschäftsstraße. Die Leerstände im Kernbereich der Klein- und Mittelstädte signalisieren in besonderem Maße einen Trading-down-Prozess.

Die demographische Entwicklung und die Abwanderung werden sich vor allem in den ländlich geprägten Regionen auf den dortigen Wohnungsmarkt auswirken und die Nachfrageentwicklung sowohl im Altbaubestand als auch im Neubau stark beeinflussen: Demographisch bedingte Wohnungsüberhänge werden sich hier einstellen (vgl. Empirica AG 2011). Hinzu kommt, dass der Wohnungsbestand nicht mehr den heutigen qualitativen Anforderungen entspricht. Dadurch werden neben dem demographisch bedingten Nachfragerückgang auch die qualitativ bedingten Leerstände im Wohnungsbestand ansteigen, die beispielsweise durch hohe Energie- und Betriebskosten, unzeitgemäße Grundstückszuschnitte, schlechten Ausstattungsstandard, hohen Instandsetzungsbedarf, unattraktives Wohnumfeld oder hohe Verkehrsbelastung verursacht werden. In dem Empirica-Gutachten (2011) wird von einem qualitativ bedingten weiteren Neubaubedarf bei gleichzeitigem demographisch bedingtem Nachfragerückgang ausgegangen, d.h. selbst in Schrumpfungsregionen wird sich ein Neubaubedarf einstellen. In der Summe werden beide Faktoren, die demographische Entwicklung und die Wohnungsqualität, die Leerstandsentwicklung in den Bestandsgebäuden befördern. Für die Kreise Südwestfalens wird beispielsweise bis 2030 von einem Überhang von 20 % des heutigen Wohnungsbestandes ausgegangen. Die Leerstandsproblematik betrifft insbesondere zwei räumliche Bereiche: Die alten Orts- und Dorfkerne und die Ein- und Zweifamilienhausgebiete der 1960er und 1970er Jahre, die den heutigen Anforderungen an zeitgemäßes Wohnen hinsichtlich der energetischen Anforderungen und des Wohnungsstandards nicht mehr genügen.

Die Stadtplanung steht vor der Herausforderung noch weitere Flächen für qualitativen Neubau zur Verfügung zu stellen und gleichzeitig die Gebiete mit Wohnungsüberhängen in den Blick zu nehmen. Eine Möglichkeit besteht darin, gezielt in den bestehenden Baugebieten durch die Bebauung von Baulücken den Neubaubedarf in die Bestandsgebiete und nicht in neuausgewiesene Baugebiete am Stadtrand zu lenken oder Neubaumöglichkeiten auf »aufbereiteten Flächen« – sprich auf nach einem Gebäudeabriss freigeräumten Flächen – zur Verfügung zu stellen. Im Rahmen einer so genannten Innenentwicklungsstrategie wird insbesondere das Bauen in der Ortsmitte durch Umbau, Modernisierung oder Umnutzung von Altbauten bzw. durch die Schaffung neuer Bauflächen durch gezielte Abrissmaßnahmen propagiert.

Diese Strategie der Aktivierung der Innenentwicklungspotenziale setzt voraus, dass die Barrieren für ein Wohnen in der alten Ortsmitte versus in Neubaugebieten mental und real beseitigt werden. Die vielfach genannten, auch objektiv vorhandenen Einschränkungen eines Bauens in der Ortsmitte (wie die höhere Verkehrsbelastung, die fehlenden Stellplätze, die oft enge Wohnsituation mit geringen Freiflächen etc.) müssen beseitigt werden. Da insbesondere im ländlichen Raum den Ortskernen eine große Bedeutung für die Identität der Städte und Dörfer zukommt, sind Strategien zur Umnutzung, Neu- und Weiternutzung dort von besonderem allgemeinen Interesse.

Eine Innenentwicklungsstrategie für Quartiere oder Dörfer stößt jedoch in den schrumpfenden Regionen und insbesondere den schrumpfenden ländlichen Regionen an ihre Grenzen. Der Nachfragerückgang bei Bestandsimmobilien und die nachlassende Neubautätigkeit, die oft nur geringe Kapitaldecke für bauliche Investitionen seitens der privaten, älteren Eigentümer sowie die Leerstände bilden ausschlaggebende Rahmenbedingungen und minimieren nicht selten die Erfolge städtebaulicher Maßnahmen der öffentlichen Hand in den Ortskernen.

Die zunehmende Leerstandsproblematik wird in den Dörfern als besonders hohes Risiko im Rahmen der demographischen Entwicklung angesehen. In einer Befragung von 100 Dörfern entlang des Rothaarsteigs in Südwestfalen nannte bereits jeder Vierte die Leerstände als eine besondere Herausforderung für die zukünftige Entwicklung – gefolgt von der Befürchtung des fehlenden Nachwuchses und der unzureichenden Versorgung (vgl. Südwestfalen Agentur 2010).

Leerstände können temporär bis zu einer Neuvermietung auftreten. Solche rollierenden Leerstände von 2–3 % des Wohnungsbestandes gehören zum Normalfall der Wohnungsmarktentwicklung. Problematisch sind die Leerstände dort, wo sie länger andauern und damit auf deutliche Vermarktungsprobleme hinweisen. Zunehmend greifen die Kommunen zum Instrument der Leerstandserhebung um einen Gesamtüberblick über das Gemeindegebiet zu erhalten. Eine Aktualisierung im Abstand von 2–3 Jahren wird als notwendig erachtet, um genaue Kenntnisse über dauerhafte Leerstände zu erhalten. Die Bevölkerungsdaten werden ebenso für eine Trendabschätzung der demographischen Entwicklung zu Rate gezogen: wie die Erhebung der Ein- und Zwei-Personenhaushalte in einem Gebäude mit einem Durchschnittsalter von über 70 Jahren und mehr und der räumlichen Verortung der Wohnungen. In der Rückkoppelung dieser Ergebnisse mit den über gute Ortskenntnisse verfügenden Akteuren lassen sich Trendaussagen zur zukünftigen Leerstandsentwicklung in den einzelnen Raumeinheiten aufstellen. Eine detaillierte Analyse der Ausgangslage sowie eine Trendabschätzung für die zukünftige Entwicklung bilden das Kerngerüst einer Bestandsentwicklung für die einzelnen Gebäude als auch für die gesamte Stadtteil- bzw. Dorfentwicklung.

Zusammenfassend lässt sich somit feststellen, dass neben einem strukturell begründeten Leerstand durch die demographische Entwicklung und durch ein entsprechend geringeres Nachfragepotenzial zugleich mit einem qualitativ bedingten Leerstand aufgrund der schlechten Bausubstanz, dem unzureichenden energetischen und gebäudetechnischen Zustand, der geringen Qualität hinsichtlich zeitgemäßer Grundrisse oder eines unattraktiven Wohnumfeldes zu rechnen ist. Die Umnutzungsmöglichkeiten der Gebäude sind somit in diesem Kontext zu bewerten.

3.   Handlungsoptionen bei Leerständen

An städtebaulich prioritärer Stelle des Umgangs mit leer fallender Bausubstanz steht sicherlich die Option »weiter nutzen« und die Modernisierung bzw. der Umbau des Gebäudes. Von entscheidender Bedeutung sind dabei die notwendigen Investitionsmittel für den Umbau und der »Einstiegspreis« für den Erwerb der Immobilie. Hier deutet sich in einigen Regionen bereits ein starker Preisverfall mit entsprechend günstigen Kaufpreisen an. In der Regel ist die Erwartungshaltung der Eigentümer bezüglich des Verkaufs- oder Mietpreises zu hoch und die Leerstände sind häufig den hohen Preisvorstellungen geschuldet. Erst wenn eine Vermarktung über einen längeren Zeitraum nicht möglich ist, erfolgt in mehreren Schritten eine Preisreduzierung. Oft hegen die Verkäufer zu große Erwartungen bezüglich des Wertes von speziellen Ausstattungen wie Sauna, Holzvertäfelungen oder offenen Kaminen, die von den potentiellen Käufern nicht die gleiche Wertschätzung erfahren. Vor allen Dingen die energetische und sanitäre Ausstattung muss bei vielen Bestandsgebäuden erneuert werden. Dieser Prozess einer sich nach unten entwickelnden Preisspirale lässt sich in Regionen mit schon seit längerer Zeit feststellbaren Schrumpfungsprozessen bereits gut nachvollziehen. Gebäudepreise von 20.000 € oder 30.000 € für kleinere Altbauten oder Fachwerkhäuser stellen z. B. in Nordhessen oder in den östlichen Teilen Südwestfalens keine Seltenheit mehr dar (vgl. Symposium Universität Siegen 2010).

Die Option der *Umnutzung* für neue Nutzungen und Anforderungen an die Bausubstanz stellt eine weitere Handlungsoption dar. So kann häufig die Umnutzung von leer stehenden Ladenflächen, Gewerbe- und Dienstleistungsgebäuden zu Wohnzwecken beobachtet werden. Hinzu kommt die vermehrte Umnutzung öffentlicher Infrastrukturen wie Schulen oder Kindergärten; auch die Umnutzung von Kirchen stellt keine Besonderheit mehr dar (Schröteler-von Brandt 2011).

Neben der Umnutzung von Gebäuden werden auch brachgefallene Flächen einer neuen Nutzung als Freifläche oder als Baugebiet zugeführt. So lassen sich ungenutzte ehemalige Gewerbe- oder Stellplatzflächen sowie nach einem Gebäudeabriss aktuell nicht wieder verwertbare Flächen zudem für temporäre Nutzungen freigeben und stehen damit der Stadtbevölkerung zur Verfügung.

Insbesondere die temporäre Nutzung dieser Flächen eröffnet neue Erfahrungshorizonte mit der Aneignung von Stadtraum.

Eine weitere Option ist eine *Zwischennutzung* für die Zeitphase bis zu einer Neuvermietung oder einem Verkauf. Zwischennutzungen werden häufig für leer stehende Ladenlokale gewählt. In schrumpfenden Regionen entsteht eine Zwischennutzung oft auch als ungeplante Aneignung der gebauten Umwelt. In Räumen, denen keine ökonomische Verwertung abverlangt wird, oder in »Resträumen« der Städte und Quartiere werden temporäre künstlerische oder kulturelle Angebote geschaffen, die den Leerstand der Flächen nicht nur kaschieren, sondern Raum für neue Nutzungen und eine experimentelle Raumaneignung bieten. Beliebte temporäre Zwischennutzungen sind Angebote für Kunstausstellungen, temporäre Geschäftsnutzungen, Wohnen auf Probe etc. Interessierte Nutzergruppen für temporäre Zwischennutzungen sind Künstler und Kunstschaffende, soziale Einrichtungen oder Existenzgründer, d. h. vielfach an Stadtraumnutzungen interessierte Gruppen, denen das entsprechende Kapital für Miete und Betrieb von Räumen fehlt.

Zwischennutzungen gelten als flexible, befristete Nutzungen sowohl von Gebäuden als auch von brachgefallenen Flächen. Zwischennutzungen zeichnen sich dadurch aus, dass sie nur einen geringen Investitionsbedarf haben. In der Regel werden temporäre Zwischennutzungen für kreative Aktionen und für informelle Prozesse in der Stadt gesucht. Mit ihnen sind generell positive Effekte verknüpft: Durch sie eröffnet sich eine neue Sichtweise auf die Stadtverwertung und es wird temporär ein Raum für die Nutzungen eröffnet, die nicht originär zum Kanon privatwirtschaftlicher Interessen gehören.

Hinsichtlich der Entwicklung der Leerstände wird zunehmend die Option »Liegenlassen« ins Blickfeld geraten. Durch die Häufung der zu erwartenden Leerstände in schrumpfenden ländlichen Regionen werden in Zukunft viele Gebäude in den Ortskernen oder entlang von Durchgangsstraßen nicht mehr vermarktet werden können. Mit zunehmender Leerstandsdauer werden die Gebäude verfallen und oft als ruinöse Bauten das Ortsbild mit prägen. An diesen Gebäuden müssen Sicherungsmaßnahmen zwecks Gefahrenabwehr durchgeführt werden. Seitens der Kommunen besteht oft die Problematik die Eigentümer – zumal sie nicht vor Ort ansässig sind – zur Verantwortung zu ziehen, um zumindest die Grundsubstanz zu schützen (z. B. Sicherung vor eindringendem Wasser) und das äußere Erscheinungsbild nicht dem Verfall zu überlassen.

Und schließlich sind »Teilabriss« und »Abriss« als Handlungsoptionen zu nennen. Umfassende Erfahrungen mit Teilabriss oder Abriss wurden in den Plattenbausiedlungen in Ostdeutschland gewonnen. Im Rahmen des Stadterneuerungsprogramms *Stadtumbau Ost* wurde durch die staatliche Förderpolitik massiv eine Wohnraumvernichtung unterstützt, um die insgesamt schrumpfenden ostdeutschen Wohnungsmärkte zu stabilisieren und für die Wohnungsbaugesellschaften eine Vermietung sicherzustellen. In großem Umfang erfolgte auch die Umwandlung ehemaliger Wohnflächen in Grünflächen oder eine Renaturierung.

Beispiele für eine »Ermöglichungsplanung durch Rückbau« können bereits an verschiedenen Stellen beobachtet werden. Diese Strategie bedarf guter baulicher Lösungen als auch einer positiven öffentlichen Darstellung. So wird zum Beispiel in Illingen im Saarland der Abriss von leer stehenden Gebäuden für städtebauliche Entwicklungsmaßnahmen offensiv mit Plakaten wie »Ich bin als nächstes dran« betrieben. In Marburg hat man im Zuge eines Innenentwicklungskonzeptes für den Ortsteil Schröck Testentwürfe anfertigen lassen, um die Potenziale auf möglichen Abrissflächen in der Ortsmitte – zum Beispiel ehemalige landwirtschaftliche Gebäudeteile/Scheunen – aufzuzeigen.

4.   Neue partizipative Formen der Raumaneignung durch Umnutzung

Beim Umgang mit Leerständen lassen sich auch neue partizipative Formen der Stadtraumaneignung feststellen. So beruht die Umnutzung geeigneter Altbauten in Dörfern oder Stadtquartieren für neue gemeinschaftliche Zwecke zumeist auf Initiativen der Bürgerschaft und deren ehrenamtlichem Engagement. Zugleich wurden neue Kooperationsmodelle zwischen den Kommunen und den Bürgern mit alternativen Trägermodellen und Betreiberformen von Infrastruktureinrichtungen entwickelt. Leerstände, mindergenutzte Flächen und fehlende Nachfrage eröffnen zudem auch Chancen für neue Freiraum- und Zwischennutzungen und ermöglichen experimentelle Formen der Raumaneignung.

Umnutzungen für Gemeinschaftszwecke

In den letzten Jahren wurden viele Projekte realisiert, die die Chance leer stehender Gebäude in der Dorfmitte erkannt haben und sie als neue Treffpunkte der Dorfgemeinschaft nutzen.

So wurde beispielsweise das alte Dorfgasthaus in St. Märgen nach einem langen Leerstand wieder genutzt und neben Wohnungen ein von Landfrauen geführtes Café eingerichtet. In dem viel beachteten und ausgezeichneten Projekt der »Dorflinde« in Langenfeld wurde eine ehemalige Scheune zu einem Mehrgenerationenhaus umgebaut, welches zugleich auch als Treffpunkt des Ortes dient und die Versorgung mit einem Mittagstisch bereitstellt. Die Projekte werden ehrenamtlich betrieben.

Auch die freiwerdenden Infrastruktureinrichtungen in den Kommunen wie Schulen, Kindergärten oder Kirchen bieten allerorts bedeutende Umnutzungspotenziale, beispielsweise als Dorfgemeinschaftshaus/Quartierszentrum, Altentreffpunkt/Generationenhaus, Mehrgenerationenwohnhaus, ambulante Pflegestationen, Gesundheitszentren, Mobilitätsstationen etc. Um solche Projekte im Zuge schwindender kommunaler Finanzen sicherzustellen, müssen neue Kooperationsformen zwischen den Kommunen und privaten Initiativen entstehen. Besonders gut eignet sich die Form der gemeinnützigen Bürgergenossenschaft für den Umbau und den Betrieb solcher Gemeinschaftsprojekte. So konnte die alte Schule in Dalwigsthal in der hessischen Gemeinde Lichtenfels in eigener Regie der Genossenschaft umgebaut und der Betrieb einer Gaststätte und eines Dorfgemeinschaftshauses übernommen werden. Das Gebäude verblieb weiterhin im Besitz der Kommune und wurde der Genossenschaft zur Nutzung übertragen. Bei der Nutzung von Sportanlagen werden ebenfalls zunehmend Bürgergenossenschaften die Aufgabe der Unterhaltung und des Betriebs übernehmen (Kähler/Rave 2008). In solchen Fällen kann z. B. auch die Kommune ihren Grundstücks- und Gebäudebesitz an den Sportstätten als Anteil in eine gemeinnützige Genossenschaft einbringen, deren Hauptzweck der gemeinnützige Betrieb der Anlage darstellt (Daub/Schröteler von Brandt 2014). Die erste genossenschaftlich geführte Dorfkneipe »Bolando« entstand in Bottschweil. Derzeit verzeichnen die Bürgergenossenschaften einen großen Zulauf. Die zu erwartenden weiteren Einsparungen bei öffentlichen Einrichtungen werden diese Entwicklung noch bestärken.

In Abwanderungsräumen hat die Reduzierung der Infrastrukturausstattung auch Auswirkungen auf die Unterhaltung öffentlicher Grün- und Freiflächen. So treten neue Akteure auf, die beispielsweise einen Dorfverein gründen und mit den Kommunen einen Pflegevertrag über die öffentlichen Grünflächen abschließen. Im Gegenzug wird dem Verein ein Budget für die Dorfgemeinschaft zur Verfügung gestellt (so z. B. in Bad Berleburg). Neben der durchaus kritischen Frage, inwieweit öffentliche Aufgaben auf neue ehrenamtliche Trägerschaften übertragen werden sollten und ob damit nicht das zivilgesellschaftliche Engagement überfordert wird, kann durch die stärkere Einbeziehung der Bürgerschaft eine neue Art des Bewusstseins und des Umgangs mit Stadtraum festgestellt und die Mitverantwortung neu definiert werden.

Im Rahmen des Projektes »LandLeben – Bürger machen Dorf« der REGIONALE Südwestfalen 2013 wurden Initiativen der Bürger unterstützt, die z. B. in Drolshagen-Hützemert einen ehemaligen Bahnhof in ein Dorfgemeinschaftshaus umwandeln oder in Medebach-Oberschledorn ein altes Gebäude in der Dorfmitte als Kunst- und Kulturzentrum nutzen möchten. Neben der finanziellen Unterstützung der Umnutzungsprojekte durch öffentliche Fördermittel wird modellhaft insbesondere die Beratung der bürgerschaftlichen Initiativen bei der Projektentwicklung und bei der Erstellung umsetzungsfähiger Projektbausteine gefördert. Dazu gehört die Überprüfung der ökonomischen Tragfähigkeit der Projekte durch die Bürgerschaft mit entsprechenden Wirtschafts- und Finanzplänen.

Im Magdeburger Stadtteil Salbke wurde eine Brachfläche durch Um-Interpretation in einen Ort der Begegnung umgewandelt. Nach der Schließung der örtlichen Bibliothek entstand eine Versorgungslücke, die mit der Schaffung eines Ortes als »temporäres Lesezeichen« und als »Denkraum für eine Beschäftigung mit dem Buch« geschlossen werden sollte. Buchstationen für den Buchtausch wurden in die Platzgestaltung einbezogen und es entstand eine von Buchspenden gespeiste Bürgerbibliothek. Vandalismus und Nutzungskonflikte mit Jugendlichen, denen andere Treffpunkte im Ort fehlten und für deren robuste Nutzungsansprüche die neue Platzgestaltung nicht ausgelegt war, führten zu einer Aufgabe der Outdoorbibliothek. Das viel beachtete Beispiel in Salbke (www.lesezeichen-salbke.de) zeigt dennoch neue kreative Wege von Freiraumnutzungen jenseits verwertungsbezogener Nutzungsinteressen auf.

Neue Aneignungsformen durch kreative Zwischennutzungen

In der Georgstraße in Bremerhaven standen 2010 28 % der Ladenlokale leer. Es wurde eine Initiative gegründet, die sich als »Labor für neue Ladennutzungen – vorübergehend geöffnet*« mit Zwischennutzungen für die leer stehenden Ladenlokale beschäftigte. Das Motto »Wo nichts ist, ist alles vorstellbar« wurde Leitmotiv der Initiative. Es entstanden verschiedene temporäre Nutzungen wie ein Mediencafé, die zeitweise Nutzung als Galerie (auch mit der Präsentation einer Fotoaktion der Anwohner) sowie einer so genannten »Ladenherberge« für Angebote unterschiedlicher Waren (www.designlabor.com). Durch die über einige Jahre immer neu inszenierten Zwischennutzungen wurde der Ort eine »Institution« im Stadtteil und wirkte imageverbessernd.

Zwischennutzungen überbrücken Verwertungslücken; doch sie müssen keine Lückenbüßer sein, sondern können neue gesellschaftliche und ökonomische Inwertsetzungen auslösen. So kann durch die Zwischennutzung der Standort aufgewertet und dessen Image verbessert werden. Oft genießen sie zeitweise sogar einen Kultstatus, wie die improvisierten Strandbäder am Spreeufer in Berlin oder lange Zeit das so genannte *Monkeyisland* im Düsseldorfer Hafen. In der Rotterdamer Innenstadt kann die Abrissplanung eines in die Jahre gekommenen Bürokomplexes in der Nähe des Bahnhofes derzeit aufgrund fehlender Nachfrage für die hochpreisige Neuplanung nicht realisiert werden. Das leer stehende Gebäude wurde besetzt. Eine kleine Gruppe hat anschließend mit dem Eigentümer einen Nutzungsvertrag abgeschlossen und mittlerweile sind alle Büros vermietet und zahlreiche junge kreative Gründer sind hier eingezogen; auf dem Dach befindet sich ein kleiner Garten für die Selbstversorgung. Mit den neuen Nutzern, deren Ideen und kreativen Impulsen für neue Produkte und Dienstleistungen sowie ihrem kulturellen Engagement, für die in der Innenstadt von Rotterdam kein Raum zur Verfügung steht, erfolgte über diese temporäre Zwischennutzung eine Belebung des gesamten Stadtquartiers. Es lässt sich unschwer vorhersagen, wie sich die Zukunft des Gebäudekomplexes entwickelt wird; sicherlich werden die Nutzer für den Gebäudeerhalt kämpfen und auch die Politik erkennt zunehmend die großen Potenziale dieser selbstinitiierten Stadtaneignung.

Bei Zwischennutzungen werden auch die Eigentümer vom Handlungsdruck entlastet, da die Gebäude und Räume unterhalten und gepflegt werden und sich die Nutzer an den Unterhaltungskosten beteiligen. In Leipzig entstand aus einer ursprünglichen Hausbesetzung leer stehender Gebäude das Projekt der so genannten »Wächterhäuser«. Bei vielen noch leer stehenden Gebäuden in Leipzig sind die Eigentümer ratlos bzw. verfügen über zu wenig Kapital für eine Umnutzung oder Instandsetzung. Die »Wächter« übernehmen für einen vertraglich fixierten Zeitraum von fünf Jahren die Nutzung und setzen die Gebäude insoweit instand, dass eine Wohnraumnutzung – auch im einfachen Standard – möglich ist. Die handwerkliche Eigenleistung und die Betriebskosten sind der Beitrag der »Wächter« an den Eigentümer; sie schützen das Haus vor Vandalismus und sichern die Grundsubstanz. Aus den Anfängen dieser Entwicklung hat sich der Verein *Haushalten e.V.* gegründet, der bereits in professionellem Rahmen die Gestattungsvereinbarungen für die Wächterhäuser mit den Eigentümern abschließt und damit die Anhaftung des »Illegalen« bei den Projekten endgültig beseitigt hat (www.haushalten.org).

Eine weitere Form kreativer Zwischennutzungen lässt sich derzeit auf brachliegenden und ungenutzten Freiflächen in den Städten feststellen. So entstand eine regelrechte Bewegung des neuen urbanen Gärtners und der urbanen Landwirtschaft, die ihre Vorbilder in den Selbstversorgungsangeboten in Südamerika oder in der New Yorker Bronx finden. Urban gardening und die gemeinsame Pflege und Bearbeitung von Gärten haben mittlerweile auch schon vermehrt Einzug in offizielle Planungskonzepte gefunden, wie zum Beispiel im Park im Gleisdreieck in Berlin. Die Prinzessinnengärten in Berlin oder die Initiative *NeuLand* auf der ehemaligen Dombrauerei in Köln Bayenthal sind bekannte und frühe Protagonisten dieser Bewegung (Bauwelt Heft 39/2012, S. 28). Anders als ihre Vorbilder aus Übersee dienen diese Projekte nicht der Armutsbekämpfung in den einzelnen Stadtvierteln, sondern sie liegen in den Quartieren einer interkulturellen Mittelschicht, die mit den Gemeinschaftsgärten auch ihre Kritik an der Erzeugung der Nahrungsmittel in der Industriegesellschaft zum Ausdruck bringt und insbesondere die neuen sozialen Netzwerke im Umfeld der Projekte befördert. Urban

Gardening ist vor allem ein Projekt der neuen Mitgestaltung der städtischen Freiräume.

Literatur

Bauwelt Heft 39/2012.

Bundesinstitut für Bau-, Stadt- und Raumforschung (BBSR): Raumordnungsprognose 2030. Bonn 2012.

Daub, Lars Ole/Schröteler-von Brandt, Hildegard: Dorfentwicklung 2020 – Öffentliche Infrastruktur und kommunale Finanzen der Stadt Bad Berleburg, Kooperationsprojekt zwischen der Universität Siegen und der Stadt Bad Berleburg. Teil 2. Siegen 2014.

Empirica AG (2011): Entwicklung der quantitativen und qualitativen Neubaunachfrage auf den Wohnungsmärkten in NRW bis 2030. Düsseldorf.

Kähler, Robin S./Rave, Klaus (Hg.): Sportstätten neu denken und gestalten. Planen – finanzieren –bauen – betreiben. Kieler Schriften zur Sportwissenschaft. Kiel 2008.

Krätke, Stefan: Stadt – Raum – Ökonomie: Einführung in aktuelle Problemfelder der Stadtökonomie und Wirtschaftsgeographie. Basel 1995.

Schröteler-von Brandt, Hildegard: Ortsverbundenheit durch Partizipation. DenkRaum »Zukunft Dorf« innerhalb der Regionale 2013 Südwestfalen, in: Der Bürger im Staat _ Raumbilder, Landeszentrale für politische Bildung Baden-Württemberg. Stuttgart 2011.

Schröteler-von Brandt, Hilde/Sonneborn, Volker: »Dorfentwicklung 2020 – Öffentliche Infrastruktur und kommunale Finanzen der Stadt Bad Berleburg«, Kooperationsprojekt zwischen der Universität Siegen und der Stadt Bad Berleburg. Siegen 2013.

Schröteler-von Brandt, Hildegard: Ländliche Kirchen im demografischen Wandel in: Kirchen im Dorf lassen. Erhaltung und Nutzung von Kirchen im ländlichen Raum. Deutsche Stiftung Denkmalschutz/Deutsches Nationalkomitee für Denkmalschutz. Rheinbach 2012.

Internetadressen

www.bad-berleburg.de

www.bolando.de

www.cafe-goldene-krone.de

www.destatis.de/DE/ZahlenFakten

www.it.nrw.de

www.suedwestfalen.com

www.dorflinde-langenfeld.de

Beispiele zu verschiedenen Strategien der Leerstandsentwicklung und der Umnutzungsmöglichkeiten siehe: Ergebnisse des Symposiums »Leerstände im ländlichen Raum«, 2010 unter www.architektur.uni-siegen.de/aktuelles/vortragsreihen/mastersymposi um2010/vorträge, letzter Zugriff 6.8.2014

Hanna Schramm-Klein

Umnutzung von Leerständen in Innenstädten

1. Veränderungen von Städten durch Veränderungen im Kaufverhalten

Der Anteil des Versandhandels am gesamten Einzelhandel betrug im Jahr 2013 rund 11 % (Bundesverband E-Commerce und Versandhandel Deutschland 2014). Für die (nähere) Zukunft wird erwartet, dass dieser Anteil deutlich steigen wird. Getriggert wird die Entwicklung vor allem durch die Zunahme des Online-Handels. Dieser zeigt die dynamischste Entwicklung des gesamten Einzelhandels und macht wiederum etwa 75 % des Versandhandels aus (bvh 2014). Die Handelslandschaft verändert sich dadurch fundamental. Bis zum Jahr 2020 wird erwartet, dass der Online-Handel über alle Branchen hinweg einen Anteil von mindestens 20 % einnehmen wird. Wenn allerdings rund ein Fünftel des gesamten Einzelhandels im Distanzhandel abläuft, wird unmittelbar deutlich, dass dies direkte Auswirkungen auf die Standortpolitik von Handelsunternehmen haben wird. Trotz einer Vielzahl von Multi-Channel-Ansätzen im Handel, bei denen die Händler ihre Online-Kanäle mit stationären Geschäften verknüpfen (Schramm-Klein 2012), ist davon auszugehen, dass der stationäre Handel auch in der Zukunft die Handelslandschaft dominieren wird. Für den innerstädtischen Einzelhandel bedeutet dies allerdings, dass bei gleichzeitig steigender beziehungsweise auf hohem Niveau stagnierender Einzelhandelsfläche in der Zukunft mit weiter steigenden Überkapazitäten an Einzelhandelsfläche zu rechnen ist, verbunden mit einer Konsolidierung in der Einzelhandelslandschaft (Schramm-Klein et al. 2014). Die Konsequenzen solcher Entwicklungen sind bekannt und beinhalten insbesondere die Konzentration der innerstädtischen Einkaufslagen, verbunden mit wachsenden Leerständen nicht mehr nur in peripheren Lagen, sondern auch in den 1b- und gar den 1a-Lagen der Innenstädte.

Dies stellt die Städte mit ihren Stadtmarketing- und Einzelhandelskonzepten vor große Herausforderungen. Nun tritt nicht mehr nur die große Bedeutung verkehrsorientierter »Grüne-Wiese-Lagen« als Konkurrenz zur Innenstadt auf, sondern der Versandhandel manifestiert sich als weiterer, nachhaltig wirkender Wettbewerber zum innerstädtischen Einzelhandel. Mit all seinen Vorteilen: von unbegrenzten Öffnungszeiten – etwa ein Fünftel des Online-Umsatzes wird beispielsweise sonntags getätigt – über schier unendliche Sortimentsangebote bis hin zu Informations-, Vergleichs- und Beratungsmöglichkeiten, verbunden mit vielerlei Bequemlichkeitsaspekten wie das Shoppen bequem von der Couch aus oder die Lieferung ganz bequem nach Hause, wann immer man möchte. Hat man lange Zeit die Vorstellung gehabt, dass Einzelhandel bei ausreichender Attraktivität immer in die Innenstädte gezogen werden kann, wird für viele Städte nun Realität, dass dies nicht ausreicht: Man wird langfristig nicht die gleiche Fläche mit Einzelhandelskapazität ausstatten können, wie man es aus der Vergangenheit gewohnt war.

Diese Erkenntnis ist für viele Städte schwer zu verstehen und häufig noch schwerer zu akzeptieren – hat man doch teilweise auch in Zeiten von Finanznot noch Millionen- oder gar Milliardenbeträge in die Revitalisierung, die Verschönerung, die Attraktivitätssteigerung der Innenstädte investiert und steht nun häufig vor Situationen, in denen die Handlungsspielräume für Erneuerungs- oder Erhaltungsinvestitionen äußerst begrenzt sind.

Eine erfolgreiche Innenstadtentwicklung kann sich nur dann einstellen, wenn auch eine Veränderung des Konzepts und des Verständnisses erfolgt, was eine Innenstadt ist und welche Funktionen sie hat. Städte müssen sich also auch weiterhin mit dem Gedanken der Umnutzung auseinandersetzen. Geht man vor diesem Hintergrund davon aus, dass nur in den so genannten »schrumpfenden Regionen« Leerstände und Brachen in innerstädtischen Lagen auftreten würden, so ist dies ein Irrglaube. Selbst in den besonders stark wachsenden Städten, die prosperieren, zeigen sich Brachflächen der beschriebenen Form.

2.   Flächenkonversion und Neu-Nutzungen

Diese Entwicklungen erinnern an die späten 1990er Jahre, in denen schon einmal das Thema der Flächenkonversion in den Vordergrund gerückt wurde (z. B. Zentes/Swoboda/Morschett 1998). Damals waren es vor allem Industrie-, Post-, Bahn- oder Gewerbebrachen, die revitalisiert wurden – beispielsweise in Urban Entertainment Center, also großflächige innerstädtische Zentren, in denen Freizeit-, Gastronomie- und Einkaufsangebote in erlebnisorientierter Form zusammengefasst wurden.

Umnutzungserfordernisse entstehen den Städten aber durch die wachsenden Überkapazitäten nun sowohl auf kleinen als auch auf großflächigen Ebenen. So fallen eine Vielzahl kleiner Handelsflächen den Konsolidierungstendenzen zum

Opfer. Gründe liegen neben starkem Wettbewerbsdruck, der sich insbesondere in Preisdruck niederschlägt, häufig in fehlender Nachfolge.

Einen weiteren Problembereich wirft der Niedergang der Kauf- und Warenhäuser auf. Seit Jahrzehnten zeigt sich, dass diese Betriebsform an Attraktivität und Zugkraft verliert. Waren die Warenhäuser lange Jahre die Zugpferde und Magneten auch im innerstädtischen Einzelhandel, hat eine Vielzahl von Schließungen ehemaliger Warenhausstandorte viele Städte vor das Problem geführt, dass großflächige ehemalige Einkaufsoutlets nun in meist zentraler Innenstadtlage leer stehen und nicht mehr nur in Nebenzentren oder frequenzarmen Lagen.

3.   Trading-Down von Einkaufslagen: Ein Teufelskreis?

Die geschilderten Entwicklungen führen zu einem sich teilweise dramatisch vollziehenden Trading-Down der Einkaufslagen: Leer stehende Flächen sind für die Shopper keineswegs ein angenehmer Anblick, sie mindern die Einkaufsqualität und gefährden die Attraktivität ganzer Straßenzüge und Einkaufsquartiere.

Diese neuen und weiteren Dimensionen von Brachen in den städtischen Lagen stellen die Attraktivität von Städten vor weitere, neue und nicht mehr durch sie allein lösbare Aufgaben. Denn im Gegensatz zu zentral geführten Shopping-Center-Management-Systemen ist eine Innenstadt ein dezentrales Gebilde, innerhalb dessen eine Vielzahl von Akteuren, zum Beispiel Immobilieneigner, Gastronomen, Händler, Politiker, City-Manager und natürlich die Bürger, an den Entscheidungsprozessen und der Gestaltung beteiligt ist.

Das Bild von Städten verändert sich durch diese Entwicklung dramatisch. Den Handlungsbedarf in diesem Feld erhöht jedoch eine interessanterweise mit diesen Konsolidierungstendenzen in der Einzelhandelsflächenentwicklung einhergehende Tendenz: Im Rahmen eines Urbanisierungstrends zieht es die Menschen immer stärker zum Wohnen in die (Innen-) Städte. Ein solcher Sog der Städte auch als Wohnstandort führt dazu, dass in Zeiten des demografischen Wandels viele Regionen eine Suburbanisierung spüren, während insbesondere die großen Städte eine ausgeprägte Gravitationswirkung entwickeln. Diese Entwicklung bedeutet aber auch, dass die Städte sowohl ihrer Funktion als möglichst überregional attraktiver Einkaufsstandort aber auch als Nahversoger für die Anwohner langfristig weiter gerecht werden müssen. Multifunktionalität rückt damit immer stärker in den Vordergrund. Vor dem Hintergrund der finanziellen Problemlage vieler Städte bedeutet dies immense Herausforderungen an Konzepte und Systeme der (Innen-)Stadtgestaltung.

Analysiert man die Leerstände in den Innenstädten, so wird weiterhin deutlich, dass nicht nur deren Quantität zunimmt, sondern dass kontinuierlich auch die Dauer der Leerstandszeiten steigt. Langfristige Leerstände aber führen zu einer negativen Wahrnehmung der Einkaufslagen und sind nicht selten mit einer Verwahrlosung ganzer Standortlagen verbunden. Ergebnis ist eine Negativspirale, aus welcher der Ausweg schwer zu realisieren scheint, denn wenn Leerstände das Bild in den Einkaufsstraßen prägen, ist nicht davon auszugehen, dass sich automatisch neue Händler dort ansiedeln werden. Dauerhafte Leerstände können somit zu einer zirkulären Abwärtsspirale führen (Abbildung 1), bei der die sinkende Attraktivität von Standortlagen zu einer weiteren Verringerung der Nachfrage nach den leer stehenden Objekten führt.

In ländlichen beziehungsweise dezentralen Räumen spielen dabei noch weitere Faktoren wie der Rückgang des mittelständischen, insbesondere des inhabergeführten, Fachhandels eine besondere Rolle. Nicht nur der steigende Wettbewerbsdruck und die zunehmende Konzentration in den Fachhandelsbranchen, sondern vor allem auch der Mangel an geeigneten Nachfolgern für die Fachhandelsgeschäfte führen dazu, dass auch wirtschaftlich »gesunde« Unternehmen ihren Betrieb einstellen, wenn sich keine geeigneten Interessenten als Nachfolger finden lassen. Bei jedem Generationenwechsel im mittelständischen Fachhandel geht dann entsprechend die Zahl der Fachhändler zurück. Solche Nachfolgeprobleme beschleunigen gerade im ländlichen Raum die Zunahme von Leerständen.

Hinzu kommt, dass die Städte und Gemeinden den Rückgang von wirtschaftlich betriebenen Gewerbeflächen deutlich dadurch zu spüren bekommen, dass die Gewerbesteuereinnahmen zurückgehen. Ein häufiger Ausweg wird in der Erhöhung von Steuern und Gebühren gesehen. Dies führt allerdings dazu, dass die Attraktivität der Standortlagen aus der Perspektive potenzieller Nachnutzer deutlich sinkt. Ebenso leidet das Image der Standortlagen auch aus der Perspektive der Bevölkerung, sodass die Frequenz in den betroffenen Lagen teilweise deutlich zurückgeht. Eine Folge sind dann sinkende Werte der Immobilien – dabei nicht nur der gewerblichen Immobilien, sondern auch der Eigenheime.

4.   Leerstandsmanagement als Antwort?

Was können Städte nun tun? Als Antwort wird häufig angeführt, dass sie ein aktives Leerstandsmanagement übernehmen müssen (z. B. Schüler 2008), um die Brachflächen einer neuen Nutzung zuzuführen. Wie angedeutet, ist es im Rahmen eines solchen Leerstandsmanagements erforderlich, auch die bisherige Nutzungsform zu hinterfragen und Umnutzungen anzudenken. Schwierig ist dies vor allem deshalb, weil gerade die Innenstadtlagen oft durch schlecht

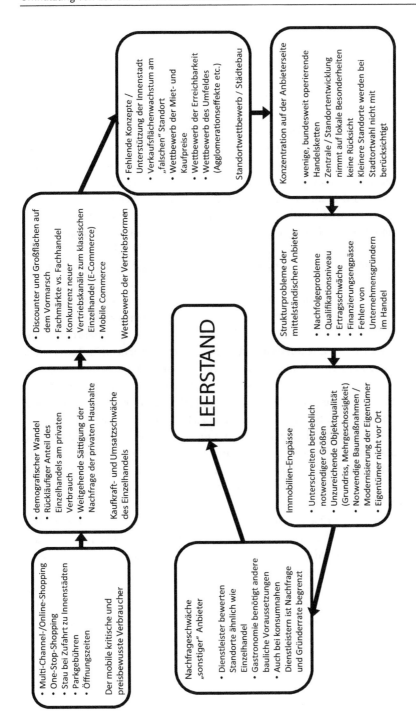

Abb. 1: Beispielhafte Entstehungskette von Leerständen
Quelle: in Anlehnung an Holl 2002, S. 3 – 4.

nutzbare Grundrisse oder Mehrgeschossigkeit der Gebäude, hohe Miet- oder Kaufpreise, schlechte Gesamtzustände im Hinblick auf die bauliche Substanz oder Denkmalschutzauflagen gekennzeichnet sind. Dies erschwert die Über-führung von Leerständen in neue Nutzungsformen.

Im Gegensatz zu konventionellen Ansätzen des Leerstandsmanagements, bei denen vor allem das Einzelobjekt betrachtet wurde, die insbesondere bei spo-radischen Leerständen notwendig sind, bezieht sich ein strategisches Leer-standsmanagement auf Standorte in ihrer Gesamtheit. Diese Form des Leer-standsmanagements wird häufig als kooperativer Prozess etabliert, bei dem alle Beteiligten in das Managementkonzept eingebunden werden, so insbesondere Immobilien- und Grundstückseigentümer, kommunale Vertreter, Einzelhänd-ler, Stadtmarketing-Initiativen oder Finanzdienstleister (zum Beispiel Spar-kassen und Volksbanken). Ziel ist es dabei, eine unter allen Beteiligten abge-stimmte Strategie zu erarbeiten, die dazu beitragen soll, die Standorte einer langfristig nachhaltigen Neuorientierung zuzuführen und das Image der Lagen langfristig zu stabilisieren beziehungsweise zu verbessern.

Der Prozess eines solchen kooperativen Leerstandsmanagements kann in mehrere Phasen unterteilt werden (Kanzler 2008), in denen von der Informa-tionssammlung und -aufbereitung bis zu einer aktiven »Vermarktung« und Vermittlung zwischen Anbietern und Interessenten versucht wird, gewerbliche Leerstände einer neuen Nutzung zuzuführen (Abbildung 2).

Im Kontext der Analyse für die Gründe, aus denen sich ein Leerstand oder gehäufte Leerstände ergeben, sind neben regionalen auch strukturelle Gründe zu betrachten. So ist zu berücksichtigen, dass sich – wie bereits angedeutet – das generelle Einkaufsverhalten verändert hat und weiter verändern wird, was das Verhältnis zwischen Einkäufen im stationären Handel und im Versandhandel betrifft. Hier entstehen strukturelle Überkapazitäten an (gegebenenfalls ehe-maliger) Einzelhandelsfläche in den Städten und Gemeinden.

Zudem vollziehen sich generelle Lageveränderungen. In Abbildung 3 sind die Verschiebungen von Lagepräferenzen der Handelsunternehmen skizziert. Ins-besondere ist zu beobachten, dass sich ein Wechsel vollzieht, bei dem Geschäfte des kurzfristigen Bedarfs im gehobenen Bereich (»hohes Genre«) von 1b-Lagen in 1a-Innenstadtlagen vorstoßen. Geschäfte, in denen das Angebot durch-schnittlicher Preis- und Qualitätslagen überwiegt (»mittlere Genres«), wechseln hingegen, ausgehend von ursprünglichen Standorten in 1b-Lagen, verstärkt in die City-Shopping-Center, die aktuell zunehmend auf dem Vorstoß sind. Wei-terhin wechseln auch immer mehr große (Hartwaren-)Filialisten ihre Ge-schäftslagen ausgehend von den Stadteillagen in die City-Shopping-Center, während viele Großfilialisten des »niedrigen Genres« ihre Standorte von Shopping-Centern in Stadtteilen zu verkehrsorientierten, peripheren Standor-ten verlegen. Diese Veränderungen in den Standortstrategien der Handelsun-

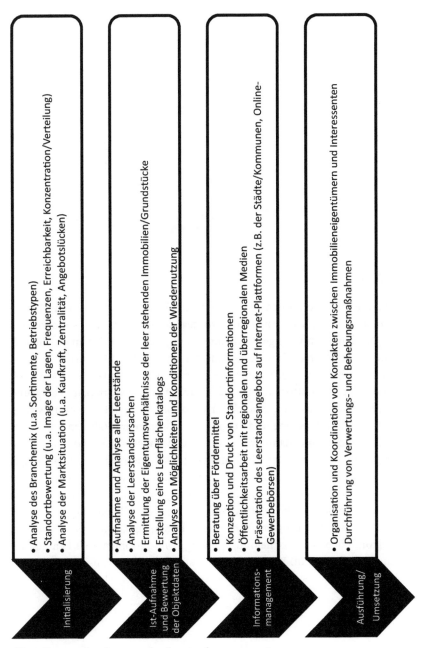

Abb. 2: Prozess eines kommunalen Leerstandsmanagements
Quelle: in Anlehnung an Kanzler 2008, S. 52.

ternehmen tragen dazu bei, dass sich das Einkaufsumfeld verändert, was auch bedeutet, dass sich die Städte mit ihren Konzeptionen von Stadtfunktionen und Innenstadtgestaltung umorientieren müssen.

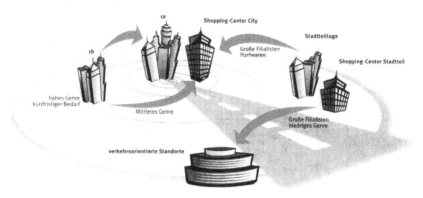

Abb. 3: Lageveränderungen
Quelle: Schramm-Klein 2008, S. 5, in Anlehnung an GMA 2004.

Für Städte und Kommunen bedeutet eine solche Perspektive, dass die häufig anzutreffende Scheu, Leerstände nicht strategisch aufzuarbeiten, sondern sich in eine »Neubauorientierung« zu flüchten, aufgegeben werden muss. Gleichzeitig aber ist der Aufbau eines Leerstandsmanagements nicht »von oben herab« durchsetzbar, sondern erfordert die Integration und die aktive Mitwirkung der Eigentümer der Immobilien und Grundstücke. Diese ist jedoch häufig aufgrund mangelnden Interesses oder einer Überforderung mit der Konzeption strategischer Verwertungssysteme und kooperativer Ansätze im Rahmen von Stadtmarketingansätzen und damit verbunden häufig auch mangelnder Kompromissfähigkeit der Eigentümer nicht immer einfach realisierbar. Zudem zeigen gerade die Eigentümer, die in der Regel ein wirtschaftliches Interesse mit ihren Immobilien und Grundstücken verfolgen, häufig überhöhte Preisvorstellungen oder sie sind in dem nicht seltenen Fall, bei dem die Objekte Eigentümergemeinschaften wie etwa Erbgemeinschaften gehören, auf Grund von Interessen- und Zielkonflikten oft entscheidungsunfähig. Diese Probleme wirken als wesentliche Störfaktoren im Rahmen von Leerstandsmanagement-Prozessen.

5. Handlungsoptionen im Kontext des Leerstandsmanagements

5.1 Überblick

Bei den meisten Ansätzen des Leerstandsmanagements steht die Zusammenführung von anbietenden und nachfragenden Akteuren im Vordergrund, häufig mit dem Ziel der Beibehaltung der Nutzungsform. Bei der Erstellung von Planungs- und Entwicklungskonzeptionen stellt sich jedoch immer häufiger heraus, dass eine Akzeptanz der Standorte für eine gewerbliche (Wieder-)Nutzung nicht (mehr) gegeben ist, dass also insbesondere weder Einzelhandels- noch Dienstleistungsunternehmen eine Nutzung der Standorte als akzeptabel ansehen. In diesen Fällen ist zu prüfen, welche alternative Nutzungsformen sich für die Standorte anbieten.

Die Betrachtungen setzen damit an den unterschiedlichen Formen von Leerständen an. Miosga (2011) unterscheidet vier Formen von Leerständen:
- Sporadische Leerstände: Leerstände, die vereinzelt auf Grund üblicher Fluktuationen auftreten;
- Umbruch-Leerstände: Leerstände mittelfristiger Dauer, die auf Grund mittelfristiger Veränderungen auftreten, zum Beispiel Wegfall oder Verlagerung von Frequenzbringern;
- Leerstands-induzierte Leerstände: Leerstände, die durch die nachlassende Frequenz auf Grund bestehender Leerstandssituationen auftreten;
- Strukturelle Leerstände: Leerstände, die auf Grund wegbrechender Nachfrage in Abwanderungsgebieten auftreten, zumeist Schließung wesentlicher führender Branchen oder gesamter Branchen.

Mögliche Handlungsoptionen, die im Kontext des Leerstandsmanagements ergriffen werden können, sind in Abbildung 4 zusammengefasst. Die Systematisierung setzt insbesondere daran an, wie viele Akteure in die Maßnahmen integriert werden (müssen) und welcher Finanz- beziehungsweise Ressourcenbedarf dafür aufgebracht werden muss.

Im Vordergrund der in der Praxis bisher am häufigsten realisierten Ansätze des Leerstandsmanagements stehen eher die »niedrigschwelligen« Maßnahmen, bei denen temporäre Nutzungsformen von Leerständen oder Umnutzungen angestrebt werden. Diese Ansätze bieten zunächst für einen Übergang die Möglichkeit, insbesondere sporadische, umbruchsbedingte oder leerstandsinduzierte Leerstände zu reduzieren. Hingegen können diese eher kurzfristig wirkenden Maßnahmen strukturell bedingtem Leerstand und damit langfristigen Schließungen wenig entgegensetzen.

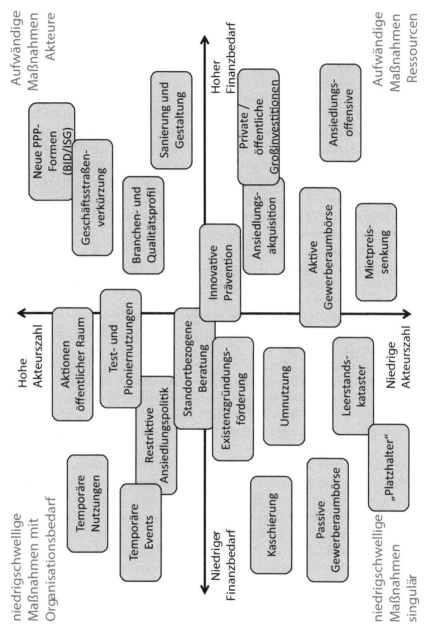

Abb. 4: Maßnahmen und Strategieansätze des Leerstandsmanagements
Quelle: DSSW 2014.

5.2   Neuvermietungsoffensiven als Versuch zur Reduktion von Leerständen

Die Problematik, Leerstände zu »füllen«, wird zunächst häufig im Rahmen von Neuvermietungsoffensiven angestrebt. Ziel ist es dabei, die Leerstände einer Nachnutzung zuzuführen. Bei leer stehender Handelsfläche wird zumeist versucht, neue attraktive Händler für die zur Verfügung stehenden Ladenlokale zu gewinnen.

Neuvermietungsoffensiven können darin bestehen, dass jeder Eigentümer für sich versucht, neue Mieter zu finden. Alternativ lassen sich die Aktivitäten professionalisieren, indem versucht wird, die »Kleinteiligkeit«, die sich beim Auftreten einer Mehr- oder Vielzahl von Leerständen und damit einer Mehr- und Vielzahl von Eigentümern und Vermietern ergibt, aufzulösen und kooperative Konzepte zur Einleitung von Umnutzungen einzusetzen. Ziel ist es dann, im Rahmen koordinierter Projekte durch gezielte Information und Beratung potenzielle Investoren und Einzelhändler für die zur Verfügung stehen Lokale anzusprechen und zu gewinnen. Insbesondere dann, wenn ein hoher »Leidensdruck« durch die aktuelle Leerstandssituation besteht, erfolgt in diesem Zusammenhang ein zumindest temporäres Entgegenkommen der Vermieter gegenüber den (potenziellen) Mietern im Hinblick auf die zu zahlenden Mietpreise, was bis hin zu einem Mieterlass für einen Übergangszeitraum, zum Beispiel für bestimmte Mietergruppen (beispielsweise Existenzgründer), gehen kann. In diesem Kontext werden zum Beispiel auch Flächenbörsen eingesetzt. Dabei werden meist Leerstands-Datenbanken aufgebaut, in denen alle leer stehenden Ladenlokale erfasst werden.

In weiter gehenden Ansätzen erfolgt teilweise auch der Einsatz eines aktiven Gewerbeflächenmanagements in Form von Generalvermietungen, bei denen Generalvermieter (zumeist gemeinschaftliche Gesellschaften von Städten, Immobilieneignern und Gewerbetreibenden) bedeutende Teile der Leerstände anmieten und versuchen, diese Flächen aus einer Hand zu vermarkten. Auf diese Weise können einerseits die Sichtbarkeit der Aktivitäten erhöht werden und andererseits auch ein bestimmtes Vermietungskonzept, wie zum Beispiel das Ziel, bestimmte Branchen anzusiedeln oder zu stärken oder einen bestimmten Mieter-Mix zu realisieren, angestrebt werden.

5.3   Zwischennutzungen als temporäre Abhilfe?

Da sich gerade konzeptionelle Veränderungen und Umnutzungen im Rahmen von Leerstandsmanagement-Prozessen nicht immer nahtlos ermöglichen lassen, versuchen viele Städte und Kommunen, ihre Leerstände zu kaschieren. Bei diesen Ansätzen steht im Vordergrund, dass für einen begrenzten Zeitraum, nämlich den Zeitraum zwischen Leerzug der Immobilien und einer Zuführung zu einer neuen Nutzung, Formen der Zwischennutzung gefunden werden sollen. Beispiele für mögliche Zwischennutzungsformen sind (Kanzler 2008, S. 54):

- Ausstellungen und Präsentationen des lokalen Einzelhandels
- Nutzung für Veranstaltungen wie zum Beispiel Aufführungen, Lesungen
- Nutzung als Bürgerinformation
- Präsentation lokaler oder regionaler Persönlichkeiten (zum Beispiel Künstler)
- Nutzung als Factory Outlet
- Nutzung für Pop-up-Stores
- Temporäre Nutzung für gastronomische Dienstleistungen
- Nutzung für Kinderbetreuung
- Nutzung für Schulaktionen, Aktionen von Universitäten oder Hochschulen (zum Beispiel Ausstellungen, Projektpräsentationen)
- Kaschierung durch Schaufensterbemalung oder Beleuchtungsaktionen der Leerstände.

Solche Maßnahmen ermöglichen es, zumindest kurzfristig die negative Optik leer stehender Immobilien zu überdecken, Verwahrlosung der Objekte zu vermeiden, das Umfeld zu stabilisieren und damit Erscheinungsbild und Image der Standortlagen positiv zu beeinflussen.

Zwischennutzungen als Form der Umnutzung leer stehender Immobilien wirken auf den ersten Blick äußerst attraktiv, denn sie ermöglichen es, die Nutzungsvielfalt von Geschäftsstraßen zu erhöhen, indem innovative Konzepte, Ideen und Angebotsformate eingebracht werden. Sie bergen jedoch auch einige Problemfelder. So ist es zunächst häufig ein langwieriger Prozess, bis geeignete Formen der Zwischennutzung etabliert werden können, denn es müssen Partner gefunden werden, die möglichst attraktive Konzepte einbringen. Zudem muss vermieden werden, dass die Zwischennutzung als Störfaktor wirkt, indem beispielsweise eine Beeinträchtigung des Stadtbilds auftritt.

5.4 Umnutzung im Bestand als Verwertungsform von Leerständen

Auf Grund der geschilderten Veränderungen im Kaufverhalten und in der Struktur der Betriebs- und Vertriebstypen des Einzelhandels ist es immer seltener möglich, Leerstände zu beheben. Während in den 1a-Lagen meist noch positive Aussichten bestehen, gelingt dies in Nebenlagen oft nur noch in Ausnahmefällen.

Strategien der Umnutzung von Leerständen setzen an dieser Problematik an. Im Kontext der Umnutzung geht es auch um die Weiternutzung der Gebäude.

Allerdings gehen die Konzepte weiter, weil hier – durchaus aktiv – angestrebt wird, dass sich die Nutzungsform zum Teil grundlegend verändert. So kann eine Weiternutzung leer stehender Einzelhandelsimmobilien durch Dienstleister erfolgen. Gelingt es beispielsweise, attraktive Gastronomie anzusiedeln, so kann eine Umnutzung gar zu einer Steigerung der Aufenthaltsqualität in den betroffenen Lagen führen. Häufig sind Umnutzungen durch Dienstleistungsansiedlung jedoch dadurch gekennzeichnet, dass sich Versicherer, Telekommunikationsdienstleister oder gar Spielhallen in den Leerständen einmieten. Dies ist oft mit einem Trading-Down verbunden, da diese Unternehmen zumeist deutlich weniger Frequenz generieren und auch von der Attraktivität der angebotenen Leistungen her wenig zum Image der Standortlagen beitragen.

Im Kontext mittelfristiger Strategien der Umnutzung wird deshalb bei einem strategischen Leerstandsmanagement nicht an der Umnutzung einzelner Immobilien angesetzt, sondern es wird die gesamte Lage, zum Beispiel bestimmte Straßenzüge in Nebenlagen, betrachtet. Im Vordergrund stehen dann oft die Umwidmung der Immobilien von Einzelhandels- zu Bürostandorten oder zu Wohnraum. Derartige Konzepte sind jedoch häufig nur schwer zu realisieren, insbesondere dann, wenn die Eigentümer nicht gewillt sind, ihre Immobilien zu dann oft deutlich niedrigeren Konditionen an Interessenten zu vermieten. Zudem sind Umnutzungen mit nicht zu vernachlässigenden Kosten in der Umrüstung der Immobilien verbunden. Gerade für Wohnraum bieten ehemalige Einzelhandelsimmobilien jedoch ein hohes Potenzial. Denkt man beispielsweise an den Trend zum urbanen Wohnen, also dem geschilderten Sog der Innenstädte als Wohnraum, so bieten diese Immobilien auf Grund ihrer Weitläufigkeit ehemaliger Ladenlokale ein hohes Potenzial für den Aufbau behindertengerecht ausgestatteten Wohnraums in Erdgeschosslage für die älter werdenden Generationen.

6. Problemfelder der Umnutzung

Die in der Praxis umgesetzten Formen der Umnutzung von Leerständen sind meist eher kurz- bis mittelfristig orientiert. Wurden sie realisiert, so starteten die Initiativen oft mit großer Euphorie, haben dann aber nur in wenigen Städten und Kommunen zu nachhaltiger Verbesserung der Leerstandssituation und damit zu Zufriedenheit geführt. Insbesondere die Formen kooperativer Ansätze im Rahmen von Neuvermietungsoffensiven, Flächenbörsen oder auch Generalvermietungsgesellschaften kranken oft daran, dass Zielkonflikte, Bedenken oder Vorbehalte zwischen den beteiligten Akteuren die Realisierung der Konzepte erschweren. Insbesondere hängt der Erfolg solcher Ansätze davon ab, ob sich die Eigentümer der Immobilien über ein Vermietungsinteresse hinaus in diese Prozesse einbringen, ob sie also in notwendige Sanierungen, Verschönerungen oder konzeptspezifische Renovierungsmaßnahmen investieren. Bisher existieren keine Ansätze des Leerstandsmanagements, bei denen man die Eigentümer zu derartigen Maßnahmen verpflichten kann. Dies macht es schwer, Gesamtkonzepte durchgängig in kooperativen Ansätzen umzusetzen.

Allerdings liegen die Hauptprobleme, die den Erfolg dieser Initiativen wesentlich behindern, darin, dass oft nur an den Symptomen – also den »Leerständen als Symptom« und ihrer Kaschierung – angesetzt wird. Die Gründe, warum Leerstände auftreten, sind jedoch häufig struktureller Natur. Sie liegen, wie dargestellt, begründet in einem vollständig veränderten Kaufverhalten der Nachfrager, das sich nachhaltig in den Einzelhandelsstrukturen niederschlägt. Weiterhin tragen auch veränderte Betriebsformen im stationären Handel zur Zunahme von Leerständen bei. So führen zum Beispiel Konzeptveränderungen der Händler, wie unter anderem die Ausdehnungen der Sortimente oder Erhöhungen der Mindestverkaufsflächen für die Läden – insbesondere Filialisten und Franchiseunternehmen setzen sie voraus, um ihre Konzepte realisieren zu können – dazu, dass bestehende Immobilien mit ihren baulichen Gegebenheiten oft nicht für die aktuellen Flächenkonzepte der Händler geeignet sind. Aufgrund der hohen Konzentration im Handel und ihrer starken Retail-Brands haben die Händler eine große Auswahl an zur Verfügung stehender Fläche, sodass sie selten eine große Kompromissbereitschaft bei der Auswahl potenzieller Verkaufsstellen zeigen. Dies kann dann dazu führen, dass – paradoxerweise – selbst bei Vorhandensein nennenswerter Leerstände in den Innenstädten die Nachfrage nach Einzelhandelsfläche nicht befriedigt werden kann, weil die Unternehmen großflächige Ladenlokale nachfragen, die jedoch nicht verfügbar sind. Andererseits stehen dennoch häufig in mittelgroßen oder größeren Städten vor allem durch das Wegbrechen der Warenhäuser großflächige Ladenlokale zur Verfügung, die jedoch nicht nachgefragt werden, weil der Großteil der potenziellen Nachfrager – insbesondere die großen Filial- und Franchisesysteme – bereits in den Städten mit Läden vertreten sind (Dammer 2004).

7.   Ausblick

Die Überlegungen zu den Gründen und Folgen von Leerständen haben gezeigt, dass strukturell bedingte Leerstände durch kurzfristige Maßnahmen nicht bekämpft werden können. Städte werden akzeptieren müssen, dass sich aufgrund der Überkapazitäten an Einzelhandelsfläche, die als Folge sich weiter grundlegend und nachhaltig verändernden Kaufverhaltens in der Zukunft noch zunehmen werden, die aktiv genutzte Einzelhandelsfläche in den Innenstädten reduzieren wird.

Ansatzpunkte, um strukturelle Leerstände zu bekämpfen, liegen einerseits in Konzepten der Umnutzung, bei denen eine Weiternutzung der Gebäude, allerdings mit einem anderen Zweck, erfolgt. Weiterhin besteht die Option der Verwertung. Dabei erfolgt in der Regel ein Abriss der Immobilien, um die Fläche für andere Zwecke – für Neubauten oder Grünflächen – zu nutzen.

Die Entscheidung zur Umnutzung oder Verwertung von Immobilien und Grundstücken und die Aufgabe von Straßenzügen, die vormals Einzelhandelsfläche beherbergt haben, fällt vielen Städten beziehungsweise den dort aktiven oder ansässigen Akteuren schwer. Zwar versuchen viele Städte, mit Stadtmarketinginitiativen und Ansätzen zur Attraktivitätssteigerung die »City« zu retten, doch gegen strukturelle Veränderungen im Einkaufsverhalten und in gesamten Branchen können einzelne Städte mit ihren Aktionen kaum ankämpfen. In der Regel begeben sie sich damit in einen Verdrängungswettbewerb zwischen Standorten (»Stadt gegen Stadt«), bei dem die attraktivere Stadt Kaufkraft aus anderen Regionen abzieht.

Zumeist stehen bei Stadtmarketinginitiativen auch nur kommunikative Initiativen zur Image-Steigerung sowie die Organisation und Realisierung von Events, Promotion-, Kundenbindungs- oder Rabattaktionen im Vordergrund. Allerdings wird bei diesen Ansätzen in der Praxis häufig eines deutlich, nämlich dass sich an den Stadtmarketinginitiativen und veranstaltungen sehr häufig der gleiche Kreis von Akteuren beteiligt, während ein ganz wesentlicher Kreis anderer Akteursgruppen fast immer fehlt: die Eigentümer der Immobilien und Grundstücke (Marquardt-Kuron 2002; Dammer 2004).

Das Ausmaß der Probleme, in denen sich insbesondere die Innenstädte aktuell befinden, geht jedoch wesentlich weiter, als derartige vorwiegend kommunikative Maßnahmen greifen können. Tiefer greifende Ansätze bestehen deshalb in der Realisierung von langfristig angelegten Konzepten wie Public Private Partnerships, Quartiersmanagement (als »professionalisiertes« Stadtmarketing) oder Business Improvement Districts (BID) (Mensing/Albers 2006). Während Stadtmarketingkonzepte meist auf einer tendenziell lockeren Zusammenarbeitsform ohne langfristige Planungssicherheit für die beteiligten Akteure basieren, wird bei diesen Ansätzen versucht, durch eine zumindest zeitlich begrenzte gegenseitige Verpflichtung mit einem höheren Verbindlichkeitsgrad grundlegende, strukturelle Veränderungen und Verbesserungen der Angebotsstruktur in den Städten beziehungsweise ausgewählten Lagen beziehungsweise Quartieren zu erreichen.

Insbesondere das Konzept der Business Improvement Districts, das aus Nordamerika stammt, ist in diesem Kontext hervorzuheben. BIDs beinhalten beispielsweise auch die finanzielle Verpflichtung der beteiligten Akteure, um auf der Basis eines gemeinsamen »Businessplans« für eine Straße, ein gesamtes Quartier oder gar eine gesamte Innenstadt unter verpflichtender Einbeziehung der ansässigen Akteure eine Aufwertung des ausgewählten Bereichs zu realisieren. Business Improvement Districts werden als Projekte für einen begrenzten Zeitraum (zum Beispiel fünf Jahre) eingerichtet. Nach Beschluss durch die Gemeindeversammlung wird von allen Grundeigentümern in diesem Bereich eine feste Abgabe erhoben. Die auf diese Weise erhobenen finanziellen Ressourcen werden für gezielte Investitionen und Marketingaktivitäten auf der Basis des Businessplans eingesetzt, um die angestrebten Verbesserungen (in der Regel Verbesserungen des geschäftlichen und optischen Umfelds, also zum Beispiel Sicherheit, Sauberkeit, Image oder Erreichbarkeit) zur strategischen Entwicklung des Quartiers zu erreichen (Mensing/Albers 2006).

Wenngleich diese Konzepte die Möglichkeit bieten, eine langfristige, strategische Ausrichtung der Quartiere umzusetzen, können sie nicht darüber hinwegführen, dass grundlegende Veränderungen der Handelsstrukturen und des Verbraucherverhaltens wirken. So romantisch und nostalgisch es ist, alteingesessene Einzelhandelsstandorte erhalten zu wollen, spricht das Verbraucherverhalten oft eine andere Sprache: Neue Formen des Kaufverhaltens führen dazu, dass diese Romantik vielerorts nicht langfristig tragfähig gehalten werden kann. Umnutzungen oder Verwertungen kann damit nicht aus dem Weg gegangen werden. Auch wenn dies für viele Städte ein schwerer Schritt ist, müssen sie ihr Konzept, nämlich die Frage, welche Aufgabe eine Innenstadt in der Zukunft hat, neu beantworten: Handel alleine wird es nicht mehr sein.

Literatur

Bundesverband E-Commerce und Versandhandel Deutschland e.V.: Zahlen & Fakten, verfügbar unter http://www.bevh.de [25.03.2014].

Dammer, Monika: Möglichkeiten der Behebung und Verwertung von innerstädtischen Leerständen im Handel in Deutschland, *DSSW-Materialien.* Berlin 2004.

DSSW: Leerstandsmanagement in Geschäftsstraßen, 2014, verfügbar unter: http://www.dssw.de/leerstandsmanagement.html [25.03.2014].

Holl, Stefan: ›Revitalisierung von Geschäftsleerständen und Handelsbrachen‹, in: *GMA Infodienst* 2002/o. Nr., S. 1–4.

Kanzler, Konrad: Kommunales Flächen- und Leerstandsmanagement unter Einbeziehung der Einzelhandelsstandortplanung, Dissertation. Oldenburg 2008.

Marquardt-Kuron, Arnulf: ›Beteiligung am City-Management‹, in: *Standort – Zeitschrift für angewandte Geographie* 2002/26, S. 7–11.

Mensing, Mario S./Albers, Meike: ›Umsetzungskonzepte für erfolgreiche Vitalisierungsstrategien‹, in: Zentes, Joachim (Hg.): *Handbuch Handel*, Wiesbaden 2012, S. 986–1005.

Miosga, Manfred: Strategisches Leerstandsmanagement, Vortrag. Miwitz 2011.

Schramm-Klein, Hanna/Wagner, Gerhard/Neus, Florian/Swoboda, Bernhard/Foscht, Thomas: HandelsMonitor – (R)evolution des Mehrkanalhandels – Von Multi-Channel-, über Cross-Channel- zu Omni-Channel-Retailing. Frankfurt 2014.

Schramm-Klein, Hanna: ›Multi Channel Retailing – Erscheinungsformen und Erfolgsfaktoren‹, in: Zentes, Joachim/Swoboda, Bernhard/Morschett, Dirk/Schramm-Klein, Hanna (Hg.): *Handbuch Handel.*, 2. Aufl. Wiesbaden 2012, S. 419 – 437.

Schramm-Klein, Hanna: Standortstrategien von Handelsunternehmen – Eine Analyse aus Konsumenten- und Unternehmensperspektive, Habilitationsschrift. Saarbrücken 2008.

Schüler, Daniela: ›Revitalisierung von Brachflächen – Ansätze des Flächenmanagements in Städten und Stadtregionen‹, in: *Standort – Zeitschrift für Angewandte Geographie* 2008/32, S. 13 – 16.

Zentes, Joachim/Swoboda, Bernhard/Morschett, Dirk: HandelsMonitor II/98 – Wo wird im Jahre 2005 Handel ›gemacht‹?, Frankfurt 1998.

Peter Karle

Umnutzung von Gebäuden –
gesellschaftliche Notwendigkeit, funktionale Erfordernisse,
ästhetische Strategien

Die Umnutzung von Gebäuden soll im folgenden Text vor dem Hintergrund der gesellschaftlichen und städtebaulichen Entwicklung und im Wechselverhältnis zwischen den Anforderungen aus dem Bauprogramm und dem Baubestand sowie den ästhetisch-gestalterischen Fragen betrachtet werden.

1.   Umnutzung von Gebäuden im Kontext der städtebaulichen Entwicklung

Die Beschäftigung mit dem Baubestand als einer wesentlichen materiellen und kulturellen Ressource ist seit der Rückbesinnung auf die Geschichte der Stadt, etwa seit dem *Jahr des Denkmalschutzes* 1975, zu einem Thema geworden. Die Diskussion konzentrierte sich jedoch seinerzeit im Wesentlichen auf die Frage einer Revitalisierung und Umnutzung von historisch wertvollem Baubestand: Es ging um Baudenkmäler.

Nach der europäischen Wende 1989/90 hat sich das Thema deutlich ausgeweitet: Im Zuge der militärischen Demobilisierung und mit der von der Globalisierung verstärkten Deindustrialisierung fielen große Flächen brach, mit in der Regel großem Gebäudebestand, von dem meist nur ein kleiner Teil denkmalschutzwürdig ist. Viele dieser Flächen liegen stadtnah, hatten bisher häufig die Entwicklung der betroffenen Städte stark eingeschränkt und waren sogar als isolierte »weiße« Flecken aus dem bewussten, in die Betrachtung einbezogenen Entwicklungspotential der Städte gestrichen worden. »Das Freiwerden dieser Flächen ist deshalb als säkulare Chance der Stadtentwicklung eigentlich nur mit dem Schleifen von Wall und Graben vor 200 Jahren und den damit seinerzeit eröffneten Entwicklungschancen zu vergleichen.«[1]

---

1 Sieverts, 2000 , S. 98.

Das Thema wird zudem überlagert von der Einsicht in die Notwendigkeit, mit Naturressourcen haushälterisch umzugehen, und da dies besonders für das Bauen gilt, lenkt sich der Blick ganz von selbst auf den Gebäudebestand und dessen möglichst effiziente Nutzung, im Vergleich zu Abriss und Ersatz und Neubau.

2.   Stadtentwicklung, Städtebau und Umnutzung

Aus städtebaulicher Sicht formuliert Thomas Sieverts in prägnanter Weise die Rahmenbedingungen für ein Umdenken in Richtung Bestandsentwicklung:

> *Die Städte in Mitteleuropa sind im Allgemeinen in ihrer gebauten Struktur mehr oder weniger abgeschlossen. 70 bis 80 Prozent der baulichen Stadtsubstanz des Jahres 2030 sind heute schon als bauliche Gehäuse vorhanden. Die geringen noch zu erwartenden Stadterweiterungen reichen nicht aus, die Stadtstrukturen noch wesentlich zu verändern.*
> *Bei einer haushälterischen Betrachtung des Gebäudebestands und der gebauten Infrastruktur würde man feststellen, dass wir heute schon von fast allem zu viel haben: Der Gebäudebestand wird in zeitlicher Hinsicht sehr schlecht genutzt und die spezifischen Flächen für das Wohnen und Arbeiten sind größer als funktional benötigt (wenn auch sozial sehr ungerecht verteilt).*
> *Die funktionale Überspezialisierung vieler in den sechziger und siebziger Jahren entstandenen Gebäude führt in der Regel auf Grund des Wandels der Ansprüche zu einem funktionalen Obsoletwerden lange vor dem baulichen Verfall. Dies gilt besonders für funktional hoch spezialisierte Bauten wie Krankenhäuser, Laborbauten, Schulen.*
> *Es fallen gegenwärtig mehr ehemals militärisch beziehungsweise industriell genutzte Flächen brach als wir auf absehbare Zeit baulich benötigen werden. [...]*
> *Der große vorhandene, aber im allgemeine schlecht genutzte Gebäudebestand verursacht erhebliche Fixkosten in Betrieb, Heizung, Unterhaltung und Reparatur, und letztendlich Beseitigung. Der in den letzten Jahrzehnten errichtete Gebäudebestand muss bei Abriss in großen Teilen zum aufwendig und teuer zu behandelnden Sondermüll gezählt werden.*
> *Das Prinzip der weitgehenden Beschränkung der zukünftigen Stadtentwicklung auf den Bestand wird auch von der Forderung getragen, einerseits keine weitere offene Landschaft für Stadterweiterungen in Anspruch zu nehmen und andererseits die vorhandene städtische Infrastruktur dauerhaft und besser zu nutzen.*
> *Alle diese Feststellungen zusammengenommen führen zu der Erkenntnis, dass Stadtentwicklung weitgehend im Bestand und auf Brachflächen ablaufen muss und heute auch schon weitgehend im Bestand abläuft.«*[2]

---

2 ebd., S. 100 f.

Zusammenfassend bringt Thomas Sieverts in einem Rundfunkgespräch das notwendige Umdenken zum Ausdruck:

> »Wir haben jetzt eine völlig neue historische Phase in der Stadt. Die große Wachstumsphase, die ungefähr 150 Jahre lang die Stadtentwicklung bestimmt hat und die auch den Städtebau geprägt hat, als Praxis und als Wissenschaft, die ist in Europa vorbei. Und das bedeutet, dass wir Wachstum im Wesentlichen haben aufgrund von immer noch steigendem persönlichem Reichtum und im Übrigen stehen wir vor einer historischen Phase der Stadttransformation: In den nächsten 50 Jahren steht uns die Erneuerung dessen bevor, was in den letzten 150 Jahren gebaut worden ist. In den letzten 50 Jahren ist insgesamt mehr gebaut worden, als in den letzten 5.000 Jahren zusammen. Und dieses Bauvolumen, Infrastruktur und alles was es gibt, – Wohnungen, usw. – kommt jetzt in einen Erneuerungszyklus hinein, teilweise in einen Zyklus mangelnder Nachfrage, weil die Bevölkerung zurückgeht, dass die Stadt sich in Zukunft ganz massiv transformieren wird.«[3]

In letzter Konsequenz heißt dies, dass Bauen inzwischen so etwas wie ein Nullsummenspiel geworden ist, um von den wachsenden Zwängen des Schrumpfens erst gar nicht zu sprechen. Wenn wir den Bestand, den wir haben, richtig und vernünftig bewirtschaften und ihn auch zeitlich besser ausnutzen würden, könnten wir mit ihm wahrscheinlich mehr oder weniger auskommen und bräuchten im Grunde genommen nur wenig Neues zu bauen. Das würde bedeuten, dass sich die Stoffströme und zusätzlichen Versiegelungen erheblich verringern würden und die Tätigkeiten der Architekten und der Bauindustrie sich noch stärker als heute auf den Umbau des Bestands richten könnten.

3.   Umnutzung zwischen Anforderungen aus Bauprogramm und Baubestand

Bei der Umnutzung ergeben sich für das Bauen Verschiebungen im traditionellen Verhältnis von Objekt und Nutzung: Während beim Neubau normalerweise eine Hülle für ein gegebenes Programm er- oder gefunden werden soll, gibt es bei der Umnutzung diese Hülle bereits, für die dann eine neue Nutzung gefunden werden muss. Zwar stellt sich die baulich-gestalterische Aufgabe nach wie vor, aber ihre Vorgaben ändern sich grundlegend. In dieser Verkehrung der traditionellen Aufgabenstellung liegen die Herausforderung und das Potential der Bauaufgabe Umnutzung für Planer, Architekten und Bauherrn.

---

3 Thomas Sieverts in Deutschlandfunk, 25. 12. 2005, Kultur heute, »Die Zwischenstadt und Ihre Perspektive«.

Gemäß der Abhandlung von Jessen/Schneider[4] lassen sich die Wege, wie das Objekt zum Programm oder aber das Programm zum Objekt kommt, in vier Konstellationen beschreiben: Zum einen der *ausgestellte* Bestand, zum zweiten der *angeeignete* und *besetzte* Bestand, zum dritten der *verwertete* Bestand und schließlich der *programmierte* Bestand.

Der *ausgestellte* Bestand meint die früheste und vertrauteste Form der Umnutzung in Form der Umwandlungen klassischer Baudenkmäler zu Museen: Schlösser, die zu Schlossmuseen, Kasematten, die zu Waffenmuseen oder Zehntscheuern, die zu Stadtmuseen werden. Stets handelt es sich um denkmalgeschützte Bauten, deren Wert ebenso unstrittig ist wie ihre neue öffentliche Nutzung. Das Bauwerk wird dabei selbst zum Exponat, die Demonstration von Geschichte wird zum zentralen Sinn des Gebäudes, als Nutzung dominiert die Anschauung. »Die kulturelle Nutzung erhaltenswerter Bauten ist ein gern gewählter und hoch konsensfähiger Weg, der jedoch inzwischen aufgrund der mit ihm verbundenen Kostenbelastung für die öffentlichen Träger nur noch eingeschränkt offen steht.«[5]

Dem steht der *angeeignete* und *besetzte* Bestand gegenüber, also nicht genutzte, ökonomisch entwertete Gebäude oder Ensembles, der aber als Entfaltungsraum entdeckt und geschätzt wird. Als Nischen bilden sie ein nicht zu unterschätzendes kulturelles wie ökonomisches Innovationspotential für die Stadt, hier eröffnen sich Freiräume für Nutzungen und Programme, die sonst keine Perspektive hätten. Vor allem handelt es sich um alte Industriebauten, die durch unterschiedliche Nischennutzungen neue Bedeutungen und Bewertungen erfahren haben. Im Vordergrund stehen dabei meist die Größe des Raums selbst und die Möglichkeiten seiner Interpretation, gestalterisch-architektonische Fragen haben zunächst oft nur eine nachrangige Bedeutung, zumal es sich nicht selten um provisorische und experimentelle Nutzungen handelt. Diese Initiativen der ökonomischen Resteverwertung alter Bausubstanz erfahren häufig nach einigen Jahre entweder eine Institutionalisierung oder müssen sich auflösen, um anderen Nutzungen Platz zu machen oder das Gebäude zum Abriss freizugeben.

Mit der Kategorie »*verwerteter* Bestand« wird die Tatsache beschrieben, dass sich die Umnutzung des Gebäudebestands mittlerweile in der Immobilienwirtschaft als Geschäftsfeld etabliert hat, das »sich die Ausdifferenzierung von Lebensstilen und die sich verallgemeinernde Wertschätzung des Alten zu Nutze macht: Lofts als Luxuswohnungen, Fabriketagen als noble Firmensitze oder Gründerzentren.«[6] Die zuvor beschriebenen, anfänglich informellen Nutzungen sind oft eine Art Vorreiter, die neue Märkte eröffnen und Nutzungsoptionen

---

4 Jessen/Schneider, 2000, S. 25.
5 ebd., S. 25.
6 ebd., S. 27.

aufzeigen, um dann beispielsweise ganze Industrieareale durch neue Nut-
zungskombinationen für Kunst, Kultur, Sport, Wohnen und Arbeiten zu erschließen – mit den bekannten ambivalenten Folgen der sogenannten Gentri-
fizierung: Anstieg der Mieten, Verdrängung der »Pioniere« und Einebnung des
besonderen lokalen Profils.

> »Neben materiellen Kriterien [...] spielen immaterielle Kriterien eine immer größere
> Rolle in der Entscheidungsfindung: Geschichte wird zum weichen Standortfaktor. Das
> Prestige des Alten, eine Atmosphäre des Authentischen im Spannungsfeld zwischen Alt
> und Neu stehen stellvertretend für Innovation, Erfindungsreichtum, Dialogbereit-
> schaft und Anpassungsfähigkeit: der Umbau ist auf der Höhe der Zeit, das Alte hat sein
> Schmuddelimage verloren und ist salonfähig geworden. [...] Inzwischen ist die Um-
> nutzung von Fabriketagen zu Luxusappartements für das oberste Marktsegment zu
> einem der einträglichsten Immobiliengeschäfte in den Metropolen geworden.«[7]

Schließlich verbleiben in der letzten Kategorie (*programmierter* Bestand) all
diejenigen Gebäude, für die sich kein Programm findet oder keine Nachfrage am
Markt besteht.

> »Nicht immer kann das Objekt dann abgerissen oder entfernt werden, etwa weil der
> Abriss zu kostspielig wäre (Typ Bunker) oder das Gebäude hochspezialisiert ist (Typ
> Gasometer) [...]. Zum Teil werden auch Räume, die bisher gar nicht als Nutzraum in
> Betracht gezogen wurden, für eine neue Funktion geöffnet (Typ U-Bahnschacht).«[8]

In diesen Fällen muss erst ein »Programm« professionell entwickelt werden, das
auf Gebäude und Standort zugeschnitten ist. Hier kann sich für Planer und
Architekten eine Erweiterung ihres traditionellen Berufsfelds ergeben, indem
der Gebäudeentwurf bereits mit der Programmfindung einsetzt und die Fähigkeit erfordert, in Programm und Form Vorhandenes neu zu interpretieren.

4.   Umnutzung als ästhetische und gestalterische Frage der Architektur

Vorhandene Gebäude umzubauen oder sie durch Anbauten zu ergänzen, gehört
von jeher zu den Hauptaufgaben der Architektenschaft. Gleichwohl ist der
Umbau seit dem ausgehenden 19. Jahrhundert gegenüber dem Neubau – nicht
nur in Deutschland – in den Hintergrund getreten. Die Gründe für diese Neu-
baudominanz waren vielfältig: Mit der industriellen Revolution ging ein starkes
Bevölkerungswachstum einher, so dass sich die bebaute Fläche und der Gebäudebestand in Europa seit etwa 1850 geradezu explosionsartig vermehrten,

---

7 ebd., S. 27.
8 ebd., S. 28.

und es galt, für zahlreiche neue Bauaufgaben architektonische Lösungen zu finden, die nicht in alte Bauten eingefügt werden konnten.[9]

Die Umnutzungen der vergangenen Zeiten erfolgten vorwiegend aufgrund ökonomischer Notwendigkeiten und pragmatischer Nutzungsanforderungen. Das Handwerk prägte stärker als irgendeine vermeintliche gestaltende Hand das ästhetische Erscheinungsbild von Umbauten. Allein bei sakralen und repräsentativen Bauten waren Architekten beteiligt. Heute setzt sich die Architektur mit einem Gebäudebestand nahezu jeden Alters und jeden Zuschnitts auseinander, sie hat das gesamte Spektrum denkbarer Funktionswechsel zum Thema. Die Tatsache, dass die Umnutzung heute von den Architekten als gestalterische Aufgabe und entwerferische Herausforderung begriffen wird, ist keineswegs selbstverständlich. Sie verdeutlicht vielmehr einen Wandel im Selbstverständnis eines Berufsstandes und zeigt die wachsende Bedeutung dieses Arbeitsbereichs für die Berufspraxis.[10]

Allerdings hat der jahrzehntelange Siegeszug des Neubaus in der Ausbildung der Architekten bis heute deutliche Spuren hinterlassen. Zwar bemühten sich Heimatschutz und Denkmalpflege seit 1900 und ein in Teilen geändertes Bewusstsein ab Mitte der 1970er Jahre, den historischen Gebäudebestand vor Zerstörung und Entstellung zu bewahren, dennoch dominiert bis heute der ambitionierte Neubauentwurf die meisten bundesdeutschen Architekturlehrpläne, sind eher die hochtrabenden Architekturvisionen gefragt statt der behutsame Umbau.

5. Ästhetische Strategien

Die Architektur der Moderne hat lange gebraucht, bis sie den Umbau als veritables und genuines Arbeitsfeld des Architekten, mit dem er Anerkennung erwerben konnte, akzeptierte und eine Formensprache im Umgang mit dem Bestand entwickelte. Im Zuge des viel proklamierten Bruchs mit der Geschichte fand das Thema Umnutzung in der architektonischen Moderne des 20. Jahrhunderts lange keine Aufmerksamkeit. Der allgegenwärtigen Faszination für das Neue stand das Alte im Weg – so die Lesart. Entsprechend waren in der so genannten klassischen Moderne Umnutzungsprojekte ohne große Bedeutung. Im Oeuvre ihrer bekanntesten Repräsentanten wie Le Corbusier, Mies van der Rohe, Frank Lloyd Wright, Alvar Aalto oder Walter Gropius gibt es sie entweder gar nicht oder nur als nachrangige Früh- oder Gelegenheitswerke.

---

9 vgl. Tietz, 2008, S. 10.
10 vgl. ebd., S. 29.

In den 1970er und 1980er Jahren, als sich der architektonische Umgang mit dem Bestand überwiegend auf das bauliche Erbe aus der Zeit vor dem Ersten Weltkrieg bezog, haben sich bewährte Routinen der Nutzungsfindung und der Gestaltung herausgebildet, die ihren stärksten Ausdruck dort fanden, wo es sich um denkmalgeschützten Bestand handelte. Leitmotiv war der Respekt vor dem Alten als einem knappen, wertvollen Gut, mit dem pfleglich umzugehen ist, das bewahrt und in seiner Wertigkeit betont werden soll.

Stilbildend für einen zeitgemäßen architektonischen Umgang mit alter Bausubstanz war dann vor allem Carlo Scarpa – sein Museumsumbau des Castel Vecchio in Verona kann als die Inkunabel der Umnutzungsarchitektur in Europa betrachtet werden. Grundlegend ist dabei die Vorstellung, dass Alt und Neu im umgebauten Objekt in einem Prinzip der Schichtung und Fuge ihren Ausdruck finden. Diese Gestaltungsstrategie folgt dem Prinzip der Collage von einzelnen, eigenständigen Fragmenten, die bewusst kontrastierend nebeneinander gestellt werden.

Diese ästhetische Strategie des *Inszenierten Kontrasts* oder der *Ästhetischen Differenz* ist kann im Wesentlichen als das einzige Gestaltungsprinzip betrachtet werden, das die Architektur der Moderne in der zweiten Hälfte des 20. Jahrhunderts hervorgebracht hat.[11]

Das in Deutschland durch Schattner und andere Protagonisten weitergetragene kompositorische Verständnis im Umgang mit dem Vorhandenen hat sich in der Architektur im Laufe der letzten 30 Jahre kanonartig durchgesetzt. Unabhängig von der Reichweite der baulichen Eingriffe ist die Haltung des kategorialen Separierens bei fast allen architektonisch ambitionierten Umnutzungen der vergangenen Jahrzehnte anzutreffen. Eine fortschrittliche Denkmalpflege akzeptierte solche deutlich ablesbaren Zubauten, wenn dadurch das authentische Alte umso deutlicher herauspräpariert wurde.

6.   Die Herausforderung des Alltäglichen

Dort, wo es um den Umbau und die Umnutzung historisch wertvoller, vor allem denkmalgeschützter Bauten geht, hat sich an den dominanten Strategien des inszenierten Kontrasts wenig geändert. Mit der Verlagerung der Umbau- und Umnutzungspraxis auf den jüngeren Baubestand haben sich die Praktiken der Programmfindung und der ästhetischen Konzepte insgesamt allerdings deutlich verschoben.

Beim Umbau des Baubestands aus dem zweiten und dritten Nachkriegsjahrzehnt wird die Strategie der Differenz und des Kontrasts so nicht mehr

---

11 vgl. Jessen/Schneider, 2008, S. 60 f.

aufrechterhalten. Die vielfach profane und funktionalistisch ausgerichtete
Substanz bietet für ein Konzept, das auf einer Ausweisung des Alten gegenüber
dem Neuen beruht, keine tragfähige Grundlage. Der Differenzstrategie ist die
entscheidende Basis entzogen: das Besondere und Hervorhebenswerte des
Alten. Sie läuft Gefahr, Belangloses zu überhöhen. Entsprechend zeichnen sich
in der Architektursprache bei Umbauten jüngerer Gebäude neue Ansätze einer
ästhetisch-gestalterischen Grundhaltung ab. Der Bestand wird jetzt zum frei
verfügbaren Material für die Erzeugung eines »neuen Ganzen«.

In einer ersten Annäherung bemühen sich Jessen/Schneider um eine Kate-
gorisierung von vier verschiedenen konzeptionellen Zugängen zum Gebäudebestand, der diesen als »Material« benutzt. Sie betonen, dass die von ihnen
identifizierten Ansätze sich nur selten in reiner Form darbieten, sondern sich
häufig verschränken und überlagern:

> »1. Strategie des Ertüchtigens:
> Die durchgreifende Modernisierung des Bestands, der vom Altbau meist nur den
> nackten Rohbau erhält, bisweilen auch den noch anpasst, und eine neue Raumdispo-
> sition, Haustechnik und Fassade aufbaut. Kennzeichnend für diese Strategie ist meist,
> dass im Erscheinungsbild des Gebäudes sowohl in der Innen- wie der Außenansicht nicht
> mehr ablesbar ist, ob es sich um einen Neubau, eine Modernisierung, einen Umbau oder
> eine Umnutzung handelt, und dass darauf keinerlei Wert gelegt wird.
> 2. Strategie der Überformung:
> Davon zu unterscheiden sind Umbauten, häufig auch Erweiterungen, in denen das
> vermeintlich alltägliche und austauschbare Alte als solches erkennbar bleibt, aber zum
> Teil des neuen Gesamtbildes wird. In der Fusion zwischen Alt und Neu bleiben Reste
> erkennbar, sie werden aber nicht überhöht, sondern pragmatisch genutzt, wo man sie
> brauchen kann. Andere Teile werden rückstandslos entfernt. Die Gebäude werden zu
> Hybriden, das vormals Serielle wird »unikatisiert«.
> 3. Strategie des Adaptierens:
> Diese Umbauten sind geprägt durch die Sperrigkeit des Bestands. Die konzeptionellen
> und gestalterischen Lösungen beziehen ihre besondere Rechtfertigung aus unverrück-
> baren Vorgaben der Substanz, an die sie sich anpassen und aus denen sie im gelungenen
> Fall gerade ihren besonderen Reiz des Einzigartigen und so nicht Replizierbaren be-
> ziehen. Die Strategie des Adaptierens geht in aller Regel mit einer Umnutzung einher.
> 4. Strategie des Einnistens
> Der Altbau bleibt in seinen physischen Eigenschaften so dominant, dass die Verände-
> rungen durch bauliche Eingriffe deutlich in den Hintergrund rücken. Er bewahrt fast
> vollständig seine baulich-räumliche Identität. Sehr häufig handelt es sich ebenfalls um
> komplette Umnutzungen, die weitergehende bauliche Eingriffe nicht erfordern, oder um
> temporäre Nutzungen, für die sie sich nicht lohnen.«[12]

---

12 Jessen/Schneider, 2008, S. 60 ff.

7.   Reduce Reuse Recycle

Eine deutliche Weiterentwicklung erfährt das Thema schließlich im Deutschen Beitrag zur 13. Architekturbiennale 2012 in Venedig. Die von Muck Petzet kuratierte Ausstellung mit dem Titel »Reduce Reuse Recycle« ist nicht nur ein deutliches Zeichen dafür, dass das Thema *Umnutzung* mittlerweile in der »Hocharchitektur« und im Bewusstsein der Architektenschaft re-etabliert ist, sondern, wenn im Untertitel von der *Ressource Architektur* gesprochen wird, auch eine eindeutige Abwendung von der bislang vorherrschenden Fixierung auf die historisch wertvolle Bestandsarchitektur hin zum Gebäudebestand der Nachkriegszeit.

Im Vorwort zum Katalog wird die aktuelle Situation wie folgt beschrieben:

»In deutschen Architekturbüros ist die Arbeit mit dem Gebäudebestand längst zur wichtigsten Aufgabe geworden: Das Neubauvolumen macht jährlich nur 1 Prozent des Gebäudebestands aus, 80 Prozent der Wohnungsbaubudgets werden im Bestand ausgegeben. Es gibt ein zuviel an Architektur. Schrumpfung und Verkleinerung sind wichtige Planungsaufgaben, und auch da, wo noch Wachstum ist, geht es nicht um Tabula rasa und Neubau, sondern um Revitalisierung, Umnutzung, Verdichtung, Ergänzungen sowohl in bestehenden Gebäuden als auch im Gewebe der Städte. [...] Aber die größte vor uns liegende Modernisierungsaufgabe, die »Massenware« der Nachkriegsbauten der 1950er- bis 1970er-Jahre, hat ein massives Imageproblem: Die städtebaulichen Konzepte aus dieser Zeit werden allgemein als Fehlplanungen bewertet, und die Gebäude scheinen zu unpassend, zu ärmlich oder energetisch zu mangelhaft, um in Zukunft noch als Behausung zu dienen. Wo immer es wirtschaftlich vertretbar ist, werden diese veralteten Gebäude und Siedlungen abgerissen und durch neue ersetzt. Die graue Energie, die in diesen Häusern gespeichert ist, wird bei einer energetischen Bewertung nicht berücksichtigt und bei den Abbrüchen bedenkenlos freigesetzt. Wenn wir die CO_2-Thematik ernst nehmen, müssen wir den gesamten Lebenszyklus der Gebäude betrachten. Das hieße bei einer vergleichenden energetischen Bewertung von Bestand und »Ersatzneubau« eben auch, die ursprüngliche Herstellungsenergie mit heranzuziehen – ebenso wie die für Abbruch und Entsorgung nötige Energie, die Herstellungs- und Neubauenergien, die Betriebsenergien (Heizung, Kühlung, Belichtung) und die durch das Gebäude ausgelöste Mobilität. Eine solche Betrachtung zeigt deutlich, dass es am sinnvollsten ist, die Lebenszeit vorhandener Gebäude mit möglichst minimalen Mitteln zu verlängern.«[13]

Diese Betrachtung der Themen »Umnutzung« und »Revitalisierung« beschreibt treffend die Probleme, mit denen wir aktuell konfrontiert sind, und sie zeigt auch, dass die heute geforderten komplexen und weitreichenden energetischen Sanierungsmaßnahmen aus energetischer Sicht nicht immer sinnvoll sind. Dem »Mehrverbrauch« unsanierter Gebäude muss der energetische Aufwand für

---

13 Petzet/Heilmeyer, 2012, S. 9 f.

Herstellung und Montage (und spätere Entsorgung) der neuen Bauteile und Dämmsysteme gegenübergestellt werden. Eine energetische Ökonomie der Mittel wird im Umbau auch durch den demographischen Wandel erzwungen: In schrumpfenden Regionen lohnen sich – rein wirtschaftlich – schon jetzt nur noch Instandhaltungsmaßnahmen. Der wirtschaftliche Druck wird dort letztlich die Entwicklung neuer, intelligenter Konzepte fördern: Durch quartiersübergreifende Vernetzung von Infrastruktur oder auch nur die Schulung und Veränderungen des Nutzerverhaltens können ohne große bauliche Veränderungen erhebliche Energieeinsparungen erzielt werden.

Die energetische Betrachtung ist jedoch nur ein Teilaspekt: Der Gebäude- und Infrastrukturbestand muss als wichtige kulturelle, soziale und architektonische Ressource für die Gestaltung unserer Zukunft erkannt und eine grundsätzlich affirmative Haltung gegenüber dem Vorhandenen entwickelt werden.

Als erfolgreiches Beispiel und Vorbild kann dabei, wie der Ausstellungstitel »Reduce Reuse Recycle« belegt, die Umdeutung von Müll zu Wertstoff herangezogen werden, wie sie von der Umweltbewegung erreicht wurde.

Bibliographie

Bücher

Bielefeld, Bert/Wirths, Mathias: Entwicklung und Durchführung von Bauprojekten im Bestand. Analyse – Planung – Ausführung. Wiesbaden 2010.
Cramer, Johannes/Breitling, Stephan: Architektur im Bestand. Basel 2007
Giebeler, Georg, u.a.: Atlas Sanierung. Instandhaltung, Umbau, Ergänzung. München 2008.
Petzet, Muck/Heilmeyer, Florian: Reduce, Reuse, Recycle. Ressource Architektur. Deutscher Pavillon, La Biennale di Venezia. Stuttgart 2012.
Sieverts, Thomas: Fünfzig Jahre Städtebau. Reflexion und Praxis. Stuttgart 2001.
Wüstenrot Stiftung (Hg.): Umnutzungen im Bestand. Neue Zwecke für alte Gebäude. Stuttgart/Zürich 2000.
Wüstenrot Stiftung (Hg.): Umbau im Bestand. Stuttgart/Zürich 2008.

Aufsätze

Jessen, Johann/Schneider, Jochem: ›Umnutzung im Bestand. Städtebau – Programm – Gestalt‹, in Wüstenrot Stiftung (Hg.): *Umnutzungen im Bestand. Neue Zwecke für alte Gebäude.* Stuttgart/Zürich 2000, S. 14 – 43.
Sieverts, Thomas: ›Konzepte und Strategien städtebaulicher Revitalisierung und Umnutzung des Gebäudebestands und der brachgefallenen Flächen als Teil einer syste-

matischen Kreislaufwirtschaft‹, in Wüstenrot Stiftung (Hg.): *Umnutzungen im Bestand. Neue Zwecke für alte Gebäude.* Stuttgart/Zürich 2000, S. 98 – 118.

Tietz, Jürgen: ›Bauen mit Bestand – Strategien für Umbau und Erweiterung‹, in Wüstenrot Stiftung (Hg.): *Bauen im Bestand.* Stuttgart/Zürich 2008, S. 10 – 27.

Artikel in Zeitungen und Magazinen

Jessen, Johann/Schneider, Jochem: ›Fusion Architecture – über den Umgang mit dem Bestand‹, in: *Puls* 2009/01, S. 21 f.

Kathrin Herz

Hybrid + Typus
oder Geschichte(n) weitererzählen

Interviewt von Rem Koolhaas und Hans Ulrich Obrist, sagt Christopher Alexander im Gespräch: »Einige Architekten haben Angst vor diesen ... wie soll ich sie nennen ... tief verwurzelten Archetypen. Und weil sie solche Furcht davor haben, etwas zu entwerfen, das an etwas Vorhandenes erinnert, fühlen sie sich gezwungen, bestimmte Dinge nicht zu tun, die ansonsten jeder vernünftige Mensch machen würde, einfach weil sie praktisch sind.«[1]

Praktisch in der Architektur war seit jeher die Umnutzung bestehender Bauwerke, deren Nutzung und Nutzer absent sind. So wurde die mittelalterliche Stadt Arles in die Mauern des antiken, römischen Amphitheaters hineingebaut.[2] Im 19. Jahrhundert wurden die Wohngebäude übrigens wieder entfernt und heute dient das Amphitheater (wieder) als Ort für Veranstaltungen.

Praktisch in der Architektur war ebenfalls schon seit jeher Althergebrachtes zu erklären, zu verbessern und dabei aus den gewonnenen Erkenntnissen Neues zu kreieren. In ›Vers une Architecture‹ bezieht sich Le Corbusier auf Ikonen der anonymen Architektur, wie beispielsweise den Parthenon-Tempel der Athener Akropolis. Er spricht von Ausleseprodukten, die über Jahre optimiert wurden und formuliert diesen Anspruch an die Architektur der Moderne.[3]

Hieraus resultieren zwei verschiedene Umnutzungsstrategien: ›Neues im Vorhandenen‹ und ›Vorhandenes im Neuen‹. Diese werden im Folgenden vor dem Hintergrund der Frage: »Was heißt heute Entwurf, was Architektur, was Architekturtheorie?«,[4] die im Editorial einer Ausgabe der Zeitschrift ARCH+ im Kontext des Entwerfens im digitalen Zeitalter gestellt wurde, diskutiert.

---

1 Alexander 2008, S. 24.
2 Vgl. Benevolo 1990, S. 331.
3 Vgl. Le Corbusier 1923, S.103 ff.
4 Kuhnert/Ngo 2008, S. 7.

1.   ›Neues im Vorhandenen‹

Umnutzung ist nicht zu verwechseln mit Nutzungsüberlagerungen nutzungs-offener oder multifunktionaler Architektur, sondern meint die Erhaltung der alten Form und das ›Füllen‹ dieser mit einer neuen Funktion vergleichbar einer Weihnachtsgans (Innereien raus, Füllung rein). Die Umnutzung oder Nut-zungsänderung setzt in der Regel keinen Umbau oder gravierende Verände-rungen der bestehenden Gebäudesubstanz und insbesondere der Hülle voraus, um das neue Programm aufzunehmen.

Fallbeispiele

Bsp.1: Kirche als Buchladen: Selexyz Dominicanen, Maastricht | Niederlande

In Maastricht gibt es 53 Kirchen und Klöster. Vor dem Hintergrund der ab-nehmenden Zahl der Gläubigen ein Missverhältnis! Laut Regierungsangaben müssen in den Niederlanden im Durchschnitt zwei Kirchen pro Woche aufge-geben werden.[5] Was ist die Alternative zu Abriss und Zerfall? Die Maastrichter haben einen pragmatischen Umgang mit ihrer stadtbildprägenden sakralen historischen Bausubstanz gefunden: Ob Hörsaalgebäude, Hotel, Archiv, Pflan-zenversuchsanlage oder Naturkundemuseum, vieles ist denkbar. Die gotische Dominikanerkirche aus dem 13. Jahrhundert wurde bereits wenige Jahre nach dem Einfall der Franzosen (1796) im Jahr 1804 entweiht. Danach wurde diese unter anderem als Pferdestall der Kavallerie, Lager der städtischen Feuerwehr, Austragungsort für Boxkämpfe, Autoausstellungen sowie den Kinderkarneval und zuletzt Fahrradgarage genutzt. Im Jahr 2006 wurde das Gebäude saniert. Seitdem bespielt ein begehbares, schwarzes, metallenes ›Buchregal‹, das ohne konstruktive Verbindung an Kirchenwand, -boden und -decke eingestellt ist, das 23 Meter hohe Kirchenschiff. Nun ist die Kirche Filiale einer niederländischen Buchkette.[6]

Ebenso klar, wie durch das architektonische Konzept ›alt‹ und ›neu‹ aufge-zeigt werden, ist die Diskrepanz zwischen Alters- und Gebrauchswert ablesbar, die den staunenden Besucher zwischen Fragen nach Sinn und Sinnlichkeit changieren lässt.

---

5 Vgl. http://www.spiegel.de/reise/europa/umgewandelte-kirchen-in-maastricht-schmoekern-speisen-schlafen-a-803119.html (26.04.2014).

6 Der Name Selexyz Dominicanen basiert auf der Buchkette Selexyz, die das Bauwerk im Jahr 2006 bezog. Im April 2012 meldet Selexyz Insolvenz an. Polare übernimmt alle Filialen, ist aber seit Ende Februar 2014 ebenfalls zahlungsunfähig. Ob das Gebäude aktuell zugänglich ist und weiterhin als Buchladen dienen wird, ist zum gegenwärtigen Zeitpunkt unklar.

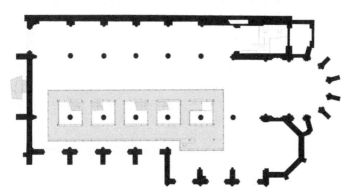

Abb. 1: Kirche als Buchladen: Selexyz Dominicanen, Maastricht | Niederlande
Quelle: Foto: Roos Aldershoff/Zeichnung: Merkx+Girod, jetzt Merk X.

Bsp. 2: Bürohochhaus als vertikale Stadt: Torre David, Caracas | Venezuela

1993 – nur drei Jahre nach Baubeginn – stirbt David Brillembourg, der Bauherr eines 200 Meter hohen Büroturms im Herzen Caracas. 1994 wird Venezuela von einer Finanzkrise ereilt und es kommt zum Baustopp am Centro Financiero Confinanzas. Ein neuer Investor findet sich nicht. In Caracas herrscht Wohnungsnot: 750 Familien, mehr als 3.000 Menschen, besetzen im Jahr 2007 die fahrstuhl- und fassadenlose 45-geschossige Bauruine. Der Raum zwischen den Stützen des Betonskeletts – die eigene Wohnung!/das eigene Haus! – wurde von den Bewohnern zunächst mit provisorischen Materialien abgetrennt. Der sukzessive Austausch dieser Materialien markiert die Verfestigung der Bewohner mit ihrem Gebäude. Die Aneignung zeigt sich ebenfalls in der Infrastruktur: So verfügt der Turm über Kirche, Fitnessstudio, Frisöre, Kindergärten etc. und einen Kiosk auf jedem Stockwerk. Das Problem des fehlenden Lifts ist rasch durch einen Taxiservice gelöst. Dieser nutzt den Nachbarturm, der mit dem Torre verbunden ist und im Ursprungskonzept als Parkgarage für diesen dienen sollte.

Die ETH Zürich verwendet Torre David als Urban-Think-Tank, als Versuchslabor selbstorganisierter, informeller Gemeinschaften und sozialer Strukturen, als Generator innovativer, neuer Ideen und deren Adaptierbarkeit auf die (formelle) Stadtplanung.

Die Fallbeispiele zeigen Interventionen unterschiedlicher Akteure und Motivationen in existierende Bausubstanz. Durch die Umnutzung kommt es zur Überlagerung von zwei Typologien wobei eine funktional obsolet ist und im Beispiel der obengenannten Kirche lediglich als bildhaftes Zeichen ersichtlich bleibt. Die bautypologische Klassifizierung ist schlicht unmöglich (Kirche?, Laden?), da das Vokabular des Architekten nur Zustände und keine Prozesse beschreibt.[7] Wo Begriffe fehlen, kann die Benennung nur prozessbeschreibend erfolgen:

Der Buchladen in der Kirche.
Die Kirche, die jetzt ein Buchladen ist.

Folglich sind wir der Sprachfähigkeit beraubt! Dieser Verlust artikuliert sich auch in Wortschöpfungen wie *Kulturspeicher* – Wortkonstrukte, die ohne Erklärung nicht nachvollziehbar sind (einst Kornspeicher, jetzt Museum für konkrete Kunst aus Europa nach 1945 in Würzburg).

In dem Moment, in dem wir ›Kirche‹ und ›Laden‹ erkennen (und benennen) wird deutlich, dass die Sprache das Konzept der Typen anerkennt: Die menschliche Wahrnehmungs- und Kommunikationsfähigkeit basiert auf Wie-

---

7 Vgl. Guggenheim 2011.

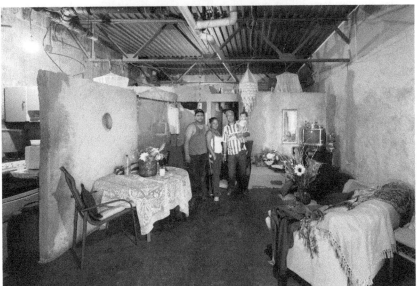

Abb. 2: Bürohochhaus als vertikale Stadt: Torre David, Caracas | Venezuela
Quelle: Iwan Baan 2012.

derholung, dem Identifizieren von Klassen ähnlicher Objekte mit gleichen Eigenschaften.

Das Loslösen von Bausubstanz und Programm steht nicht nur im Widerspruch zu Louis Sullivans ›Form follows Function‹[8], sondern stellt seit der Moderne die komplette Typologielehre vor Herausforderungen. Gebäude können nicht mehr als Produkt von Form und Funktion betrachtet werden und längst hat Durands Typenkatalog[9] als Entwurfsgenerator ausgedient. Bautypologische Kategorien sind in der Architektur keine reinen taxonomischen Begriffe zum Einordnen von Arten in systematische Kategorien wie beispielsweise in Flora und Fauna. Vielmehr sind sie Wissenscontainer. Als Logiksysteme enthalten sie auch Informationen zum Gebrauch des Gebäudes und damit zum Verhalten des Nutzers. Sie machen Tradition und Wandel sichtbar und unterliegen einem steten Transformationsprozess; so ist die Auseinandersetzung mit Typologien die Beschäftigung mit den Grundfesten der Architektur, wie das Zitat von Rafael Moneo aufzeigt: »To raise the question of typology in architecture is to raise the question of the nature of the architectural work itself.«[10]

Die oben beschriebenen Fallbeispiele zeigen die Enttypologisierung: Die Umnutzung als Füllstrategie produziert folglich den Hybrid. Wie also diese Hybride einordnen?

Das Entstandene bildet eine Einheit für sich, die als Einzelphänomen unwiederholbar ist: es handelt sich – im architektonischen Sinne – um Einzelstrategien, die individuelle Gegebenheiten beschreiben.

Durch das ›Füllen‹ mit einer neuen Nutzung wird der vorhandene Baukörper aus dem kulturellen Kontext seiner Entstehungszeit herausgelöst. Im Fall der umgenutzten Kirche ist die Diskrepanz zwischen Alters- und Gebrauchswert sogar Grundlage des architektonischen Konzepts.

Über 200 Jahre liegen zwischen dem Einzug der Buchkette und der Entweihung der Kirche. Dazwischen folgte eine lange Phase der Zwischennutzung.

---

8 Sullivan 1896. »It is the pervading law of all things organic and inorganic, of all things physical and metaphysical, of all things human and all things superhuman, of all true manifestations of the head, of the heart, of the soul, that the life is recognizable in its expression, that form ever follows function. This is the law.«

9 Durands thematische Auseinandersetzung mit Architektur ist *la disposition la plus convenable et la plus économique*. Seine Publikationen (›Recueil et parallèle des édifices de tout genre anciens et modernes‹, 1800 und ›Précis des leçons d'architectures données à l'École Royale Polytechnique‹, erscheinen ab 1802) sind typologisch geordnete und gleichwertige Gegenüberstellungen von Bauwerken, die in Grundriss, Aufriss, Schnitt dargestellt sind. Quadrat und rechter Winkel sind für Durand die Grundformen aller Architektur. Hieraus ergibt sich ein Raster- und Kombinationssystem, das architektonische Kompositionen aus der vertikalen und horizontalen Kombination ableitet.

10 Moneo 1978, S. 23.

Durch die Dominanz der sakralen Symbolik und der Zeichenhaftigkeit der Typologie Kirche wird die Gebäudesubstanz ihre Ursprungs- und Erstnutzung nie verleugnen können. Sie ist unheilbar mit dem Sakralen infiziert, während von den Folgenutzungen, die nicht unwesentlich zum Erhalt der Bausubstanz beigetragen haben, keine Spuren übriggeblieben sind. Sichtbar sind lediglich der Erstzustand und der vorläufige Endzustand. Wird man dem Bauwerk die Nutzung Buchladen ansehen, falls diese ausdienen sollte? Vor dem Hintergrund, dass das ›Sanierungskonzept‹ das Gebäude wieder in den Ursprungszustand versetzt hat und das Einstellen neuer Zugaben ohne Eingriffe in die Konstruktion erfolgt ist, ist die Antwort auf diese Frage rhetorisch.

Unterliegt der Fortbestand eines Gebäudes der Deckung anfallender Nutzungsbedarfe dem Zufallsprinzip, so ist das Ergebnis der baukonservierenden Umnutzung unreflektiert und beliebig: *Kann (und soll) alles alles sein?* Es bleibt spekulativ, ob sich die gotische Kirche nun besser als Buchladen, Hotel oder Pflanzenversuchsanlage eignet als der klassizistische Theaterbau. Die Bedingung für das sinnvolle Verbinden von zwei Bauzuständen ist »[...] Kenntnis von den Anfängen eines Gebäudes, Respekt vor seiner Geschichte, Wahrnehmung seiner Zeichensetzungen, Befund der Stärken und Schwächen, Ahnung seiner Möglichkeiten in der Wahrung und Veränderung des Orts [zu haben]. Das setzt die gesicherte Erkenntnis voraus, daß [sic!] Funktion keine Konstante ist.«[11]

Sowohl die typologische Auseinandersetzung als auch die Tradition der Umnutzung, die sich durch die komplette Baugeschichte zieht, zeigen, dass das Programm eines Bauwerks dem Wandel unterliegt und somit auch als temporäre Nutzung betrachtet werden muss.

Zwischen einigen Gebäudetypologien gibt es Schnittmengen, so sind Büro- und Wohnturm - trotz unterschiedlichen Nutzungen und Bedeutungen - zunächst einmal Hochhäuser und folgen daher einer ähnlichen Strukturlogik. Welches Potenzial bietet diese Überschneidung beispielsweise hinsichtlich nutzungsoffener Architektur? Können daraus vielleicht sogar neue Typen generiert werden?

Der architekturtheoretischen Reflexion fehlt jeder Ansatz, wie Michael Guggenheim an der Aufarbeitung der seit den frühen 1970er Jahren aufgekommenen Publikationen zum Thema Umnutzung aufzeigt: »Der Architekturdiskurs zum Thema Umnutzung ist das Ergebnis dieser Unfähigkeit, den *Prozess* der Veränderungen zu sehen, sie zu erkennen und über sie zu sprechen, sogar wenn es sich um ein umgenutztes Gebäude handelt.«[12] Die Ursache hierfür liegt seiner Meinung nach bei den Architekten, die aufgrund ihrer Ausbildung die Ursprungstypologie, *die Kirche* sehen, während der Laie den aktuellen Zu-

---

11 Brandi 1986, S.76 f.
12 Guggenheim 2011, S. 9ff, Zitat S. 32.

stand wahrnimmt, *den Buchladen in der Kirche*, und somit den Prozess anerkennt.

Eine grundsätzliche Hürde stellt die Auffindbarkeit von Literatur dar. Der
Buchladen war früher eine Kirche, der Torre David ein Büroturm, der nie fertiggestellt wurde. Die Kirche wurde vollendet im Erstzweck betrieben (daraufhin
folgten diverse Nutzungen). Der Buchladen zeigt eine geplante, von Architekten
ausgeführte Umnutzung. Torre David steht für ungeplante, spontane Umnutzung, die von architektonischen Laien durchgeführt wurde. Abgesehen von der
Schnittmenge Umnutzung, stimmen sie in keiner weiteren Kategorie wie Epoche
und Stil, Material und architektonische Gestaltung, Standort, Typologie, Ar-
chitekt ... überein.

Eine Ordnungsebene, die das komplexe Wirkungsgefüge ›Umnutzung‹ beschreibt, gibt es in den Klassifizierungen von Bibliothekssystemen nicht. Die an
der Universität Siegen verwendete Aufstellungssystematik der Gesamthoch-
schulbibliotheken des Landes Nordrhein-Westfalen (GHB) sortiert umgenutzte
Bauwerke unter »Stadterneuerung. Sanierung. Bauen im Bestand. Umnutzung.
Nachnutzung« ein. Diese Kategorie unterliegt der Rubrik »Städtebau. Stadtplanung. Stadtsanierung«. Die Umnutzung liegt somit auf der gleichen Ebene
wie beispielsweise die »Geschichte des Städtebaus« und die »Bauleitplanung und
Raumplanung«.

Ebenfalls auffindbar ist Umnutzung in der Kategorie »Bauerhaltung. Denkmalpflege. Denkmalschutz. Umweltbelastung von nichtmetallischen Bauten.
Rekonstruktion«. Unter der Rubrik »Entwurfslehre. Baupflege. Bauplanung«
liegt sie damit auf einer Ebene mit »Raumakustik« oder »Wettbewerbe«. Das
verwirrt, denn ›Umnutzung‹ *ist* ›Bauerhaltung‹ und überschneidet sich mit
beiden Oberkategorien.

Das System der Universellen Dezimalklassifizierung sortiert umgenutzte
Bauwerke unter »Nutzungsänderungen« ein, diese Kategorie unterliegt der
Rubrik »Arbeitstechniken und Materialien«. Die Umnutzung wird auf materielle
Kriterien reduziert, typologische Merkmale, die Art der Nutzung und der Um-
nutzungsprozess werden nicht beachtet.[13]

Tun wir weiterhin so, als ob es den Hybrid nicht gäbe? Überlassen wir es der
Geschichtsschreibung den Hybrid in der Architektur einzuordnen? Erkennen
wir das Konzept des Hybrids an? Und folgen wir Guggenheims Vorschlag in
Anlehnung an Bruno Latour,[14] das Gebäude prozesshaft zu betrachten und es
»[...] als Abfolge von vielen Momenten, im jeweils gegenwärtigen Zustand«[15] zu
begreifen?

---

13 vgl. Guggenheim 2011, S. 12.
14 Latour 1991.
15 Guggenheim 2011, S. 32.

2.   ›Vorhandenes im Neuen‹

Die zweite Umnutzungsstrategie ›Vorhandenes im Neuen‹ beschreibt die Erhaltung eines vorhandenen Prinzips, das von der Bausubstanz, die aus verschiedenen Gründen ausgedient hat, extrahiert und in einem neuen Gebäude weiterentwickelt wird: Althergebrachtes zu erklären, zu verbessern und dabei aus den gewonnenen Erkenntnissen Neues zu kreieren.

Fallbeispiele

Bsp. 1: Strukturelles Entwerfen am Beispiel ›Made in *Breternitz*‹, Siegen | Deutschland

Made in *wo?* Genau mit diesem Moment spielt das Entwurfsseminar[16], das als ›Tatort‹ den banalen Ort wählt. Es sind sperrige Orte: veraltete Kulturlandschaften, deren Bausubstanz Zeugnis veränderter Produktionsbedingungen abgeben. Orte, die nicht auf Exkursionslisten von Architekten auftauchen. Die zentrale Frage und Aufgabenstellung des Seminars lautet: Wie kann aus den *strukturellen Spielregeln* des Bestands ein (neuer) Entwurfsansatz entwickelt werden, der in einen zeitgemäßen Entwurf übersetzt werden kann?[17]

Einzelne Elemente und deren Fügung bedingen sich wechselseitig. Die Logik des Einzelnen innerhalb der Struktur sowie die Logik der Struktur als Ganzes begriffen, geben Auskunft über Gebrauch und Abläufe, Bedeutung und Entstehung des bebauten und nicht bebauten Raums.

Um sich vor den Hochwassern der Saale zu schützen, ›drängt‹ sich die Baustruktur in Breternitz unmittelbar an den steilen Hang einer eiszeitlichen Flussterrasse. Die Saale ermöglicht den Fischfang, die fruchtbaren Böden der Hochebenen die Ackerwirtschaft. Die Parzellierung erstreckt sich vom Fuß des Hanges bis zur Saale. Das Ergebnis sind lange, schmale Grundstücke. So addiert sich die Siedlungsstruktur aus Streckhöfen in dichter Abfolge. Der Streckhof vereint unter einem Dach die Funktionen Wohnhaus, Stall und Lagerung, die über einen, die gesamte Länge des Gebäudes flankierenden Hof erschlossen werden. Jeder Streckhof hat sein Pendant in der Scheune. Diese befindet sich auf der anderen Straßenseite, wird direkt von der Straße erschlossen und ist – um die gesamte Parzellenbreite auszunutzen – orthogonal zum Hof gestellt. Der Zugang zu Gemüsegarten, Streuobstwiese und Jungviehweide, die sich bis an die Saale ausdehnen, führt durch die Scheune.

---

16 Konzipiert und durchgeführt von Gerrit Schwalbach und Kathrin Herz.
17 Der Ort ist real; das Szenario der Dorferweiterung fiktiv.

Die Errichtung der Eisenbahnlinie, der Bau der Talsperre Hohenwarte, die Erbteilung und die Abkehr von der Landwirtschaft lösen den Ursprungskanon des Dorfs (Hang-Haus-Straße-Scheune-Garten-Saale) auf. Innerhalb der alten Siedlungsstruktur findet man gegenwärtig auch beidseitig der Straße Wohnhäuser oder größere Höfe, die komplett von Gebäuden umstellt sind. Eine spätere Dorferweiterung mit freistehenden Einfamilienhäusern um die Haltestelle der Eisenbahn verlässt die alte Strukturlogik gänzlich.

Die erste Annäherung ist das Verweilen am Ort, das Spazieren mit offenen Augen, die Gespräche mit den Einwohnern am Gartenzaun, am Küchentisch oder in der Dorfkneipe ... Darauf folgt die Auswertung, die auch immer Abstraktion ist – *vom Sehen zum Erkennen*, wie Lucius Burckhardt in seiner Promenadologie[18] diesen Vorgang beschreibt – und schließlich die Adaption in den eigenen Entwurfsprozess.

Wie die Arbeiten der Studierenden aufzeigen, führt dies zu unterschiedlichen Ergebnissen: Plötzlich wird das Kleine groß, manches reduziert, einiges verschwindet ganz. Exemplarisch wird hier der Transformationsansatz einer Studentin vorgestellt: Die Arbeit überträgt die vorgefundene Dorfstruktur, die diese aus den Abhängigkeiten zwischen Gebäude und Parzelle ableitet, in drei Wohnhaustypen: Ein flexibles Doppelhaus leitet sich aus dem Zusammenhang Scheune-Straße-Haus ab (die Straße wird als vertikale und horizontale Erschließung interpretiert und ist Raum zur Interaktion der Hausgemeinschaft). Ein Einfamilienhaus übersetzt das Verhältnis Hof-Streckhof (der Hof wird zur horizontalen Erschließungsschicht und erweitert die Wohnräume). Ein Atriumhaus entsteht aus dem von Gebäuden umstellten Hof (der eingeschnittene Patio gewährleistet die Belichtung der Räume).

Das städtebauliche Konzept greift die vorgefundene Dichte und die Orientierung der Bausubstanz parallel und orthogonal zur Straße auf. Durch die Ausrichtung sowohl an der alten Dorfstruktur als auch an der Erweiterung am Bahnhof, gelingt es dem Entwurf, zwischen beiden Siedlungsteilen zu vermitteln und einen sinnfälligen Strukturzusammenhang herzustellen.

Bsp. 2: Learning from Vernacular, Weil am Rhein | Deutschland

Die Ausstellung ›Learning from Vernacular‹[19] stellt über vierzig Haus- und Hofformen als Modelle, Zeichnungen und Fotografien aus, die weltweit über den Globus verstreut sind. Gegenstand sind nicht Einzelarchitekturen berühmter Baumeister, sondern die anonyme, archaische Architektur, die keinen Verfasser benennen kann. Die Gegenüberstellung mit zeitgenössischen Bauwerken zeigt,

---

18 Burckhardt 1985.
19 Kuratiert von Pierre Frey. Vitra Design Museum, Weil am Rhein, 2013.

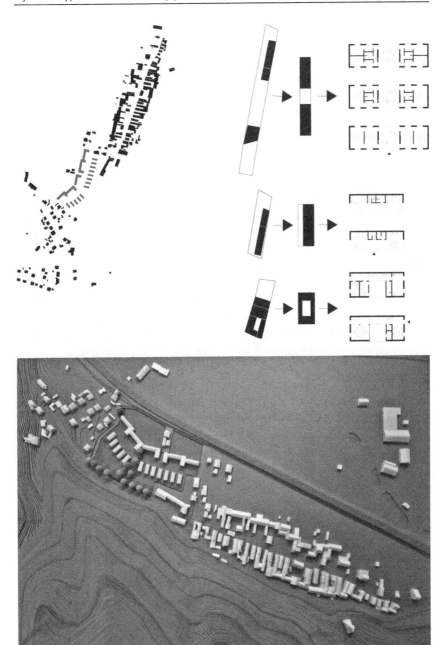

Abb. 3: Strukturelles Entwerfen am Beispiel ‚Made in *Breternitz*‹, Universität Siegen
Quelle: Zeichnungen: Manuela Dudek 2014/Foto: Daniel Benthaus 2014.

dass es nicht darum geht die mutmaßlichen Formen einer vergangenen Volks-
sprache zu aktivieren, sondern vielmehr aus dem Wissen, das diese Bauten in
sich speichern, neue Geometrien zu generieren.

Die Ausstellung knüpft an die 1964 im MoMA gezeigte Schau ›Architecture
Without Architects‹[20] an, die von den Funktionalisten als Affront aufgefasst
wurde, schafft es jedoch die Brücke zu zeitgenössischen Gebäuden, wie der
›Schwimmenden Schule von Makoko‹ zu schlagen.

Die Schule wurde 2012 von dem nigerianisch-niederländischen Architek-
turbüro NLÉ in Kooperation mit der Makoko Community realisiert und befindet
sich am Rande der Lagune von Lagos in einer informellen Siedlung, deren
Bewohner seit jeher von Fischfang und Holzverarbeitung leben. Seit einiger Zeit
steigt der Wasserspiegel während der Regenzeit deutlich höher als zuvor, so dass
viele der einfachen, auf Holzpfählen gegründeten Bauten unter Wasser stehen.
Der Neubau reagiert auf den erhöhten Pegelstand mit einem Ponton aus Plas-
tiktonnen, der die Plattform für die Dreiecksrahmen der Holzkonstruktion
bildet. Angeregt wird die wirtschaftliche und robuste Geometrie der Schule von
den einfachen Baustrukturen der Siedlung, darüber hinaus werden die lokalen
Materialen Holz und Bambus aufgegriffen.

Die Schule wurde als Prototyp konzipiert, der mehrfach, auch in Form von
schwimmenden Wohnhäusern, in Lagos zum Einsatz kommen soll.[21]

Die beiden letzten Fallbeispiele stehen für Fortschreibung des Vorhandenen,
setzen hierfür aber das Loslösen aus dem existierenden Baukörper voraus. Es
sind ›ruhige‹ Ansätze, deren Transformationsimpuls zur Ableitung neuer Bau-
formen von Informationen vorhandener Bausubstanz angeregt wird.

Abseits der kulturellen Überformung dient ein Bauwerk primär der Befriedigung existenzieller Bedürfnisse (Schutz vor Wetter, Stabilität, Dauerhaftigkeit…). Material und Gestaltung eines Gebäudes unterliegen somit der Zweck-
mäßigkeit und Existenzsicherung.

> »Achte auf die Formen, in denen der Bauer baut. Denn sie sind Urväterweisheit, ge-
> ronnene Substanz. Aber suche den Grund der Form auf. Haben die Fortschritte der
> Technik es möglich gemacht, die Form zu verbessern, so ist immer diese Verbesserung
> zu verwenden. Der Dreschflügel wird von der Dreschmaschine abgelöst.«[22]

Das Zitat von Adolf Loos zeigt das Einwirken geänderter Rahmenbedingungen
auf die Architektur, die es notwendig machen, diese stets zu ›optimieren‹. Loos
führt den technischen Fortschritt an; Ursachen sind aber auch geänderte Pro-

---

20 Kuratiert von Bernard Rudofsky. MoMA, New York, 1964.
21 Vgl. http://www.nleworks.com/case/makoko-floating-school/ (26.04.2014).
22 Loos 1912, S. 453.

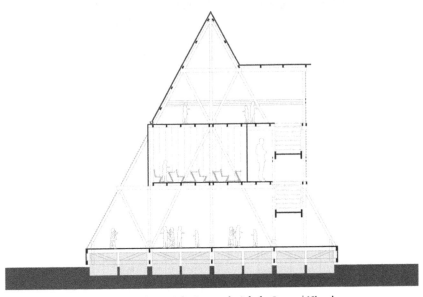

Abb. 4: ›Learning from Vernacular‹ – Schwimmende Schule, Lagos | Nigeria
Quelle: NLÉ 2012.

duktionsbedingungen, Nebeneffekte klimatischer Veränderungen, politische und wirtschaftliche Neuerungen etc.

Das Zitat verweist auch auf die Rückkoppelung einer Form und deren Entstehung, der ihr zugrunde liegenden Logik. Es geht also darum, im Vorgefundenen die Spur des Lebendigen, das weiterhin Gültige zu finden, welches sich der Prüfung durch die Gegenwart unterziehen muss.

Eine Siedlungsstruktur zeigt die Abhängigkeit von innerer und äußerer Ordnung. Die Fügung von Bauten erteilt Auskunft über die Struktur des Zusammenlebens der Gemeinschaft, die diese errichtet hat. Die Orientierung und Lage von Öffnungen eines Gebäudes, die Zonierung des Grundrisses und der Abstand zwischen den Gebäuden geben Auskunft über Nähe und Abgrenzung.

Das Fallbeispiel des strukturellen Entwerfens unterzieht die einzelnen Elemente und deren Zusammenschluss der Prüfung auf die geänderten Produktions- und Lebensbedingungen der Gegenwart und zeigt deren Adaptionsfähigkeit.

Am Beispiel der Schule in Makoko beweisen lokal verfügbare Baumaterialien und tradierte Kenntnisse ihre Gültigkeit vor dem Hintergrund geänderter Klimaeinwirkungen.

Gesucht werden kann die Spur des Lebendigen nicht nur in Strukturen und Baumaterialien, sondern auch Grundrisszonierungen, Fügungen, Details etc.

Ähnliche Haltungen zeigen sich in der von Miroslav Šik begründeten Entwurfsmethode der Analogen Architektur[23] oder in dem von Günter Pfeifer formulierten Entwerfen nach dem Kybernetischen Prinzip. Es sind Ansätze, die sich dem langsamen Transformationsprozess der Typologien (und somit der Architektur) stellen.

> »Der Typus, hat ein kundiger Typologe einmal gesagt, wird nicht erfunden, nicht entworfen, nicht entwickelt. Der Typus entsteht, wächst, kuminiert, zerfällt, verflacht. Typen sind ›organisch‹, konkret. Die Begriffe mögen unscharf sein, auch auf falsche Fährten führen, den Unterschied zum gegenständlichen Prototypus markieren sie ziemlich genau […]«[24]

Das Zustandekommen von Strukturen und deren Gegenwart ist komplex. Die Beschäftigung mit Typologien zeigt den kontinuierlichen, dialektischen Diskurs von Geschichte und Gegenwart des Bauens auf. Die typologische Betrachtung kann daher als Rahmen für das Neue, das aus der Transfiguration und Transformation des Alten hervorgeht, begriffen werden.[25]

In der Auseinandersetzung mit der Entstehung von Formen, statt deren Nachahmung oder der Suche nach der ›guten Form‹, liegt auch die klare Ab-

---

23 Vgl. Šik 1987.
24 Teut 1985, S. 53.
25 Vgl. Moneo 1978, S. 27.

grenzung zur vernakularen Deko-Architektur, von Adolf Loos als »Bauern-
theaterspielerei«[26] abgetan, zum Heimatstil aber auch zum Form- und Stildis-
kurs begründet.

3.   Poesie des Vorhandenen

Architektur als gebauter Raum ist immer Speicher von Geschichte. Form, Inhalt
und Bedeutung eines Gebäudes sind Ergebnis von Einflüssen, die auf es einwirken. Gesellschaftliche und baulich-städtebauliche Rahmenbedingungen ändern sich, während die Gebäudesubstanz, die sie produziert haben, zurück-
bleibt.

Innerhalb der geänderten Faktoren ist der Fortbestand gegeben, wenn es
gelingt den Bestand an neue Nutzungen zu koppeln oder Anregungen und Informationen aus der vorhandenen Gebäudesubstanz abzuleiten und diese in
neuer Bausubstanz fortzusetzen. In beiden Strategien zeigt sich, dass Architektur weder lückenlos linear aus ihrer Geschichte ableitbar ist, noch, dass diese
frei von ihr sein kann: in ihr werden Tradition und Wandel räumlich sichtbar,
sind Vergangenheit und Gegenwart präsent.

Die Architektur unterliegt der Tradition der ständigen Erneuerung und
Transformation. Dieser muss sie sich jederzeit auf den Ebenen Entwurf, Architektur und Theorie stellen. Wenn Loos im Jahr 1912 schreibt: »Meine Schüler
wissen: eine Veränderung gegenüber dem Althergekommenen ist nur dann erlaubt, wenn die Veränderung eine Verbesserung bedeutet […]«[27], so gilt das
noch heute! Voraussetzung ist Kenntnis der Traditionslinie der Architektur, um
die Angemessenheit der neuen Mittel und Maßnahmen zu reflektieren. Weder
kann das Entwerfen im luftleeren Raum, noch das unmittelbare Anknüpfen an
vorhandene Typologien gelingen.

»Dies geht selten ohne ein Erneuern, denn auch eine noch so eingelebte und
anmutige Form veraltet und verfällt, wenn sie nicht unaufhörlich erneuert
wird«[28], so Miroslav Šik.

Nicht für jede stillgelegte Zeche, jeden brachliegenden Dreiseithof, jedes
leerstehende Einfamilienhaus aus den 1970er Jahren etc. werden wir eine
Nachnutzung finden. Doch bevor wir die Baukörper und -strukturen aufgeben
und noch bevor wir vom ›verzehrenden historischen Fieber‹ befallen sind,
sollten wir diese genau ansehen, erkennen und sorgfältig abwägen, was wir in
anderer Form fortschreiben möchten.

---

26 Loos 1912, S. 445.
27 Loos 1912, S. 440.
28 Šik 1990, S. 50.

Was entsteht ist eine erfrischend leise Architektur abseits des Spektakels, in der zuvor unsichtbare Eigenheiten plötzlich Gestalt annehmen. Im Vorhandenen das Poetische zu sehen anstatt Furcht vor Langeweile zu haben, ja das wär's!

Literatur

Alexander, Christopher: ›Von fließender Systematik und generativen Prozessen‹ Christopher Alexander im Gespräch mit Rem Koolhaas und Hans Ulrich Obrist, in: ARCH+ – Entwurfsmuster: Raster, Typus, Pattern, Script, Algorithmus, Ornament 2008/189, S. 20 – 25.

Benevolo, Leonardo: Die Geschichte der Stadt. 5. Auflage. Frankfurt 1990, S. 331.

Brandi, Jochen: ›Umnutzungen. Alte Räume neu »überdacht«‹, in: *Die Faszination großer überdeckter Räume, Daidalos* 1986/21, S. 67 ff.

Brillembourg, Alfredo/Klumpner Hubert (Hg): Torre David: Anarcho Vertical Communities. Zürich 2012.

Burckhardt, Lucius: Die Kinder fressen ihre Revolution. Köln 1985.

Driessen, Christoph: ›Umgewandelte Kirchen in Maastricht: Schmökern, speisen, schlafen‹. 2011, verfügbar unter http://www.spiegel.de/reise/europa/umgewandelte-kirchen-in-maastricht-schmoekern-speisen-schlafen-a-803119 [26.04.2014].

Durand, Jean-Nicolas-Louis: Précis des leçons d'architectures données à l'École Polytechnique. Paris 1802.

Frampton, Kenneth: ›Kritischer Regionalismus – Thesen zu einer Architektur des Widerstands‹ in: Huyssen, Andreas (Hg.): Postmoderne: Zeichen eines kulturellen Wandels. Hamburg 1986, S. 151 – 171.

Kuhnert, Nikolaus, Ngo, Anh-Linh: ›Entwurfsmuster‹, in: ARCH+ – *Entwurfsmuster: Raster, Typus, Pattern, Script, Algorithmus, Ornament* 2008/189, S. 6 – 9.

Guggenheim, Michael: ›Formless Dicourse. The Impossible Knowledge of Change of Use/ Formloser Diskurs. Umnutzung als Test architektonischen Wissen‹, in: *Candide – Journal of Architectural Knowledge* 2011/75, S. 9 – 36.

Kruft, Hanno-Walter: Geschichte der Architekturtheorie. 4. Auflage. München 1995.

Latour, Bruno: Nous n'avons jamais été modernes. Paris 1991.

Le Corbusier: Vers une Architecture, Paris 1923/dt. Ausgabe Kommende Baukunst, Stuttgart 1926 (Ausblick auf eine Architektur. 4. Auflage, 3., unveränderter Nachdruck. Gütersloh, 2001.

Loos, Adolf: ›Heimatkunst‹ (1912), in Adolf Loos: *Gesammelte Schriften*, Hg. von Adolf Opel, Wien, 2010. S. 440, S. 445 und S. 453.

Moneo, Rafael: ›On Typology‹ in Oppositions 1978/13, S. 23 ff.

NLÉ: Projektseite ›Makoko Floating School‹. verfügbar unter: http://www.nleworks.com/case/makoko-floating-school/[26.04.2014].

Šik Miroslav (Hg.): Analoge Architektur. Zürich 1987.

Šik Miroslav: ›Peripherie und Techniklandschaft. Regionales Bild, lokale Eigenart‹, in: Archithese 20 1990/1, S. 50 – 53.

Sullivan, Louis H. (1896). ›The Tall Office Building Artistically Considered‹ in: *Lippincott's Magazine* 1896, S. 403–409.

Teut, Anna: ›Von Typen und Normen, Maßreglern und Maßregelungen‹, in: *Architektur und technisches Denken, Daidalos* 1985/18, S. 53 ff.

Die Autorinnen und Autoren des Heftes

Univ.-Prof. Dr. Raphaela AVERKORN, Universität Siegen, Lehrstuhl für Mittlere und Neuere Geschichte.

Carolin BAUMANN, M.A., Universität Siegen, Germanistik/Sprachwissenschaft II.

Univ.-Prof. Dr. Gustav BERGMANN, Universität Siegen, Lehrstuhl für Innovations- und Kompetenzmanagement.

Alexander BODEN, Fraunhofer-Institut für Angewandte Informationstechnik, St. Augustin.

Viktória DABÓCZI, M.A., Universität Siegen, Germanistik/Sprachwissenschaft.

Anna FELDHAUS, M.Sc., Universität Siegen, Personalmanagement und Organisation.

Dr. des. Daniela FLEIß, Universität Siegen, Geschichte/Neuere und Neueste Geschichte.

Dr. Jan GERWINSKI, Universität Siegen, Germanistik/Angewandte Sprachwissenschaft.

Dr. Sebastian GIEßMANN, Universität Siegen, DFG- Graduiertenkolleg »Locating Media«.

PD Dr. Hans GRAßL, Universität Siegen, Soziologie/Bildungs- und Arbeitssoziologie.

Univ.-Prof. Dr. Stephan Habscheid, Universität Siegen, Professur für Germanistik/Angewandte Sprachwissenschaft.

PD Dr. Christian Henrich-Franke, Universität Siegen, Geschichte/Wirtschafts- und Sozialgeschichte sowie Didaktik der Geschichte.

Dipl. Ing. Kathrin Herz, Universität Siegen, Department Architektur/Stadtplanung und Planungsgeschichte.

Univ.-Prof. Dr. Gero Hoch, Universität Siegen, Lehrstuhl für Unternehmensrechnung.

Dr. Elisabeth Hollerweger, Universität Siegen, Germanistik/Literaturdidaktik II.

Univ.-Prof. Dr. Joseph Imorde, Universität Siegen, Professur für Kunstgeschichte.

Univ.-Prof. Dipl. Ing. Peter Karle, Professur für Planen und Bauen im Bestand.

Jana Klein, Studentin am Seminar für Sozialwissenschaften, Soziologie/Bildungs- und Arbeitssoziologie.

Univ.-Prof. Dr. Stefanie Marr, Universität Siegen, Professur für Bildende Kunst und ihre Didaktik.

Prof. Dr. Gregor Nickel, Universität Siegen, Professur Funktionsanalysis und Philosophie der Mathematik.

Prof. Dr. Volkmar Pipek, Universität Siegen, Professur Computerunterstützte Gruppenarbeit und Soziale Medien.

Martin Rathgeb, Dipl.-Math., B.A. phil., Universität Siegen, Department Mathematik, Arbeitsgruppe Philosophie und Geschichte der Mathematik.

Martin F. Reichstein, Dipl.-Sozialpäd., Universität Siegen, Personalmanagement und Organisation.

Dr. Gabriele Schabacher, Universität Siegen, Medienwissenschaftliches Seminar.

Natalie SCHMÜCKER, M.Sc., Universität Siegen, Finanz- und Bankmanagement.

Lena SCHÖLLHORN, B.Sc., Universität Siegen, Personalmanagement und Organisation.

Dipl.-Kfm. Tobias SCHOLZ, Universität Siegen, Personalmanagement und Organisation.

Univ.-Prof. Dr. Hanna SCHRAMM-KLEIN, Universität Siegen, Lehrstuhl für Marketing.

Univ.-Prof. Dr. Hildegard SCHRÖTELER-VON BRANDT, Universität Siegen, Professur für Stadtplanung und Planungsgeschichte.

Univ.-Prof. Dr. Volker STEIN, Universität Siegen, Lehrstuhl für Personalmanagement und Organisation.

Prof. Dr. Gunnar STEVENS, Universität Siegen, Juniorprofessur Human Computer Interaction.

Oliver STICKEL, Student, Wirtschaftsinformatik und Neue Medien.

Univ.-Prof. Dr. Arnd WIEDEMANN, Universität Siegen, Lehrstuhl für Finanz- und Bankmanagement.

Svenja WITZELMAIER, Universität Siegen, Personalmanagement und Organisation.

Univ.-Prof. Dr. Volker WULF, Universität Siegen, Lehrstuhl für Wirtschaftsinformatik und Neue Medien.